박문각

2026 NEW

박문각
공무원

강성빈
행정법총론

Dreams come true!

FINAL
적중모의고사

지방직
시험대비

16 회분

이 책의 머리말
PREFACE

실전 (동형) 모의고사 문제집은 문자 그대로 철저하게 '실전'에 대비할 수 있도록 제작되어야 그 가치가 인정될 수 있을 것입니다. 실전에 대비할 수 있는 교재란, 실제 시험과 문제 유형, 출제 영역, 난이도 등 출제와 관련된 일체의 사항이 동일하거나 유사한 교재를 말합니다. 특히 공무원 행정법 시험의 경우, '빈출 주제의 반복' 내지 '(최신) 기출의 반복'이라는 출제경향을 갖는 점을 고려할 때, 모의고사 풀이만으로도 빈출되는 핵심 주제와 개념에 대한 충분한 연습이 이루어질 수 있도록 하는 교재가 바로 실전에 대비할 수 있는 양질의 교재가 될 것입니다.

그리고 본 교재에 수록된 총 16회의 모의고사는 이와 같은 최근의 국가직·지방직 공무원 시험의 출제경향을 완벽히 반영함으로써 '실전에 대비할 수 있는 교재'로 기능할 수 있게끔 제작되었습니다.

본 교재의 구체적인 특징은 다음과 같습니다.

첫째, 문제의 난이도는 실제 시험과 유사하게 '중'에서 '중상' 정도로 구성하였습니다. 지나치게 지엽적이거나 또는 최근의 출제경향과 거리가 있는 학술적인 내용을 담은 선지는 최대한 제외하였고, 오직 출제 확률이 높은 주요 판례와 조문으로만 문항을 구성하였습니다.

둘째, 판례와 조문의 각 출제비중 및 세부 주제별 출제비중을 최근의 출제경향에 철저하게 맞추어 정하였습니다. 또한 2026. 2.까지의 판례와 제·개정된 주요 법령의 내용을 모두 반영함으로써 최신판례 및 법령에 대해서도 완벽하게 대비가 가능하도록 하였습니다.

셋째, 다양한 유형의 사례 문제를 수록함으로써 고난도 사례형 문제에 대비할 수 있도록 하였습니다. 이를 통해 수험생들께서는 판례와 조문을 사례에 적용하는 연습을 하게 될 것이고, 그 과정에서 자연스럽게 행정법 실력이 더욱 향상되는 것을 경험하시게 될 것입니다.

본 교재는 다음과 같은 방법으로 활용하시면 공부 효과를 극대화할 수 있을 것입니다. 먼저 각 모의고사를 '15분' 안에 풀어보시기를 바랍니다. 16회 동안 '시간 연습'을 해가며 모의고사 풀이를 진행하시면 실전에서도 '몸이 기억하는 시간'을 통해 행정법 시험을 치르실 수 있을 것입니다. 다음으로 해설지 또는 강의를 통해 틀렸거나 또는 맞혔더라도 정확히 알지 못했던 선지를 완벽하게 이해한 후 이를 요.기.서 또는 OX노트에 단권화하시기를 바랍니다.

이번 개정판을 출간함에 있어서도 박문각 출판팀의 많은 도움이 있었습니다. 적지 않은 회차의 교재를 하나하나 꼼꼼히 검토하며 편집해 주신 편집부 직원분들과 출판 과정을 총괄하여 주신 이사님께 감사 말씀을 드립니다.

본 교재가 여러분을 '합격의 길'로 한 걸음 더 이끄는 교재가 되기를 바라며, 지금 걷고 계시는 힘든 수험 생활의 길 가운데 하나님의 위로하심과 인도하심이 가득하시기를 바랍니다.

2026년이 여러분 모두에게 합격의 해가 되기를 진심으로 기도합니다.

2026년 3월

강성빈

이 책의 차례
CONTENTS

실전동형 모의고사 16회분

정답 및 해설

행정법총론

실전동형모의고사

제1~16회

01 신뢰보호의 원칙에 대한 설명으로 옳지 않은 것은?

① 헌법재판소의 위헌결정은 행정청이 개인에 대하여 신뢰의 대상이 되는 공적인 견해를 표명한 것이라고 할 수 없으므로 그 결정에 관련한 개인의 행위에 대하여는 신뢰보호의 원칙이 적용되지 아니한다.

② 국가가 공무원임용결격사유가 있는 자에 대하여 결격사유가 있는 것을 알지 못하고 공무원으로 임용하였다가 사후에 결격사유가 있는 자임을 발견하고 공무원 임용행위를 취소하는 경우 신뢰의 원칙이 적용될 수 있다.

③ 신뢰보호의 원칙이 적용되기 위한 요건인 '신뢰의 대상이 되는 공적인 견해표명'이 되기 위해서 반드시 처분청 자신의 적극적인 언동이 있어야만 하는 것은 아니다.

④ 신뢰보호의 원칙은 행정청이 공적인 견해를 표명할 당시의 사정이 그대로 유지됨을 전제로 적용되는 것이 원칙이므로, 사후에 그와 같은 사정이 변경된 경우에는 특별한 사정이 없는 한 행정청이 그 견해표명에 반하는 처분을 하더라도 신뢰보호의 원칙에 위반된다고 할 수 없다.

02 공법관계와 사법관계에 대한 설명으로 옳지 않은 것은?

① 지방자치단체가 사인을 자원회수시설과 부대시설의 운영·유지관리 등을 위탁할 민간사업자로 선정하고 그와 체결한 위 시설에 관한 위·수탁 운영 협약은 사법상 계약에 해당한다.

② 「국유림의 경영 및 관리에 관한 법률」에 따른 임산물 매각계약은 사법상 계약에 해당한다.

③ 국유재산 등의 관리청이 하는 행정재산의 사용·수익에 대한 허가는 순전히 사경제주체로서 행하는 사법상의 행위가 아니라 관리청이 공권력을 가진 우월적 지위에서 행하는 행정처분이다.

④ 기부자가 기부채납한 부동산을 일정기간 무상사용한 후에 한 사용허가기간 연장신청을 거부한 행정청의 행위는 행정청이 공권력의 주체로서 행하는 공법상 행위에 해당한다.

03 행정절차에 대한 설명으로 옳은 것은?

① 보건복지부장관이 어린이집의 평가등급 부여결정을 하면서 어린이집 운영자에게 문서 또는 전자문서로 고지하지 않고 어린이집정보공개포털 홈페이지를 통해 위 결정을 공표한 것은 「행정절차법」이 정한 처분방식을 위반한 절차적 하자가 있다고 볼 수 없다.

② 행정청이 행정처분을 하면서 논리적으로 당연히 수반되어야 하는 의사표시를 명시적으로 하지 않았으면, 그것이 행정청의 추단적 의사에 부합하고 상대방이 이를 알 수 있는 경우에도, 행정처분에 이와 같은 의사표시가 묵시적으로 포함되어 있다고 볼 수 없다.

③ 「국가공무원법」상 직위해제처분은 당해 행정작용의 성질상 행정절차를 거치기 곤란하거나 불필요하다고 인정되는 사항 또는 행정절차에 준하는 절차를 거친 사항에 해당한다고 볼 수 없으므로, 처분의 사전통지 및 의견청취 등에 관한 「행정절차법」의 규정이 적용된다.

④ 「행정절차법 시행령」은 '학교·연수원 등에서 교육·훈련의 목적을 달성하기 위하여 학생·연수생들을 대상으로 하는 사항'을 「행정절차법」이 적용되지 않는 경우로 규정하고 있으므로, 생도의 퇴학처분과 같이 신분을 박탈하는 징계처분 또한 여기에 해당한다고 볼 수 있다.

04 행정입법에 대한 설명으로 옳지 않은 것은?

① 법령의 규정이 특정 행정기관에게 법령 내용의 구체적 사항을 정할 수 있는 권한을 부여하면서 권한행사의 절차나 방법을 특정하지 아니한 경우에는 수임 행정기관은 행정규칙으로 법령 내용이 될 사항을 구체적으로 정할 수 없다.

② 총리령의 위임을 받아 중앙행정기관의 장이 정한 예규는 「행정기본법」상 '법령'에 해당한다.

③ 행정규칙은 법규명령과 같은 엄격한 제정 및 개정절차를 요하지 아니하므로, 재산권 등과 같은 기본권을 제한하는 작용을 하는 법률이 입법위임을 할 때에는 대통령령 등 법규명령에 위임함이 바람직하다.

④ 국회가 법률로 행정청에 특정한 사항을 위임했음에도 불구하고 행정청이 정당한 이유 없이 이를 이행하지 않는다면 권력분립의 원칙과 법치국가 또는 법치행정의 원칙에 위배되는 것으로서 위법함과 동시에 위헌적인 것이 되고, 이는 행정청이 법률에서 대통령령으로 정하도록 위임받은 사항을 전혀 입법하지 않은 경우는 물론 그 법률이 위임한 사항을 불충분하게 규정함으로써 법률이 위임한 행정입법의무를 제대로 이행하지 않은 경우도 마찬가지이다.

05 행정벌에 대한 설명으로 옳지 않은 것은?

① 국가가 그의 사무의 일부를 지방자치단체의 장에게 위임하여 처리하게 하는 기관위임사무의 경우 지방자치단체는 양벌규정에 의한 처벌대상이 되는 법인에 해당하지 않는다.

② 「개인정보 보호법」은 양벌규정에 의하여 처벌되는 개인정보처리자로서 같은 법 제74조 제2항에서 '법인 또는 개인'만을 규정하고 있을 뿐이고, 법인격 없는 공공기관에 대하여도 위 양벌규정을 적용할 것인지 여부에 대하여는 명문의 규정을 두고 있지 않으므로, 죄형법정주의의 원칙상 '법인격 없는 공공기관'을 위 양벌규정에 의하여 처벌할 수 없고, 그 경우 행위자 역시 위 양벌규정으로 처벌할 수 없다.

③ 지방공무원의 신분을 가지지 아니하는 사람은 구 「지방공무원법」 제58조 제1항에서 규정하고 있는 집단행위의 금지를 위반하여 같은 법 제82조에 따라 처벌되는 지방공무원의 범행에 가공하더라도, 「형법」 제33조 본문에 의해 공범으로 처벌할 수 없다.

④ 「질서위반행위규제법」에 따르면, 신분에 의하여 성립하는 질서위반행위에 신분이 없는 자가 가담한 때에는 신분이 없는 자에 대하여도 질서위반행위가 성립한다.

06 취소소송의 제소기간에 대한 설명으로 옳은 것은?

① 상대방이 '고엽제후유증전환 재심신체검사 무변동처분' 통보서를 송달받기 전에 자신의 의무기록에 관한 정보공개를 청구하여 위 처분을 하는 내용의 통보서를 비롯한 일체의 서류를 교부받았다면, 서류를 교부받은 날부터 제소기간이 기산된다.

② 처분청이 처분을 하면서 행정심판 제기기간에 관하여 법정 심판청구기간보다 긴 기간으로 잘못 알렸다면 그 잘못 알린 기간 내에 제기된 항고소송은 「행정소송법」상 법정 제소기간을 도과하였더라도 제소기간을 준수한 것으로 본다.

③ 행정처분의 당연무효를 선언하는 의미에서 취소를 구하는 행정소송을 제기한 경우에는 제소기간의 제한이 없다.

④ 청구취지를 교환적으로 변경하여 종전의 소가 취하되고 새로운 소가 제기된 것으로 보게 되는 경우에 새로운 소에 대한 제소기간의 준수 등은 원칙적으로 소의 변경이 있는 때를 기준으로 하여 판단된다.

07 「행정소송법」상 처분에 대한 설명으로 옳은 것은?

① 어떠한 처분이 상대방에게 권리의 설정 또는 의무의 부담을 명하거나 기타 법적인 효과를 발생하게 하는 등으로 그 상대방의 권리의무에 직접 영향을 미치는 행위라도 그 처분의 근거가 행정규칙에 규정되어 있다면, 이 경우에 그 처분은 항고소송의 대상이 되는 행정처분에 해당하지 않는다.

② 거부처분의 처분성을 인정하기 위한 전제요건이 되는 신청권의 존부는 구체적 사건에서 신청인이 누구인지를 고려하여 관계 법규의 해석에 의하여 그러한 신청권을 인정하고 있는가를 살펴 구체적으로 결정된다.

③ 처분의 신청기간을 제한하는 특별한 규정이 있는 경우, 처분의 신청이 신청기간을 도과하였는지는 본안에서 신청에 대한 거부처분이 적법한가를 판단하는 단계에서 고려할 요소이지, 소송요건 심사단계에서 고려할 요소가 아니다.

④ 요청조달계약에 적용되는 국가계약법 조항은 국가가 사경제 주체로서 국민과 대등한 관계에 있음을 전제로 한 사법관계에 관한 규정에 한정되지 않고, 고권적 지위에서 국민에게 침익적 효과를 발생시키는 행정처분에 관한 규정까지 당연히 적용된다고 보아야 한다.

08 행정행위의 효력에 대한 설명으로 옳은 것만을 고른 것은?

> ㄱ. 구 「도시계획법」 제78조 제1항에서 정한 처분이나 조치명령을 받은 자가 이에 위반한 경우, 설령 그 처분이 위법하다 하더라도 당연무효가 아닌 이상 같은 법 제92조 위반죄가 성립한다.
>
> ㄴ. 자동차 운전면허 취소처분을 받은 사람이 자동차를 운전하였으나 운전면허 취소처분의 원인이 된 교통사고 또는 법규 위반에 대하여 범죄사실의 증명이 없는 때에 해당한다는 이유로 무죄판결이 확정된 경우에는 그 취소처분이 취소되지 않았더라도 「도로교통법」에 규정된 무면허운전의 죄로 처벌할 수는 없다.
>
> ㄷ. 물품세 과세대상이 아닌 것을 세무공무원이 직무상 과실로 과세대상으로 오인하여 과세처분을 행함으로 인하여 손해가 발생된 경우에도, 동 과세처분이 취소되지 아니한 이상, 국가는 이로 인한 손해를 배상할 책임이 없다.

① ㄱ   ② ㄴ

③ ㄱ, ㄴ   ④ ㄴ, ㄷ

09 행정상 강제에 대한 설명으로 옳지 않은 것은?

① 상당한 의무이행기간을 부여하지 아니한 대집행계고처분이 있었다면, 설령 행정청이 대집행영장으로써 대집행의 시기를 늦추었더라도 그 대집행계고처분은 적법절차에 위배한 것으로 위법한 처분이 된다.

② 행정청이 구 「토지구획정리사업법」상 토지구획정리사업의 환지예정지를 지정하고, 그 사업에 편입되는 건축물로서 지장물 소유자에게 지장물의 자진이전을 요구한 후 이에 응하지 않자 지장물의 이전에 대한 대집행을 계고하고 다시 대집행영장을 통지한 경우, 위 계고처분 등은 「행정대집행법」의 요건을 갖춘 것으로서 위법하다고 볼 수 없다.

③ 즉시강제를 실시하기 위하여 현장에 파견되는 집행책임자는 그가 집행책임자임을 표시하는 증표를 보여주어야 하며, 즉시강제의 이유와 내용을 고지하여야 하나, 즉시강제를 하려는 재산의 소유자 또는 점유자를 알 수 없거나 현장에서 그 소재를 즉시 확인하기 어려운 경우에는 즉시강제를 실시한 후 집행책임자의 이름 및 그 이유와 내용을 고지할 수 있다.

④ 행정청은 의무자가 행정상 의무를 이행할 때까지 이행강제금을 반복하여 부과할 수 있다. 다만, 의무자가 의무를 이행하면 새로운 이행강제금의 부과를 즉시 중지하되, 이미 부과한 이행강제금은 징수하여야 한다.

10 행정행위의 하자에 대한 설명으로 옳은 것은?

① 국립공원 관리청이 국립공원 집단시설지구개발사업과 관련하여 그 시설물기본설계 변경승인처분을 함에 있어서 환경부장관과의 협의를 거쳤다 하더라도, 공원관리청이 환경부장관의 환경영향평가에 대한 의견에 반하는 처분을 하였다면 그 처분은 위법하게 된다.

② 세액산출근거가 기재되지 아니한 납세고지서에 의한 부과처분은 강행법규에 위반하여 취소대상이 된다고 할 것이지만, 이와 같은 하자는 납세의무자가 전심절차에서 이를 주장하지 아니하였거나 그 후 부과된 세금을 자진납부하였다거나 또는 조세채권의 소멸시효기간이 만료된 경우에는 치유된 것으로 볼 수 있다.

③ 수용보상금의 증액을 구하는 소송에서는 선행처분으로서 그 수용대상 토지 가격 산정의 기초가 된 비교표준지공시지가결정의 위법을 독립된 사유로 주장할 수 없다.

④ 근로복지공단이 사업종류 변경결정을 하면서 실질적으로 「행정절차법」에서 정한 처분절차를 준수하지 않아 사업주에게 방어권행사 및 불복의 기회가 보장되지 않은 경우, 후행처분인 각각의 산재보험료 부과처분에 대한 쟁송절차에서 선행처분인 사업종류 변경결정의 위법성을 다투는 것이 허용된다.

11 「개인정보 보호법」에 대한 설명으로 옳지 않은 것은?

① 개인정보보호위원회는 「개인정보 보호법」을 위반하여 개인정보를 처리한 개인정보처리자에게 과징금을 부과할 수 있으며, 이때 과징금은 전체 매출액을 기준으로 산정한다.

② 개인정보처리자는 정보주체가 필요한 최소한의 정보 외의 개인정보 수집에 동의하지 아니한다는 이유로 정보주체에게 재화 또는 서비스의 제공을 거부하여서는 아니 된다.

③ 해당 정보만으로는 특정 개인을 알아볼 수 없더라도 다른 정보와 쉽게 결합하여 알아볼 수 있는 정보는 '개인정보'에 해당한다.

④ 정보주체는 개인정보처리자의 고의 또는 과실로 인하여 개인정보가 분실·도난·유출·위조·변조 또는 훼손된 경우에는 300만원 이하의 범위에서 상당한 금액을 손해액으로 하여 배상을 청구할 수 있고, 이 경우 해당 개인정보처리자는 고의 또는 과실이 없음을 입증하지 아니하면 책임을 면할 수 없다.

12 행정행위의 내용에 대한 설명으로 옳지 않은 것은?

① 분양전환승인 중 분양전환가격을 승인하는 부분은 분양계약의 효력을 보충하여 그 효력을 완성시켜주는 강학상 '인가'에 해당한다.

② 「도로교통법」상 술에 취한 상태에 있다고 인정할 만한 상당한 이유가 있음에도 불구하고 경찰공무원의 측정에 응하지 아니한 때에는 필요적으로 운전면허를 취소하도록 되어 있으므로 해당 법조의 요건에 해당하였음을 이유로 한 운전면허취소처분에 있어서 재량권의 일탈 또는 남용의 문제는 생길 수 없다.

③ 음주운전으로 인한 운전면허취소처분의 재량권 일탈·남용 여부를 판단할 때, 운전면허의 취소로 입게 될 당사자의 불이익보다 음주운전으로 인한 교통사고를 방지하여야 하는 일반예방적 측면이 더 강조되어야 한다.

④ 행정청이 과거 상대방에게 한 특정한 처분으로 인하여 그에게 유리한 사실관계가 형성되었음을 인식하고 있었음에도 이를 반영하지 않은 채 재량권을 행사하였다면, 이는 행정청의 사실오인에 기초한 것으로서 재량권 일탈·남용에 해당하여 위법하다.

13 신고에 대한 설명으로 옳지 않은 것은?

① 「체육시설의 설치·이용에 관한 법률」에 따른 골프연습장의 신고요건을 갖춘 자라고 할지라도 그 골프연습장을 설치하려고 하는 건물이 「건축법」을 위반한 무허가 건물이라면 적법한 신고를 할 수 없다.

② 건축허가권자는 건축신고가 「건축법」, 「국토의 계획 및 이용에 관한 법률」 등 관계 법령에서 정하는 명시적인 제한에 배치되지 않는 경우에도 건축을 허용하지 않아야 할 중대한 공익상 필요가 있는 경우에는 건축신고의 수리를 거부할 수 있다.

③ 법령등으로 정하는 바에 따라 행정청에 일정한 사항을 통지하여야 하는 신고로서 법률에 신고의 수리가 필요하다고 명시되어 있는 경우(행정기관의 내부 업무 처리 절차로서 수리를 규정한 경우를 포함한다)에는 행정청이 수리하여야 효력이 발생한다.

④ 장기요양기관의 폐업신고는 행정청이 관계 법령이 규정한 요건에 맞는지를 심사한 후 수리하는 이른바 '수리를 필요로 하는 신고'에 해당하나, 행정청이 그 신고를 수리하였다고 하더라도 신고서 위조 등의 사유가 있어 신고행위 자체가 효력이 없다면, 그 수리행위는 수리행위 자체에 중대·명백한 하자가 있는지를 따질 것도 없이 당연히 무효이다.

14 「공익사업을 위한 토지 등의 취득 및 보상에 관한 법률」에 대한 설명으로 옳은 것만을 고른 것은?

> ㄱ. 공법상의 제한을 받는 토지의 수용보상액을 산정함에 있어서는 그 공법상의 제한이 당해 공공사업의 시행을 직접 목적으로 하여 가하여진 경우에는 그 제한을 받는 상태대로 평가하여야 한다.
>
> ㄴ. 사업인정고시가 된 후 토지의 사용으로 인하여 토지의 형질이 변경되는 경우에 해당 토지소유자는 관할 토지수용위원회에 해당 토지의 매수를 청구할 수 있다.
>
> ㄷ. 사업시행자는 이주대책기준을 정하여 이주대책대상자 중에서 이주대책을 수립·실시하여야 할 자를 선정하여 그들에게 공급할 택지 또는 주택의 내용이나 수량을 정할 수 있고, 이를 정하는 데 재량을 가진다.
>
> ㄹ. 생활대책대상자 선정기준에 해당하는 자는 사업시행자에게 생활대책대상자 선정 여부의 확인·결정을 신청할 수 있는 권리를 가지는 것이어서, 만일 사업시행자가 그러한 자를 생활대책대상자에서 제외하거나 선정을 거부하면, 이러한 생활대책대상자 선정기준에 해당하는 자는 사업시행자를 상대로 항고소송을 제기할 수 있다.
>
> ㅁ. 사업시행자는 동일한 소유자에게 속하는 일단의 토지의 일부를 취득하거나 사용하는 경우 해당 공익사업의 시행으로 인하여 잔여지의 가격이 증가하거나 그 밖의 이익이 발생한 경우에도 그 이익을 그 취득 또는 사용으로 인한 손실과 상계할 수 없다.

① ㄱ, ㄴ, ㅁ   ② ㄱ, ㄷ, ㄹ
③ ㄴ, ㄹ, ㅁ   ④ ㄷ, ㄹ, ㅁ

15 「행정심판법」에 대한 설명으로 옳지 않은 것은?

① 선정대표자는 다른 청구인들을 위하여 그 사건에 관한 모든 행위를 할 수 있다. 다만, 심판청구를 취하하려면 다른 청구인들의 동의를 받아야 하며, 이 경우 동의 받은 사실을 서면으로 소명하여야 한다.

② 위원회는 취소심판의 청구가 이유가 있다고 인정하면 처분을 취소 또는 다른 처분으로 변경하거나, 처분을 취소 또는 다른 처분으로 변경할 것을 피청구인에게 명한다.

③ 처분의 상대방이 아닌 제3자가 심판청구를 한 경우 위원회는 재결서의 등본을 지체 없이 피청구인을 거쳐 처분의 상대방에게 송달하여야 한다.

④ 청구인은 위원회의 간접강제결정에 불복하는 경우 그 결정에 대하여 행정소송을 제기할 수 있다.

16 정보공개에 대한 설명으로 옳은 것은?

① 대한주택공사가 보유하고 있는 아파트재건축주택조합의 조합원들에게 제공될 무상보상평수의 사업수익성 등을 검토한 자료는 비공개대상정보에 해당한다.

② 사립대학교는 정보공개법 시행령에 따른 정보공개의 무를 지는 공공기관에 해당하나, 국비의 지원을 받는 범위 내에서만 그러한 공공기관의 성격을 가진다.

③ 군검사가 공소제기된 사건과 관련하여 보관하고 있는 서류 또는 물건에 관하여는 피고인이나 변호인의 정보공개법에 의한 정보공개청구가 허용되지 아니한다.

④ 도시공원위원회의 심의 후 그 심의사항들에 대한 시장 등의 결정의 대외적 공표행위가 있기 전에도 위 위원회의 회의관련자료 및 회의록은 비공개대상정보에 해당한다고 볼 수 없다.

17 취소소송의 판결에 대한 설명으로 옳지 않은 것은?

① 법원이 사정판결을 할 때 그 처분등을 취소하는 것이 현저히 공공복리에 적합하지 아니한지 여부는 사실심 변론을 종결할 때를 기준으로 판단한다.

② 행정처분을 취소한다는 확정판결이 있으면 당해 행정처분의 취소나 취소통지 등의 별도의 절차를 요하지 아니하고 당연히 취소의 효과가 발생한다.

③ 확정된 종국판결의 사실심 변론종결 이전에 발생하고 제출할 수 있었던 사유에 기인한 주장이나 항변은 확정판결의 기판력에 의하여 차단되므로 당사자가 그와 같은 사유를 원인으로 확정판결의 내용에 반하는 주장을 새로이 하는 것은 허용되지 아니한다.

④ 취소소송의 피고는 처분청이므로 행정청을 피고로 하는 취소소송에 있어서의 기판력은 당해 처분이 귀속하는 국가 또는 공공단체에는 미치지 아니한다.

18 국가배상에 대한 설명으로 옳지 않은 것은?

① 「국가배상법」상 배상심의회의 배상결정을 받은 신청인이 배상금 지급을 청구하지 아니하거나 지방자치단체가 대통령령으로 정하는 기간 내에 배상금을 지급하지 아니하면 그 결정에 동의하지 아니한 것으로 본다.

② 지방자치단체로부터 법령에 의해 대집행권한을 위탁받은 한국토지주택공사가 공무인 대집행을 실시하면서 불법행위로 타인에게 손해를 입힌 경우, 한국토지주택공사는 경과실이 있는 경우에도 손해배상책임을 진다.

③ 생명·신체의 침해로 인한 국가배상을 받을 권리는 양도할 수는 있으나 압류하지는 못한다.

④ 지방자치단체장이 교통신호기를 설치하여 그 관리권한이 「도로교통법」 제71조의2 제1항의 규정에 의하여 관할 지방경찰청장에게 위임되어 지방자치단체 소속 공무원과 지방경찰청 소속 공무원이 합동 근무하는 교통종합관제센터에서 그 관리업무를 담당하던 중 위 신호기가 고장난 채 방치되어 교통사고가 발생한 경우, 국가는 「국가배상법」 제6조 제1항에 의한 배상책임을 부담한다.

19 행정상 계약에 대한 설명으로 옳은 것만을 고른 것은?

ㄱ. 국립의료원 부설 주차장에 관한 위탁관리용역운영계약은 공법상 계약에 해당한다.

ㄴ. 다른 법률에 특별한 규정이 있는 경우이거나 또는 지방계약법의 개별 규정의 규율내용이 매매, 도급 등과 같은 특정한 유형·내용의 계약을 규율대상으로 하고 있는 경우가 아닌 한, 지방자치단체를 당사자로 하는 계약에 관하여는 그 계약의 성질이 공법상 계약인지 사법상 계약인지와 상관없이 원칙적으로 지방계약법의 규율이 적용된다고 보아야 한다.

ㄷ. 구 「산업집적활성화 및 공장설립에 관한 법률」에 따른 산업단지 입주계약의 해지통보는 대등한 당사자의 지위에서 형성된 공법상 계약을 계약당사자의 지위에서 종료시키는 의사표시에 해당하는 것이지, 항고소송의 대상이 되는 처분에 해당한다고 볼 수 없다.

ㄹ. 공법상 계약 체결에 따른 권리를 취득한 상대방이 그러한 권리의 실질적 보장을 위한 방법의 하나로 공법상 계약의 상대방 측인 행정청을 상대로 수익적 행정행위를 신청하였고 그러한 신청이 공법상 계약에 따른 권리·의무의 이행방식에 위배되는 것이 아니라면, 특별한 사정이 없는 이상 행정청으로서는 수익적 행정행위에 관한 재량권을 공법상 계약에 반하지 않는 범위에서 행사하여야 한다.

① ㄱ, ㄷ   ② ㄱ, ㄹ
③ ㄴ, ㄷ   ④ ㄴ, ㄹ

20 제재처분에 대한 설명으로 옳지 않은 것은?

① 제재적 행정처분의 기준이 부령 형식으로 규정되어 있더라도 그것은 행정청 내부의 사무처리준칙을 규정한 것에 지나지 않아 대외적으로 국민이나 법원을 기속하는 효력이 없다.

② 당사자는 제재처분이 행정심판, 행정소송 및 그 밖의 쟁송을 통하여 다툴 수 없게 된 경우에도 그 처분의 근거가 된 사실관계 또는 법률관계가 추후에 당사자에게 유리하게 바뀐 경우에는 「행정기본법」에 따라 해당 처분을 한 행정청에 처분을 취소·철회하거나 변경하여 줄 것을 신청할 수 있다.

③ 여러 처분사유에 관하여 하나의 제재처분을 하였을 때 그중 일부가 인정되지 않는다고 하더라도 나머지 처분사유들만으로도 처분의 정당성이 인정되는 경우에는 그 처분을 위법하다고 보아 취소하여서는 아니된다.

④ 「식품위생법」에 따른 영업장 면적 변경에 관한 신고 의무가 이행되지 않은 영업을 양수한 자가 그 신고의무를 이행하지 않은 채 영업을 계속하는 경우, 시정명령 또는 영업정지 등 제재처분의 대상이 된다.

01 행정행위의 취소와 철회에 대한 설명으로 옳지 않은 것은?

① 수익적 처분이 상대방의 허위 기타 부정한 방법으로 인하여 행하여졌다면 상대방은 그 처분이 그와 같은 사유로 인하여 취소될 것임을 예상할 수 있었으므로, 이러한 경우까지 상대방의 신뢰를 보호하여야 하는 것은 아니다.

② 과세관청이 조세부과처분을 취소하면 그 부과처분으로 인한 법률효과는 일단 소멸하는 것이므로, 그 후 다시 동일한 과세대상에 대하여 조세부과처분을 하여도 이미 소멸한 법률효과가 다시 회복되는 것은 아니다.

③ 행정청이 의료법인의 이사에 대한 이사취임승인취소처분(제1처분)을 직권으로 취소(제2처분)한 경우, 제1처분과 제2처분 사이에 법원에 의하여 선임결정된 임시이사들의 지위는 법원의 해임결정이 없더라도 당연히 소멸된다.

④ 흠 있는 부분에 해당하는 「도로법」상 도로점용료를 감액하는 처분은 당초 처분 자체의 흠을 치유하는 것으로서 하자의 치유에 해당한다.

02 행정대집행에 대한 설명으로 옳지 않은 것은?

① 건물철거명령 및 철거대집행계고를 한 후에 이에 불응하자 다시 제2차, 제3차의 계고를 하였다면 철거의무는 처음에 한 건물철거명령 및 철거대집행계고로 이미 발생하였고 그 이후에 한 제2차, 제3차의 계고는 새로운 철거의무를 부과한 것이 아니라 대집행 기한을 연기하는 통지에 불과하다.

② 적법한 건축물에 대한 철거명령에 따르지 아니함을 이유로 한 건축물철거 대집행계고처분은 위법하나 권한 있는 기관에 의하여 취소되기 전까지는 유효하다.

③ 관계 법령상 행정대집행의 절차가 인정되어 행정청이 행정대집행의 방법으로 건물의 철거 등 대체적 작위의무의 이행을 실현할 수 있는 경우에는 따로 민사소송의 방법으로 그 의무의 이행을 구할 수 없다.

④ 아무런 권원 없이 국유재산에 설치한 시설물에 대하여 행정청이 행정대집행을 실시하지 않는 경우, 그 국유재산에 대한 사용청구권을 가지고 있는 자는 국가를 대위하여 민사소송으로 그 시설물의 철거를 구할 수 있다.

03 국가배상에 대한 설명으로 옳은 것은?

① 공무원이 자기 소유의 자동차로 공무수행 중 사고를 일으킨 경우에는 그 손해배상책임은 「자동차손해배상보장법」이 정한 바에 의하게 되어, 그 사고가 자동차를 운전한 공무원의 경과실에 의한 것인지 중과실 또는 고의에 의한 것인지를 가리지 않고 그 공무원이 「자동차손해배상보장법」 소정의 '자기를 위하여 자동차를 운행하는 자'에 해당하는 한 손해배상책임을 부담한다.

② 국가의 철도운행사업과 관련하여 발생한 사고로 인한 손해배상청구에 있어서 그 사고에 공무원이 간여하였다면 「국가배상법」이 적용되어야 한다.

③ 훈련으로 공상을 입은 군인이 「국가배상법」에 따라 손해배상금을 지급받은 다음 「보훈보상대상자 지원에 관한 법률」이 정한 보훈급여금의 지급을 청구하는 경우, 국가는 「국가배상법」 제2조 제1항 단서에 따라 그 지급을 거부할 수 있다.

④ 「국가배상법」에 따른 손해배상의 소송은 배상심의회에 배상신청을 하지 아니하면 제기할 수 없다.

04 법률상 이익에 대한 설명으로 옳지 않은 것은?

① 사립학교 교원이 소청심사청구를 하여 해임처분의 효력을 다투던 중 형사판결 확정 등 당연퇴직사유가 발생하여 교원의 지위를 회복할 수 없더라도, 해임처분이 취소되거나 변경되면 해임처분일부터 당연퇴직사유 발생일까지의 기간에 대한 보수 지급을 구할 수 있는 경우에는 소청심사청구를 기각한 교원소청심사위원회 결정의 취소를 구할 법률상 이익이 있다.

② 행정청이 공무원에 대하여 새로운 직위해제사유에 기한 직위해제처분을 한 경우 그 이전에 한 직위해제처분은 이를 묵시적으로 철회하였다고 봄이 상당하므로, 그 이전 처분의 취소를 구하는 부분은 소의 이익이 없어 부적법하다.

③ 특별한 사정이 없는 한 경원관계에서 허가 등 수익적 처분을 받지 못한 사람은 자신에 대한 거부처분의 취소를 구할 소의 이익이 있다.

④ 다른 약사에 대한 약국개설등록처분으로 인해 '의료기관의 처방약 조제 기회를 공정하게 배분받을 기존 약국개설자의 법률상 이익'이 침해될 우려가 있다고 볼 수 있으려면, 기존 약국개설자의 주된 매출이 해당 의료기관이 발행한 처방전에 기초하고 있었다거나 해당 의료기관이 발행한 처방전에 관한 기존 약국개설자의 매출 감소가 상당해야만 한다.

05 행정절차에 대한 설명으로 옳은 것은?

① 행정청이 당사자와 사이에 도시계획사업의 시행과 관련한 협약을 체결하면서 관계 법령상 요구되는 청문절차를 배제하는 조항을 두었다면, 이는 청문을 실시하지 않아도 되는 예외적인 경우에 해당한다.

② 행정청이 미리 공표한 기준, 즉 행정규칙을 따랐는지 여부가 처분의 적법성을 판단하는 결정적인 지표가 되지 못하는 것과 마찬가지로, 행정청이 미리 공표하지 않은 기준을 적용하였는지 여부도 처분의 적법성을 판단하는 결정적인 지표가 될 수 없다.

③ 처분 당시 당사자가 어떠한 근거와 이유로 처분이 이루어진 것인지를 충분히 알 수 있어서 그에 불복하여 행정구제절차로 나아가는 데에 별다른 지장이 없었던 것으로 인정되는 경우에도 처분서에 처분의 근거와 이유가 구체적으로 명시되어 있지 않았다면 그 처분은 위법하다.

④ 법인이 아닌 사단 또는 재단은 행정절차에서 당사자 등이 될 수 없다.

06 인허가 받은 영업의 양도에 대한 설명으로 옳지 않은 것은?

① 관할 행정청은 양수인의 선의·악의를 불문하고 양수인에 대하여 불법증차 차량에 관하여 지급된 유가보조금의 반환을 명할 수 있으나, 그에 따른 양수인의 책임범위는 지위승계 후 발생한 유가보조금 부정수급액에 한정되고, 지위승계 전에 발생한 유가보조금 부정수급액에 대해서까지 양수인을 상대로 반환명령을 할 수는 없다.

② 만일 어떠한 공중위생영업에 대하여 그 영업을 정지할 위법사유가 있다면, 관할 행정청은 그 영업이 양도·양수되었다 하더라도 그 업소의 양수인에 대하여 영업정지처분을 할 수 있다.

③ 사업양도·양수에 따른 허가관청의 지위승계신고의 수리는 적법한 사업의 양도·양수가 있었음을 전제로 하는 것이므로 그 수리대상인 사업양도·양수가 존재하지 아니하거나 무효인 때에는 수리를 하였다 하더라도 그 수리는 유효한 대상이 없는 것으로서 당연히 무효라 할 것이나, 사업의 양도행위가 무효라고 주장하는 양도자가 민사쟁송으로 양도·양수행위의 무효를 구함이 없이 막바로 허가관청을 상대로 하여 행정소송으로 위 신고수리처분의 무효확인을 구할 법률상 이익은 인정되지 않는다.

④ 행정청이 주택건설사업의 양수인에 대하여 양도인에 대한 사업계획승인을 취소하였다는 사실을 통지한 것만으로는 양수인의 법률상 지위에 어떠한 변동을 일으키는 것은 아니므로 위 통지는 항고소송의 대상이 되는 행정처분이라고 할 수는 없다.

07 행정행위의 부관에 대한 설명으로 옳은 것만을 고른 것은?

> ㄱ. 도로관리청이 수익적 행정행위로서 도로점용허가를 하면서 일정한 의무를 부과하는 부관을 붙인 경우, 특별한 사정이 없는 한 그 의무의 이행상대방은 수익적 행정행위를 한 행정청으로 한정되지 않는다.
>
> ㄴ. 일반적으로 보조금 교부결정에 관해서는 행정청에게 광범위한 재량이 부여되어 있고, 행정청은 보조금 교부결정을 할 때 법령과 예산에서 정하는 보조금의 교부 목적을 달성하는 데에 필요한 조건을 붙일 수 있다.
>
> ㄷ. 행정처분의 상대방이 수익적 행정처분을 얻기 위하여 행정청과 사이에 행정처분에 부가할 부담에 관한 협약을 체결하고 행정청이 수익적 행정처분을 하면서 협약상의 의무를 부담으로 부가하였으나 부담의 전제가 된 주된 행정처분의 근거 법령이 개정됨으로써 행정청이 더 이상 부관을 붙일 수 없게 된 경우에도 곧바로 협약의 효력이 소멸하는 것은 아니다.

① ㄴ
② ㄱ, ㄷ
③ ㄴ, ㄷ
④ ㄱ, ㄴ, ㄷ

08 사인의 공법행위에 대한 설명으로 옳은 것은?

① 당사자가 처분을 신청할 때 전자문서로 하는 경우에는 행정청의 컴퓨터 등에 입력된 때에 신청한 것으로 보며, 이 경우 행정청은 당사자의 동의가 없더라도 전자문서로 처분을 할 수 있다.

② 「민법」 제107조 제1항 단서의 비진의 의사표시의 무효에 관한 규정은 그 성질상 사인의 공법행위에 적용될 수 있다.

③ 허가대상 건축물의 양수인이 구 「건축법 시행규칙」에 규정되어 있는 형식적 요건을 갖추어 시장·군수 등 행정관청에 적법하게 건축주의 명의변경을 신고한 때에도 행정관청은 실체적인 이유를 내세워 신고의 수리를 거부할 수 있다.

④ 신고납부방식의 조세는 원칙적으로 납세의무자가 스스로 과세표준과 세액을 정하여 신고하는 행위에 의하여 납세의무가 구체적으로 확정되므로, 납세의무자의 신고행위에 하자가 있다면 그에 따라 납부된 세액 상당액은 법률상 원인 없는 것으로서 부당이득이 된다.

09 취소소송의 피고적격에 대한 설명으로 옳은 것만을 고른 것은?

> ㄱ. 「국세징수법」에 근거하여 한국자산관리공사가 행하는 공매의 대행은 세무서장의 공매권한의 위임에 의한 것이므로 한국자산관리공사의 공매처분에 대한 취소소송에서 피고는 한국자산관리공사가 된다.
> ㄴ. 관할청인 농림축산식품부장관으로부터 농지보전부담금 수납업무의 대행을 위탁받은 한국농어촌공사가 농지보전부담금 납부통지서에 관할청의 대행자임을 기재하고 납부통지서를 보낸 경우, 농지보전부담금 부과처분에 대한 취소소송의 피고는 한국농어촌공사가 된다.
> ㄷ. 중앙노동위원회의 처분에 대한 항고소송의 피고는 중앙노동위원회 위원장이 된다.

① ㄱ, ㄴ   ② ㄱ, ㄷ
③ ㄴ, ㄷ   ④ ㄱ, ㄴ, ㄷ

10 「질서위반행위규제법」상 과태료에 대한 설명으로 옳지 않은 것은?

① 과태료 재판을 하는 법원은 직권으로 사실의 탐지와 필요하다고 인정하는 증거의 조사를 하여야 한다.
② 과태료 재판에서는 행정소송에서와 같은 신뢰보호의 원칙 위반 여부가 문제로 되지 아니한다.
③ 질서위반행위의 성립과 과태료 처분은 행위시의 법률에 따른다.
④ 과태료는 행정법규위반이라는 객관적 사실에 대하여 과해지는 것으로 법령상 책임자로 규정된 자에게 부과되고, 위반자의 고의·과실을 요하지 않는다.

11 행정상 법률관계에 대한 설명으로 옳지 않은 것은?

① 변상금 부과처분에 대한 취소소송이 진행되는 동안에는 그 부과권의 소멸시효가 진행하지 아니한다.
② 타인의 사무가 국가의 사무인 경우, 사인이 처리한 국가의 사무가 사인이 국가를 대신하여 처리할 수 있는 성질의 것으로서, 사무 처리의 긴급성 등 국가의 사무에 대한 사인의 개입이 정당화되는 경우에 한하여 사무관리가 성립하고, 사인은 그 범위 내에서 국가에 대하여 국가의 사무를 처리하면서 지출된 필요비 내지 유익비의 상환을 청구할 수 있다.
③ 법령등 또는 처분에서 국민의 권익을 제한하거나 의무를 부과하는 경우 권익이 제한되거나 의무가 지속되는 기간을 계산할 때에 기간의 말일이 토요일 또는 공휴일인 경우에도 기간은 그 날로 만료한다. 다만, 그러한 기준을 따르는 것이 국민에게 불리한 경우에는 그러하지 아니하다.
④ 대한변호사협회는 변호사 등록에 관한 한 공법인으로서 공권력 행사의 주체이므로, 대한변호사협회가 등록사무의 수행과 관련하여 정립한 규범을 단순히 내부 기준이라거나 사법적인 성질을 지니는 것이라 볼 수는 없고, 변호사 등록을 하려는 자와의 관계에서 대외적 구속력을 가지는 공권력 행사에 해당한다.

12 행정계획에 대한 설명으로 옳지 않은 것은?

① 주민 등의 도시관리계획의 입안 제안을 거부하는 처분에 대하여 이익형량의 하자를 이유로 취소판결이 확정된 후에 행정청이 다시 이익형량을 하여 주민 등이 제안한 것과는 다른 내용의 계획을 수립한다면 이는 재처분의무를 이행한 것으로 볼 수 없다.

② 행정주체가 구체적인 행정계획을 입안·결정할 때 가지는 형성의 자유의 한계에 관한 법리는 「산업입지 및 개발에 관한 법률」상 산업단지개발계획 변경권자가 산업단지 입주업체 등의 신청에 따라 산업단지개발계획을 변경할 것인지를 결정하는 경우에도 마찬가지로 적용된다.

③ 환지예정지 지정이나 환지처분은 그에 의하여 직접 토지소유자 등의 권리의무가 변동되므로 이를 항고소송의 대상이 되는 처분이라고 볼 수 있으나, 환지계획은 항고소송의 대상이 되는 처분에 해당한다고 할 수 없다.

④ 재건축정비사업조합이 「도시 및 주거환경정비법」에 기초하여 수립한 사업시행계획은 인가·고시를 통해 확정되면 이해관계인에 대한 구속적 행정계획으로서 독립된 행정처분에 해당한다.

13 정보공개에 대한 설명으로 옳은 것은?

① 전자적 형태로 보유·관리되는 정보의 경우, 그 정보가 청구인이 구하는 대로 되어 있지 않아 공개청구를 받은 공공기관이 공개청구대상정보의 기초자료를 검색하여 청구인이 구하는 대로 편집하여야 한다면, 이러한 경우 기초자료를 검색·편집하는 것은 '새로운 정보'의 생산 또는 가공에 해당한다.

② 알 권리에서 파생되는 정부의 공개의무는 특별한 사정이 없는 한 국민의 적극적인 정보수집행위나 특정의 정보에 대한 공개청구가 있는 경우에야 비로소 존재하는 것은 아니다.

③ 「공공기관의 정보공개에 관한 법률」 제9조 제1항에서 말하는 '공공기관이 보유·관리하는 정보'란 당해 공공기관이 작성하여 보유·관리하고 있는 정보뿐만 아니라 경위를 불문하고 당해 공공기관이 보유·관리하고 있는 모든 정보를 의미한다.

④ 문제은행 출제방식을 채택하고 있는 치과의사 국가시험의 문제지와 정답지는 비공개정보에 해당하지 않는다.

14 집행정지에 대한 설명으로 옳지 않은 것은?

① 제재처분에 대한 행정쟁송절차에서 처분에 대해 집행정지결정이 이루어졌더라도 본안에서 해당 처분이 최종적으로 적법한 것으로 확정되어 집행정지결정이 실효되고 제재처분을 다시 집행할 수 있게 되면, 처분청으로서는 당초 집행정지결정이 없었던 경우와 동등한 수준으로 해당 제재처분이 집행되도록 필요한 조치를 취하여야 한다.

② 집행정지의 요건으로 규정하고 있는 '공공복리에 중대한 영향을 미칠 우려'가 없을 것이라고 할 때의 '공공복리'는 그 처분의 집행과 관련된 구체적이고도 개별적인 공익을 말하는 것으로서 이러한 집행정지의 소극적 요건에 대한 주장·소명책임은 행정청에게 있다.

③ 무효등 확인소송과 부작위위법확인소송을 본안소송으로 하는 집행정지는 인정되지 아니한다.

④ 집행정지결정을 한 후에라도 본안소송이 취하되어 소송이 계속하지 아니한 것으로 되면 집행정지결정은 당연히 그 효력이 소멸되는 것이고 별도의 취소조치를 필요로 하는 것이 아니다.

15 인허가의제에 대한 설명으로 옳은 것만을 고른 것은?

> ㄱ. 주택건설사업계획 승인처분에 따라 의제된 인허가가 위법함을 다투고자 하는 이해관계인은, 주택건설사업계획 승인처분의 취소를 구할 것이 아니라 의제된 인허가의 취소를 구하여야 하며, 의제된 인허가는 주택건설사업계획 승인처분과 별도로 항고소송의 대상이 되는 처분에 해당한다.
> ㄴ. 인허가 의제대상이 되는 처분의 공시방법에 관한 하자는 주택건설사업계획 승인처분 자체의 위법사유가 될 수 있다.
> ㄷ. 주택건설사업계획 승인권자가 도시·군관리계획 결정권자와 협의를 거쳐 관계 주택건설사업계획을 승인하면 도시·군관리계획결정이 이루어진 것으로 의제되고, 이때 인허가의제의 효력이 발생하기 위해서는 이러한 협의 절차와 별도로 「국토의 계획 및 이용에 관한 법률」 제28조 등에서 정한 도시·군관리계획 입안을 위한 주민 의견청취 절차를 거쳐야 한다.
> ㄹ. 주된 인허가에 관한 사항을 규정하고 있는 법률에서 주된 인허가가 있으면 다른 법률에 의한 인허가를 받은 것으로 의제한다는 규정을 둔 경우, 주된 인허가가 있으면 다른 법률에 의한 인허가가 있는 것으로 보는 데 그치고, 거기에서 더 나아가 다른 법률에 의하여 인허가를 받았음을 전제로 하는 그 다른 법률의 모든 규정들까지 적용되는 것은 아니다.

① ㄱ, ㄷ
② ㄱ, ㄹ
③ ㄴ, ㄷ
④ ㄴ, ㄹ

16 행정행위의 요건과 효력에 대한 설명으로 옳은 것은?

① 구 「청소년보호법」에 따른 청소년유해매체물 결정 및 고시처분은 각종 의무를 발생시키는 행정처분이나, 정보통신윤리위원회와 청소년보호위원회가 이 결정 및 고시처분이 있었음을 관련 웹사이트 운영자에게 제대로 통지하지 않았다면 그 효력이 발생하지 아니한다.

② 처분의 송달이 불가능한 경우에는 송달받을 자가 알기 쉽도록 관보, 공보, 게시판, 일간신문 또는 인터넷 홈페이지 중 하나 이상에 공고하여야 한다.

③ 민사소송에서 어느 행정처분의 당연무효 여부가 선결문제로 되는 경우 행정소송 등의 절차에 의하여 그 취소나 무효확인을 받아야 한다.

④ 연령미달의 결격자가 다른 사람 이름으로 교부받은 운전면허는 당연무효가 아니고 취소되지 않는 한 유효하므로 그 연령미달 결격자의 운전행위는 무면허운전에 해당하지 아니한다.

17 행정조사에 대한 설명으로 옳지 않은 것은?

① 음주운전 여부에 대한 조사 과정에서 운전자 본인의 동의를 받지 아니하고 또한 법원의 영장도 없이 채혈조사를 한 결과를 근거로 한 운전면허 정지·취소처분은 특별한 사정이 없는 한 위법한 처분으로 볼 수밖에 없다.

② 시료채취의 방법 등이 시료채취의 방법, 오염물질 측정의 방법 등을 정한 구 「수질오염공정시험기준」에서 정한 절차에 위반되었다면 그에 기초하여 내려진 행정처분은 그 자체로 위법하게 된다.

③ 우편물 통관검사절차에서 이루어지는 우편물의 개봉, 시료채취, 성분분석 등의 검사는 수출입물품에 대한 적정한 통관 등을 목적으로 한 행정조사의 성격을 가지는 것으로서 수사기관의 강제처분이라고 할 수 없으므로, 압수·수색영장 없이 우편물의 개봉, 시료채취, 성분분석 등 검사가 진행되었다 하더라도 특별한 사정이 없는 한 위법하다고 볼 수 없다.

④ 「근로기준법」 제101조에 따른 근로감독관의 직무에 관한 사항에 대해서는 「행정조사기본법」을 적용하지 아니한다.

18 「공익사업을 위한 토지 등의 취득 및 보상에 관한 법률」에 대한 설명으로 옳지 않은 것은?

① 토지수용위원회의 수용재결이 있은 후에는 설령 토지소유자와 사업시행자가 다시 협의하여 토지 등의 취득·사용 및 그에 대한 보상에 관하여 구체적인 합의를 이루었다 하더라도 이에 관한 계약을 체결할 수 없다.

② 사업시행자가 사업인정을 받은 후 해당 공익사업을 수행할 의사나 능력을 상실하였음에도 여전히 그 사업인정에 기하여 수용권을 행사하는 것은 수용권의 공익 목적에 반하는 수용권의 남용에 해당하여 허용되지 않는다.

③ 사업인정고시는 수용재결절차로 나아가 강제적인 방식으로 토지소유자나 관계인의 권리를 취득·보상하기 위한 절차적 요건에 지나지 않고 영업손실보상의 요건이 아니다.

④ 「공익사업을 위한 토지 등의 취득 및 보상에 관한 법률」 제85조 제1항에 따른 기간 이내에 소송이 제기되지 아니하거나 그 밖의 사유로 이의신청에 대한 재결이 확정된 때에는 「민사소송법」상의 확정판결이 있은 것으로 보며, 재결서 정본은 집행력 있는 판결의 정본과 동일한 효력을 가진다.

19 행정소송에 대한 설명으로 옳은 것만을 고른 것은?

ㄱ. 사실심에서 변론종결시까지 당사자가 주장하지 않던 직권조사사항에 해당하는 사항을 상고심에서 비로소 주장하는 경우 그 직권조사사항에 해당하는 사항은 상고심의 심판범위에 해당하지 않는다.

ㄴ. 사회적 사실관계의 기본적 동일성이 인정되는 경우라고 하더라도 그에 대한 규범적 평가와 처분의 근거 법령의 변경으로, 예를 들어 기속행위가 재량행위로 변경되는 경우와 같이, 당초 처분의 내용을 변경할 필요성이 제기되는 경우에는 당초 처분의 내용을 그대로 유지한 채 근거 법령만 추가·변경하는 것은 허용될 수 없다.

ㄷ. 징계혐의자에 대한 감봉 1월의 징계처분을 견책으로 변경한 소청결정 중 그를 견책에 처한 조치는 재량권의 남용 또는 일탈로서 위법하다는 사유는 소청결정 자체에 고유한 위법을 주장하는 것으로서 소청결정의 취소사유가 된다.

ㄹ. 법원은 행정처분 당시 행정청이 알고 있었던 자료뿐만 아니라 사실심 변론종결 당시까지 제출된 모든 자료를 종합하여 처분 당시 존재하였던 객관적 사실을 확정하고 그 사실에 기초하여 처분의 위법 여부를 판단할 수 있다.

ㅁ. 취소소송에는 사실심의 변론종결시까지 관련청구소송을 병합하거나 피고외의 자를 상대로 한 관련청구소송을 취소소송이 계속된 법원에 병합하여 제기할 수 있다.

① ㄱ, ㄴ, ㅁ   ② ㄱ, ㄷ, ㄹ

③ ㄴ, ㄹ, ㅁ   ④ ㄷ, ㄹ, ㅁ

20 당사자소송에 대한 설명으로 옳은 것은?

① 「개발이익환수에 관한 법률」상 개발부담금부과처분이 취소된 경우 그 과오납금의 반환을 청구하는 소송은 당사자소송에 해당한다.

② 관련청구소송의 이송 및 병합에 관한 「행정소송법」 제10조의 규정은 항고소송 이외에 당사자소송에는 준용되지 않는다.

③ 군인연금법령상 급여를 받으려고 하는 사람이 급여지급을 청구하였으나 국방부장관 등이 이를 거부한 경우, 곧바로 국가를 상대로 한 당사자소송으로 급여의 지급을 청구할 수 있다.

④ 「행정소송법」에 의하면 행정소송에도 「민사소송법」의 규정이 일반적으로 준용되므로 법원으로서는 공법상 당사자소송에서 재산권의 청구를 인용하는 판결을 하는 경우 가집행선고를 할 수 있고, 이는 국가를 상대로 하는 당사자소송의 경우에도 마찬가지이다.

01 이행강제금에 대한 설명으로 옳지 않은 것은?

① 행정청은 이행강제금을 부과하기 전에 미리 의무자에게 적절한 이행기간을 정하여 그 기한까지 행정상 의무를 이행하지 아니하면 이행강제금을 부과한다는 뜻을 문서로 계고하여야 한다.

② 「건축법」상 이행강제금 납부의무는 상속인 기타의 사람에게 승계될 수 없는 일신전속적인 성질의 것이므로 이미 사망한 사람에게 이행강제금을 부과하는 내용의 처분이나 결정은 당연무효이고, 이행강제금을 부과받은 사람의 이의에 의하여 「비송사건절차법」에 의한 재판절차가 개시된 후에 그 이의한 사람이 사망한 때에는 사건 자체가 목적을 잃고 절차가 종료한다.

③ 관할청이 이행강제금 부과처분을 하면서 재결청에 행정심판을 청구하거나 관할 행정법원에 행정소송을 할 수 있다고 잘못 안내하거나 관할 행정심판위원회가 각하재결이 아닌 기각재결을 하면서 관할 법원에 행정소송을 할 수 있다고 잘못 안내하였다고 하더라도, 그러한 잘못된 안내로 이행강제금에 대한 행정법원의 항고소송 재판관할이 생긴다고 볼 수 없다.

④ 행정청은 의무 불이행의 동기, 목적 및 결과 등을 고려하여 이행강제금의 부과금액을 감경할 수는 있으나 이를 가중할 수는 없다.

02 행정행위의 부관에 대한 설명으로 옳은 것은?

① 도로점용허가 대상 도로가 아닌 다른 도로의 관리청이 그의 필요에 따라 도로점용허가 대상 도로에 관한 공사를 시행하는 경우에는 당초 도로점용허가를 한 처분청과 처분상대방 사이의 공사비용 부담 주체 결정에 관한 부관인 조건을 원용할 수 없다.

② 기부채납 받은 행정재산에 대한 사용·수익허가에서 공유재산의 관리청이 정한 사용·수익허가의 기간은 그 허가의 효력을 제한하기 위한 행정행위의 부관으로서 독립하여 행정소송의 대상으로 삼을 수 있다.

③ 행정처분에 부담인 부관을 붙인 경우 부관의 무효화에 의하여 본체인 행정처분 자체의 효력에도 영향이 있게 될 수 있으며, 그 처분을 받은 사람이 부담의 이행으로 사법상 매매 등의 법률행위를 한 경우 그 법률행위 자체는 당연무효이다.

④ 행정처분에 붙인 부담인 부관에 제소기간 도과로 불가쟁력이 생긴 경우에는 그 부담의 이행으로 한 사법상 법률행위의 효력을 다툴 수 없다.

03 행정법의 일반원칙에 대한 설명으로 옳지 않은 것은?

① 국립대학교 총장은 공권력을 행사하는 주체이자 기본권 수범자로서의 지위를 가지므로 헌법상 평등원칙의 직접적인 구속을 받고, 국민의 기본권을 보호 내지 실현할 책임과 의무를 부담하므로, 그 차별처우의 위법성이 보다 폭넓게 인정된다.

② 국민건강보험공단이 직장가입자와 사실상 혼인관계에 있는 사람 중 이성 동반자와 달리 동성 동반자인 자를 피부양자로 인정하지 않고 그 자격을 박탈하는 처분을 한 것은 헌법상 평등원칙에 위반된다.

③ 지방의회의 조사·감사를 위해 채택된 증인의 불출석 등에 대한 과태료를 그 사회적 신분에 따라 차등 부과할 것을 규정한 조례안은 과태료를 부과하는 목적에 비추어 볼 때 그 합리성을 인정할 수 있어서 헌법에 규정된 평등의 원칙에 위배되지 않는다.

④ 행정청이 외국인인 상대방에게 공신력이 있는 주민등록번호와 이에 따른 주민등록증을 부여한 행위는 그 상대방에게 대한민국 국적을 취득하였다는 공적인 견해를 표명한 것이라고 보아야 한다.

04 정보공개에 대한 설명으로 옳지 않은 것은?

① 정보공개를 청구할 수 있는 '모든 국민'에는 자연인은 물론 법인, 권리능력 없는 사단·재단도 포함되고, 법인, 권리능력 없는 사단·재단 등의 경우에는 설립목적을 불문한다.

② 청구인이 공개를 청구한 정보의 내용 중 너무 포괄적이거나 막연하여 사회일반인의 관점에서 그 내용과 범위를 확정할 수 있을 정도로 특정되었다고 볼 수 없는 부분이 포함되어 있는 경우, 이를 심리하는 법원으로서는 청구인에게 청구대상 정보의 내용과 범위를 특정하도록 요구할 수 있을 뿐, 공공기관이 보유·관리하고 있는 청구대상정보를 해당 기관으로 하여금 법원에 제출하도록 하거나 이를 비공개로 열람·심사할 수는 없다.

③ 공공기관이 공개청구의 대상이 된 정보를 공개는 하되, 청구인이 신청한 공개방법 이외의 방법으로 공개하기로 하는 결정을 하였다면, 이는 정보공개청구 중 정보공개방법에 관한 부분에 대하여 일부 거부처분을 한 것이고, 청구인은 그에 대하여 항고소송으로 다툴 수 있다.

④ 지방자치단체의 업무추진비 세부항목별 집행내역 및 그에 관한 증빙서류에 포함된 개인에 관한 정보는 「공공기관의 정보공개에 관한 법률」 제9조 제1항 제6호 (다)목에서 정한 '공개하는 것이 공익을 위하여 필요하다고 인정되는 정보'에 해당하지 않는다.

05 취소소송의 판결에 대한 설명으로 옳지 않은 것은?

① 금전 부과처분 취소소송에서 부과금액 산출과정의 잘못 때문에 부과처분이 위법한 것으로 판단되더라도 사실심 변론종결 시까지 제출된 자료에 의하여 적법하게 부과될 정당한 부과금액이 산출되는 때에는 부과처분 전부를 취소할 것이 아니라 정당한 부과금액을 초과하는 부분만 취소하여야 한다.

② 소송에서 처분사유와 기본적 사실관계가 동일하여 추가·변경할 수 있는 다른 사유가 있었음에도 처분청이 이를 적절하게 주장·증명하지 못하여 법원이 그 처분을 위법하다고 판단하여 취소하는 판결이 확정된 경우, 처분청이 그 다른 사유를 근거로 다시 종전과 같은 내용의 처분을 하는 것은 허용된다.

③ 취소판결의 기판력은 소송물로 된 행정처분의 위법성 존부에 관한 판단에 미치는 것이므로 전소와 후소가 그 소송물을 달리하는 경우에는 전소 확정판결의 기판력이 후소에 미치지 아니한다.

④ 과세처분을 취소하는 판결이 확정된 후 과세관청에서 그 과세처분을 경정하는 경정처분을 하였다면 그 경정처분은 당연무효이다.

06 기속행위와 재량행위에 대한 설명으로 옳은 것은?

① 국유재산의 무단점유에 대한 변상금 징수의 요건은 「국유재산법」에 명백히 규정되어 있으므로 변상금을 징수할 것인가는 처분청의 재량을 허용하지 않는 기속행위이고, 여기에 재량권 일탈·남용의 문제는 생길 여지가 없다.

② 주류판매업 면허는 설권적 행위이므로, 행정청은 신청인의 면허 신청이 관계 법령에서 정한 요건을 충족하였더라도 그 허가 여부를 결정할 재량을 가진다.

③ 구 「수도권 대기환경개선에 관한 특별법」에서 정한 대기오염물질 총량관리사업장 설치의 허가는 개인의 자연적 자유에 속하는 행위를 일반적으로 제한하였다가 특정한 경우에 이를 회복하도록 그 제한을 해제하는 행위로서, 그 처분의 여부 및 내용의 결정은 기속행위에 해당한다.

④ 사실의 존부에 대한 판단에도 재량권이 인정될 수 있으므로, 사실을 오인하여 재량권을 행사한 경우라도 그러한 사유만으로 처분이 위법하게 되는 것은 아니다.

07 행정벌에 대한 설명으로 옳은 것만을 고른 것은?

> ㄱ. 행정상의 단속을 주안으로 하는 법규라 하더라도 명문의 규정이 있거나 해석상 과실범도 벌할 뜻이 명확한 경우를 제외하고는 「형법」의 원칙에 따라 고의가 있어야 벌할 수 있다.
>
> ㄴ. 행정청의 과태료 부과처분에 불복하는 당사자는 과태료 부과 통지를 받은 날부터 90일 이내에 관할 법원에 취소소송을 제기할 수 있다.
>
> ㄷ. 지방국세청장 또는 세무서장이 조세범칙행위에 대하여 고발을 한 후에 동일한 조세범칙행위에 대하여 통고처분을 한 경우, 조세범칙행위자가 통고처분을 이행하였다면 「조세범 처벌절차법」에서 정한 일사부재리의 원칙이 적용될 수 있다.

① ㄱ   ② ㄱ, ㄷ

③ ㄴ, ㄷ   ④ ㄱ, ㄴ, ㄷ

08 국가배상에 대한 설명으로 옳은 것은?

① 「국가배상법」 제2조 제1항 단서에서 정한 '다른 법령의 규정'에 따른 보상금청구권이 모두 시효로 소멸된 경우라면 「국가배상법」 제2조 제1항 단서 규정은 적용되지 아니한다.

② 헌법재판소 재판관이 청구기간 내에 제기된 헌법소원심판청구사건에서 청구기간을 오인하여 잘못된 각하결정을 한 경우, 본안 판단을 하였더라도 어차피 청구가 기각되었을 것이라는 사정이 있었다면 청구인에 대한 국가배상책임이 인정되지 않는다.

③ 외국인이 피해자인 경우에는 해당 국가와 상호보증이 있을 때에만 「국가배상법」이 적용되며, 상호보증은 해당 국가와 조약이 체결되어 있어야 한다.

④ 국가나 지방자치단체가 행정절차를 진행하는 과정에서 주민들의 의견제출 등 절차적 권리를 보장하지 않은 위법이 있다고 하더라도, 행정소송을 통하여 처분이 취소된 경우에는 특별한 사정이 없는 한 절차적 권리 침해로 인한 정신적 고통에 대한 배상은 인정되지 않는다.

09 「행정소송법」상 처분등에 대한 설명으로 옳지 않은 것은?

① 취소소송은 처분등을 대상으로 하나, 재결취소소송의 경우에는 재결 자체에 고유한 위법이 있음을 이유로 하는 경우에 한하고, 여기에서 말하는 '재결 자체에 고유한 위법'이란 원처분에는 없고 재결에만 있는 재결청의 권한 또는 구성의 위법, 재결의 절차나 형식의 위법, 내용의 위법 등을 뜻한다.

② 어떠한 처분에 법령상 근거가 있는지, 「행정절차법」에서 정한 처분 절차를 준수하였는지는 소송요건 심사단계에서 고려할 요소가 아니다.

③ 행정처분에 대한 행정심판의 재결에 이유모순의 위법이 있다는 사유는 원처분의 취소를 구하는 소송에서 그 취소를 구할 위법사유로서 주장할 수 있다.

④ 거부처분이 있은 후 당사자가 다시 신청을 한 경우에는 신청의 제목 여하에 불구하고 그 내용이 새로운 신청을 하는 취지라면 관할 행정청이 이를 다시 거절하는 것은 새로운 거부처분으로 보아야 한다.

10 행정입법에 대한 설명으로 옳지 않은 것은?

① 구법의 위임에 의한 유효한 법규명령이 법개정으로 위임의 근거가 없어지게 되면 그때부터 무효인 법규명령이 된다.

② 형벌법규에 대하여도 특히 긴급한 필요가 있거나 미리 법률로서 자세히 정할 수 없는 부득이한 사정이 있는 경우에 한하여 수권법률이 구성요건의 점에서는 처벌대상인 행위가 어떠한 것일거라고 이를 예측할 수 있을 정도로 구체적으로 정하고, 형벌의 점에서는 형벌의 종류 및 그 상한과 폭을 명확히 규정하는 것을 조건으로 위임입법이 허용되며, 이러한 위임입법은 죄형법정주의에 반하지 않는다.

③ 법률에서 위임받은 사항에 관하여 대강을 정하고 그 중의 특정사항을 범위를 정하여 하위법령에 다시 위임하는 경우에는 재위임이 허용되나, 이러한 법리는 조례가 「지방자치법」에 따라 주민의 권리제한 또는 의무부과에 관한 사항을 법률로부터 위임받은 후, 이를 다시 지방자치단체장이 정하는 '규칙'이나 '고시' 등에 재위임하는 경우에는 적용되지 아니한다.

④ 법률이 공법적 단체 등의 정관에 자치법적 사항을 위임한 경우에는 헌법 제75조가 정하는 포괄적인 위임입법의 금지는 원칙적으로 적용되지 않지만, 그 사항이 국민의 권리·의무에 관련되는 것일 경우에는 적어도 국민의 권리·의무에 관한 기본적이고 본질적인 사항은 국회가 정하여야 한다.

11 단계적 행정결정에 대한 설명으로 옳지 않은 것은?

① 행정청은 확약을 한 후에 확약의 내용을 이행할 수 없을 정도로 법령등이나 사정이 변경된 경우에는 확약에 기속되지 아니하며, 그 확약을 이행할 수 없는 경우에는 지체 없이 당사자에게 그 사실을 통지하여야 한다.

② 행정청은 다른 행정청과의 협의 등의 절차를 거쳐야 하는 처분에 대하여 확약을 하려는 경우에는 확약을 한 후에 지체 없이 그 절차를 거쳐야 한다.

③ 원자로 및 관계 시설의 부지사전승인처분은 그 자체로서 건설부지를 확정하고 사전공사를 허용하는 법률효과를 지닌 독립한 행정처분이기는 하지만, 나중에 건설허가처분이 있게 되면 부지사전승인처분의 취소를 구하는 소는 소의 이익을 잃게 되고, 따라서 부지사전승인처분의 위법성은 나중에 내려진 건설허가처분의 취소를 구하는 소송에서 이를 다투면 된다.

④ 자동차운송사업 양도양수계약에 기한 양도양수인가 신청에 대하여 행정청이 내인가를 한 후 위 내인가에 기한 본인가 신청이 있었으나 행정청이 위 내인가를 취소한 경우, 위 내인가를 취소함으로써 다시 본인가에 대하여 따로 인가 여부의 처분을 한다는 사정이 보이지 않는다면 위 내인가취소를 인가신청을 거부하는 처분으로 볼 수 있다.

12 취소소송의 소송요건에 대한 설명으로 옳은 것은?

① 원고가 고의 또는 중대한 과실 없이 행정소송으로 제기하여야 할 사건을 민사소송으로 잘못 제기한 경우, 행정소송에 대한 관할을 가지고 있지 아니한 수소법원은 당해 소송이 행정소송으로서의 소송요건을 결하고 있음이 명백하더라도 이를 관할법원에 이송하여야 한다.

② 원고가 피고를 잘못 지정한 때에는 법원은 원고의 신청에 의하여 결정으로써 피고의 경정을 허가할 수 있고, 피고경정을 허가하는 법원의 결정이 있은 때에는 새로운 피고에 대한 소송은 처음에 소를 제기한 때에 제기된 것으로 본다.

③ 집합건물 공용부분의 대수선과 관련한 행정청의 허가, 사용승인 등 일련의 처분에 관하여 처분의 직접 상대방이 아닌 해당 집합건물의 다른 구분소유자에게는 취소를 구할 원고적격이 인정되지 않는다.

④ 교원소청심사위원회가 한 결정의 취소를 구하는 소송에서 그 결정의 적부는 결정이 이루어진 시점을 기준으로 판단하여야 하므로, 소청심사 단계에서 이미 주장된 사유만을 행정소송의 판단대상으로 삼아야 한다.

13 행정절차에 대한 설명으로 옳지 않은 것은?

① 법령등에서 요구된 자격이 없거나 없어지게 되면 반드시 일정한 처분을 하여야 하는 경우에 그 자격이 없거나 없어지게 된 사실이 법원의 재판 등에 의하여 객관적으로 증명된 경우 행정청은 당사자에게 처분의 근거와 이유를 제시하지 않을 수 있다.

② 청문 주재자는 직권으로 또는 당사자의 신청에 따라 필요한 조사를 할 수 있으며, 당사자등이 주장하지 아니한 사실에 대하여도 조사할 수 있다.

③ 처분의 처리기간에 관한 규정은 훈시규정에 불과할 뿐 강행규정이라고 볼 수 없으므로, 행정청이 처리기간이 지나 처분을 하였더라도 이를 처분을 취소할 절차상 하자로 볼 수 없다.

④ 행정청이 문서로 처분을 한 경우 원칙적으로 처분서의 문언에 따라 어떤 처분을 하였는지 확정하여야 하나, 처분서의 문언만으로는 행정청이 어떤 처분을 하였는지 불분명한 경우에는 처분 경위와 목적, 처분 이후 상대방의 태도 등 여러 사정을 고려하여 처분서의 문언과 달리 처분의 내용을 해석할 수 있다.

14 「행정기본법」상 처분의 재심사에 대한 설명으로 옳은 것만을 고른 것은?

> ㄱ. 처분의 재심사 신청은 당사자가 처분의 재심사 사유를 안 날부터 90일 이내에 하여야 한다. 다만, 처분이 있은 날부터 5년이 지나면 신청할 수 없다.
> ㄴ. 처분의 재심사를 신청할 수 있는 자는 처분의 상대방으로 한정된다.
> ㄷ. 처분의 재심사 결과 중 처분을 유지하는 결과에 대해서는 그 결과를 통지받은 날부터 90일 이내에 행정심판 또는 행정소송을 제기할 수 있다.
> ㄹ. 제3자의 거짓 진술이 처분의 근거가 된 경우는 처분의 재심사 신청 사유에 해당한다.

① ㄱ, ㄷ
② ㄱ, ㄹ
③ ㄴ, ㄷ
④ ㄴ, ㄹ

15 과징금에 대한 설명으로 옳은 것은?

① 처분을 할 것인지 여부와 처분의 정도에 관하여 재량이 인정되는 과징금 납부명령에 대하여 그 명령이 재량권을 일탈하였을 경우, 법원으로서는 법원이 적정하다고 인정하는 부분을 초과한 부분만 취소할 수 있다.

② 과징금부과처분은 반드시 현실적인 행위자가 아니라도 법령상 책임자로 규정된 자에게 부과되고, 특별한 사정이 없는 한 위반자에게 고의나 과실이 없다면 부과할 수 없다.

③ 관할 행정청이 여객자동차운송사업자의 여러 가지 위반행위를 인지하였다면 전부에 대하여 일괄하여 최고한도 내에서 하나의 과징금 부과처분을 하는 것이 원칙이고, 인지한 위반행위 중 일부에 대해서만 우선 과징금 부과처분을 하고 나머지에 대해서는 차후에 별도의 과징금 부과처분을 하는 것은 다른 특별한 사정이 없는 한 허용되지 않는다.

④ 「독점규제 및 공정거래에 관한 법률」에서 형사처벌과 아울러 과징금의 병과를 예정하고 있는 것은 이중처벌금지원칙에 위반된다고 볼 수 있다.

16 행정상 법률관계에 대한 설명으로 옳지 않은 것은?

① 국가긴급권은 평상시의 헌법질서에 따른 권력행사방법만으로는 대처할 수 없는 중대한 위기상황에 대비하여 헌법이 중대한 예외로서 인정한 비상수단이므로, 헌법이 정한 국가긴급권의 발동요건·사후통제 및 국가긴급권에 내재하는 본질적 한계는 엄격히 준수되어야 하고, 따라서 계엄 선포가 고도의 정치적 결단을 요하는 행위라 하더라도 탄핵심판절차에서 그 헌법 및 법률 위반 여부를 심사할 수 있다.

② 사면은 형의 선고의 효력 또는 공소권을 상실시키거나, 형의 집행을 면제시키는 국가원수의 고유한 권한을 의미하며, 사법부의 판단을 변경하는 제도로서 권력분립의 원리에 대한 예외가 된다.

③ 인간다운 생활을 할 권리인 사회권적 기본권은 국가가 재정형편 등 여러 가지 상황들을 종합적으로 고려하여 법률을 통하여 구체화함으로써 법률적 권리로 인정되고, 「의료급여법」에 의하여 인정되는 의료급여 수급권도 이러한 법률적 권리에 해당한다.

④ 「군인사법」이 군인의 복무에 관한 사항을 규율할 권한을 대통령령에 위임하면서 대통령령으로 규정될 내용 및 범위에 관한 기본적인 사항을 광범위하게 위임하는 것은 포괄위임금지원칙에 위배된다.

17 행정행위의 하자에 대한 설명으로 옳은 것은?

① 과세대상이 되지 아니하는 어떤 법률관계나 사실관계에 대하여 이를 과세대상이 되는 것으로 오인할 만한 객관적인 사정이 있는 경우에 그것이 과세대상이 되는지의 여부가 사실관계를 정확히 조사하여야 비로소 밝혀질 수 있는 경우라면 그와 같이 과세요건 사실을 오인한 위법의 과세처분을 당연무효라고 볼 수 없다.

② 헌법재판소의 위헌결정의 효력은 당해 법률 또는 법률의 조항이 재판의 전제가 되어 법원에 계속 중인 사건일지라도 따로 위헌제청신청을 하지 아니한 이상 그 사건에 대해서는 미치지 아니한다.

③ 재건축조합설립인가처분 당시 동의율을 충족하지 못한 하자는 후에 정비구역 내 토지 등 소유자의 4분의 3을 초과하는 조합설립동의서를 새로 받았다면 치유되는 것으로 볼 수 있다.

④ 후행처분인 소득세 납세고지처분에 대한 취소소송에서 선행처분인 소득금액변동통지에 존재하는 취소사유인 하자를 독립된 위법사유로 주장할 수 있다.

18 행정상 손실보상에 대한 설명으로 옳지 않은 것은?

① 국립공원구역지정 후 토지를 종래의 목적으로도 사용할 수 없거나 토지를 사적으로 사용할 수 있는 방법이 없이 공원구역 내 일부 토지소유자에 대하여 가혹한 부담을 부과하면서 아무런 보상규정을 두지 않은 경우에는 비례의 원칙에 위반되어 당해 토지소유자의 재산권을 과도하게 침해하는 것이라고 할 수 있다.

② 구 「하천법」에 의한 하천수 사용권은 「공익사업을 위한 토지 등의 취득 및 보상에 관한 법률」이 손실보상의 대상으로 규정하고 있는 '물의 사용에 관한 권리'에 해당한다.

③ 영업을 하기 위해 투자한 비용이나 그 영업을 통해 얻을 것으로 기대되는 이익에 대한 손실은 영업손실보상의 대상이 된다고 할 수 없다.

④ 「감염병의 예방 및 관리에 관한 법률」에 근거한 집합제한조치로 인하여 영업이 제한되어 영업이익이 감소되었다면, 청구인들이 소유하는 영업시설·장비 등에 대한 구체적인 사용·수익 및 처분권한을 제한받는 것으로서 볼 수 있으므로, 보상규정의 부재는 청구인들의 재산권을 제한한다고 볼 수 있다.

19 행정소송에 대한 설명으로 옳은 것만을 고른 것은?

ㄱ. 법원은 취소소송을 당해 처분등에 관계되는 사무가 귀속하는 국가 또는 공공단체에 대한 당사자소송 또는 취소소송 외의 항고소송으로 변경하는 것이 상당하다고 인정할 때에는 청구의 기초에 변경이 없는 한 사실심의 변론종결시까지 원고의 신청 또는 직권에 의하여 결정으로써 소의 변경을 허가할 수 있다.

ㄴ. 취소소송이 제기된 경우에 처분등이나 그 집행 또는 절차의 속행으로 인하여 생길 회복하기 어려운 손해를 예방하기 위하여 긴급한 필요가 있다고 인정할 때에는 본안이 계속되고 있는 법원은 당사자의 신청 또는 직권에 의하여 처분등의 효력이나 그 집행 또는 절차의 속행의 전부 또는 일부의 정지를 결정할 수 있다.

ㄷ. 간접강제결정에 기한 배상금은 확정판결의 취지에 따른 재처분의 지연에 대한 제재나 손해배상이 아니고, 재처분의 이행에 관한 심리적 강제수단에 불과하다.

ㄹ. 행정처분의 무효확인을 구하는 소에는 원고가 그 처분의 취소를 구하지 아니한다고 밝히지 아니한 이상 그 처분이 당연무효가 아니라면 그 취소를 구하는 취지도 포함되어 있는 것으로 보아야 하고, 그와 같은 경우에 취소청구를 인용하려면 먼저 취소를 구하는 항고소송으로서의 제소요건을 구비하여야 한다.

ㅁ. 취소소송에 당해 처분의 취소를 선결문제로 하는 부당이득반환청구가 병합된 경우 그 청구가 인용되려면 소송절차에서 당해 처분의 취소가 확정되어야 한다.

① ㄱ, ㄴ, ㅁ   ② ㄴ, ㄷ, ㄹ
③ ㄴ, ㄹ, ㅁ   ④ ㄷ, ㄹ, ㅁ

20 행정심판에 대한 설명으로 옳지 않은 것은?

① 행정심판의 재결이 확정된 경우에도 처분의 기초가 된 사실관계나 법률적 판단이 확정되고 당사자들이나 법원이 이에 기속되어 모순되는 주장이나 판단을 할 수 없게 되는 것은 아니다.

② 당사자의 신청을 거부하거나 부작위로 방치한 처분의 이행을 명하는 재결이 있으면 행정청은 지체 없이 이전의 신청에 대하여 재결의 취지에 따라 처분을 하여야 한다.

③ 위원회는 피청구인이 거부처분에 대한 취소재결에도 불구하고 재결의 취지에 따른 처분을 하지 아니하는 경우에는 당사자가 신청하면 기간을 정하여 서면으로 시정을 명하고 그 기간에 이행하지 아니하면 직접 처분을 할 수 있다. 다만, 그 처분의 성질이나 그 밖의 불가피한 사유로 위원회가 직접 처분을 할 수 없는 경우에는 그러하지 아니하다.

④ 법인이 아닌 사단 또는 재단으로서 대표자나 관리인이 정하여져 있는 경우에는 그 사단이나 재단의 이름으로 심판청구를 할 수 있다.

01 행정법의 법원과 효력에 대한 설명으로 옳은 것은?

① 법령등을 위반한 행위의 성립과 이에 대한 제재처분은 법령등에 특별한 규정이 있는 경우를 제외하고는 원칙적으로 제재처분 당시의 법령등에 따른다.

② 행정처분은 그 근거 법령이 개정된 경우에도 경과규정에서 달리 정함이 없는 한 처분 당시 시행되는 개정 법령과 거기에서 정한 기준에 의하는 것이 원칙이고, 그러한 개정 법령의 적용과 관련하여서는 개정 전 법령의 존속에 대한 국민의 신뢰가 개정 법령의 적용에 관한 공익상의 요구보다 더 보호가치가 있다고 인정되는 경우에 그러한 국민의 신뢰를 보호하기 위하여 그 적용이 제한될 수 있는 여지가 있다.

③ 개정 법령이 기존의 사실 또는 법률관계를 적용대상으로 하면서 국민의 재산권과 관련하여 종전보다 불리한 법률효과를 규정하고 있는 경우, 그러한 사실 또는 법률관계가 개정 법률이 시행되기 이전에 이미 완성 또는 종결된 것이 아니라면 소급입법금지원칙에 위반된다.

④ 법령등의 시행일을 정하거나 계산할 때에는 법령등을 공포한 날부터 일정 기간이 경과한 날부터 시행하는 경우 그 기간의 말일이 토요일 또는 공휴일인 때에는 그 다음날로 기간이 만료한다.

02 행정의 실효성 확보수단에 대한 설명으로 옳지 않은 것은?

① 세법상 가산세는 과세권의 행사 및 조세채권의 실현을 용이하게 하기 위하여 납세자가 정당한 이유 없이 법에 규정된 신고, 납세 등 각종 의무를 위반한 경우에 개별세법이 정하는 바에 따라 부과되는 행정상의 제재로서, 납세자의 고의, 과실은 고려되지 않는다.

② 행정법상의 질서벌인 과태료의 부과처분과 형사처벌은 그 성질이나 목적을 달리하는 별개의 것이므로 행정법상의 질서벌인 과태료를 납부한 후에 형사처벌을 한다고 하여 이를 일사부재리의 원칙에 반하는 것이라고 할 수는 없다.

③ 병무청장이 「병역법」에 따라 병역의무 기피자의 인적사항 등을 공개하기로 하는 행정결정을 공개 대상자에게 미리 통보하지 않은 것이 적절한지는 소송요건 심사단계에서 고려할 요소이다.

④ 「건축법」상 위법상태의 해소를 목적으로 하는 시정명령 제도의 본질상, 시정명령의 이행을 기대할 수 없는 자, 즉 대지 또는 건축물의 위법상태를 시정할 수 있는 법률상 또는 사실상의 지위에 있지 않은 자는 시정명령의 상대방이 될 수 없다.

03 법치행정의 원리에 대한 설명으로 옳지 않은 것은?

① 구 「여객자동차 운수사업법」 및 동법 시행령상 개인택시운송사업자의 운전면허가 취소된 때에는 그의 개인택시운송사업면허를 취소할 수 있도록 규정되어 있으므로, 개인택시운송사업자가 운전면허 취소사유인 음주운전 교통사고로 사망하였다면 그 운전면허 취소처분이 없더라도 관할관청은 당해 개인택시운송사업면허를 취소할 수 있다.

② 단순한 부작위의무의 위반의 경우에는 당해 법령에서 그 위반자에 대하여 위반에 의하여 생긴 유형적 결과의 시정을 명하는 행정처분의 권한을 인정하는 규정을 두고 있지 아니한 이상, 법치주의의 원리에 비추어 볼 때 위와 같은 부작위의무로부터 그 의무를 위반함으로써 생긴 결과를 시정하기 위한 작위의무를 당연히 끌어낼 수는 없다.

③ 검찰총장의 경고처분은 「검사징계법」에 따른 징계처분이 아니라 「검찰청법」에 근거하여 검사에 대한 직무감독권을 행사하는 작용에 해당하므로, 검사의 직무상 의무 위반의 정도가 중하지 않아 「검사징계법」에 따른 '징계사유'에는 해당하지 않더라도 징계처분보다 낮은 수준의 감독조치로서 '경고처분'을 할 수 있다.

④ 행정처분과 부관 사이에 실제적 관련성이 있다고 볼 수 없는 경우 공무원이 부당결부금지의 원칙 등 공법상의 제한을 회피할 목적으로 행정처분의 상대방과 사이에 사법상 계약을 체결하는 형식을 취하였다면 이는 법치행정의 원리에 반하는 것으로서 위법하다.

04 법률상 이익에 대한 설명으로 옳은 것은?

① 한의사 면허는 강학상 특허에 해당하고, 한약조제시험을 통하여 약사에게 한약조제권을 인정함으로써 한의사들의 영업상 이익이 감소되었다면 이러한 이익은 「약사법」이나 「의료법」 등의 법률에 의하여 보호되는 법률상 이익이라 볼 수 있다.

② 면허받은 장의자동차운송사업구역에 위반하였음을 이유로 한 행정청의 과징금부과처분을 취소한 재결에 대하여 처분의 상대방 아닌 이해관계 있는 제3자는 그 취소를 구할 법률상 이익이 있다.

③ 신청에 대한 거부처분이 재결에서 취소된 경우, 그 신청에 대한 이해관계를 갖는 제3자는 위 재결의 취소를 구할 법률상 이익이 있다.

④ 의대정원 증원배정 처분의 근거가 된 고등교육법령 및 「대학설립·운영 규정」은 의과대학의 학생정원 증원의 한계를 규정함으로써 의과대학에 재학 중인 학생들이 적절하게 교육받을 권리를 개별적·직접적·구체적으로 보호하고 있다고 볼 수 있다.

05 정보공개에 대한 설명으로 옳은 것은?

① 공공기관이 보유·관리하고 있는 정보가 제3자와 관련이 있는 경우, 제3자의 비공개요청이 있다는 사유는 그 자체로 「공공기관의 정보공개에 관한 법률」상 정보의 비공개사유에 해당한다.

② 한국방송공사의 '수시집행 접대성 경비의 건별 집행서류 일체'는 경영·영업상 비밀에 관한 사항에 해당하지만, 그 정보가 공개된다고 하더라도 한국방송공사의 정당한 이익을 현저히 해할 우려가 없으므로 비공개대상정보에 해당하지 아니한다.

③ 보안관찰제도의 민주적 통제는 법집행의 투명성과 공정성을 확보함과 동시에 공공의 안전과 이익에 도움이 된다는 점에 비추어, 「보안관찰법」에 따른 보안관찰 관련 통계자료는 비공개대상정보에 해당하지 아니한다.

④ 「공공기관의 정보공개에 관한 법률」 제9조 제1항 제4호의 '진행 중인 재판에 관련된 정보'에 해당한다는 사유로 정보공개를 거부하기 위해서는 그 정보가 진행 중인 재판의 소송기록 자체에 포함된 내용이어야 한다.

06 국가배상에 대한 설명으로 옳지 않은 것은?

① 국민의 생명·신체·재산 등에 대하여 절박하고 중대한 위험상태가 발생하였거나 발생할 상당한 우려가 있는 경우가 아닌 한, 원칙적으로 공무원이 관련 법령에서 정하여진 대로 직무를 수행하였다면 손해방지조치를 제대로 이행하지 않은 부작위를 가지고 '고의 또는 과실로 법령에 위반'하였다고 할 수는 없다.

② 긴급조치 제9호의 발령부터 적용·집행에 이르는 일련의 국가작용은, 전체적으로 보아 공무원이 직무를 집행하면서 객관적 주의의무를 소홀히 하여 그 직무행위가 객관적 정당성을 상실한 것으로서 위법하다고 평가되므로, 긴급조치 제9호의 적용·집행으로 강제수사를 받거나 유죄판결을 선고받고 복역함으로써 개별 국민이 입은 손해에 대해서는 국가배상책임이 인정될 수 있다.

③ 지방자치단체로부터 대집행권한을 위탁받은 한국토지주택공사가 수탁 공무인 대집행을 실행하면서 불법행위로 손해를 발생시킨 경우, 해당 지방자치단체는 사무귀속주체로서 국가배상책임을 진다.

④ 소음 등을 포함한 공해 등의 위험지역으로 이주하여 들어가 거주하는 경우와 같이 위험의 존재를 인식하거나 과실로 인식하지 못하고 이주한 경우에는 손해배상액의 산정에 있어 형평의 원칙상 과실상계에 준하여 감경 또는 면제사유로 고려하여야 한다.

07 공법관계와 사법관계에 대한 설명으로 옳지 않은 것은?

① 한국공항공단이 무상사용허가를 받은 행정재산에 대하여 하는 전대행위는 통상의 사인간의 임대차와 다를 바가 없고, 그 임대차계약이 임차인의 사용승인신청과 임대인의 사용승인의 형식으로 이루어졌다고 하여 달리 볼 것은 아니다.

② 공중보건의사 채용계약 해지의 의사표시에 대하여는 대등한 당사자 간의 소송형식인 공법상의 당사자소송으로 그 의사표시의 무효확인을 청구할 수 있다.

③ 지방자치단체의 관할구역 내에 있는 각급 학교에서 학교회계직원으로 근무하는 것을 내용으로 하는 근로계약은 공법상 계약에 해당한다.

④ 공익사업을 위한 토지 등의 취득 및 보상에 관한 법령에 의한 협의취득은 사법상의 법률행위이므로 당사자 사이의 자유로운 의사에 따라 채무불이행책임이나 매매대금 과부족금에 대한 지급의무를 약정할 수 있다.

08 정비사업에 대한 설명으로 옳은 것만을 고른 것은?

ㄱ. 주택재건축정비사업조합이 관리처분계획의 수립 혹은 변경을 통한 집단적인 의사결정 방식 외에 전체 조합원의 일부인 개별 조합원과 사적으로 그와 관련한 약정을 체결한 경우에도 재건축조합이 개별 조합원 사이의 사법상 약정에 직접적으로 구속된다고 보기는 어렵다.

ㄴ. 조합의 사업시행인가 신청시의 토지 등 소유자의 동의요건은 토지 등 소유자의 재산상 권리·의무에 관한 기본적이고 본질적인 사항으로서 법률유보의 원칙이 반드시 지켜져야 하는 영역이다.

ㄷ. 주택재건축정비사업조합을 상대로 관리처분계획안에 대한 조합 총회결의의 효력을 다투는 소송은 「행정소송법」상 당사자소송에 해당하고, 이를 본안으로 하는 가처분에 대하여는 「행정소송법」 제8조 제2항에 따라 「민사집행법」상 가처분에 관한 규정이 준용된다.

ㄹ. 「도시 및 주거환경정비법」에 근거한 조합설립인가처분은 행정주체로서의 지위를 부여하는 설권적 처분이므로, 조합설립결의에 하자가 있다면 직접 조합설립결의의 효력 유무를 다투는 확인의 소를 제기하여야 한다.

① ㄱ, ㄷ   ② ㄱ, ㄹ

③ ㄴ, ㄷ   ④ ㄴ, ㄹ

09 행정행위의 내용에 대한 설명으로 옳지 않은 것은?

① 구 「화물자동차 운수사업법」에 따른 유가보조금 반환명령은 운송사업자가 불법증차 차량이라는 물적 자산을 보유하고 있음을 이유로 한 대물적 제재처분에 해당한다.

② 「자동차관리법」상 자동차관리사업자로 구성하는 사업자단체인 조합 또는 협회의 설립인가처분은 국토해양부장관 또는 시·도지사가 자동차관리사업자들의 단체결성행위를 보충하여 효력을 완성시키는 처분에 해당한다.

③ 회사 분할 시 특별한 규정이 없는 한 신설회사에 대하여 분할하는 회사의 분할 전 「하도급거래 공정화에 관한 법률」 위반행위를 이유로 하도급법 제25조 제1항에 따른 시정조치를 명하는 것은 허용되지 않는다.

④ 인가는 기본행위인 재단법인의 정관변경에 대한 법률상의 효력을 완성시키는 보충행위로서, 그 기본이 되는 정관변경 결의에 하자가 있을 때에는 그에 대한 인가가 있었다 하여도 기본행위인 정관변경 결의가 유효한 것으로 될 수 없다.

10 이의신청에 대한 설명으로 옳지 않은 것은?

① 「행정기본법」상 이의신청을 한 경우에도 그 이의신청과 관계없이 「행정심판법」에 따른 행정심판 또는 「행정소송법」에 따른 행정소송을 제기힐 수 있다.

② 다른 법률에서 이의신청과 이에 준하는 절차에 대하여 정하고 있는 경우에도 그 법률에서 규정하지 아니한 사항에 관하여는 「행정기본법」에서 정하는 바에 따른다.

③ 과세처분에 관한 이의신청절차에서 과세관청이 이의신청사유가 옳다고 인정하여 과세처분을 직권으로 취소한 이상 그 후 특별한 사유 없이 이를 번복하고 종전 처분을 되풀이하는 것은 허용되지 않는다.

④ 토지수용위원회의 수용재결에 대한 이의절차는 실질적으로 행정심판의 성질을 갖는 것이므로, 토지수용위원회가 재결서정본을 송달함에 있어서 상대방에게 이의신청기간을 알리지 않았다고 하더라도 「공익사업을 위한 토지 등의 취득 및 보상에 관한 법률」에서 정한 이의신청기간이 도과하였다면 이의신청을 할 수 없다.

11 「행정조사기본법」에 대한 설명으로 옳지 않은 것은?

① 행정기관은 법령등에서 행정조사를 규정하고 있는 경우에 한하여 행정조사를 실시할 수 있으나, 조사대상자의 자발적인 협조를 얻어 실시하는 행정조사의 경우에는 그러하지 아니하다.

② 「행정조사기본법」 제5조 단서에서 정한 '조사대상자의 자발적인 협조를 얻어 실시하는 행정조사'는 개별 법령 등에서 행정조사를 규정하고 있는 경우에는 실시할 수 없다.

③ 행정기관의 장은 당해 행정기관 내의 2 이상의 부서가 동일하거나 유사한 업무분야에 대하여 동일한 조사대상자에게 행정조사를 실시하는 경우에는 공동조사를 하여야 한다.

④ 행정조사를 실시하고자 하는 행정기관의 장은 출석요구서등을 조사개시 7일 전까지 조사대상자에게 서면으로 통지하여야 하나, 「통계법」 제3조 제2호에 따른 지정통계의 작성을 위하여 조사하는 경우에는 행정조사의 개시와 동시에 출석요구서등을 조사대상자에게 제시하거나 행정조사의 목적 등을 조사대상자에게 구두로 통지할 수 있다.

12 「공익사업을 위한 토지 등의 취득 및 보상에 관한 법률」 에 대한 설명으로 옳지 않은 것은?

① 수용 대상 토지의 보상액을 산정함에 있어 해당 공익 사업과는 관계없는 다른 사업의 시행으로 인한 개발 이익은 이를 고려함이 없이 재결 당시의 가격을 기준 으로 하여 적정가격을 정하여야 한다.

② 이주자가 사업시행자에 대한 이주대책대상자 선정신 청 및 이에 따른 확인·결정 등 절차를 밟지 아니하여 구체적인 수분양권을 아직 취득하지도 못한 상태에서 곧바로 분양의무의 주체를 상대방으로 하여 민사소송 이나 공법상 당사자소송으로 이주대책상의 수분양권 의 확인 등을 구하는 것은 허용될 수 없다.

③ 동일한 소유자에게 속하는 일단의 토지의 일부가 협 의에 의하여 매수되거나 수용됨으로 인하여 잔여지를 종래의 목적에 사용하는 것이 현저히 곤란할 때에는 해당 토지소유자는 사업시행자에게 잔여지를 매수하 여 줄 것을 청구할 수 있으며, 사업인정 이후에는 관 할 토지수용위원회에 수용을 청구할 수 있다. 이 경우 수용의 청구는 매수에 관한 협의가 성립되지 아니한 경우에만 할 수 있으며, 사업완료일까지 하여야 한다.

④ 「공익사업을 위한 토지 등의 취득 및 보상에 관한 법 률」상 적법하게 시행된 공익사업으로 인하여 이주하 게 된 주거용 건축물 세입자의 주거이전비 보상청구 권은 공법상의 권리이고, 따라서 그 보상을 둘러싼 쟁 송은 민사소송이 아니라 공법상의 법률관계를 대상으 로 하는 행정소송에 의하여야 한다.

13 신고에 대한 설명으로 옳지 않은 것은?

① 자기완결적 신고에 해당하는 대문설치신고가 형식적 하자가 없는 적법한 요건을 갖춘 신고임에도 불구하 고 관할 행정청이 수리를 거부한 후 당해 대문의 철거 명령을 하였다면, 후행행위인 대문철거 대집행계고처 분 역시 당연무효가 된다.

② 노동조합의 설립신고가 행정관청에 의하여 형식상 수 리된 이상, 설령 노동조합법에서 정한 실질적 요건을 갖추지 못하였다고 하더라도 그 설립을 무효로 볼 수 는 없다.

③ 「수산업법」 소정의 어업의 신고는 행정청의 수리에 의하여 비로소 그 효과가 발생하는 수리를 요하는 신 고에 해당한다.

④ 다른 법령에 의한 인허가가 의제되지 않는 일반적인 건축신고는 자기완결적 신고이나, 이에 대한 수리 거 부행위는 항고소송의 대상이 되는 처분에 해당한다.

14 행정행위의 취소와 철회에 대한 설명으로 옳은 것만을 고른 것은?

> ㄱ. 흠 있는 부분에 해당하는 점용료를 감액하는 처분은 당 초 처분 자체를 일부 취소하는 변경처분에 해당하고, 이 러한 변경처분은 특별한 사정이 없는 한 점용료 부과처 분에 대한 취소소송이 제기된 이후에는 허용될 수 없다.
>
> ㄴ. 국세 감액결정 처분은 이미 부과된 과세처분에 하자가 있음을 이유로 사후에 이를 일부취소하는 처분이므로, 취소의 효력은 그 취소된 국세 부과처분이 있었을 당시 에 소급하여 발생하는 것이고, 이는 판결 등에 의한 취 소이거나 과세관청의 직권에 의한 취소이거나에 따라 차이가 있는 것이 아니다.
>
> ㄷ. 행정청의 위법 또는 부당한 처분의 취소와 적법한 처분 의 철회는 「행정기본법」상 처분의 재심사에 의하여 영 향을 받지 아니한다.

① ㄱ   ② ㄴ

③ ㄴ, ㄷ   ④ ㄱ, ㄴ, ㄷ

15 행정행위의 하자에 대한 설명으로 옳은 것은?

① 비록 환경영향평가법령에서 정한 환경영향평가절차를 거쳤다고 하더라도, 환경영향평가의 내용이 다소 부실하였다면, 그 부실의 정도가 환경영향평가를 하지 아니한 것과 다를 바 없는 정도의 것이 아닌 경우에는, 그 부실은 당해 사업계획승인 등 처분을 위법하게 하는 취소사유가 된다.

② 행정청이 구「학교보건법」소정의 학교환경위생정화구역 내에서 금지행위 및 시설의 해제 여부에 관한 행정처분을 하면서 절차상 학교환경위생정화위원회의 심의를 누락한 흠이 있다면 그와 같은 흠을 가리켜 위 행정처분의 효력에 아무런 영향을 주지 않는다거나 경미한 정도에 불과하다고 볼 수는 없으므로, 특별한 사정이 없는 한 이는 행정처분을 위법하게 하는 무효사유가 된다.

③ 사업시행자가 토지소유자와 협의를 거치지 아니한 채 토지의 수용을 위한 재결을 신청한 것이었다면 그 신청에 따라 이루어진 수용재결은 당연무효이다.

④ 국유재산 또는 공유재산에 대한 점유나 사용·수익을 정당화할 법적 지위에 있는 자에 대하여 이루어진 변상금 부과처분은 당연무효이다.

16 취소소송의 제소기간에 대한 설명으로 옳은 것은?

① 특정인에 대한 행정처분을 주소불명 등의 이유로 송달할 수 없어 관보·공보·게시판·일간신문 등에 공고한 경우에는, 공고가 효력을 발생하는 날에 상대방이 그 행정처분이 있음을 알았다고 보아야 한다.

② 부작위위법확인의 소는 부작위상태가 계속되는 한 그 위법의 확인을 구할 이익이 있다고 보아야 하므로, 행정심판 등 전심절차를 거친 경우에도 부작위위법확인소송에 있어서는 제소기간의 제한을 받지 않는다.

③ 보충역편입처분취소처분의 효력을 다투는 소에 공익근무요원복무중단처분, 현역병입영대상편입처분 및 현역병입영통지처분의 취소를 구하는 소를 추가적으로 병합한 경우, 각 추가된 소의 제소기간 준수 여부는 최초로 제기된 소인 보충역편입처분취소처분에 대한 소가 제기된 날을 기준으로 판단한다.

④ 원고가 「행정소송법」상 항고소송으로 제기해야 할 사건을 민사소송으로 잘못 제기한 경우에 수소법원이 그 항고소송에 대한 관할을 가지고 있지 아니하여 관할법원에 이송하는 결정을 하였고, 그 이송결정이 확정된 후 원고가 항고소송으로 소 변경을 하였다면, 그 항고소송에 대한 제소기간의 준수 여부는 원칙적으로 처음에 소를 제기한 때를 기준으로 판단하여야 한다.

제 04 회

17 행정절차에 대한 설명으로 옳지 않은 것은?

① 묘지공원과 화장장의 후보지를 선정하는 과정에서 서울특별시, 비영리법인, 일반 기업 등이 공동 발족한 협의체인 추모공원건립추진협의회가 후보지 주민들의 의견을 청취하기 위하여 그 명의로 개최한 공청회는 「행정절차법」에서 정한 절차를 준수하여야 한다.

② 다수의 당사자등이 공동으로 행정절차에 관한 행위를 할 때에는 대표자를 선정할 수 있고, 대표자가 있는 경우에는 당사자등은 그 대표자를 통하여서만 행정절차에 관한 행위를 할 수 있다.

③ 구 「국적법」 제5조 각 호와 같이 귀화는 요건이 항목별로 구분되어 구체적으로 규정되어 있으므로, 성질상 행정절차를 거치기 곤란하거나 거칠 필요가 없다고 인정되어 처분의 이유제시 등을 규정한 「행정절차법」이 적용되지 않는다.

④ 신청에 대한 거부처분은 '당사자의 권익을 제한하는 처분'에 해당한다고 할 수 없는 것이므로 처분의 사전 통지대상이 된다고 할 수 없다.

18 행정소송에 대한 설명으로 옳은 것만을 고른 것은?

ㄱ. 행정소송에서 쟁송의 대상이 되는 행정처분의 존부는 자백의 대상이 될 수 없다.

ㄴ. 증액경정처분이 있는 경우, 당초처분은 증액경정처분에 흡수되어 소멸하고, 소멸한 당초처분의 절차적 하자는 존속하는 증액경정처분에 승계된다.

ㄷ. 당사자가 확정판결의 존재를 사실심 변론종결시까지 주장하지 아니하였다고 하더라도 상고심에서 새로이 이를 주장·입증할 수 있다.

ㄹ. 행정청으로 하여금 일정한 행정처분을 하도록 명하는 이행판결을 구하는 소송이나 법원으로 하여금 행정청이 일정한 행정처분을 행한 것과 같은 효과가 있는 행정처분을 직접 행하도록 하는 형성판결을 구하는 소송은 허용되지 아니한다.

ㅁ. 외국인 갑이 법무부장관에게 귀화신청을 하였으나 법무부장관이 '품행 미단정'을 불허사유로 「국적법」상의 요건을 갖추지 못하였다며 신청을 받아들이지 않는 처분을 한 경우, 법무부장관이 갑을 '품행 미단정'이라고 판단한 이유에 대하여 제1심 변론절차에서 「자동차관리법」 위반죄로 기소유예를 받은 전력 등을 고려하였다고 주장하였다가, 제2심 변론절차에서 불법 체류한 전력이 있다는 추가적인 사정까지 고려하였다고 주장하는 것은 허용되지 아니한다.

① ㄱ, ㄴ, ㅁ   ② ㄱ, ㄷ, ㄹ

③ ㄴ, ㄹ, ㅁ   ④ ㄷ, ㄹ, ㅁ

19 행정상 강제에 대한 설명으로 옳은 것은?

① 보안처분 관계 법령에 따라 행하는 사항에 관하여도 「행정기본법」상 행정상 강제에 대한 규정이 적용될 수 있다.

② 철거명령에서 주어진 일정기간이 자진철거에 필요한 상당한 기간이라고 하여도 그 기간 속에 계고시에 필요한 '상당한 이행기간'이 포함되어 있다고 볼 수는 없다.

③ 위법한 건물의 공유자 1인에 대한 계고처분은 다른 공유자에 대하여도 효력이 있다.

④ 체납자 등은 자신에 대한 공매통지의 하자만을 공매처분의 위법사유로 주장할 수 있을 뿐 다른 권리자에 대한 공매통지의 하자를 들어 공매처분의 위법사유로 주장하는 것은 허용되지 않는다.

20 행정상 계약에 대한 설명으로 옳지 않은 것은?

① 계약직공무원 채용계약해지의 의사표시는 국가 또는 지방자치단체가 채용계약 관계의 한쪽 당사자로서 대등한 지위에서 행하는 것이므로, 행정처분과 같이 「행정절차법」에 의하여 근거와 이유를 제시하여야 하는 것은 아니다.

② 지방계약직공무원에 대해서도 채용계약상 특별한 약정이 없는 한, 「지방공무원법」, 「지방공무원 징계 및 소청 규정」에 정한 징계절차에 의하지 아니하고는 보수를 삭감할 수 없다.

③ 국책사업인 '한국형 헬기 개발사업'에 개발주관사업자 중 하나로 참여하여 국가 산하 중앙행정기관인 방위사업청과 체결한 '한국형헬기 민군겸용 핵심구성품 개발협약'은 사법상 계약에 해당한다.

④ 「국가를 당사자로 하는 계약에 관한 법률」에 따라 국가가 당사자가 되는 이른바 공공계약은 사경제 주체로서 상대방과 대등한 위치에서 체결하는 사법상 계약으로서 본질적인 내용은 사인 간의 계약과 다를 바가 없으므로, 그에 관한 법령에 특별한 정함이 있는 경우를 제외하고는 사적 자치와 계약자유의 원칙 등 사법의 원리가 그대로 적용된다.

01 행정의 실효성 확보수단에 대한 설명으로 옳은 것은?

① 「국세기본법」상 금지되는 재조사에 기하여 과세처분을 하였더라도, 과세관청이 그러한 재조사로 얻은 과세자료를 과세처분의 근거로 삼지 않았다거나 이를 배제하고서도 동일한 과세처분이 가능한 경우라면 그 과세처분을 위법하다고 할 수 없다.

② 가산세는 세법에서 규정하는 의무의 성실한 이행을 확보하기 위하여 세법에 따라 산출한 본세액에 가산하여 징수하는 조세로서, 본세에 감면사유가 인정된다면 가산세도 감면대상에 포함되는 것으로 보아야 한다.

③ 행정청은 법령등의 위반행위가 종료된 날부터 5년이 지나면 원칙적으로 해당 위반행위에 대하여 제재처분을 할 수 없으나, 「행정기본법」 이외의 다른 법률에서 이보다 짧거나 긴 기간을 규정하고 있으면 그 법률에서 정하는 바에 따른다.

④ 「병역법」에 따라 관할 지방병무청장이 1차로 병역의무기피자 인적사항 공개 대상자 결정을 하고 그에 따라 병무청장이 같은 내용으로 최종적 공개결정을 한 경우, 해당 공개 대상자는 병무청장의 최종적 공개결정을 다투는 것 외에 관할 지방병무청장의 공개 대상자 결정을 별도로 다툴 수 있다.

02 행정상 사실행위에 대한 설명으로 옳지 않은 것은?

① 구치소 내 과밀수용행위는 구치소장이 우월적 지위에서 수용자의 의사와 상관없이 일방적으로 행한 권력적 사실행위로서 헌법소원심판의 대상이 되는 공권력 행사에 해당한다.

② 국가인권위원회의 성희롱결정과 이에 따른 시정조치의 권고는 성희롱 행위자로 결정된 자의 인격권에 영향을 미침과 동시에 공공기관의 장 또는 사용자에게 일정한 법률상의 의무를 부담시키는 것이므로 국가인권위원회의 성희롱결정 및 시정조치권고는 행정소송의 대상이 되는 행정처분에 해당한다.

③ 당연퇴직의 인사발령은 법률상 당연히 발생하는 퇴직사유를 공적으로 확인하여 알려주는 이른바 관념의 통지에 불과하고 공무원의 신분을 상실시키는 새로운 형성적 행위가 아니므로 행정소송의 대상이 되는 독립한 행정처분이라고 할 수 없다.

④ 행정지도가 강제성을 띠지 않은 비권력적 작용으로서 행정지도의 한계를 일탈하지 아니하였더라도, 그로 인하여 상대방에게 손해가 발생하였다면 행정기관은 그에 대한 손해배상책임이 있다.

03 행정입법에 대한 설명으로 옳지 않은 것은?

① 행정관청 내부의 전결규정에 위반하여 원래의 전결권자 아닌 보조기관 등이 처분권자인 행정관청의 이름으로 행정처분을 한 경우, 그 처분은 권한 없는 자에 의하여 행하여진 것으로 당연무효이다.

② 입법부가 법률로써 행정부에게 특정한 사항을 위임했음에도 불구하고 행정부가 정당한 이유 없이 이를 이행하지 않는다고 하더라도 부작위위법확인소송으로 이를 다툴 수는 없다.

③ 대법원은 재판의 전제가 된 명령·규칙이 헌법 또는 법률에 위배된다는 것이 법원의 판결에 의하여 확정된 경우에는 그 취지를 해당 명령·규칙의 소관 행정청에 통보하여야 한다.

④ 헌법이 인정하고 있는 위임입법의 형식은 예시적인 것으로 보아야 할 것이고, 그것은 법률이 행정규칙에 위임하더라도 그 행정규칙은 위임된 사항만을 규율할 수 있으므로, 국회입법의 원칙과 상치되지도 않는다.

04 행정법의 법원과 효력에 대한 설명으로 옳지 않은 것은?

① 회원국 정부의 반덤핑부과처분이 WTO 협정 위반이라는 이유만으로 사인이 직접 국내 법원에 회원국 정부를 상대로 그 처분의 취소를 구하는 소를 제기하는 것은 허용되지 않는다.

② 대법원의 판례가 법률해석의 일반적인 기준을 제시한 경우에 유사한 사건을 재판하는 하급심법원의 법관은 판례의 견해를 존중하여 재판하여야 하는 것이므로, 판례는 사안이 서로 다른 사건을 재판하는 하급심법원을 직접 기속하는 효력이 있다.

③ 법령등의 시행일을 정하거나 계산할 때에는 법령등을 공포한 날부터 일정 기간이 경과한 날부터 시행하는 경우 법령등을 공포한 날을 첫날에 산입하지 아니한다.

④ 법령의 개정에 있어서 구 법령의 존속에 대한 당사자의 신뢰가 합리적이고도 정당하며, 법령의 개정으로 야기되는 당사자의 손해가 극심하여 새로운 법령으로 달성하고자 하는 공익적 목적이 그러한 신뢰의 파괴를 정당화할 수 없다면, 입법자는 경과규정을 두는 등 당사자의 신뢰를 보호할 적절한 조치를 하여야 한다.

05 행정행위의 하자에 대한 설명으로 옳은 것은?

① 조례 제정권의 범위를 벗어나 국가사무를 대상으로 한 무효인 서울특별시 행정권한 위임조례의 규정에 근거하여 구청장이 건설업영업정지처분을 한 경우, 그 처분은 결과적으로 적법한 위임 없이 권한 없는 자에 의하여 행하여진 것과 마찬가지가 되어 위법하나 당연무효는 아니다.

② 행정청이 어느 법률관계나 사실관계에 대하여 어느 법률의 규정을 적용하여 행정처분을 한 경우에, 그 법률관계나 사실관계에 대하여는 그 법률의 규정을 적용할 수 없다는 법리가 명백히 밝혀져 해석에 다툼의 여지가 없음에도 행정청이 그 규정을 적용하여 처분을 한 때에는 행정관청이 이를 잘못 해석하여 행정처분을 하였더라도 이는 그 처분 요건사실을 오인한 것에 불과하여 그 하자가 명백하다고 할 수 없다.

③ 징계처분이 중대하고 명백한 흠 때문에 당연무효이더라도 징계처분을 받은 자가 이를 용인하였다면 그 하자는 치유된다.

④ 계고처분의 후속절차인 대집행에 위법이 있었다면 그와 같은 후속절차에 위법성이 있다는 점을 들어 선행절차인 계고처분이 부적법하다는 사유로 삼을 수 있다.

06 정보공개에 대한 설명으로 옳은 것은?

① 사면대상자들의 사면실시건의서와 그와 관련된 국무회의 안건자료에 관한 정보는 비공개대상에 해당한다.

② 독립유공자서훈 공적심사위원회의 심의·의결 과정 및 그 내용을 기재한 회의록은 비공개대상에 해당한다.

③ 재소자가 교도관의 가혹행위를 이유로 형사고소 및 민사소송을 제기하면서 그 증명자료 확보를 위해 공개청구한 정보인 '근무보고서'는 비공개대상정보에 해당한다.

④ '2002학년도부터 2005학년도까지의 대학수학능력시험 원데이터'는 연구목적으로 그 정보의 공개를 청구하는 경우 비공개대상정보에 해당한다.

07 행정상 손실보상에 대한 설명으로 옳은 것만을 고른 것은?

> ㄱ. 민간기업에게 산업단지개발사업에 필요한 토지 등을 수
>   용할 수 있도록 규정한 「산업입지 및 개발에 관한 법률」
>   제22조 제1항은 헌법에 위반된다고 할 수 없다.
> ㄴ. 공공용물에 관하여 적법한 개발행위 등이 이루어짐으로
>   말미암아 이에 대한 일정범위의 사람들의 일반사용이
>   종전에 비하여 제한받게 되었다면, 특별한 사정이 없는
>   한 그로 인한 불이익은 손실보상의 대상이 되는 특별한
>   손실에 해당한다고 할 수 있다.
> ㄷ. 「하천법」 부칙과 이에 따른 특별조치법이 하천구역으로
>   편입된 토지에 대하여 손실보상청구권을 규정하였다고
>   하더라도 그 규정 자체만에 의하여 구체적인 손실보상
>   청구권이 발생하는 것으로 볼 수는 없고, 토지소유자의
>   신청에 따른 관리청의 보상금지급결정이 있어야만 비로
>   소 구체적인 권리가 발생한다.

① ㄱ
② ㄱ, ㄷ
③ ㄴ, ㄷ
④ ㄱ, ㄴ, ㄷ

08 취소소송의 판결에 대한 설명으로 옳지 않은 것은?

① 행정청이 여러 개의 위반행위에 대하여 하나의 제재
   처분을 하였으나, 위반행위별로 제재처분의 내용을 구
   분하는 것이 가능하고 여러 개의 위반행위 중 일부의
   위반행위에 대한 제재처분 부분만이 위법하다면, 법
   원은 제재처분 중 위법성이 인정되는 부분만 취소하
   여야 하고 제재처분 전부를 취소하여서는 아니 된다.
② 영업의 금지를 명한 영업허가취소처분이 나중에 행정
   쟁송절차에 의하여 취소되었다면 그 영업허가취소처
   분 이후의 영업행위를 무허가영업이라고 볼 수 없다.
③ 어떤 처분 내용의 적법성을 뒷받침하기 위하여 당초
   처분사유와 기본적 사실관계의 동일성이 인정되는 다
   른 사유가 처분 당시에 이미 존재하고 있다면 처분청
   은 그 처분에 대한 취소소송의 사실심 변론종결 시까
   지 그 사유를 적극적으로 주장·증명하여 법원으로부
   터 그 처분이 적법하다는 판단을 받아야 한다.
④ 판결의 기판력은 주로 판결의 실효성 확보를 위하여
   인정되는 효력으로서 판결의 주문뿐만 아니라 그 전
   제가 되는 처분 등의 구체적 위법사유에 관한 이유 중
   의 판단에 대하여도 인정된다.

09 행정벌에 대한 설명으로 옳지 않은 것은?

① 법인 대표자의 법규위반행위에 대한 법인의 책임은
   법인 자신의 법규위반행위로 평가될 수 있는 행위에
   대한 법인의 직접책임이다.
② 질서위반행위 후 법률이 변경되어 그 행위가 질서위
   반행위에 해당하지 아니하게 되거나 과태료가 변경되
   기 전의 법률보다 가볍게 된 때에는 법률에 특별한 규
   정이 없는 한 변경된 법률을 적용하여야 한다.
③ 특별한 사정이 없는 이상 경찰서장은 범칙행위에 대
   한 형사소추를 위하여 이미 한 통고처분을 임의로 취
   소할 수 있다.
④ 과태료 사건은 다른 법령에 특별한 규정이 있는 경우
   를 제외하고는 당사자의 주소지의 지방법원 또는 그
   지원의 관할로 한다.

10 행정계획에 대한 설명으로 옳지 않은 것은?

① 비구속적 행정계획안이나 행정지침이라도 국민의 기
   본권에 직접적으로 영향을 끼치고, 앞으로 법령의 뒷
   받침에 의하여 그대로 실시될 것이 틀림없을 것으로
   예상될 수 있을 때에는, 공권력행위로서 예외적으로
   헌법소원의 대상이 될 수 있다.
② 도시계획시설결정 대상면적이 도시기본계획에서 예
   정했던 것보다 증가하였다 하여 그것이 도시기본계획
   의 범위를 벗어나 위법한 것은 아니다.
③ 건설교통부장관이 발표한 '개발제한구역제도개선방
   안'은 개발제한구역의 해제 내지 조정을 위한 일반적
   인 기준을 제시하고 개발제한구역의 운용에 대한 국
   가의 기본방침을 천명하는 정책계획안으로서, 헌법소
   원의 대상이 되는 공권력의 행사에 해당한다.
④ 장래 일정한 기간 내에 관계 법령이 규정하는 시설 등
   을 갖추어 일정한 행정처분을 구하는 신청을 할 수 있
   는 법률상 지위에 있는 자의 국토이용계획변경신청을
   거부하는 것이 실질적으로 당해 행정처분 자체를 거
   부하는 결과가 되는 경우에는 예외적으로 그 신청인
   에게 국토이용계획변경을 신청할 권리가 인정된다.

11 「행정소송법」상 처분등에 대한 설명으로 옳은 것은?

① 구 「약관의 규제에 관한 법률」에 따른 공정거래위원회의 표준약관 사용권장행위는 항고소송의 대상이 되는 행정처분에 해당하지 않는다.

② 공무원연금관리공단이 공무원연금법령의 개정 사실과 퇴직연금 수급자가 퇴직연금 중 일부금액의 지급정지대상자가 되었다는 사실을 통보한 것은 항고소송의 대상이 되는 행정처분으로 볼 수 없다.

③ 재결취소소송의 경우 재결 자체에 고유한 위법이 있는지 여부를 심리할 것이고, 재결 자체에 고유한 위법이 없는 경우에는 원처분의 당부와는 상관없이 당해 재결취소소송은 이를 각하하여야 한다.

④ 지방자치단체의 장이 민간투자사업을 추진하는 과정에서 사업시행자를 지정하기 위한 전 단계에서 공모제안을 받아 일정한 심사를 거쳐 우선협상대상자를 선정하는 행위는 강학상 확약으로서 항고소송의 대상이 되는 행정처분에 해당하지 않는다.

12 행정절차에 대한 설명으로 옳지 않은 것은?

① 행정청이 수익적 처분을 하는 경우에는 침익적 처분의 경우와는 달리 원칙적으로 그 이유를 제시해야 하는 것은 아니다.

② 당사자가 근거규정 등을 명시하여 신청하는 인·허가 등을 거부하는 처분을 함에 있어 당사자가 그 근거를 알 수 있을 정도로 상당한 이유를 제시한 경우에는 당해 처분의 근거 및 이유를 구체적 조항 및 내용까지 명시하지 않았더라도 그로 말미암아 그 처분이 위법한 것이 된다고 할 수 없다.

③ 행정처분의 상대방에 대한 청문통지서가 반송되었거나 행정처분의 상대방이 청문일시에 불출석하였다는 이유만으로 행정청이 관계 법령상 그 실시가 요구되는 청문을 실시하지 아니하고 한 침해적 행정처분은 위법하다.

④ 「군인사법」상 보직해임처분은 당해 행정작용의 성질상 행정절차를 거치기 곤란하거나 불필요하다고 인정되는 사항 또는 행정절차에 준하는 절차를 거친 사항에 해당하므로, 처분의 근거와 이유 제시 등에 관한 구 「행정절차법」의 규정이 별도로 적용되지 아니한다.

13 행정행위의 공정력과 선결문제에 대한 설명으로 옳지 않은 것은?

① 처분은 무효가 아닌 한 권한이 있는 기관이 취소 또는 철회하거나 기간의 경과 등으로 소멸되기 전까지는 적법한 것으로 통용된다.

② 위법한 행정대집행이 완료되면 그 처분의 무효확인 또는 취소를 구할 소의 이익은 없다 하더라도, 미리 그 행정처분의 취소판결이 있어야만 그 행정처분의 위법임을 이유로 한 손해배상 청구를 할 수 있는 것은 아니다.

③ 과세처분의 하자가 단지 취소할 수 있는 정도에 불과할 때에는 과세관청이 이를 스스로 취소하거나 항고쟁송절차에 의하여 취소되지 않는 한, 그로 인한 조세의 납부가 부당이득이 된다고 할 수 없다.

④ 과세대상과 납세의무자 확정이 잘못되어 당연무효한 과세에 대하여는 체납이 문제될 여지가 없으므로 체납범이 성립하지 않는다.

제
05
회

14 행정소송에 대한 설명으로 옳은 것만을 고른 것은?

> ㄱ. 당사자가 적법한 제소기간 내에 부작위법확인의 소를 제기한 후 동일한 신청에 대하여 소극적 처분이 있다고 보아 처분취소소송으로 소를 교환적으로 변경한 후 부작위법확인의 소를 추가적으로 병합한 경우 제소기간을 준수한 것으로 볼 수 있다.
>
> ㄴ. 처분의 효력 유무가 민사소송의 선결문제로 되어 당해 민사소송의 수소법원이 이를 심리·판단하는 경우에도 변론주의 원칙상 수소법원은 직권으로 증거조사를 할 수 없고, 당사자가 주장하지 아니한 사실에 대하여는 판단할 수 없다.
>
> ㄷ. 처분청이 거부처분에 대한 항고소송에서 기존의 처분사유와 기본적 사실관계가 동일하지 않은 사유를 처분사유로 추가·변경한 것에 대하여 처분상대방이 추가·변경된 처분사유의 실체적 당부에 관하여 해당 소송 과정에서 심리·판단하는 것에 명시적으로 동의하는 경우에는, 법원으로서는 그 처분사유가 기존의 처분사유와 기본적 사실관계가 동일한지와 무관하게 예외적으로 이를 허용할 수 있다.
>
> ㄹ. 행정처분을 취소하는 확정판결이 제3자에 대하여도 효력이 있다고 하더라도 그 취소판결 자체의 효력으로써 그 행정처분을 기초로 하여 새로 형성된 제3자의 권리까지 당연히 그 행정처분 전의 상태로 환원되는 것이라고는 할 수 없다.
>
> ㅁ. 부당해고 구제신청에 관한 중앙노동위원회의 결정에 대하여 취소소송을 제기하는 경우, 법원은 중앙노동위원회의 결정 후에 생긴 사유를 들어 그 결정의 적법 여부를 판단할 수 있다.

① ㄱ, ㄴ, ㅁ   ② ㄱ, ㄷ, ㄹ
③ ㄴ, ㄹ, ㅁ   ④ ㄷ, ㄹ, ㅁ

15 행정상 강제에 대한 설명으로 옳은 것은?

① 「건축법」상 시정명령을 받은 의무자가 이행강제금이 부과되기 전에 그 의무를 이행하였더라도 시정명령에서 정한 기간을 지나서 의무를 이행한 경우라면 이행강제금을 부과할 수 있다.

② 압류처분에 앞서 독촉절차를 거치지 아니하였다면 이는 압류처분을 무효로 할 만큼 중대하고도 명백한 하자라고 볼 수 있다.

③ 국유 일반재산의 대부행위는 사법관계에 해당하므로, 체납된 대부료 등의 징수에 관하여는 특별한 사정이 없는 한 민사소송의 방법으로 그 지급을 구하여야 한다.

④ 국가는 국유재산의 무단점유자를 상대로 변상금 부과·징수권의 행사와 별도로 국유재산의 소유자로서 민사상 부당이득반환청구의 소를 제기할 수 있다.

16 「행정심판법」에 대한 설명으로 옳은 것은?

① 위원회는 당사자의 권리 및 권한의 범위에서 직권으로 또는 당사자의 신청에 의하여 심판청구의 신속하고 공정한 해결을 위하여 조정을 할 수 있다. 다만, 그 조정이 공공복리에 적합하지 아니하거나 해당 처분의 성질에 반하는 경우에는 그러하지 아니하다.

② 위원회는 처분 또는 부작위가 위법·부당하다고 상당히 의심되는 경우로서 처분 또는 부작위 때문에 당사자가 받을 우려가 있는 중대한 불이익이나 당사자에게 생길 급박한 위험을 막기 위하여 임시지위를 정하여야 할 필요가 있는 경우에는 집행정지로 목적을 달성할 수 있는 경우에도 직권으로 또는 당사자의 신청에 의하여 임시처분을 결정할 수 있다.

③ 청구인은 청구의 기초에 변경이 없는 범위에서 청구의 취지나 이유를 변경할 수 있고, 청구의 변경결정이 있으면 처음 행정심판이 청구되었을 때부터 변경된 청구의 취지나 이유로 행정심판이 청구된 것으로 본다.

④ 위원회는 무효확인심판청구가 이유가 있다고 인정하는 경우에도 이를 인용하는 것이 공공복리에 크게 위배된다고 인정하면 그 심판청구를 기각하는 재결을 할 수 있다.

17 취소소송의 소송요건에 대한 설명으로 옳은 것만을 고른 것은?

> ㄱ. 다른 약사에 대한 약국개설등록처분으로 인하여 조제 기회를 전부 또는 일부 상실하게 된 기존 약국개설자는 특별한 사정이 없는 한 해당 처분의 취소를 구할 법률상 이익이 없다.
>
> ㄴ. 국가의 사무를 위임 또는 위탁받은 공공단체 또는 그 장에 대하여 그 지사나 지역본부 등 종된 사무소의 업무와 관련이 있는 소를 제기하는 경우에는 그 종된 사무소의 소재지를 관할하는 행정법원에 제기할 수 있다.
>
> ㄷ. 에스에이치공사가 택지개발사업 시행자인 서울특별시장으로부터 이주대책 수립권한을 포함한 택지개발사업에 따른 권한을 위임 또는 위탁받은 경우, 에스에이치공사 명의로 이루어진 이주대책에 관한 처분에 대한 취소소송의 피고는 에스에이치공사이다.
>
> ㄹ. 「행정소송법」 이외의 법률에 당해 처분에 대한 행정심판의 재결을 거치지 아니하면 취소소송을 제기할 수 없다는 규정이 있는 경우에도, 처분의 집행 또는 절차의 속행으로 생길 중대한 손해를 예방하여야 할 긴급한 필요가 있는 때에는 행정심판을 제기함이 없이 취소소송을 제기할 수 있다.

① ㄱ, ㄷ

② ㄱ, ㄹ

③ ㄴ, ㄷ

④ ㄴ, ㄹ

18 국가배상에 대한 설명으로 옳지 않은 것은?

① 법관의 재판에 법령의 규정을 따르지 아니한 잘못이 있다 하더라도 이로써 바로 그 재판상 직무행위가 「국가배상법」 제2조 제1항에서 말하는 위법한 행위로 되어 국가의 손해배상책임이 발생하는 것은 아니다.

② 직무집행과 관련하여 공상을 입은 군인 등이 먼저 「국가배상법」에 따라 손해배상금을 지급받은 다음 구 「국가유공자 등 예우 및 지원에 관한 법률」이 정한 보상금 등 보훈급여금의 지급을 청구하는 경우, 「국가배상법」에 따라 손해배상을 받았다는 이유로 그 지급을 거부할 수 없다.

③ 공무원의 직무집행이 법령이 정한 요건과 절차에 따라 이루어진 것이라면 특별한 사정이 없는 한 이는 법령에 적합한 것이고 그 과정에서 개인의 권리가 침해되는 일이 생긴다고 하여 그 법령적합성이 곧바로 부정되는 것은 아니다.

④ 「국가배상법」 제3조 소정의 배상기준은 배상심의회의 배상금지급기준을 정함에 있어서의 하나의 기준을 정한 것으로서 배상액의 상한을 제한한 것으로 볼 수 있다.

19 행정법의 일반원칙에 대한 설명으로 옳지 않은 것은?

① 재량권 행사의 준칙인 행정규칙이 그 정한 바에 따라 되풀이 시행되어 행정관행이 이루어지게 되면 평등의 원칙이나 신뢰보호의 원칙에 따라 행정기관은 그 상대방에 대한 관계에서 그 규칙에 따라야 할 자기구속을 받게 되므로, 이러한 경우에는 특별한 사정이 없는 한 그를 위반하는 처분은 평등의 원칙이나 신뢰보호의 원칙에 위배되어 재량권을 일탈·남용한 위법한 처분이 된다.

② 국립대학교 법학전문대학원에 입학원서를 제출한 갑이 종교적 신념을 지키기 위해 면접 일정을 토요일 오후 마지막 순번으로 변경해 달라는 취지의 이의신청서를 제출했으나, 총장이 이를 거부하고 면접평가에 응시하지 않은 갑에게 불합격 통지를 한 것은 합리적 이유 있는 차별로서 헌법상 평등원칙을 위반한 것으로 볼 수 없다.

③ 법률에 따른 개인의 행위가 단지 법률이 반사적으로 부여하는 기회의 활용을 넘어서 국가에 의하여 일정 방향으로 유인된 것이라면 특별히 보호가치가 있는 신뢰이익이 인정될 수 있고, 원칙적으로 개인의 신뢰보호가 국가의 법률개정이익에 우선된다고 볼 여지가 있다.

④ 병무청 담당부서의 담당공무원에게 공적 견해의 표명을 구하는 정식의 서면질의 등을 하지 아니한 채 총무과 민원팀장에 불과한 공무원이 민원봉사차원에서 상담에 응하여 안내한 것을 신뢰한 경우, 신뢰보호 원칙이 적용되지 아니한다.

20 다음 사례에 대한 설명으로 옳지 않은 것은?

> 공정거래위원회는 2025. 2. 28. A회사의 자진신고를 통해 A회사의 공정거래법 위반 사실을 조사하게 되었고, 조사 결과 A회사의 법 위반사실을 특정한 후 2025. 7. 20. A회사에 대해 과징금 1억 원을 부과하는 처분(제1처분)을 함과 동시에 자진신고를 이유로 당초의 과징금을 50% 감액하는 처분(제2처분)을 각각 별개로 의결하였다. 이에 대해 A회사는 취소소송을 제기하고자 한다.

① A회사가 공정거래법을 위반함에 있어서 고의 또는 과실이 없었다 하더라도 공정거래위원회는 A회사에 대해 과징금을 부과할 수 있다.

② 공정거래위원회가 과징금처분 등을 함에 있어서 「행정절차법」상 의견청취절차 생략사유가 존재한다고 하더라도, 공정거래위원회는 「행정절차법」을 적용하여 의견청취절차를 생략할 수 없다.

③ 공정거래위원회가 사례의 법 위반사실을 이유로 A회사를 검찰에 고발하였고, 이로 인해 A회사에 대해 위 과징금처분 등과 별도로 행정형벌이 부과된다고 하더라도 이것이 이중처벌금지의 원칙에 위반되는 것은 아니다.

④ 만약 A회사가 제2처분의 취소를 구하는 소송을 제기한 경우, 그 취소소송은 소의 이익이 없는 것으로서 부적법하다.

01 행정행위의 부관에 대한 설명으로 옳지 않은 것은?

① 행정행위의 부관인 부담에 정해진 바에 따라 당해 행정청이 아닌 다른 행정청이 그 부담상의 의무이행을 요구하는 의사표시를 하였을 경우, 이러한 행위가 당연히 항고소송의 대상이 되는 처분에 해당한다고 할 수는 없다.

② 행정청이 임시이사를 선임하면서 임기를 '후임 정식이사가 선임될 때까지'로 기재한 것은 근거 법률의 해석상 당연히 도출되는 사항을 주의적·확인적으로 기재한 이른바 '법정부관'일 뿐, 행정청의 의사에 따라 붙이는 본래 의미의 행정처분 부관이라고 볼 수 없고, 후임 정식이사가 선임되면 임시이사의 임기는 자동적으로 만료되어 임시이사의 지위가 상실되는 효과가 발생한다.

③ 행정청은 처분에 재량이 없는 경우에는 법률에 근거가 있는 경우에 부관을 붙일 수 있다.

④ 행정청이 종교단체에 대하여 기본재산전환인가를 함에 있어 인가조건을 부가하고 그 불이행시 인가를 취소할 수 있도록 한 경우, 인가조건의 의미는 철회권을 유보한 것이다.

02 사인의 공법행위에 대한 설명으로 옳지 않은 것은?

① 납골당설치 신고는 '수리를 요하는 신고'라 할 것이므로, 납골당설치 신고가 구「장사 등에 관한 법률」관련 규정의 모든 요건에 맞는 신고라 하더라도 신고인은 곧바로 납골당을 설치할 수는 없고, 이에 대한 행정청의 수리처분이 있어야만 신고한 대로 납골당을 설치할 수 있다.

② 행정관청은 노동조합으로 설립신고를 한 단체가 노동조합법 제2조 제4호 각 목에 해당하는지 여부를 실질적으로 심사할 수 있다.

③ 수리란 신고를 유효한 것으로 판단하고 법령에 의하여 처리할 의사로 이를 수령하는 수동적 행위이므로 수리행위에 신고필증 교부 등 행위가 꼭 필요한 것은 아니다.

④ 행정청은 신청에 대하여 거부처분을 하기 전에 반드시 신청인에게 신청의 내용이나 처분의 실체적 발급요건에 관한 사항에 대하여 보완할 기회를 부여하여야 할 의무가 있다.

03 정보공개에 대한 설명으로 옳은 것은?

① 정보공개법 제9조 제1항 제6호는 공공기관이 보유·관리하고 있는 개인정보의 공개 과정에서의 개인정보를 보호하기 위한 규정으로서 「개인정보 보호법」 제6조에서 말하는 '개인정보 보호에 관하여 다른 법률에 특별한 규정이 있는 경우'에 해당하므로, 공공기관이 보유·관리하고 있는 개인정보의 공개에 관하여는 구 정보공개법 제9조 제1항 제6호가 「개인정보 보호법」에 우선하여 적용된다.

② 공무원이 직무와 관련 없이 개인적인 자격으로 간담회·연찬회 등 행사에 참석하고 금품을 수령한 정보는 정보공개법 제9조 제1항 제6호 단서 (다)목 소정의 '공개하는 것이 공익을 위하여 필요하다고 인정되는 정보'에 해당한다.

③ 외국 또는 외국 기관으로부터 비공개를 전제로 정보를 입수하였다는 사정이 있다면 그 자체로 이를 공개할 경우 업무의 공정한 수행에 현저한 지장을 받을 것이라고 볼 수 있다.

④ 정보공개거부처분의 취소를 구하는 소송에서 공공기관이 청구정보를 증거 등으로 법원에 제출하여 법원을 통하여 그 사본을 청구인에게 교부 또는 송달되게 하여 결과적으로 청구인에게 정보를 공개하는 셈이 되었다면, 당해 정보의 비공개결정의 취소를 구할 소의 이익은 소멸된다.

04 행정행위의 취소와 철회에 대한 설명으로 옳은 것은?

① 건축허가취소처분을 받은 건축물 소유자는 그 건축물이 완공된 후에는 더 이상 위 취소처분의 취소를 구할 법률상 이익을 가지지 못한다.

② 권한 없는 행정기관이 한 당연무효인 행정처분을 취소할 수 있는 권한은 당해 행정처분을 할 수 있는 적법한 권한을 가지는 행정청에게 속한다.

③ 취소소송에 대한 기각판결이 확정되어 처분의 적법성이 확정된 이후에도 처분청은 당해 처분이 위법함을 이유로 이를 직권취소할 수 있다.

④ 행정행위를 한 처분청이 그 행위의 하자를 이유로 수익적 행정처분을 취소하려는 경우에는 별도의 법적 근거가 있어야 한다.

05 행정작용의 내용에 대한 설명으로 옳은 것은?

① 법령등에서 당사자가 신청할 수 있는 처분을 규정하고 있는 경우 행정청은 당사자의 신청에 따라 장래에 어떤 처분을 하거나 하지 아니할 것을 내용으로 하는 의사표시인 확약을 할 수 있고, 이때 확약의 방식에는 아무런 제한이 없다.

② 속임수나 그 밖의 부당한 방법으로 보험자에게 요양급여비용을 부담하게 한 요양기관이 폐업한 때에는 폐업 후 그 요양기관의 개설자가 새로 개설한 요양기관에 대하여 업무정지처분을 할 수 없다.

③ 중소기업 정보화지원사업에 대한 지원금출연협약의 해지 및 환수통보는 행정청이 우월한 지위에서 행하는 공권력의 행사로서 행정처분에 해당하는 것이지, 공법상 계약에 따라 행정청이 대등한 당사자의 지위에서 하는 의사표시로 볼 수 없다.

④ 행정청은 법률로 정하는 바에 따라 완전히 자동화된 시스템(인공지능 기술을 적용한 시스템을 포함한다)으로 처분을 할 수 있으나, 처분에 재량이 없는 경우는 그러하지 아니하다.

06 「질서위반행위규제법」에 대한 설명으로 옳지 않은 것은?

① 대표자 또는 관리인이 있는 법인이 아닌 사단 또는 재단은 질서위반행위를 하는 주체인 '당사자'가 될 수 있다.

② 법원의 과태료 재판이 확정된 후 법률이 변경되어 그 행위가 질서위반행위에 해당하지 아니하게 된 때에는 변경된 법률에 특별한 규정이 없는 한 과태료의 집행을 면제한다.

③ 과태료는 당사자가 과태료 부과처분에 대하여 이의를 제기하지 아니한 채 이의제기 기한이 종료한 후 사망한 경우에는 그 상속재산에 대하여 집행할 수 있다.

④ 행정청은 질서위반행위가 성립한 날(다수인이 질서위반행위에 가담한 경우에는 최종행위가 성립한 날을 말한다)부터 5년이 경과한 경우에는 해당 질서위반행위에 대하여 과태료를 부과할 수 없다.

07 공법관계와 사법관계에 대한 설명으로 옳은 것만을 고른 것은?

> ㄱ. 종합유선방송위원회는 그 설치의 법적 근거, 법에 의하여 부여된 직무, 위원의 임명절차 등을 종합하여 볼 때 국가기관이고, 그 사무국 직원들의 근로관계는 사법상의 계약관계이므로, 사무국 직원들은 국가를 상대로 민사소송으로 그 계약에 따른 임금과 퇴직금의 지급을 청구할 수 있다.
>
> ㄴ. 지방자치단체가 보조금 지급결정을 하면서 일정 기한 내에 보조금을 반환하도록 하는 교부조건을 부가한 경우, 보조금을 교부받은 사업자에 대한 지방자치단체의 보조금반환청구소송은 민사소송에 해당한다.
>
> ㄷ. 국가나 지방자치단체에 근무하는 청원경찰은 「국가공무원법」이나 「지방공무원법」상의 공무원은 아니지만, 그에 대한 징계처분의 시정을 구하는 소는 행정소송의 대상이 된다.
>
> ㄹ. 납세의무자에 대한 국가의 부가가치세 환급세액 지급의무는 부당이득반환의무에 해당하므로, 그에 대한 지급청구는 민사소송의 절차에 따라야 한다.

① ㄱ, ㄷ 　　　　② ㄱ, ㄹ
③ ㄴ, ㄷ 　　　　④ ㄴ, ㄹ

08 행정행위의 내용에 대한 설명으로 옳은 것은?

① 토지대장에 기재된 일정한 사항을 변경하는 행위는 토지소유자의 실체적 권리관계에 영향을 미치는 것이므로, 소관청이 토지대장상의 소유자명의변경신청을 거부한 행위는 항고소송의 대상이 되는 행정처분에 해당한다.

② 건축물대장의 용도는 행정사무집행의 편의와 사실증명의 자료로 삼기 위한 것일 뿐이어서, 그 용도가 변경된다고 하여도 이로 인하여 당해 건축물에 대한 실체상의 권리관계에 변동을 가져올 수 없으므로, 소관청의 용도변경신청 거부행위는 항고소송의 대상이 되는 행정처분에 해당하지 않는다.

③ 사실상 영업이 양도·양수되었지만 승계신고 및 수리처분이 있기 전에 양도인이 허락한 양수인의 영업 중 발생한 위반행위에 대한 행정적인 책임은 양수인에게 귀속된다.

④ 인가권자인 국토해양부장관 또는 시·도지사는 자동차관리사업자로 구성하는 사업자단체인 조합설립인가 신청에 대하여 「자동차관리법」에서 정한 설립요건의 충족 여부는 물론, 자동차관리사업의 건전한 발전과 질서 확립이라는 사업자단체 설립의 공익적 목적에 부합하는지 등을 함께 검토하여 설립인가 여부를 결정할 재량을 가진다.

09 「개인정보 보호법」에 대한 설명으로 옳지 않은 것은?

① 성명, 주민등록번호 및 영상 등을 통하여 개인을 알아볼 수 있는 정보를 가명처리함으로써 원래의 상태로 복원하기 위한 추가 정보의 사용·결합 없이는 특정 개인을 알아볼 수 없는 정보인 '가명정보'는 「개인정보 보호법」상 개인정보에 해당한다.

② 개인정보처리자는 개인정보를 익명 또는 가명으로 처리하여도 개인정보 수집목적을 달성할 수 있는 경우 익명처리가 가능한 경우에는 익명에 의하여, 익명처리로 목적을 달성할 수 없는 경우에는 가명에 의하여 처리될 수 있도록 하여야 한다.

③ 구 「정보통신망 이용촉진 및 정보보호 등에 관한 법률」에 근거하여, 개인정보 보호조치를 하지 않아 이용자의 개인정보를 분실·도난·누출·변조 또는 훼손한 정보통신서비스 제공자에게 부과되는 과징금은 해당 위반행위로 인해 증가한 매출액에서 얻은 이익을 박탈하는 데 목적이 있다.

④ 정보주체는 개인정보처리자가 「개인정보 보호법」을 위반한 행위로 손해를 입으면 개인정보처리자에게 손해배상을 청구할 수 있고, 이 경우 그 개인정보처리자는 고의 또는 과실이 없음을 입증하지 아니하면 책임을 면할 수 없다.

10 행정상 법률관계에 대한 설명으로 옳지 않은 것은?

① 국민이 소급입법을 예상할 수 있었거나 법적상태가 불확실하고 혼란스러웠거나 하여 보호할만한 신뢰의 이익이 적은 경우에는 예외적으로 진정소급입법이 허용될 수 있다.

② 통치행위의 개념을 인정한다고 하더라도 과도한 사법심사의 자제가 기본권을 보장하고 법치주의 이념을 구현하여야 할 법원의 책무를 태만히 하거나 포기하는 것이 되지 않도록 그 인정을 지극히 신중하게 하여야 하며, 그 판단은 오로지 사법부만에 의하여 이루어져야 한다.

③ 변상금부과처분이 당연무효인 경우에 당해 변상금부과처분에 의하여 납부자가 납부한 오납금은 지방자치단체가 법률상 원인 없이 취득한 부당이득에 해당하고, 이러한 오납금에 대한 납부자의 부당이득반환청구권은 그 부과시부터 소멸시효가 진행한다.

④ 조세환급금은 조세채무가 처음부터 존재하지 않거나 그 후 소멸하였음에도 불구하고 국가가 법률상 원인 없이 수령하거나 보유하고 있는 부당이득에 해당하고, 환급가산금은 그 부당이득에 대한 법정이자로서의 성질을 가진다.

11 법률상 이익에 대한 설명으로 옳은 것은?

① 대한의사협회는 「국민건강보험법」상 요양급여행위, 요양급여비용의 청구 및 지급과 관련하여 직접적인 법률관계를 가지므로, 보건복지부 고시인 구 「건강보험 요양급여행위 및 그 상대가치점수」의 개정으로 인하여 자신의 법률상 이익을 침해당하였다고 할 수 있다.

② 명문의 규정이 없더라도 당해 처분의 근거 법규 및 관련 법규의 합리적 해석상 그 법규에서 행정청을 제약하는 이유가 순수한 공익의 보호만이 아닌 개별적·직접적·구체적 이익을 보호하는 취지가 포함되어 있다고 해석되는 경우에는 처분등의 취소를 구할 법률상 이익이 있다.

③ 개발제한구역 안에서의 공장설립을 승인한 처분이 위법하다는 이유로 쟁송취소되었다면, 설령 그 승인처분에 기초한 공장건축허가처분이 잔존하는 경우에도 인근 주민들에게는 공장건축허가처분의 취소를 구할 법률상 이익이 없다.

④ 상수원보호구역 설정의 근거가 되는 「수도법」은 상수원의 오염을 막아 지역주민들이 양질의 급수를 받을 이익을 직접적이고 구체적으로 보호하고 있으므로, 지역주민들은 상수원보호구역변경처분의 취소를 구할 법률상의 이익이 있다.

12 당사자소송에 대한 설명으로 옳지 않은 것은?

① 「행정소송법」은 공법상 당사자소송을 민사소송으로 변경할 수 있는지에 관하여 명문의 규정을 두고 있지는 않으나, 공법상 당사자소송도 청구의 기초가 바뀌지 아니하는 한도 안에서 민사소송으로 소 변경이 가능하다.

② 행정처분의 근거 법률에 의하여 보호되는 직접적이고 구체적인 이익이 있는 경우에는 법률상 이익이 있다고 보아야 하므로, 당사자소송으로 확인소송을 제기함에 있어서는 민사소송의 경우와 달리 보충성이 요구되지 않는다.

③ 지방소방공무원의 초과근무수당 지급청구권은 법령의 규정에 의하여 직접 그 존부나 범위가 정하여지고 법령에 규정된 수당의 지급요건에 해당하는 경우에는 곧바로 발생한다고 할 것이므로, 지방소방공무원이 자신이 소속된 지방자치단체를 상대로 초과근무수당의 지급을 구하는 청구에 관한 소송은 당사자소송의 절차에 따라야 한다.

④ 취소소송의 재판관할에 관한 「행정소송법」 규정은 당사자소송의 경우에 준용한다. 다만, 국가 또는 공공단체가 피고인 경우에는 관계행정청의 소재지를 피고의 소재지로 본다.

13 행정상 계약에 대한 설명으로 옳지 않은 것은?

① 행정청이 자신과 상대방 사이의 법률관계를 일방적인 의사표시로 종료시켰다면 그 의사표시는 공법상 계약 관계의 일방 당사자로서 대등한 지위에서 행하는 의 사표시가 아니라 항고소송의 대상이 되는 행정처분에 해당한다.

② 공법상 계약의 한쪽 당사자가 다른 당사자를 상대로 효력을 다투거나 이행을 청구하는 소송은 공법상의 법률관계에 관한 분쟁이므로 분쟁의 실질이 공법상 권리·의무의 존부·범위에 관한 다툼이 아니라 손해 배상액의 구체적인 산정방법·금액에 국한되는 등의 특별한 사정이 없는 한 당사자소송으로 제기하여야 한다.

③ 「사회기반시설에 대한 민간투자법」에 따라 지방자치 단체와 민간회사 간 체결한 터널 민간투자사업 실시 협약은 공법상 계약에 해당한다.

④ 공기업·준정부기관이 법령 또는 계약에 근거하여 선 택적으로 입찰참가자격 제한 조치를 할 수 있는 경우, 계약상대방에 대한 입찰참가자격 제한 조치가 법령에 근거한 행정처분인지 아니면 계약에 근거한 권리행사 인지는 원칙적으로 의사표시 해석의 문제이다.

14 행정절차에 대한 설명으로 옳은 것은?

① 행정청은 대통령령, 총리령 및 부령을 입법예고하는 경우에는 이를 국회 소관 상임위원회에 제출하여야 한다.

② 별정직 공무원에 대한 직권면직 처분에는 처분의 사 전통지 및 의견청취 등에 관한 「행정절차법」 규정이 적용되지 않는다.

③ 행정처분으로 인하여 법률상 이익이 침해되는 제3자 에 대하여는 사전통지 및 의견제출에 관한 「행정절차 법」 규정이 적용된다.

④ 행정기관의 처분에 의하여 불이익을 입게 되는 국가 를 일반 국민과 달리 취급할 이유가 없으므로, 국가에 대해 행정처분을 할 때에도 사전 통지, 의견청취, 이 유 제시와 관련한 「행정절차법」이 그대로 적용된다고 보아야 한다.

15 집행정지에 대한 설명으로 옳지 않은 것은?

① 취소소송이 제기된 경우에 처분등이나 그 집행 또는 절차의 속행으로 인하여 생길 중대한 손해를 예방하 기 위하여 긴급한 필요가 있다고 인정할 때에는 본안 이 계속되고 있는 법원은 당사자의 신청 또는 직권에 의하여 처분등의 효력이나 그 집행 또는 절차의 속행 의 전부 또는 일부의 정지를 결정할 수 있다.

② 행정처분의 효력정지나 집행정지를 구하는 신청사건 에서는 행정처분 자체의 적법 여부는 원칙적으로 판 단의 대상이 아니지만, 집행정지사건 자체에 의하여 도 신청인의 본안청구가 적법한 것이어야 한다는 것 을 집행정지의 요건에 포함시키는 것이 옳다.

③ 효력기간이 정해져 있는 제재적 행정처분에 대한 취 소소송에서 법원이 본안소송의 판결 선고 시까지 집 행정지결정을 하면, 처분에서 정해 둔 효력기간은 판 결 선고 시까지 진행하지 않다가 판결이 선고되면 그 때 집행정지결정의 효력이 소멸함과 동시에 처분의 효력이 당연히 부활하여 처분에서 정한 효력기간이 다시 진행한다.

④ 집행정지의 결정 또는 기각의 결정에 대하여는 즉시 항고할 수 있고, 이 경우 집행정지의 결정에 대한 즉 시항고에는 결정의 집행을 정지하는 효력이 없다.

16 국가배상에 대한 설명으로 옳지 않은 것은?

① 행정처분의 담당공무원이 보통 일반의 공무원을 표준으로 하여 볼 때 객관적 주의의무를 결하여 그 행정처분이 객관적 정당성을 상실하였다고 인정될 정도에 이른 경우에 「국가배상법」 제2조 소정의 국가배상책임의 요건을 충족하였다고 볼 수 있다.

② 공무원에 대한 전보인사가 법령이 정한 기준과 원칙에 위배되거나 인사권을 다소 부적절하게 행사한 것으로 볼 여지가 있다 하더라도 그러한 사유만으로 그 전보인사가 당연히 불법행위를 구성한다고 볼 수는 없다.

③ 「행형법 시행령」 제144조의 규정에 반하여 교도소장이 아닌 관구교감에 의해 징벌처분이 고지되었다면 위 징벌처분은 손해의 전보책임을 국가에게 부담시켜야 할 만큼 객관적 정당성을 상실한 정도라고 볼 수 있다.

④ 법률이 행정청에 대하여 행정입법을 할 재량을 부여하였다 하더라도, 그 재량을 부여한 취지와 목적에 비추어 행정청이 행정입법의 권한을 행사하지 아니한 것이 현저하게 합리성을 잃어 사회적 타당성이 없는 경우에는 그 부작위가 객관적 정당성을 상실하였다고 볼 수 있고, 객관적 정당성을 상실하였다고 볼 수 있는 경우에는 특별한 사정이 없으면 「국가배상법」 제2조 제1항에서 정한 공무원의 과실도 인정된다.

17 「공익사업을 위한 토지 등의 취득 및 보상에 관한 법률」에 대한 설명으로 옳은 것만을 고른 것은?

ㄱ. 어떤 보상항목이 공익사업을 위한 토지 등의 취득 및 보상에 관한 법령상 손실보상대상에 해당함에도 관할 토지수용위원회가 사실을 오인하거나 법리를 오해함으로써 손실보상대상에 해당하지 않는다고 잘못된 내용의 재결을 한 경우에는, 피보상자는 사업시행자를 상대로 보상금증감소송을 제기하여야 한다.

ㄴ. 사업시행자가 동일한 토지소유자에 속하는 일단의 토지 일부를 취득함으로 인하여 잔여지의 가격이 감소하거나 그 밖의 손실이 있을 때에도 잔여지를 종래의 목적으로 사용하는 것이 가능한 경우라면 잔여지 손실보상의 대상이 되지 못한다.

ㄷ. 잔여지 수용청구를 받아들이지 않은 토지수용위원회의 재결에 대하여 토지소유자가 불복하여 제기하는 소송은 사업시행자를 피고로 하여야 한다.

① ㄱ, ㄴ   ② ㄱ, ㄷ
③ ㄴ, ㄷ   ④ ㄱ, ㄴ, ㄷ

18 인허가의제에 대한 설명으로 옳지 않은 것은?

① 인허가의제의 경우 관련 인허가 행정청은 관련 인허가의 처분기준을 주된 인허가 행정청에 제출하여야 하고, 주된 인허가 행정청은 제출받은 관련 인허가의 처분기준을 통합하여 공표하여야 한다.

② 인허가의제 제도는 관련 인허가 행정청의 권한을 제한하거나 박탈하는 효과를 가진다는 점에서 법률 또는 법률의 위임에 따른 법규명령의 근거가 있어야 한다.

③ 인허가의제의 효과는 관련 인허가의 해당 법률에 규정된 관련 인허가에 한정된다.

④ 「산업집적활성화 및 공장설립에 관한 법률」상 입주계약 체결에 따라 공장설립 승인을 받은 것으로 의제되는 경우에도 그 공장 건물을 건축하려면 「건축법」상 건축허가와 「국토의 계획 및 이용에 관한 법률」상 개발행위허가를 받아야 한다.

19 행정의 실효성 확보수단에 대한 설명으로 옳지 않은 것은?

① 과태료는 행정상의 질서유지를 위한 행정질서벌이므로 죄형법정주의의 규율대상에 해당한다.

② 통고처분은 상대방의 임의의 승복을 그 발효요건으로 하기 때문에 그 자체만으로는 통고이행을 강제하거나 상대방에게 아무런 권리·의무를 형성하지 않으므로 행정심판이나 행정소송의 대상으로서의 처분성을 인정할 수 없다.

③ 관계 행정청이 등급분류를 받지 아니하거나 등급분류를 받은 게임물과 다른 내용의 게임물을 발견한 경우 관계 공무원으로 하여금 이를 수거·폐기하게 할 수 있도록 한 구 「음반·비디오물 및 게임물에 관한 법률」 규정은 영장주의에 위반되거나 헌법에 위반되지 아니한다.

④ 가산세는 형벌이 아니므로 행위자의 고의 또는 과실·책임능력·책임조건 등을 고려하지 아니하고 가산세 과세요건의 충족 여부만을 확인하여 조세의 부과 절차에 따라 과징할 수 있다.

20 행정소송의 제소기간에 대한 설명으로 옳은 것만을 고른 것은?

ㄱ. 처분이 있음을 안 날부터 90일을 넘겨 청구한 행정심판청구에 대한 재결이 있은 후 재결서를 송달받은 날부터 90일 이내에 원래의 처분에 대하여 취소소송을 제기한 경우, 그 취소소송은 제소기간을 준수한 것으로 된다.

ㄴ. 동일한 처분에 대하여 무효확인의 소를 제기하였다가 그 처분의 취소를 구하는 소를 추가적으로 병합한 경우, 주된 청구인 무효확인의 소가 적법한 제소기간 내에 제기되었다면 추가로 병합된 취소청구의 소도 적법하게 제기된 것으로 볼 수 있다.

ㄷ. 고시 또는 공고에 의하여 행정처분을 하는 경우 그 행정처분에 이해관계를 갖는 사람이 고시 또는 공고가 있었다는 사실을 현실적으로 알았는지 여부에 관계없이 고시 또는 공고가 효력을 발생한 날에 행정처분이 있음을 알았다고 보아야 한다.

ㄹ. 변경처분에 의하여 유리하게 변경된 내용의 행정제재가 위법하다 하여 그 취소를 구하는 경우, 제소기간의 준수 여부는 변경처분을 기준으로 판단하여야 한다.

ㅁ. 어느 하나의 처분의 취소를 구하는 소에 당해 처분과 관련되는 처분의 취소를 구하는 청구를 추가적으로 병합한 경우, 추가적으로 병합된 소의 소제기 기간의 준수 여부는 그 청구취지의 추가신청이 있은 때를 기준으로 한다.

① ㄱ, ㅁ   ② ㄷ, ㄹ

③ ㄴ, ㄷ, ㄹ   ④ ㄴ, ㄷ, ㅁ

01 행정법의 법원과 효력에 대한 설명으로 옳지 않은 것은?

① 법령등을 위반한 행위 후 법령등의 변경에 의하여 그 행위가 법령등을 위반한 행위에 해당하지 아니하거나 제재처분 기준이 가벼워진 경우로서 해당 법령등에 특별한 규정이 없는 경우에는 변경된 법령등을 적용한다.

② 새로운 법령등은 법령등에 특별한 규정이 있는 경우를 제외하고는 그 법령등의 효력 발생 전에 완성되거나 종결된 사실관계 또는 법률관계에 대해서는 적용되지 아니한다.

③ 국가공무원인 교원의 보수에 관한 구체적인 내용(보수 체계, 보수 내용, 지급 방법 등)은 반드시 법률의 형식으로만 정해야 하는 '기본적인 사항'에 해당하므로, 이를 행정부의 하위법령에 위임하는 것은 의회유보의 원칙에 위배되어 허용되지 아니한다.

④ 어떠한 법률조항에 대하여 헌법재판소가 헌법불합치 결정을 하여 그 법률조항을 합헌적으로 개정 또는 폐지하는 임무를 입법자의 형성 재량에 맡긴 이상, 그 개선입법의 소급적용 여부와 소급적용의 범위는 원칙적으로 입법자의 재량에 달린 것이다.

02 행정행위의 하자에 대한 설명으로 옳은 것은?

① 민원사무를 처리하는 행정기관이 민원 1회 방문 처리제를 시행하는 절차의 일환으로 민원사항의 심의·조정 등을 위한 민원조정위원회를 개최하면서 민원인에게 회의일정 등을 사전에 통지하지 아니하였다면 이는 절차상 하자로서 곧바로 민원사항에 대한 행정기관의 장의 거부처분에 취소사유에 이를 정도의 흠이 존재한다고 볼 수 있다.

② 어떤 행정처분이 실효의 법리를 위반하여 위법한 것이라고 하더라도 이는 행정처분의 취소사유에 해당할 뿐 당연무효사유는 아니다.

③ 건물철거명령이 당연무효가 아니고 불가쟁력이 발생하였더라도 건물철거명령의 하자를 이유로 후행 대집행계고처분의 효력을 다툴 수 있다.

④ 개별토지가격 결정을 다투는 소송에서는 그 개별토지가격 산정의 기초가 된 표준지 공시지가의 위법성을 다툴 수 있다.

03 「행정기본법」상 처분의 재심사에 대한 설명으로 옳지 않은 것은?

① 당사자는 이행강제금의 부과처분이 행정심판, 행정소송 및 그 밖의 쟁송을 통하여 다툴 수 없게 된 경우(법원의 확정판결이 있는 경우는 제외한다)라도 그 처분의 근거가 된 사실관계 또는 법률관계가 추후에 당사자에게 유리하게 바뀐 경우에는 해당 처분을 한 행정청에 처분을 취소·철회하거나 변경하여 줄 것을 신청할 수 있다.

② 처분 업무를 직접 또는 간접적으로 처리한 공무원이 그 처분에 관한 직무상 죄를 범한 경우는 처분의 재심사 신청 사유에 해당한다.

③ 처분의 재심사 신청은 해당 처분의 절차, 행정심판, 행정소송 및 그 밖의 쟁송에서 당사자가 중대한 과실 없이 처분의 재심사 사유를 주장하지 못한 경우에만 할 수 있다.

④ 공무원 인사 관계 법령에 따른 징계 등 처분에 관한 사항은 처분의 재심사 대상이 되지 아니한다.

04 「행정소송법」상 처분에 대한 설명으로 옳은 것은?

① 운전면허 행정처분처리대장상 벌점의 배점은 그 배점 자체만으로 국민에 대하여 구체적으로 권리를 제한하거나 의무를 명하는 등 법률적 규제를 하는 효과를 발생시키므로 항고소송의 대상이 되는 행정처분이라고 할 수 있다.

② 교육부장관이 대학입시기본계획에서 내신성적 산정기준에 관한 시행지침을 마련하여 시·도교육감에게 통보한 경우, 각 고등학교에서 위 지침에 일률적으로 기속되어 내신성적을 산정할 수밖에 없고 대학에서도 이를 그대로 내신성적으로 인정하여 입학생을 선발할 수밖에 없으므로, 내신성적 산정지침은 항고소송의 대상이 되는 행정처분에 해당한다.

③ 구 「표시·광고의 공정화에 관한 법률」 위반으로 공정거래위원회의 경고를 받은 경우에는 벌점을 부과받게 되나, 그것만으로는 상대방의 권리의무에 직접적인 영향을 미치는 것은 아니므로, 그 경고는 항고소송의 대상이 되는 처분에 해당한다고 볼 수 없다.

④ 공정거래위원회가 「하도급거래 공정화에 관한 법률」 제26조에 따라 관계 행정기관의 장에게 한 원사업자 또는 수급사업자에 대한 입찰참가자격의 제한을 요청한 결정은 항고소송의 대상이 되는 처분에 해당한다.

05 행정절차에 대한 설명으로 옳은 것은?

① 처분기준의 설정·공표제도는 행정청의 자의적인 권한행사를 방지하여 행정의 투명성과 예측가능성을 보장하려는 취지이므로, 행정청은 최대한 구체적으로 처분기준을 설정·공표하여야 하지만, 처분의 근거가 되는 법령에 처분기준을 구체적으로 규정하고 있는 때에는 이를 다시 설정·공표할 의무는 없다.

② 행정청은 당사자의 신청 내용을 모두 그대로 인정하는 처분을 하는 경우에도 처분 후 당사자가 요청하는 경우에는 그 근거와 이유를 제시하여야 한다.

③ 처분상대방이 이미 행정청에 위반사실을 시인하였다는 사정은 사전통지나 의견제출 기회 제공의 예외사유인 '의견청취가 현저히 곤란하거나 명백히 불필요하다고 인정될 만한 상당한 이유가 있는 경우'에 해당한다.

④ 고시의 방법으로 불특정 다수인을 상대로 의무를 부과하거나 권익을 제한하는 처분을 하는 경우, 「행정절차법」 제22조 제3항에 의하여 그 상대방에게 의견제출 기회를 주어야 한다.

06 제재처분에 대한 설명으로 옳은 것만을 고른 것은?

ㄱ. 행정법규 위반에 대한 제재조치는 행정목적의 달성을 위하여 행정법규 위반이라는 객관적 사실에 착안하여 가하는 제재이므로, 반드시 현실적인 행위자가 아니라도 법령상 책임자로 규정된 자에게 부과되고, 특별한 사정이 없는 한 위반자에게 고의나 과실이 없더라도 부과할 수 있다.

ㄴ. 효력기간이 정해져 있는 제재적 행정처분의 효력이 발생한 이후에는 특별한 사정이 없는 한 행정청이 상대방에 대한 별도의 처분으로써 효력기간의 시기와 종기를 다시 정하는 것은 허용되지 아니한다.

ㄷ. 법령등의 위반행위가 종료된 날부터 5년이 지난 경우에도 행정청은 행정심판의 재결이나 법원의 판결에 따라 제재처분이 취소·철회된 경우에는 재결이나 판결이 확정된 날부터 1년(합의제행정기관은 2년)이 지나기 전까지는 그 취지에 따른 새로운 제재처분을 할 수 있다. 다만, 「행정기본법」 이외의 다른 법률에서 이보다 짧거나 긴 기간을 규정하고 있으면 그 법률에서 정하는 바에 따른다.

---

① ㄱ   ② ㄱ, ㄷ

③ ㄴ, ㄷ   ④ ㄱ, ㄴ, ㄷ

07 행정벌에 대한 설명으로 옳지 않은 것은?

① 「행형법」에 의한 징벌을 받은 뒤에 형사처벌을 한다고 하여 일사부재리의 원칙에 반하는 것은 아니다.

② 범칙금의 납부에 확정판결에 준하는 효력이 인정됨에 따라 다시 벌 받지 아니하게 되는 행위사실은 범칙금 통고의 이유에 기재된 당해 범칙행위 자체 및 그 범칙행위와 동일성이 인정되는 범칙행위에 한정된다.

③ 과태료의 부과·징수, 재판 및 집행 등의 절차에 관한 다른 법률의 규정이 「질서위반행위규제법」의 규정에 저촉되는 경우 그 다른 법률의 규정에서 정하는 바에 따른다.

④ 법인의 대표자, 법인 또는 개인의 대리인·사용인 및 그 밖의 종업원이 업무에 관하여 법인 또는 그 개인에게 부과된 법률상의 의무를 위반한 때에는 법인 또는 그 개인에게 과태료를 부과한다.

08 행정입법에 대한 설명으로 옳은 것은?

① 입법부가 법률로써 행정부에게 특정한 사항을 위임했음에도 불구하고 행정부가 정당한 이유 없이 이를 이행하지 않는다면 권력분립의 원칙과 법치국가 내지 법치행정의 원칙에 위배되는 것으로서 위법함과 동시에 위헌적인 것이 되므로, 이는 헌법소원의 대상이 되나 국가배상청구소송의 대상이 될 수 있는 것은 아니다.

② 「국토의 계획 및 이용에 관한 법률」 및 같은 법 시행령이 정한 이행강제금의 부과기준은 단지 상한을 정한 것에 불과한 것이므로 행정청에 이와 다른 이행강제금액을 결정할 재량권이 있다.

③ 삼권분립의 원칙, 법치행정의 원칙을 당연한 전제로 하고 있는 우리 헌법 하에서 행정권의 행정입법 등 법집행의무는 헌법적 의무라고 보아야 할 것이나, 만일 하위 행정입법의 제정 없이 상위 법령의 규정만으로도 집행이 이루어질 수 있는 경우라면 하위 행정입법을 하여야 할 헌법적 작위의무는 인정되지 아니한다.

④ 법원이 구체적 규범통제를 통해 위헌·위법으로 선언한 법규명령의 규정은 일반적으로 그 효력을 상실한다.

09 취소소송의 판결에 대한 설명으로 옳지 않은 것은?

① 소송판결의 기판력은 그 판결에서 확정한 소송요건의 흠결에 관하여 미치는 것이므로, 당사자는 소송요건의 흠결을 보완하더라도 동일한 소를 다시 제기할 수 없다.

② 판결에 의하여 취소되는 처분이 당사자의 신청을 거부하는 것을 내용으로 하는 경우에는 그 처분을 행한 행정청은 판결의 취지에 따라 다시 이전의 신청에 대한 처분을 하여야 한다.

③ 행정처분이 위법한 경우에는 이를 취소하는 것이 원칙이나, 예외적으로 그 위법한 처분을 취소·변경하는 것이 도리어 현저히 공공복리에 적합하지 아니하는 경우에는 그 취소를 허용하지 아니하는 사정판결을 할 수 있고, 이러한 사정판결은 당사자의 명백한 주장이 없는 경우에도 기록에 나타난 여러 사정을 기초로 직권으로 할 수 있다.

④ 확정판결의 당사자인 처분행정청이 그 행정소송의 사실심 변론종결 이전의 사유를 내세워 다시 확정판결과 저촉되는 행정처분을 하는 것은 허용되지 않는 것으로서 이러한 행정처분은 그 하자가 중대하고도 명백한 것이어서 당연무효이다.

10 행정행위의 내용에 대한 설명으로 옳지 않은 것은?

① 기본행위인 학교법인의 임원선임행위가 불성립 또는 무효인 경우에는 비록 그에 대한 감독청의 취임승인이 있었다 하여도 이로써 무효인 그 선임행위가 유효한 것으로 될 수는 없다.

② 구 「주택건설촉진법」 제33조에 의한 주택건설사업계획의 승인은 상대방에게 권리나 이익을 부여하는 효과를 수반하는 이른바 수익적 행정처분으로서 법령에 행정처분의 요건에 관하여 일의적으로 규정되어 있지 아니한 이상 행정청의 재량행위에 속한다.

③ 국민건강보험공단이 갑 등에게 '직장가입자 자격상실 및 자격변동 안내' 통보 및 '사업장 직권탈퇴에 따른 가입자 자격상실 안내' 통보를 한 경우, 위 각 통보는 갑 등의 가입자 자격의 변동 여부 및 시기를 확인하는 의미에서 한 사실상 통지행위에 불과할 뿐, 처분성이 인정되지 않는다.

④ 「부동산 거래신고 등에 관한 법률」상 토지거래허가는 토지거래허가구역 내의 모든 국민에게 전반적으로 토지거래의 자유를 금지하고 일정한 요건을 갖춘 경우에만 금지를 해제하여 계약체결의 자유를 회복시켜 주는 성질을 갖는다.

11 행정대집행에 대한 설명으로 옳지 않은 것은?

① 공법인인 구 대한주택공사가 법령에 의하여 대집행권한을 위탁받아 공무인 대집행을 실시하기 위하여 지출한 비용을 「행정대집행법」 절차에 따라 징수할 수 있음에도 민사소송절차에 의하여 그 비용의 상환을 청구한 경우, 그 청구는 부적법하다.

② 「공익사업을 위한 토지 등의 취득 및 보상에 관한 법률」에 따른 협의취득 시 건물소유자가 매매대상 건물에 대한 철거의무를 부담하겠다는 취지의 약정을 하였다고 하더라도 이러한 철거의무는 「행정대집행법」에 의한 대집행의 대상이 되지 않는다.

③ 부작위의무 위반행위에 대하여 대체적 작위의무로 전환하는 규정이 없는 경우, 부작위의무 위반결과의 시정을 명하는 원상복구명령은 무효이고, 원상복구명령의 실효성 확보를 위한 대집행의 계고처분 역시 무효이다.

④ 공유재산 대부계약의 해지에 따른 원상회복으로 행정대집행의 방법에 의하여 그 지상물을 철거시킬 수는 없다.

12 취소소송의 소송요건에 대한 설명으로 옳은 것은?

① 감사원의 변상판정처분에 대해서는 행정소송을 제기하여 불복할 수 있다.

② 원고가 고의 또는 중대한 과실 없이 행정소송으로 제기하여야 할 사건을 민사소송으로 잘못 제기한 경우, 행정소송에 대한 관할을 가지고 있지 아니한 수소법원은 당해 소송이 행정소송으로서의 소송요건을 결하고 있음이 명백한 경우에는 이를 각하하여야 한다.

③ 대외적으로 의사를 표시할 수 있는 기관이 아닌 내부기관이더라도 국가나 공공단체의 실질적인 의사를 결정할 수 있는 기관은 취소소송의 피고적격을 갖는 행정청이 될 수 있다.

④ 인허가 등의 수익적 행정처분을 신청한 수인이 서로 경쟁관계에 있어서 일방에 대한 허가 등의 처분이 타방에 대한 불허가 등으로 귀결될 수밖에 없는 때에도 허가 등의 처분을 받지 못한 자는 처분의 직접 상대방이 아닌 이상 당해 처분의 취소를 구할 원고적격이 없다.

13 행정법의 일반원칙에 대한 설명으로 옳지 않은 것은?

① 운전면허 취소사유에 해당하는 음주운전으로 적발되었으나 사무착오로 위반자에게 운전면허정지처분을 한 후, 위반자에게 다시 운전면허취소처분을 한 것은 신뢰보호원칙에 위배되지 않는다.

② 행정청의 행위에 대하여 신뢰보호의 원칙이 적용되기 위하여는 개인에게 귀책사유가 없어야 하는데, 개인의 귀책사유라 함은 행정청의 견해표명의 하자가 상대방 등 관계자의 사실은폐나 기타 사위의 방법에 의한 신청행위 등 부정행위에 기인한 것이거나 그러한 부정행위가 없더라도 하자가 있음을 알았거나 중대한 과실로 알지 못한 경우 등을 의미한다.

③ 평등의 원칙은 본질적으로 같은 것을 자의적으로 다르게 취급함을 금지하는 것이고, 위법한 행정처분이 수차례에 걸쳐 반복적으로 행하여졌다 하더라도 그러한 처분이 위법한 것인 때에는 행정청에 대하여 자기구속력을 갖게 된다고 할 수 없다.

④ 지방자치단체장이 사업자에게 주택사업계획승인을 하면서 그 주택사업과는 아무런 관련이 없는 토지를 기부채납하도록 하는 부관을 주택사업계획승인에 붙인 경우, 그 부관은 부당결부금지의 원칙에 위반되어 위법하다.

14 국가배상에 대한 설명으로 옳은 것만을 고른 것은?

ㄱ. 「군인연금법」이 정하고 있는 급여 중 사망보상금은 일실손해의 보전을 위한 것으로 불법행위로 인한 소극적 손해배상과 같은 종류의 급여이므로, 「군인연금법」에 따라 군 복무 중 사망한 군인의 유족이 지급받은 손해배상금 상당 금액에 대하여는 국가가 사망보상금을 지급할 의무가 존재하지 아니한다.

ㄴ. 공무원에게 부과된 직무상 의무의 내용이 공공 일반의 이익을 위한 것이거나 행정기관 내부의 질서를 규율하기 위한 것이라면 공무원이 그와 같은 직무상 의무를 위반함으로 인하여 피해자가 입은 손해에 대하여는 국가가 배상책임을 지게 된다.

ㄷ. 「국가배상법」 제3조 제5항이 생명, 신체의 침해에 따른 위자료의 지급을 규정하고 있을 뿐이라 하더라도, 이는 생명, 신체 외의 다른 권리의 침해에 따른 위자료의 지급의무를 배제하는 것이라고 볼 수 없으므로, 장애인의 접근권이 침해된 경우에도 그로 인하여 장애인이 입게 되는 정신적 손해에 대한 국가의 위자료 지급의무가 배제되지 않는다.

ㄹ. 「국가배상법」 제5조 소정의 공공의 영조물이란 공유나 사유임을 불문하고 행정주체에 의하여 특정공공의 목적에 공여된 유체물 또는 물적 설비를 의미하므로, 사실상 군민의 통행에 제공되고 있던 도로는 공용개시가 없었다고 하더라도 영조물이라 할 수 있다.

ㅁ. 지방자치단체장 간의 기관위임의 경우에 사무귀속의 주체가 달라진다고 할 수 없고, 따라서 하위 지방자치단체 소속 공무원이 위임사무처리에 있어 고의 또는 과실로 타인에게 손해를 가하였더라도 상위 지방자치단체는 여전히 그 사무귀속 주체로서 손해배상책임을 진다.

① ㄱ, ㅁ   ② ㄱ, ㄴ, ㄹ
③ ㄱ, ㄷ, ㅁ   ④ ㄴ, ㄷ, ㄹ

제 07 회

15 행정상 손실보상에 대한 설명으로 옳지 않은 것은?

① 도시계획시설의 지정으로 말미암아 당해 토지의 이용 가능성이 배제되거나 또는 토지소유자가 토지를 종래 허용된 용도대로도 사용할 수 없기 때문에 이로 인하여 현저한 재산적 손실이 발생하는 경우에는, 원칙적으로 국가나 지방자치단체는 이에 대한 보상을 해야 한다.

② 도축장 사용정지·제한명령은 공익목적을 위하여 이미 형성된 구체적 재산권을 박탈하거나 제한하는 헌법 제23조 제3항의 수용·사용 또는 제한에 해당한다.

③ 헌법 제23조 제3항이 규정하는 '정당한 보상'이란 원칙적으로 피수용재산의 객관적인 재산가치를 완전하게 보상하는 것이어야 한다는 완전보상을 뜻하는 것으로서 보상금액뿐만 아니라 보상의 시기나 방법 등에 있어서도 어떠한 제한을 두어서는 아니 된다는 것을 의미한다.

④ 공익사업의 시행자가 토지소유자와 관계인에게 보상액을 지급하지 않고 승낙도 받지 않은 채 공사에 착수함으로써 토지소유자와 관계인이 손해를 입은 경우, 토지소유자와 관계인에 대하여 불법행위가 성립할 수 있고, 사업시행자는 그로 인한 손해를 배상할 책임을 진다.

16 다음 사례에 대한 설명으로 옳지 않은 것은?

> 세무서장은 A법률에 근거하여 갑, 을, 병, 정에게 각각 과세처분을 하였다. 갑은 과세처분에 불복하여 취소소송을 제기하였고, 소송계속 중 법원은 갑의 신청을 받아들여 헌법재판소에 위헌법률심판을 제청하였다. 이후 헌법재판소는 A법률에 대해 위헌결정을 선고하였다.

① A법률에 대한 헌법재판소의 위헌결정에 따라 갑에 대한 과세처분은 위법하게 되나, 그 위법의 정도는 원칙적으로 취소사유에 불과하다.

② 헌법재판소의 위헌결정이 있기 전에 을이 과세처분에 따른 조세를 납부하였고 그 과세처분에 불가쟁력이 발생한 경우, 위헌결정이 있은 후 을이 제기한 과오납 조세에 대한 반환청구소송은 기각될 것이다.

③ 헌법재판소의 위헌결정이 있기 전에 병이 과세처분에 대한 취소소송을 제기하였다면, 설령 소송계속 중 위헌법률심판 제청 신청을 하지 않았더라도, 병의 소송이 제소기간 내에 제기된 이상 병의 청구는 인용될 것이다.

④ 헌법재판소의 위헌결정이 있기 전에 정이 과세처분에 따른 조세를 납부하였고, 그 과세처분에 불가쟁력이 발생하였더라도, A법률에 대한 헌법재판소의 위헌결정이 있었던 이상, 정이 대한민국을 피고로 하여 제기한 국가배상청구소송은 인용될 것이다.

17 행정소송에 대한 설명으로 옳은 것만을 고른 것은?

> ㄱ. 행정처분의 취소를 구하는 항고소송에 있어서, 처분청은 당초 처분의 근거로 삼은 사유와 기본적 사실관계가 동일성이 있다고 인정되는 한도 내에서만 다른 사유를 추가하거나 변경할 수 있고, 추가 또는 변경된 사유가 당초의 처분시 그 사유를 명기하지 않았을 뿐 처분시에 이미 존재하고 있었고 당사자도 그 사실을 알고 있었다면 당초의 처분사유와 동일성이 인정된다.
>
> ㄴ. 법원은 부작위법확인소송 계속 중 행정청이 당사자의 신청에 대하여 상당한 기간이 지난 후 처분등을 함에 따라 소를 각하하는 경우에는 소송비용의 전부 또는 일부를 피고가 부담하게 할 수 있다.
>
> ㄷ. 거부처분의 효력을 정지하게 되면 거부처분이 없었던 것과 같은 상태로 되돌아가는 효력이 발생하므로, 신청인은 거부처분의 효력정지를 구할 이익이 있다.
>
> ㄹ. 행정처분의 근거 법률에 의하여 보호되는 직접적이고 구체적인 이익이 있는 경우에는 「행정소송법」 제35조에 규정된 '무효확인을 구할 법률상 이익'이 있다고 보아야 하므로, 행정처분의 무효를 전제로 한 이행소송 등과 같은 직접적인 구제수단이 있는지 여부를 따질 필요가 없다.

① ㄱ, ㄷ   ② ㄱ, ㄹ
③ ㄴ, ㄷ   ④ ㄴ, ㄹ

18 정보공개에 대한 설명으로 옳지 않은 것은?

① 공개청구의 대상이 되는 정보가 이미 공개되어 있다거나 다른 방법으로 손쉽게 알 수 있다는 사정이 있다면 비공개결정을 다툴 소의 이익이 없다.

② 모든 국민은 정보의 공개를 청구할 권리를 가진다.

③ 청구인이 공공기관에 대하여 정보공개를 청구하였다가 거부처분을 받은 이상, 그 자체로 공개거부처분의 취소를 구할 법률상 이익이 인정되고, 그 외에 추가로 어떤 법률상 이익이 있을 것을 요하지 않는다.

④ 학교환경위생구역 내 금지행위 해제결정에 관한 학교환경위생정화위원회의 회의록에 기재된 발언내용에 대한 해당 발언자의 인적사항 부분에 관한 정보는 비공개대상에 해당한다.

19 행정심판에 대한 설명으로 옳지 않은 것은?

① 행정청은 이해관계인이 요구하면 해당 처분이 행정심판의 대상이 되는 처분인지, 행정심판의 대상이 되는 경우 소관 위원회 및 심판청구 기간을 지체 없이 알려주어야 한다.

② 피청구인 또는 위원회는 전자정보처리조직을 통하여 행정심판을 청구하거나 심판참가를 한 자에게 전자정보처리조직과 그와 연계된 정보통신망을 이용하여 재결서나 「행정심판법」에 따른 각종 서류를 송달할 수 있다. 다만, 청구인이나 참가인이 동의하지 아니하는 경우에는 그러하지 아니하다.

③ 행정청이 행정처분을 하면서 상대방에게 불복절차에 관한 고지의무를 이행하지 않았다면 이는 절차적 하자로서 그 행정처분은 위법하게 된다.

④ 토지수용위원회의 수용재결에 대한 이의절차는 실질적으로 행정심판의 성질을 갖는 것이므로 「공익사업을 위한 토지 등의 취득 및 보상에 관한 법률」에 특별한 규정이 있는 것을 제외하고는 「행정심판법」의 규정이 적용된다.

20 행정작용의 내용에 대한 설명으로 옳지 않은 것은?

① 자연환경 보호 등을 목적으로 하는 도시관리계획결정은 식생이 양호한 수림의 훼손 등과 같이 장래 발생할 불확실한 상황과 파급효과에 대한 예측 등을 반영한 행정청의 재량적 판단으로서, 그 내용이 현저히 합리성을 결여하거나 형평이나 비례의 원칙에 뚜렷하게 반하는 등의 사정이 없는 한 폭넓게 존중해야 한다.

② 장기미집행 도시계획시설결정의 실효제도는 도시계획시설결정으로 인한 사회적 제약으로부터 벗어나게 하는 것으로서 개인의 재산권을 보호하는 측면이 있고, 이 같은 제도는 헌법상 재산권으로부터 당연히 도출되는 것으로 보아야 한다.

③ 조합이 사업시행계획을 재건축결의에서 결정된 내용과 달리 작성한 경우 이러한 하자는 기본행위인 사업시행계획 작성행위의 하자이고, 이에 대한 보충행위인 행정청의 인가처분이 적법요건을 갖추고 있는 이상은 그 인가처분 자체에 하자가 있는 것이라 할 수 없다.

④ 행정청이 상대방에게 장차 어떤 처분을 하겠다고 확약 또는 공적인 의사표명을 하였다고 하더라도, 그 자체에서 상대방으로 하여금 언제까지 처분의 발령을 신청을 하도록 유효기간을 두었는데도 그 기간 내에 상대방의 신청이 없었다면 그와 같은 확약 또는 공적인 의사표명은 행정청의 별다른 의사표시를 기다리지 않고 실효된다.

01 법치행정의 원리에 대한 설명으로 옳지 않은 것은?

① 법률유보의 원칙은 '법률에 의한' 규율만을 뜻하는 것이 아니라 '법률에 근거한' 규율을 요청하는 것이므로 기본권 제한의 형식이 반드시 법률의 형식일 필요는 없고 법률에 근거를 두면서 헌법 제75조가 요구하는 위임의 구체성과 명확성을 구비하기만 하면 위임입법에 의하여도 기본권 제한을 할 수 있다.

② 토지 등 소유자가 도시환경정비사업을 시행하는 경우, 사업시행인가 신청 시 필요한 토지 등 소유자의 동의요건을 정하는 것은 국민의 권리와 의무의 형성에 관한 기본적이고 본질적인 사항이 아니므로 국회의 법률로써 규정해야 할 사항이 아니다.

③ 하자의 치유는 행정행위의 성질이나 법치주의의 관점에서 볼 때 원칙적으로 허용될 수 없는 것이고, 예외적으로 행정행위의 무용한 반복을 피하고 당사자의 법적 안정성을 위해 이를 허용하는 때에도 국민의 권리나 이익을 침해하지 않는 범위에서 구체적 사정에 따라 합목적적으로 인정하여야 한다.

④ 규율대상이 국민의 기본권 및 기본적 의무와 관련한 중요성을 가질수록 그리고 그에 관한 공개적 토론의 필요성 또는 상충하는 이익 사이의 조정 필요성이 클수록, 그것이 국회의 법률에 의해 직접 규율될 필요성은 더 증대된다.

02 행정조사에 대한 설명으로 옳은 것은?

① 납세자 등이 대답하거나 수인할 의무가 없고 납세자의 영업의 자유 등을 침해하거나 세무조사권이 남용될 염려가 없는 조사행위라 하더라도 재조사가 금지되는 세무조사에 해당한다.

② 「마약류 불법거래 방지에 관한 특례법」에 따른 조치의 일환으로 특정한 수출입물품을 개봉하여 검사하고 그 내용물의 점유를 취득한 행위는 수출입물품에 대한 적정한 통관 등을 목적으로 조사를 하는 경우와는 달리, 범죄수사인 압수 또는 수색에 해당하여 사전 또는 사후에 영장을 받아야 한다.

③ 「행정조사기본법」상 자발적인 협조에 따라 실시하는 행정조사에 대하여 조사 대상자가 조사에 응할 것인지에 대한 응답을 하지 아니하는 경우에는 법령 등에 특별한 규정이 없는 한 그 조사에 동의한 것으로 본다.

④ 세무조사결정은 부과처분에 필요한 정보를 수집하는 조사를 하기로 하는 과세관청의 내부적 준비행위에 불과하고 납세의무자의 권리·의무에 직접적인 법률상 변동을 발생시키지 않으므로 항고소송의 대상이 되지 않는다.

03 국가배상에 대한 설명으로 옳은 것은?

① 「국가배상법」이 정한 배상청구의 요건인 '공무원의 직무'에는 권력적 작용만이 아니라 행정지도와 같은 비권력적 작용도 포함되며 행정주체가 사경제주체로서 하는 활동도 제외되지 아니한다.

② 「국가배상법」상의 '공공의 영조물'은 일반공중의 자유로운 사용에 직접적으로 제공되는 공공용물에 한하고, 행정주체 자신의 사용에 제공되는 공용물은 포함하지 않는다.

③ 「국가배상법」 제2조 제1항 단서에 의해 군인 등의 국가배상청구권이 제한되는 경우, 공동불법행위자인 민간인은 피해를 입은 군인 등에게 그 손해 전부를 배상할 의무를 부담한다.

④ 영조물의 설치 또는 관리상의 하자로 인한 사고라 함은 영조물의 설치 또는 관리상의 하자만이 손해발생의 원인이 되는 경우만을 말하는 것이 아니고, 피해자의 행위와 경합하여 손해가 발생하더라도 영조물의 설치 또는 관리상의 하자가 공동원인의 하나가 되는 이상 그 손해는 영조물의 설치 또는 관리상의 하자에 의하여 발생한 것이라고 볼 수 있다.

04 행정행위의 부관에 대한 설명으로 옳지 않은 것은?

① 도로점용허가의 점용기간을 정함에 있어 위법사유가 있다고 하여 도로점용허가처분 전부가 위법하게 되는 것은 아니다.

② 부관은 해당 처분의 목적에 위배되지 아니하여야 하며, 그 처분과 실질적인 관련이 있어야 하고 또한 그 처분의 목적을 달성하기 위하여 필요한 최소한의 범위 내에서 붙여야 한다.

③ 부담은 행정청이 행정처분을 하면서 일방적으로 부가할 수도 있지만 부담을 부가하기 이전에 상대방과 협의하여 부담의 내용을 협약의 형식으로 미리 정한 다음 행정처분을 하면서 이를 부가할 수도 있다.

④ 허가에 붙은 기한이 그 허가된 사업의 성질상 부당하게 짧은 경우에는 이를 그 허가 자체의 존속기간이 아니라 그 허가조건의 존속기간으로 보아 그 기한이 도래함으로써 그 조건의 개정을 고려한다는 뜻으로 해석할 수 있다.

05 공법관계와 사법관계에 대한 설명으로 옳은 것은?

① 폐기물처리업의 허가를 받은 자가 지방자치단체와 「지방자치단체를 당사자로 하는 계약에 관한 법률」에 따라 재활용품의 수집·운반 업무를 대행하는 계약을 체결한 것은 공법상 계약에 해당한다.

② 「국가를 당사자로 하는 계약에 관한 법률」에 의한 입찰보증금의 국고귀속조치는 국가가 공권력을 행사하거나 공권력작용과 일체성을 가진 것으로서, 이에 대한 분쟁은 행정소송의 대상이 된다.

③ 「도시 및 주거환경정비법」상 재개발사업의 사업시행자가 같은 법 제27조 제1항에 따른 신탁업자인 때에는, 신탁업자와 토지 등 소유자 사이에 '위탁자'의 지위에 관한 분쟁이 발생하는 경우, 토지 등 소유자는 사업시행자인 신탁업자를 상대로 공법상 당사자소송에 의하여 '위탁자' 지위의 확인을 구하는 소를 제기할 수 있다.

④ 국유일반재산에 관한 사용료의 납입고지는 항고소송의 대상이 되는 행정처분에 해당한다.

06 행정법관계의 기간에 대한 설명으로 옳지 않은 것은?

① 조세에 관한 소멸시효가 완성된 후에 부과된 조세부과처분은 위법한 처분이지만 당연무효라고 볼 수는 없다.

② 납입고지에 의한 시효중단의 효력은 그 납입고지에 의한 부과처분이 취소되더라도 상실되지 않는다.

③ 행정에 관한 기간의 계산에 관하여는 「행정기본법」 또는 다른 법령등에 특별한 규정이 있는 경우를 제외하고는 「민법」을 준용한다.

④ 법령등 또는 처분에서 국민의 권익을 제한하거나 의무를 부과하는 경우 권익이 제한되거나 의무가 지속되는 기간을 계산할 때에 기간을 일, 주, 월 또는 연으로 정한 경우에는 기간의 첫날을 산입한다. 다만, 그러한 기준을 따르는 것이 국민에게 불리한 경우에는 그러하지 아니하다.

07 행정행위의 취소와 철회에 대한 설명으로 옳은 것만을 고른 것은?

> ㄱ. 의제된 인허가는 통상적인 인허가와 동일한 효력을 가지므로, 적어도 '부분 인허가 의제'가 허용되는 경우에는 그 효력을 제거하기 위한 법적 수단으로 의제된 인허가의 취소나 철회가 허용될 수 있고, 이러한 직권 취소·철회가 가능한 이상 그 의제된 인허가에 대한 쟁송취소 역시 허용된다.
> ㄴ. 행정청은 당사자의 신뢰를 보호할 가치가 있는 등 정당한 사유가 있는 경우에는 위법한 처분을 장래를 향하여 취소할 수 있다.
> ㄷ. 도로관리청이 도로점용허가 중 특별사용의 필요가 없는 부분을 소급적으로 직권취소하였더라도, 도로관리청이 이미 징수한 점용료 중 취소된 부분의 점용면적에 해당하는 점용료를 반환하여야 하는 것은 아니다.

① ㄱ, ㄴ   ② ㄱ, ㄷ
③ ㄴ, ㄷ   ④ ㄱ, ㄴ, ㄷ

08 행정의 실효성 확보수단에 대한 설명으로 옳지 않은 것은?

① 일정한 법규 위반 사실이 행정처분의 전제사실이자 형사법규의 위반 사실이 되는 경우에 동일한 행위에 관하여 독립적으로 행정처분이나 형벌을 부과하거나 이를 병과할 수 있다.

② 어떤 행정법규위반의 행위에 대하여 행정질서벌인 과태료를 과할 것인지 아니면 행정형벌을 과할 것인지는 기본적으로 입법권자가 제반사정을 고려하여 결정할 입법재량에 속하는 문제이다.

③ 「행정절차법」에 따르면, 행정청은 위반사실등의 공표를 하기 전에 당사자가 공표와 관련된 의무의 이행, 원상회복, 손해배상 등의 조치를 마친 경우에는 위반사실등의 공표를 하지 아니할 수 있다.

④ 부과관청이 과징금을 부과하면서 추후에 부과금 산정기준이 되는 새로운 자료가 나올 경우에는 과징금액이 변경될 수도 있다고 유보한 경우, 실제로 추후에 새로운 자료가 나왔다면 새로운 부과처분을 할 수 있다.

09 행정계획에 대한 설명으로 옳은 것은?

① '4대강 살리기 마스터플랜'은 4대강 정비사업 지역 인근에 거주하는 주민의 권리·의무에 직접 영향을 미치는 것이어서 행정처분에 해당한다.

② 도시계획의 수립에 있어서 구 「도시계획법」 소정의 공청회를 열지 아니한 하자는 당연무효사유에 해당한다.

③ 행정계획은 행정기관 내부의 행동지침에 불과하므로, 도시계획구역 내 토지 등을 소유하고 있는 주민에 불과한 자는 입안권자에게 도시계획입안을 요구할 수 있는 법규상 또는 조리상의 신청권이 없다.

④ 구 「도시계획법」상 행정청이 정당하게 도시계획결정의 처분을 하였다고 하더라도 이를 관보에 게재하여 고시하지 아니한 이상 대외적으로는 아무런 효력도 발생하지 아니한다.

10 당사자소송에 대한 설명으로 옳지 않은 것은?

① 당사자소송의 수소법원은 필요하다고 인정할 때에는 직권으로 증거조사를 할 수 있고, 당사자가 주장하지 아니한 사실에 대하여도 판단할 수 있다.

② 민간투자사업 실시협약을 체결한 당사자가 공법상 당사자소송에 의하여 그 실시협약에 따른 재정지원금의 지급을 구하는 경우에, 수소법원은 주무관청이 재정지원금액을 산정한 절차 등에 위법이 있는지 여부를 심사할 수 있을 뿐 실시협약에 따른 적정한 재정지원금액이 얼마인지를 구체적으로 심리·판단할 수는 없다.

③ 석탄광업자가 석탄산업합리화사업단을 상대로 석탄산업법령 및 석탄가격안정지원금 지급요령에 의하여 지원금의 지급을 구하는 소송은 공법상의 법률관계에 관한 소송인 공법상의 당사자소송에 해당한다.

④ 당사자소송은 국가·공공단체 그 밖의 권리주체를 피고로 한다.

11 「행정소송법」상 처분등에 대한 설명으로 옳지 않은 것은?

① 행정청의 행위가 '처분'에 해당하는지가 불분명한 경우에는 그에 대한 불복방법 선택에 중대한 이해관계를 가지는 상대방의 인식가능성과 예측가능성을 중요하게 고려하여 규범적으로 판단하여야 한다.

② 거부처분의 처분성을 인정하기 위한 전제요건이 되는 신청권은 신청인이 그 신청에 따른 단순한 응답을 받을 권리를 넘어서 신청의 인용이라는 만족적 결과를 얻을 권리를 의미하는 것은 아니다.

③ 증액경정처분이 있는 경우 당초 신고나 결정은 증액경정처분에 흡수됨으로써 독립한 존재가치를 잃게 된다고 보아야 하므로, 원칙적으로는 당초 신고나 결정에 대한 불복기간의 경과 여부 등에 관계없이 증액경정처분만이 항고소송의 심판대상이 되고, 납세의무자는 그 항고소송에서 당초 신고나 결정에 대한 위법사유를 함께 주장할 수는 없다.

④ 행정심판청구가 부적법하지 않음에도 각하한 재결은 심판청구인의 실체심리를 받을 권리를 박탈한 것으로서 원처분에 없는 고유한 하자가 있는 경우에 해당하고, 따라서 위 재결은 취소소송의 대상이 된다.

12 기속행위와 재량행위에 대한 설명으로 옳지 않은 것은?

① 공무원 임용을 위한 면접전형에서 임용신청자의 능력이나 적격성 등에 관한 판단은 면접위원의 고도의 교양과 학식, 경험에 기초한 자율적 판단에 의존하는 것으로서 오로지 면접위원의 자유재량에 속하고, 그와 같은 판단이 현저하게 재량권을 일탈·남용하지 않은 한 이를 위법하다고 할 수 없다.

② 국토해양부장관 또는 시·도지사가 「여객자동차 운수사업법」에 따라 여객자동차 운송사업자에 대하여 한 '거짓이나 부정한 방법으로 지급받은 보조금'의 환수처분은 기속행위에 해당한다.

③ 육아휴직 중인 여성 교육공무원이 출산휴가 요건을 갖추어 복직신청을 하는 경우는 물론 그 이전에 미리 출산을 이유로 복직신청을 하는 경우에도 임용권자는 출산휴가 개시 시점에 휴직사유가 없어졌다고 보아 복직명령과 동시에 출산휴가를 허가하여야 한다.

④ 구 「국민건강보험법」 제52조 제1항은 '공단은 사위 기타 부당한 방법으로 보험급여를 받은 자 또는 보험급여비용을 받은 요양기관에 대하여 그 급여 또는 급여 비용에 상당하는 금액의 전부 또는 일부를 징수한다.'라고 규정하고 있으므로, 동 조항이 정한 부당이득징수는 기속행위에 해당한다.

13 정보공개에 대한 설명으로 옳은 것은?

① 법원이 행정기관의 정보공개거부처분의 위법 여부를 심리한 결과 공개를 거부한 정보에 비공개대상 정보에 해당하는 부분과 공개가 가능한 부분이 혼합되어 있고 공개청구의 취지에 어긋나지 아니하는 범위 안에서 두 부분을 분리할 수 있음을 인정할 수 있을 때에는 청구취지의 변경이 없더라도 공개가 가능한 정보에 관한 부분만의 일부취소를 명할 수 있다.

② 다른 법률 또는 법률에서 위임한 대통령령, 총리령 및 부령에 따라 비밀이나 비공개사항으로 규정된 정보는 비공개의 대상이 된다.

③ 「공공기관의 정보공개에 관한 법률」상 공개청구의 대상이 되는 정보란 공공기관이 직무상 작성 또는 취득하여 현재 보유·관리하고 있는 문서에 한정되는 것이 아니며, 그 문서가 반드시 원본일 필요도 없다.

④ 지방자치단체가 정보공개에 관한 조례를 제정하기 위하여는 법령의 위임이 있어야 한다.

14 행정절차에 대한 설명으로 옳은 것만을 고른 것은?

> ㄱ. 청문 주재자에게 공정한 청문 진행을 할 수 없는 사정이
> 있는 경우 당사자등은 행정청에 기피신청을 할 수 있고,
> 이 경우 행정청은 청문을 정지하고 그 신청이 이유가 있
> 다고 인정할 때에는 해당 청문 주재자를 지체 없이 교체
> 하여야 한다.
> ㄴ. 「병역법」에 따른 징집·소집에 관한 사항에 대해서는
> 「행정절차법」이 적용되지 아니하므로, 지방병무청장이
> 「병역법」 규정에 따라 산업기능요원에 대하여 한 산업
> 기능요원편입취소처분에 대해서는 「행정절차법」이 적
> 용되지 아니한다.
> ㄷ. 교육부장관이 어떤 후보자를 국립대학교 총장 임용에
> 부적격하다고 판단하여 배제하고 다른 후보자를 임용제
> 청하는 경우라면 그러한 임용제청행위 자체로서 「행정
> 절차법」상 이유제시의무를 다한 것이다.
> ㄹ. 다수의 당사자등이 공동으로 행정절차에 관한 행위를
> 할 때에는 대표자를 선정할 수 있고, 다수의 대표자가
> 있는 경우 그중 1인에 대한 행정청의 행위는 모든 당사
> 자등에게 효력이 있지만, 행정청의 통지는 대표자 모두
> 에게 하여야 그 효력이 있다.

① ㄱ, ㄷ   ② ㄱ, ㄹ
③ ㄴ, ㄷ   ④ ㄴ, ㄹ

15 신고에 대한 설명으로 옳지 않은 것은?

① 「부가가치세법」상의 사업자등록은 과세관청으로 하
여금 부가가치세의 납세의무자를 파악하고 그 과세자
료를 확보케 하려는데 입법취지가 있는 것으로써, 이
는 단순한 사업사실의 신고로 사업자가 소관 세무서
장에게 소정의 사업자등록신청서를 제출함으로써 성
립되는 것이다.

② 「건축법」상 인·허가의제 효과를 수반하는 건축신고
는 특별한 사정이 없는 한 행정청이 그 실체적 요건에
관한 심사를 한 후 수리하여야 하는 이른바 '수리를
요하는 신고'이다.

③ 「체육시설의 설치·이용에 관한 법률」상 당구장업 신
고는 적법한 요건을 갖춘 신고가 행정청에 도달하기
만 하면 신고로서의 효력이 발생하는 것이 아니라
행정청이 수리한 경우에 비로소 신고의 효력이 발생
한다.

④ 산지일시사용신고를 받은 행정청은 그 신고내용이 법
령에서 정하고 있는 요건을 충족하는 경우에는 그 신
고를 수리하여야 하고, 법령에서 정한 사유 외의 다른
사유를 들어 신고 수리를 거부할 수는 없다.

16 「공익사업을 위한 토지 등의 취득 및 보상에 관한 법률」
에 대한 설명으로 옳지 않은 것은?

① 공익사업이 시행되는 지역 밖에 있는 토지등이 공익
사업의 시행으로 인하여 본래의 기능을 다할 수 없게
되는 경우에는 국토교통부령으로 정하는 바에 따라
그 손실을 보상하여야 한다.

② 이주대책의 내용에는 이주정착지에 대한 도로, 급수
시설, 배수시설, 그 밖의 공공시설 등 통상적인 수준
의 생활기본시설이 포함되어야 하며, 이에 필요한 비
용은 사업시행자가 부담한다.

③ 보상액을 산정할 경우에 해당 공익사업으로 인하여
토지등의 가격이 변동되었을 때에는 이를 고려하여야
한다.

④ 보상액의 산정은 협의에 의한 경우에는 협의 성립 당
시의 가격을, 재결에 의한 경우에는 수용 또는 사용의
재결 당시의 가격을 기준으로 한다.

17 행정행위의 성립 및 효력요건에 대한 설명으로 옳지 않은 것은?

① 행정처분의 외부적 성립은 행정의사가 외부에 표시되어 행정청이 자유롭게 취소·철회할 수 없는 구속을 받게 되는 시점을 확정하는 의미를 가지므로, 어떠한 처분의 외부적 성립 여부는 행정청에 의해 행정의사가 공식적인 방법으로 외부에 표시되었는지를 기준으로 판단하여야 한다.

② 행정처분의 효력발생요건으로서의 도달이란 처분상대방이 처분서의 내용을 현실적으로 알았을 필요까지는 없고 처분상대방이 알 수 있는 상태에 놓임으로써 충분하며, 처분서가 처분상대방의 주민등록상 주소지로 송달되어 처분상대방의 사무원 등 또는 그 밖에 우편물 수령권한을 위임받은 사람이 수령하면 처분상대방이 알 수 있는 상태가 되었다고 할 것이다.

③ 내용증명우편이나 등기우편과는 달리, 보통우편의 방법으로 발송되었다는 사실만으로는 그 우편물이 상당한 기간 내에 도달하였다고 추정할 수 없고, 송달의 효력을 주장하는 측에서 증거에 의하여 이를 입증하여야 한다.

④ 납세고지서의 송달을 받아야 할 자가 부과처분 제척기간이 임박하자 그 수령을 회피하기 위하여 일부러 송달을 받을 장소를 비워 두어 세무공무원이 송달을 받을 자와 보충송달을 받을 자를 만나지 못하여 부득이 사업장에 납세고지서를 두고 왔다면 신의성실의 원칙상 그 납세고지서가 송달되었다고 볼 수 있다.

18 「행정소송법」의 내용으로 옳은 것만을 고른 것은?

> ㄱ. 취소소송에는 당해 처분등과 관련되는 손해배상·부당이득반환·원상회복등 청구소송을 이송할 수 있으나, 당해 처분등과 관련되는 취소소송을 이송할 수는 없다.
>
> ㄴ. 행정소송의 결과에 따라 권리 또는 이익의 침해를 받을 제3자는 소송참가를 신청할 수 있고, 그 신청을 각하한 결정에 대하여 즉시항고할 수 있다.
>
> ㄷ. 법원은 행정청이 소송의 대상인 처분을 소가 제기된 후 변경한 때에는 원고의 신청에 의하여 결정으로써 청구의 취지 또는 원인의 변경을 허가할 수 있고, 그 신청은 처분의 변경이 있음을 안 날로부터 60일 이내에 하여야 한다.
>
> ㄹ. 법원은 당사자의 신청 또는 직권에 의하여 결정으로써 재결을 행한 행정청에 대하여 행정심판에 관한 기록의 제출을 명할 수 있고, 제출명령을 받은 행정청은 지체없이 당해 행정심판에 관한 기록을 법원에 제출하여야 한다.

① ㄱ, ㄷ   ② ㄱ, ㄹ
③ ㄴ, ㄷ   ④ ㄴ, ㄹ

19 행정상 강제에 대한 설명으로 옳은 것은?

① 외국인의 출입국에 관한 사항에 관하여는 「행정기본법」상 행정상 강제 규정이 적용된다.

② 「도시 및 주거환경정비법」상 시장·군수가 아닌 사업시행자가 분양받은 자를 상대로 공법상 당사자소송의 방법으로 청산금 청구를 할 수는 없다.

③ 구 「토지수용법」상 피수용자가 기업자에 대하여 부담하는 수용대상 토지의 인도의무에는 명도도 포함되고, 이러한 명도의무는 특별한 사정이 없는 한 「행정대집행법」상 대집행의 대상이 된다.

④ 한국자산관리공사가 압류된 부동산을 인터넷을 통하여 재공매하기로 한 결정 자체는 상대방의 법적 지위나 권리·의무에 직접 영향을 주는 것으로 항고소송의 대상이 되는 행정처분에 해당한다.

20 행정쟁송에 대한 설명으로 옳지 않은 것은?

① 행정청의 처분에 대해 이의를 신청할 법률상 이익이 있는 제3자는 처분을 받은 날부터 30일 이내에 해당 행정청에 「행정기본법」상 이의신청을 할 수 있다.

② 「노동위원회법」 제2조의2에 따라 노동위원회의 의결을 거쳐 행하는 사항에 대해서는 「행정기본법」에 따른 이의신청에 관한 규정이 적용되지 아니한다.

③ 이의신청을 제기해야 할 사람이 처분청에 표제를 '행정심판청구서'로 한 서류를 제출한 경우라 할지라도 서류의 내용에 이의신청 요건에 맞는 불복취지와 사유가 충분히 기재되어 있다면 표제에도 불구하고 이를 처분에 대한 이의신청으로 볼 수 있다.

④ '의무이행심판'이란 당사자의 신청에 대한 행정청의 위법 또는 부당한 거부처분이나 부작위에 대하여 일정한 처분을 하도록 하는 행정심판을 말한다.

01 「행정소송법」상 처분에 대한 설명으로 옳은 것은?

① 「진실·화해를 위한 과거사정리 기본법」 제26조에 따른 진실·화해를 위한 과거사정리위원회의 진실규명 결정은 국민의 권리의무에 직접적으로 영향을 미치는 행위로서 항고소송의 대상이 되는 행정처분이다.

② 국가인권위원회는 공권력을 행사하는 주체에 해당하므로, 국가인권위원회의 진정에 대한 각하 및 기각결정은 「헌법재판소법」 제68조 제1항에서 규정하는 공권력의 행사로서 헌법소원심판의 대상이 되고, 따라서 항고소송의 대상이 되는 행정처분에는 해당하지아니한다.

③ 교육부장관이 대학에서 추천한 복수의 총장 후보자들 전부 또는 일부를 임용제청에서 제외하는 행위는 행정기관 내부의 중간적 결정에 불과하므로 항고소송의 대상이 되는 처분에 해당하지 아니한다.

④ 과세관청의 원천징수의무자인 법인에 대한 소득처분에 따른 소득금액변동통지는 관념의 통지에 불과하고 항고소송의 대상이 되는 행정처분으로 볼 수 없다.

02 행정입법에 대한 설명으로 옳지 않은 것은?

① 「여객자동차 운수사업법」의 위임에 따른 시외버스운송사업의 사업계획변경 기준 등에 관한 「여객자동차 운수사업법 시행규칙」의 관련 규정은 대외적 구속력이 없다.

② 헌법 제40조와 헌법 제75조, 제95조의 의미를 살펴보면, 국회가 입법기관이 아닌 행정기관에게 법률 등으로 구체적인 범위를 정하여 위임한 사항에 관하여는 당해 행정기관이 법 정립의 권한을 갖게 되고, 입법자가 규율의 형식도 선택할 수 있다.

③ 재산권 등과 같은 기본권을 제한하는 작용을 하는 법률이 고시와 같은 형식으로 입법위임을 할 때에는 전문적·기술적 사항이나 경미한 사항으로서 업무의 성질상 위임이 불가피한 사항에 한정된다.

④ 행정청의 위법한 처분 등의 취소 또는 변경을 구하는 취소소송의 대상이 될 수 있는 것은 구체적인 권리의무에 관한 분쟁이어야 하고 일반적, 추상적인 법령이나 규칙 등은 그 자체로서 국민의 구체적인 권리의무에 직접적 변동을 초래케 하는 것이 아니므로 그 대상이 될 수 없다.

03 행정행위의 하자에 대한 설명으로 옳은 것은?

① 권한의 범위를 넘어서는 권한유월의 행위는 무권한 행위로서 원칙적으로 무효이므로, 의원면직처분에서의 행정청의 권한유월 행위 또한 이와 마찬가지로 당연무효인 것으로 보아야 한다.

② 「국토의 계획 및 이용에 관한 법률」상 도시·군계획시설결정과 실시계획인가는 동일한 법률효과를 목적으로 하는 것이므로 선행처분인 도시·군계획시설결정의 하자는 실시계획인가에 승계된다.

③ 행정처분에 있어 수개의 처분사유 중 일부가 적법하지 않다고 하더라도 다른 처분사유로써 그 처분의 정당성이 인정되는 경우에는 그 처분을 위법하다고 할 수 없다.

④ 예비타당성조사를 실시하지 아니한 하자는 예산 자체의 하자가 되며, 이에 따라 해당 하천 부분에 관한 각 하천공사시행계획 및 각 실시계획승인처분의 하자도 인정된다.

04 행정법의 일반원칙에 대한 설명으로 옳지 않은 것은?

① 비례의 원칙은 법치국가 원리에서 당연히 파생되는 헌법상의 기본원리로서, 모든 국가작용에 적용된다.

② 「행정기본법」은 '행정의 자기구속의 원칙'을 명문으로 규정하고 있다.

③ 면허세의 근거 법령이 제정되어 폐지될 때까지의 4년 동안 과세관청이 면허세를 부과할 수 있음을 알면서도 수출확대라는 공익상 필요에서 한 건도 부과한 일이 없었다면 비과세의 관행이 이루어졌다고 보아도 무방하다.

④ 국회에서 일정한 법률안을 심의하거나 의결한 적이 있다고 하더라도, 그것이 법률로 확정되지 아니한 이상 국가가 이해관계자들에게 위 법률안에 관련된 사항을 약속하였다고 볼 수 없으며, 이러한 사정만으로 어떠한 신뢰를 부여하였다고 볼 수도 없다.

05 취소소송의 피고적격에 대한 설명으로 옳지 않은 것은?

① 취소소송은 다른 법률에 특별한 규정이 없는 한 그 처분등을 행한 행정청을 피고로 한다. 다만, 처분등이 있은 뒤에 그 처분등에 관계되는 권한이 다른 행정청에 승계된 때에는 이를 승계한 행정청을 피고로 한다.

② 「국가공무원법」 제75조에 따른 처분, 그 밖에 본인의 의사에 반한 불리한 처분이나 부작위에 관한 행정소송을 제기할 때에는 대통령의 처분 또는 부작위의 경우에는 소속 장관을, 중앙선거관리위원회위원장의 처분 또는 부작위의 경우에는 중앙선거관리위원회사무총장을 각각 피고로 한다.

③ 대리기관이 대리관계를 표시하고 피대리 행정청을 대리하여 행정처분을 한 때에는 피대리 행정청이 피고로 되어야 한다.

④ 행정처분을 행할 적법한 권한 있는 상급행정청으로부터 내부위임을 받은 데 불과한 하급행정청이 권한 없이 행정처분을 한 경우에는 그 처분을 행할 적법한 권한 있는 상급행정청을 피고로 하여야 한다.

06 행정벌에 대한 설명으로 옳은 것은?

① 지방자치단체 소속 공무원이 지방자치단체 고유의 자치사무를 수행하던 중 「도로법」의 규정에 의한 위반행위를 한 경우에는 지방자치단체는 「도로법」의 양벌규정에 따라 처벌대상이 되는 법인에 해당하지 아니한다.

② 법원은 상당하다고 인정하는 때에는 심문 없이 과태료 재판을 할 수 있고, 당사자와 검사는 약식재판의 고지를 받은 날부터 7일 이내에 이의신청을 할 수 있다.

③ 종업원의 범죄성립이나 처벌은 양벌규정에 따른 영업주 처벌의 전제조건이 된다.

④ 자신의 행위가 위법하지 아니한 것으로 오인하고 행한 질서위반행위는 과태료를 부과하지 아니한다.

제 09 회

07 행정상 손실보상에 대한 설명으로 옳은 것만을 고른 것은?

> ㄱ. 공용수용은 공공필요에 부합하여야 하므로, 공용수용의 주체는 국가 등의 공적 기관에 한정하여야 한다.
>
> ㄴ. 「감염병의 예방 및 관리에 관한 법률」상 예방접종 피해에 대한 국가의 보상책임은 무과실책임이지만, 질병, 장애 또는 사망이 예방접종으로 인하여 발생하였다는 점이 인정되어야 한다.
>
> ㄷ. 개성공단 전면중단 조치는 개성공단에서의 영업활동을 중단시키는 것을 목적으로 하고, 개성공단 내에 존재하는 토지나 건물, 설비, 생산물품 등에 직접 공용부담을 가하여 개별적, 구체적으로 이용을 제한하고자 하는 것이 아니므로, 사회적 제약이 구체화된 것일 뿐 공익목적을 위해 개별적, 구체적으로 이미 형성된 구체적 재산권을 제한하는 공용 제한과는 구별된다.
>
> ㄹ. 「공익사업을 위한 토지 등의 취득 및 보상에 관한 법률」에 따른 사업폐지 등에 대한 보상청구권은 사법상 권리로서 그에 관한 소송은 민사소송절차에 의하여야 한다.

① ㄱ, ㄷ   ② ㄱ, ㄹ
③ ㄴ, ㄷ   ④ ㄴ, ㄹ

08 공법관계와 사법관계에 대한 설명으로 옳은 것은?

① 공기업·준정부기관이 「공공기관의 운영에 관한 법률」에 따라 부정당업자에 대하여 한 입찰참가자격 제한 조치에 불복하여 제기하는 소송은 민사소송에 해당한다.

② 「수도법」에 의하여 지방자치단체인 수도사업자가 수돗물의 공급을 받는 자에 대하여 하는 수도료의 부과·징수와 이에 따른 수도료 납부관계는 공법상의 권리의무 관계이므로, 이에 관한 소송은 행정소송절차에 의하여야 한다.

③ 한국철도시설공단이 갑 주식회사에 대하여 시설공사 입찰참가 당시 허위 실적증명서를 제출하였다는 이유로 향후 2년간 공사낙찰적격심사 시 종합취득점수의 10/100을 감점한다는 내용의 통보를 한 경우, 그 통보는 행정소송의 대상이 되는 행정처분에 해당한다.

④ 재개발조합과 조합장 또는 조합임원 사이의 선임·해임 등을 둘러싼 법률관계는 공법상의 법률관계로서 그 조합장 또는 조합임원의 지위를 다투는 소송은 당사자소송에 의하여야 한다.

09 행정절차에 대한 설명으로 옳지 않은 것은?

① 행정응원을 위하여 파견된 직원은 해당 직원의 복무에 관하여 다른 법령등에 특별한 규정이 없는 한, 응원을 요청한 행정청의 지휘·감독을 받는다.

② 행정청은 청문을 하려면 청문이 시작되는 날부터 10일 전까지 처분의 사전통지에 관한 사항을 당사자등에게 통지하여야 한다.

③ 「공무원연금법」상 퇴직연금의 환수결정은 당사자에게 의무를 과하는 처분이므로, 퇴직연금의 환수결정에 앞서 당사자에게 의견진술의 기회를 주지 아니한 경우 당해 처분은 「행정절차법」에 어긋나는 것으로서 위법하게 된다.

④ 공청회가 행정청이 책임질 수 없는 사유로 개최되지 못하거나 개최는 되었으나 정상적으로 진행되지 못하고 무산된 횟수가 3회 이상인 경우에는 온라인공청회를 단독으로 개최할 수 있다.

10 행정상 계약에 대한 설명으로 옳지 않은 것은?

① 「행정기본법」에 따르면, 공공의 안전 또는 복리를 위하여 긴급히 처리할 필요가 있거나 사안이 경미한 경우에는 문서가 아닌 방법으로 공법상 계약을 체결할 수 있고, 이 경우 당사자가 요청하면 지체 없이 계약서를 작성하여야 한다.

② 국가가 수익자인 수요기관을 위하여 국민을 계약상대자로 하여 체결하는 요청조달계약에는 다른 법률에 특별한 규정이 없는 한 당연히 「국가를 당사자로 하는 계약에 관한 법률」이 적용된다.

③ 지방전문직공무원 채용계약에서 정한 채용기간이 만료한 경우 채용계약을 갱신하거나 채용기간을 연장할 것인지 여부는 지방자치단체장의 재량에 맡겨져 있다.

④ 광주광역시문화예술회관장의 단원 위촉은 광주광역시문화예술회관장이 행정청으로서 공권력을 행사하여 행하는 행정처분이 아니라 공법상의 근무관계의 설정을 목적으로 하여 광주광역시와 단원이 되고자 하는 자 사이에 대등한 지위에서 의사가 합치되어 성립하는 공법상 근로계약에 해당한다.

11 행정행위의 내용에 대한 설명으로 옳지 않은 것은?

① 「청소년보호법」에 따른 청소년유해매체물 결정 및 고시처분은 당해 유해매체물의 소유자 등 특정인만을 대상으로 한 행정처분이 아니라 일반 불특정 다수인을 상대방으로 하여 일률적으로 표시의무, 포장의무, 청소년에 대한 판매·대여 등의 금지의무 등 각종 의무를 발생시키는 행정처분이다.

② 처분상대방에게 법령에서 정한 임의적 감경사유가 있는 경우에도 행정청이 감경사유를 전혀 고려하지 않았거나 감경사유에 해당하지 않는다고 오인하여 개별처분기준에서 정한 상한으로 처분을 한 경우에는 재량권을 일탈·남용한 것이라고 보아야 한다.

③ 건축허가권자는 건축허가신청이 「건축법」 등 관계 법규에서 정하는 어떠한 제한에 배치되지 않는 이상 당연히 같은 법조에서 정하는 건축허가를 하여야 하고, 중대한 공익상의 필요가 없음에도 불구하고, 요건을 갖춘 자에 대한 허가를 관계 법령에서 정하는 제한사유 이외의 사유를 들어 거부할 수는 없다.

④ 건축허가를 심사하는 행정청은 허가를 할 때에 건축주 또는 토지 소유자가 누구인지 등 인적 요소에 관하여 실체적 심사를 하여야 한다.

12 국가배상에 대한 설명으로 옳지 않은 것은?

① 어떠한 행정처분이 후에 항고소송에서 취소되었다고 할지라도 그 기판력에 의하여 당해 행정처분이 곧바로 공무원의 고의 또는 과실로 인한 것으로서 불법행위를 구성한다고 단정할 수는 없다.

② 일반적으로 공무원이 직무를 집행함에 있어서 관계법규를 알지 못하거나 필요한 지식을 갖추지 못하여 법규의 해석을 그르쳐 잘못된 행정처분을 하였다면 그가 법률전문가가 아닌 행정직 공무원이라고 하여 과실이 없다고 할 수 없다.

③ 공무원의 부작위로 인한 국가배상책임을 인정하기 위하여는 공무원의 작위로 인한 국가배상책임을 인정하는 경우와 마찬가지로 「국가배상법」 제2조 제1항의 요건이 충족되어야 한다.

④ 경찰공무원인 피해자가 「공무원연금법」에 따라 공무상 요양비를 지급받는 것은 「국가배상법」 제2조 제1항 단서에서 정한 '다른 법령의 규정'에 따라 보상을 지급받는 것에 해당한다.

13 행정소송에 대한 설명으로 옳지 않은 것은?

① 이미 취소소송의 제기기간을 경과하여 확정력이 발생한 행정처분에 대하여 그 행정처분의 근거가 된 법률이 위헌이라는 이유로 무효확인청구의 소가 제기된 경우에는 다른 특별한 사정이 없는 한 법원으로서는 그 법률이 위헌인지 여부에 대하여는 판단할 필요 없이 그 무효확인청구를 각하하여야 한다.

② 부작위위법확인의 소에 있어 당사자가 행정청에 대하여 어떠한 행정행위를 하여 줄 것을 요구할 수 있는 법규상 또는 조리상 권리를 갖고 있지 아니한 경우에는 원고적격이 없거나 항고소송의 대상인 위법한 부작위가 있다고 볼 수 없어 그 부작위위법확인의 소는 부적법하다.

③ 민중소송이란 국가 또는 공공단체의 기관이 법률에 위반되는 행위를 한 때에 직접 자기의 법률상 이익과 관계없이 그 시정을 구하기 위하여 제기하는 소송을 말한다.

④ 민중소송 및 기관소송은 법률이 정한 경우에 법률에 정한 자에 한하여 제기할 수 있다.

14 사인의 공법행위에 대한 설명으로 옳은 것은?

① 신청인이 신청에 앞서 행정청의 허가업무 담당자에게 신청서의 내용에 대한 검토를 요청한 경우, 다른 특별한 사정이 없는 한 명시적이고 확정적인 신청의 의사표시가 있었다고 할 수 있다.

② 주민등록전입신고에 대하여 행정청은 이를 심사하여 그 수리를 거부할 수 있으므로, 행정청은 부동산투기나 이주대책 요구 등을 방지할 목적으로 주민등록전입신고를 거부할 수 있다.

③ 정보통신매체를 이용하여 학습비를 받고 불특정 다수인에게 원격평생교육을 실시하기 위해 「평생교육법」 제22조 등에서 정한 형식적 요건을 모두 갖추어 신고한 경우, 행정청은 실체적 사유를 들어 신고 수리를 거부할 수 없다.

④ 「의료법 시행규칙」에 의하면 의원개설 신고서를 수리한 행정관청이 소정의 신고필증을 교부하도록 되어있으므로, 신고필증의 교부가 없었다면 개설신고의 효력을 인정할 수 없다.

제 09 회

15 행정의 실효성 확보수단에 대한 설명으로 옳은 것만을 고른 것은?

ㄱ. 정당한 사유 없이 행정청의 조사를 거부하여 「행정기본법」상 제척기간이 지난 경우에는 행정청은 법령등의 위반행위가 종료된 날부터 5년이 지난 경우에도 해당 위반행위에 대하여 제재처분을 할 수 있다.
ㄴ. 효력기간이 정해져 있는 제재적 행정처분의 효력이 발생한 이후에도 행정청은 특별한 사정이 없는 한 상대방에 대한 별도의 처분으로써 효력기간의 시기와 종기를 다시 정할 수 있고, 이 경우 당초의 제재처분은 실효되고 새로운 처분이 있는 것으로 본다.
ㄷ. 비록 법 위반행위가 있었더라도 위반행위의 결과가 더 이상 존재하지 아니한다면, 그 결과의 시정을 명하는 내용의 시정명령을 할 여지는 없다.

① ㄱ   ② ㄱ, ㄷ
③ ㄴ, ㄷ   ④ ㄱ, ㄴ, ㄷ

16 취소소송의 원고적격에 대한 설명으로 옳은 것만을 고른 것은?

ㄱ. 지방법무사회의 사무원 채용승인 거부처분 또는 채용승인 취소처분에 대해서는 처분 상대방인 법무사뿐만 아니라 그 때문에 사무원이 될 수 없게 된 사람도 이를 다툴 원고적격이 인정된다.
ㄴ. 공공건설임대주택의 임차인들은 분양계약을 체결한 이후 분양대금이 강행규정인 임대주택법령에서 정한 산정기준에 의한 분양전환가격을 초과하였음을 이유로 부당이득반환을 구하는 민사소송을 제기하는 것과 별개로, 분양계약을 체결하기 전 또는 체결한 이후라도 항고소송을 통하여 분양전환승인의 효력을 다툴 법률상 이익(원고적격)이 있다.
ㄷ. 치과의원을 경영하는 자는 그 치과의원과 같은 아파트 단지 내 30미터 정도의 거리에 있는 건물에 대하여 당초에 상품매도점포로서의 근린생활시설로 되어 있던 용도를 치과의원을 개설할 수 있도록 의원으로서의 근린생활시설로 변경한 서울특별시장의 용도변경처분의 취소를 구할 원고적격이 있다.
ㄹ. 개발제한구역 중 일부 취락을 개발제한구역에서 해제하는 내용의 도시관리계획변경결정에 대하여 개발제한구역 해제대상에서 누락된 토지의 소유자가 위 결정의 취소를 구하는 경우 항고소송의 원고적격이 인정된다.
ㅁ. 「국적법」상 귀화불허가처분이나 「출입국관리법」상 체류자격변경 불허가처분, 강제퇴거명령 등을 다투는 외국인은 해당 처분의 취소를 구할 법률상 이익이 인정된다.

① ㄱ, ㄴ, ㅁ   ② ㄱ, ㄷ, ㅁ
③ ㄱ, ㄹ, ㅁ   ④ ㄴ, ㄷ, ㄹ

17 취소소송의 판결에 대한 설명으로 옳지 않은 것은?

① 거부처분에 대한 취소의 확정판결이 있은 후 행정청이 재처분을 하였다 하더라도, 그것이 종전 거부처분에 대한 취소의 확정판결의 기속력에 반하는 경우라면 「행정소송법」상 간접강제신청에 필요한 요건을 갖춘 것으로 보아야 한다.

② 「행정소송법」은 기판력에 관한 명문의 규정을 두고 있지 않은바, 행정소송의 판결에 대해서는 「행정소송법」 제8조 제2항에 따라 「민사소송법」상 기판력에 관한 규정이 준용된다.

③ 종전 처분이 판결에 의하여 취소된 경우, 행정청이 이후 행한 새로운 처분의 처분사유가 종전 처분의 처분사유와 기본적 사실관계에서 동일하지 않은 다른 사유에 해당하더라도, 그 처분사유가 종전 처분 당시 이미 존재하고 있었고 당사자가 이를 알고 있었다면 이를 내세워 새로이 처분을 하는 것은 확정판결의 기속력에 저촉된다.

④ 처분 등을 취소하는 확정판결의 기속력은 주로 판결의 실효성 확보를 위하여 인정되는 효력으로서 판결의 주문뿐만 아니라 그 전제가 되는 처분 등의 구체적 위법사유에 관한 이유 중의 판단에 대하여도 인정된다.

18 이행강제금에 대한 설명으로 옳지 않은 것은?

① 행정청은 이행강제금을 부과받은 자가 납부기한까지 이행강제금을 내지 아니하면 국세강제징수의 예 또는 「지방행정제재·부과금의 징수 등에 관한 법률」에 따라 징수한다.

② 이행강제금은 일정한 기한까지 의무를 이행하지 않을 때에는 일정한 금전적 부담을 과할 뜻을 미리 계고함으로써 의무자에게 심리적 압박을 주어 장래에 그 의무를 이행하게 하려는 행정상 간접적인 강제집행 수단이다.

③ 사용자가 이행하여야 할 행정법상 의무의 내용을 초과하는 것을 '불이행 내용'으로 기재한 이행강제금 부과 예고서에 의하여 이행강제금 부과 예고를 한 다음 이를 이행하지 않았다는 이유로 이행강제금을 부과하였다면, 초과한 정도가 근소하다는 등의 특별한 사정이 없는 한 이행강제금 부과 예고는 위법하고, 이에 터 잡은 이행강제금 부과처분 역시 위법하다.

④ 공정거래법상 기업결합 제한위반행위자에 대한 이행강제금이 부과되기 전에 시정조치를 이행하거나 부작위 의무를 명하는 시정조치 불이행을 중단한 경우에는 과거의 시정조치 불이행기간에 대하여 이행강제금을 부과할 수 없다.

19 정비사업에 대한 설명으로 옳지 않은 것은?

① 주택재건축사업시행의 인가는 상대방에게 권리나 이익을 부여하는 효과를 가진 이른바 수익적 행정처분으로서 법령에 행정처분의 요건에 관하여 일의적으로 규정되어 있지 아니한 이상 행정청의 재량행위에 속하므로, 처분청으로서는 법령상의 제한에 근거한 것이 아니라 하더라도 공익상 필요 등에 의하여 필요한 범위 내에서 여러 조건을 부과할 수 있다.

② 분양신청기간 내에 분양신청을 하지 않거나 분양신청을 철회함으로 인해 조합원의 지위를 상실한 토지 등 소유자는 사업시행계획의 무효확인 또는 취소를 구할 법률상 이익이 없다.

③ 「도시 및 주거환경정비법」상 조합설립추진위원회 구성승인처분을 다투는 소송 계속 중 조합설립인가처분이 이루어진 경우 조합설립추진위원회 구성승인처분에 대하여 취소 또는 무효확인을 구할 법률상 이익이 없다.

④ 「도시 및 주거환경정비법」이 사업시행인가 신청시의 동의요건을 조합의 정관에 포괄적으로 위임하고 있다고 하더라도 헌법 제75조가 정하는 포괄위임입법금지의 원칙에 위배되지 아니한다.

20 다음 사례에 대한 설명으로 옳지 않은 것은?

> 갑은 「공공기관의 정보공개에 관한 법률」이 정한 바에 따라 X사립대학교에 대해 2026학년도 입학전형결과 및 통계자료의 공개를 청구하였으나, 대학교 총장 A는 해당 정보는 비공개사유에 해당한다고 하여 이를 거부하였다. 이에 갑은 A의 거부행위에 대해 불복절차를 진행하려고 한다.

① 갑은 자신이 공개청구한 정보인 '2026학년도 입학전형결과 및 통계자료'에 대해 구체적 이익이 없는 경우에도 A의 정보공개거부행위를 취소소송을 통해 다툴 수 있다.

② X사립대학교는 「공공기관의 정보공개에 관한 법률」에 따라 정보를 공개할 의무가 있는 '공공기관'에 해당한다.

③ A가 갑의 정보공개청구를 거부하기 위해서는 갑이 청구한 정보가 「공공기관의 정보공개에 관한 법률」 제9조 제1항 몇 호에서 정하고 있는 비공개사유에 해당하는지를 주장·입증해야 하고, 그에 이르지 아니한 채 개괄적인 사유만을 들어 공개를 거부하는 것은 허용되지 않는다.

④ A의 거부행위에 대한 행정심판위원회의 정보공개명령재결이 있었음에도 A가 정보를 공개하지 않는 경우, 갑의 신청에 의해 행정심판위원회는 기간을 정하여 서면으로 A에게 시정을 명하고 그 기간에 이행하지 아니하면 직접 처분을 할 수 있다.

□ 빠른 정답 p.231
⊘ 해설 p.184

01 「행정소송법」상 처분에 대한 설명으로 옳지 않은 것은?

① 근로복지공단이 사업주에 대하여 하는 '개별 사업장의 사업종류 변경결정'만으로는 사업주의 권리·의무에 직접적인 변동이나 불이익이 발생한다고 볼 수 없고, 국민건강보험공단이 보험료 부과처분을 함으로써 비로소 사업주에게 현실적인 불이익이 발생하게 되므로, 위 사업종류 변경결정은 항고소송의 대상이 되는 처분에 해당하지 않는다.

② 조달청이 계약상대자에 대하여 나라장터 종합쇼핑몰에서의 거래를 일정기간 정지하는 조치는, 비록 물품구매계약의 추가특수조건이라는 사법상 계약에 근거한 것이라고 하더라도, 행정청인 조달청이 행하는 구체적 사실에 관한 법집행으로서의 공권력의 행사로서 그 상대방 회사의 권리·의무에 직접 영향을 미치므로 항고소송의 대상이 되는 행정처분에 해당한다.

③ 과학기술기본법령상 사업 협약의 해지 통보는 단순히 대등 당사자의 지위에서 형성된 공법상계약을 계약당사자의 지위에서 종료시키는 의사표시에 불과한 것이 아니라 행정청이 우월적 지위에서 연구개발비의 회수 및 관련자에 대한 국가연구개발사업 참여제한 등의 법률상 효과를 발생시키는 행정처분에 해당한다.

④ 상대방의 권리를 제한하는 행위라 하더라도 행정청 또는 그 소속기관이나 권한을 위임받은 공공단체 등의 행위가 아닌 한 이를 행정처분이라고 할 수 없다.

02 정보공개에 대한 설명으로 옳지 않은 것은?

① 형사재판확정기록의 공개에 관하여는 「공공기관의 정보공개에 관한 법률」에 의한 공개청구가 허용되지 아니한다.

② 「공공기관의 정보공개에 관한 법률」은 정보공개 청구권자가 공개를 청구하는 정보와 어떤 관련성을 가질 것을 요구하거나 정보공개청구의 목적에 특별한 제한을 두고 있지 아니하므로 정보공개 청구권자의 권리구제 가능성 등은 정보의 공개 여부 결정에 아무런 영향을 미치지 못한다.

③ 정보의 공개를 청구하는 자는 해당 정보를 보유하거나 관리하고 있는 공공기관에 정보공개 청구서를 제출하거나 말로써 정보의 공개를 청구할 수 있다.

④ 법무부령인 「검찰보존사무규칙」에서 불기소사건기록 등의 열람·등사에 대하여 제한하고 있는 것은 「공공기관의 정보공개에 관한 법률」 제9조 제1항 제1호의 '다른 법률 또는 법률에 의한 명령에 의하여 비공개사항으로 규정된 경우'에 해당한다고 볼 수 있다.

03 행정법의 법원과 효력에 대한 설명으로 옳은 것은?

① 당사자의 신청에 따른 처분은 법령등에 특별한 규정이 있거나 신청 당시의 법령등을 적용하기 곤란한 특별한 사정이 있는 경우를 제외하고는 신청 당시의 법령등에 따른다.

② 대통령령, 총리령 및 부령은 특별한 규정이 없으면 공포한 날부터 30일이 경과함으로써 효력을 발생한다.

③ 법령이 변경된 경우 신 법령이 경과규정을 두는 등의 특별한 규정이 없는 한 그 변경 전에 발생한 사항에 대하여는 변경 후의 신 법령이 적용되어야 한다.

④ 헌법재판소가 법률의 위헌 여부를 판단하기 위하여 법령을 해석하거나 그 적용 범위를 판단하더라도 헌법재판소의 법률해석에 대법원이나 각급 법원이 구속되는 것은 아니다.

04 행정행위의 효력에 대한 설명으로 옳지 않은 것은?

① 처분으로 손해를 입은 자가 제기한 국가배상청구소송에서 수소법원은 당해 처분에 존재하는 하자가 취소사유에 그치는 경우에는 청구인용판결을 할 수 없다.

② 불가변력은 당해 행정행위에만 인정되는 것이므로, 비록 동종의 행정행위라 하더라도 그 대상을 달리할 때에는 불가변력은 인정될 여지가 없다.

③ 「소방시설 설치유지 및 안전관리에 관한 법률」 제9조에 의한 소방시설 등의 설치 또는 유지·관리에 대한 명령이 행정처분으로서 하자가 있어 무효인 경우, 위 명령 위반을 이유로 행정형벌을 부과할 수 없다.

④ 제소기간이 도과함에 따라 행정처분에 불가쟁력이 발생하였다 하더라도 행정청은 당해 처분이 위법함을 이유로 이를 직권으로 취소할 수 있다.

05 행정의 실효성 확보수단에 대한 설명으로 옳지 않은 것은?

① 「행정조사기본법」상 행정조사는 법령등의 위반에 대한 처벌보다는 법령등을 준수하도록 유도하는 데 중점을 두어야 한다.

② 영업소 폐쇄와 정지를 갈음하는 과징금 부과처분에 대해서는 「행정기본법」에서 정한 제재처분의 제척기간이 적용되지 아니한다.

③ 행정기본법령에 따르면, 행정청은 과징금 납부기한이 연기되거나 과징금의 분할 납부가 허용된 과징금 납부 의무자가 분할 납부하기로 한 과징금을 그 납부기한까지 내지 않은 경우에는 그 즉시 과징금을 한꺼번에 징수할 수 있다.

④ 당사자와 검사는 「질서위반행위규제법」상 과태료 재판에 대하여 즉시항고를 할 수 있고, 이 경우 항고는 집행정지의 효력이 있다.

06 「행정기본법」상 인허가의제에 대한 내용으로 옳은 것만을 고른 것은?

> ㄱ. 주된 인허가 행정청과 관련 인허가 행정청 간에 협의가 된 사항에 대해서는 협의의 성립시점에 관련 인허가를 받은 것으로 본다.
>
> ㄴ. 관련 인허가 행정청은 주된 인허가 행정청으로부터 관련 인허가에 관하여 협의를 요청받으면 그 요청을 받은 날부터 20일 이내에 의견을 제출하여야 하고, 그 기간 내에 협의 여부에 관하여 의견을 제출하지 아니하면 협의가 된 것으로 본다.
>
> ㄷ. 인허가의제의 경우 관련 인허가 행정청은 관련 인허가를 직접 한 것으로 보아 관계 법령에 따른 관리·감독 등 필요한 조치를 하여야 한다.
>
> ㄹ. 관련 인허가에 관하여 협의를 요청받은 관련 인허가 행정청은 해당 법령을 위반하여 협의에 응해서는 아니 된다. 다만, 주된 인허가에 필요한 심의, 의견 청취 등 절차에 관하여는 법률에 인허가의제 시에도 해당 절차를 거친다는 명시적인 규정이 있는 경우에만 이를 거친다.

① ㄱ, ㄷ   ② ㄱ, ㄹ

③ ㄴ, ㄷ   ④ ㄴ, ㄹ

07 「공익사업을 위한 토지 등의 취득 및 보상에 관한 법률」에 대한 설명으로 옳은 것은?

① 수용 대상 토지의 보상액을 산정함에 있어 해당 공익사업의 시행을 직접 목적으로 하는 계획의 승인, 고시로 인한 가격변동은 이를 포함하여 재결 당시의 가격을 기준으로 하여 적정가격을 정하여야 한다.

② 수용재결에 대하여 불복하는 경우 이의재결을 거치지 아니하면 취소소송을 제기할 수 없다.

③ 이주대책의 실시 여부는 입법자의 입법정책적 재량의 영역에 속하므로 「공익사업을 위한 토지 등의 취득 및 보상에 관한 법률 시행령」 제40조 제3항 제3호가 이주대책의 대상자에서 세입자를 제외하고 있는 것이 세입자의 재산권을 침해하는 것이라 볼 수 없다.

④ 수용재결에 대한 이의의 신청은 재결서의 정본을 받은 날부터 60일 이내에 하여야 한다.

08 취소소송의 판결에 대한 설명으로 옳지 않은 것은?

① 행정처분에 대한 법원의 취소판결이 확정되면 행정청은 판결의 취지에 따라 당해 처분을 취소하는 처분을 해야 할 의무를 진다.

② 어떤 행정처분을 위법하다고 판단하여 취소하는 판결이 확정되면 행정청은 취소판결의 기속력에 따라 그 판결에서 확인된 위법사유를 배제한 상태에서 다시 처분을 하거나 그 밖에 위법한 결과를 제거하는 조치를 할 의무가 있다.

③ 취소청구가 사정판결에 의하여 기각되거나 행정청이 처분등을 취소 또는 변경함으로 인하여 청구가 각하 또는 기각된 경우에는 소송비용은 피고의 부담으로 한다.

④ 처분등을 취소하는 확정판결은 제3자에 대하여도 효력이 있다.

09 행정행위의 내용에 대한 설명으로 옳지 않은 것은?

① 난민 인정에 관한 신청을 받은 행정청은 원칙적으로 법령이 정한 난민 요건에 해당하는지를 심사하여 난민 인정 여부를 결정할 수 있을 뿐이고, 이와 무관한 다른 사유만을 들어 난민 인정을 거부할 수는 없다.

② 기속행위에 대한 사법심사는 법원이 사실인정과 관련 법규의 해석·적용을 통하여 일정한 결론을 도출한 후 그 결론에 비추어 행정청이 한 판단의 적법 여부를 독자의 입장에서 판정하는 방식에 의하게 된다.

③ 관할관청이 무허가건물의 무허가건물관리대장 등재 요건에 관한 오류를 바로잡으면서 당해 무허가건물을 무허가건물관리대장에서 삭제하는 행위는 다른 특별한 사정이 없는 한 항고소송의 대상이 되는 행정처분이 아니다.

④ 공익법인의 기본재산 처분에 대한 허가의 법률적 성질은 형성적 행정행위로서의 인가에 해당하므로, 그 허가에 조건으로서의 부관의 부과는 허용되지 아니한다.

10 행정절차에 대한 설명으로 옳은 것은?

① 「건축법」상 공사중지명령에 대한 사전통지를 하고 의견제출의 기회를 준다면 많은 액수의 손실보상금을 기대하여 공사를 강행할 우려가 있다는 사정은 사전통지 및 의견제출절차의 예외사유에 해당하지 아니한다.

② 「행정절차법」상 행정청은 처분을 할 때에 단순·반복적인 처분 또는 경미한 처분으로서 당사자가 그 이유를 명백히 알 수 있는 경우에는 처분 후 당사자가 요청하더라도 당사자에게 그 근거와 이유를 제시하지 않아도 된다.

③ 「군인사법」상 진급예정자 명단에 포함된 자의 진급선발을 취소하는 처분은 당해 행정작용의 성질상 행정절차를 거치기 곤란하거나 불필요하다고 인정되는 사항 또는 행정절차에 준하는 절차를 거친 사항에 해당하므로, 처분의 근거와 이유 제시 등에 관한 「행정절차법」의 규정이 별도로 적용되지 아니한다.

④ 영업시간 제한 등 처분의 대상인 대규모점포 중 개설자의 직영매장 이외에 개설자에게서 임차하여 운영하는 임대매장이 병존하는 경우, 처분상대방이 되는 임대매장의 임차인에 대해서도 사전통지 등 절차를 거쳐야 한다.

11 행정행위의 하자에 대한 설명으로 옳지 않은 것은?

① 조세 부과의 근거가 되었던 법률규정이 위헌으로 선언된 경우, 비록 그에 기한 과세처분이 위헌결정 전에 이루어졌고, 과세처분에 대한 제소기간이 이미 경과하여 조세채권이 확정되었으며, 조세채권의 집행을 위한 체납처분의 근거규정 자체에 대하여는 따로 위헌결정이 내려진 바 없다고 하더라도, 위와 같은 위헌결정 이후에 조세채권의 집행을 위한 새로운 체납처분에 착수하거나 이를 속행하는 것은 더 이상 허용되지 않는다.

② 납세고지서의 송달이 부적법하면 원칙적으로 그 부과처분은 효력이 발생할 수 없으나, 상대방이 객관적으로 위 부과처분의 존재를 인식할 수 있었다는 사정이 존재한다면 이 같은 사실로써 송달의 하자는 치유되는 것으로 볼 수 있다.

③ 개별공시지가결정에 위법이 있는 경우에는 그 자체를 행정소송의 대상이 되는 행정처분으로 보아 그 위법 여부를 다툴 수 있음은 물론 이를 기초로 한 과세처분 등 행정처분의 취소를 구하는 행정소송에서도 선행처분인 개별공시지가결정의 위법을 독립된 위법사유로 주장할 수 있다.

④ 행정청이 청문서 도달기간을 다소 어겼다 하더라도 영업자가 이에 대하여 이의하지 아니한 채 스스로 청문일에 출석하여 그 의견을 진술하고 변명하는 등 방어의 기회를 충분히 가졌다면 청문서 도달기간을 준수하지 아니한 하자는 치유된다.

12 통치행위에 대한 설명으로 옳지 않은 것은?

① 외국에의 국군의 파견결정은 그 성격상 국방 및 외교에 관련된 고도의 정치적 결단을 요하는 문제로서 대통령과 국회의 판단은 존중되어야 하고 헌법재판소가 사법적 기준만으로 이를 심판하는 것은 자제되어야 한다.

② 개성공단 전면중단 조치는 북한의 핵무기 개발로 인한 위기에 대처하기 위한 조치로서 국가안보와 관련된 대통령의 의사 결정을 포함하고 그러한 의사 결정은 고도의 정치적 결단을 요하는 문제이므로 사법심사의 대상에서 제외된다.

③ 신행정수도건설이나 수도이전의 문제가 정치적 성격을 가지고 있는 것은 인정할 수 있지만, 그 자체로 고도의 정치적 결단을 요하여 사법심사의 대상으로 하기에는 부적절한 문제라고까지는 할 수 없다.

④ 국가긴급권은 평상시의 헌법질서에 따른 권력행사방법만으로는 대처할 수 없는 중대한 위기상황에 대비하여 헌법이 중대한 예외로서 인정한 비상수단이므로, 헌법이 정한 국가긴급권의 발동요건·사후통제 및 국가긴급권에 내재하는 본질적 한계는 엄격히 준수되어야 하고, 따라서 계엄 선포가 고도의 정치적 결단을 요하는 행위라 하더라도 탄핵심판절차에서 그 헌법 및 법률 위반 여부를 심사할 수 있다.

13 행정소송의 집행정지에 대한 설명으로 옳지 않은 것은?

① 집행정지의 결정이 확정된 후 집행정지가 공공복리에 중대한 영향을 미치거나 그 정지사유가 없어진 때에는 당사자의 신청 또는 직권에 의하여 결정으로써 집행정지의 결정을 취소할 수 있다.

② 효력정지결정의 효력이 소멸하여 보조금 교부결정 취소처분의 효력이 되살아난 경우에도 특별한 사정이 없는 한 행정청으로서는 취소처분에 의하여 취소된 부분의 보조사업에 대하여 효력정지기간 동안 교부된 보조금의 반환을 명할 수는 없다.

③ 처분상대방이 집행정지결정을 받지 못했으나 본안소송에서 해당 제재처분이 위법하다는 것이 확인되어 취소하는 판결이 확정되면, 처분청은 그 제재처분으로 처분상대방에게 초래된 불이익한 결과를 제거하기 위하여 필요한 조치를 취하여야 한다.

④ 본안소송에서의 처분의 취소가능성이 없음에도 불구하고 처분의 효력정지나 집행정지를 인정한다는 것은 제도의 취지에 반하므로 집행정지사건 자체에 의하여도 신청인의 본안청구가 이유 없음이 명백할 때에는 행정처분의 효력정지나 집행정지를 명할 수 없다.

14 「개인정보 보호법」에 대한 설명으로 옳은 것만을 고른 것은?

> ㄱ. 개인정보처리자는 보유기간의 경과, 개인정보의 처리목적 달성, 가명정보의 처리 기간 경과 등 그 개인정보가 불필요하게 되었을 때에는, 다른 법령에 따라 보존하여야 하는 경우를 제외하고는, 지체 없이 그 개인정보를 파기하여야 한다.
>
> ㄴ. 정보주체가 개인정보처리자의 「개인정보 보호법」 위반행위로 입은 손해에 대해 그 배상을 청구하는 경우, 개인정보처리자가 「개인정보 보호법」을 위반한 행위를 하였다는 사실 자체는 정보주체가 주장·증명하여야 한다.
>
> ㄷ. 구 「정보통신망 이용촉진 및 정보보호 등에 관한 법률」 상 개인정보 유출 관련 과징금 산정의 기초가 되는 정보통신서비스 제공자의 매출액을 산정할 때 '위반행위로 직접 또는 간접적으로 영향을 받는 서비스'의 범위는 유출된 개인정보를 보유·관리하고 있는 서비스 범위를 기준으로 판단해야 한다.

① ㄴ　　　　　　　　② ㄱ, ㄴ

③ ㄱ, ㄷ　　　　　　④ ㄱ, ㄴ, ㄷ

15 국가배상에 대한 설명으로 옳지 않은 것은?

① 통장이 전입신고서에 확인인을 찍는 행위는 공무를 위탁받아 실질적으로 공무를 수행하는 것이라고 보아야 하므로, 통장은 그 업무범위 내에서는 「국가배상법」 제2조 소정의 공무원에 해당한다.

② 행위 자체의 외관을 객관적으로 관찰하여 공무원의 직무행위로 보여질 때에는 비록 그것이 실질적으로 직무행위가 아니거나 또는 행위자로서는 주관적으로 공무집행의 의사가 없었다고 하더라도 그 행위는 「국가배상법」 소정의 '직무를 집행하면서' 한 것으로 보아야 한다.

③ 형식적 의미의 법령에 명시적으로 공무원의 작위의무가 규정되어 있지 않은 이상 공무원의 부작위로 인한 국가배상 책임은 인정될 수 없다.

④ 국가가 일정한 사항에 관하여 헌법에 의하여 부과되는 구체적인 입법의무를 부담하고 있음에도 불구하고 그 입법에 필요한 상당한 기간이 경과하도록 고의 또는 과실로 이러한 입법의무를 이행하지 아니하는 경우에는 국가배상책임이 인정될 수 있다.

16 행정소송에 대한 설명으로 옳은 것만을 고른 것은?

> ㄱ. 행정처분에 대한 무효확인과 취소청구는 서로 양립할
> 수 없는 청구로서 주위적·예비적 청구로서만 병합이
> 가능하고 선택적 청구로서의 병합이나 단순 병합은 허
> 용되지 아니한다.
>
> ㄴ. 행정소송에 있어서 처분청의 처분권한 유무는 직권조사
> 사항에 해당하지 않는다.
>
> ㄷ. 행정청이 점용허가를 받지 않고 도로를 점용한 사람에
> 대하여 「도로법」에 의한 변상금 부과처분을 하였다가,
> 처분에 대한 취소소송이 제기된 후 해당 도로가 「도로
> 법」의 적용을 받는 도로에 해당하지 않을 경우를 대비
> 하여 처분의 근거 법령을 구 국유재산법령 등으로 변경
> 하여 주장하는 것은 허용될 수 있다.
>
> ㄹ. 행정처분시나 그 이후 행정청으로부터 행정심판 제기기
> 간에 관하여 법정 심판청구기간보다 긴 기간으로 잘못
> 통지받은 경우에 보호할 신뢰 이익은 그 통지받은 기간
> 내에 행정소송을 제기한 경우까지 확대된다.
>
> ㅁ. 당사자적격, 권리보호이익 등 소송요건은 직권조사사항
> 으로서 당사자가 주장하지 아니하더라도 법원이 직권으
> 로 조사하여 판단하여야 하고, 사실심 변론종결 이후에
> 소송요건이 흠결되거나 그 흠결이 치유된 경우 상고심
> 에서도 이를 참작하여야 한다.

① ㄱ, ㄴ, ㅁ   ② ㄱ, ㄷ, ㅁ

③ ㄱ, ㄹ, ㅁ   ④ ㄴ, ㄷ, ㄹ

17 「행정심판법」에 대한 설명으로 옳지 않은 것은?

① 대통령의 처분 또는 부작위에 대하여는 다른 법률에
서 행정심판을 청구할 수 있도록 정한 경우 외에는 행
정심판을 청구할 수 없다.

② 법원행정처장의 처분 또는 부작위에 대한 행정심판의
청구에 대하여는 법원행정처장 소속으로 두는 행정심
판위원회에서 심리·재결한다.

③ 조세부과처분이 국세청장에 대한 불복심사청구에 의
하여 그 불복사유가 이유있다고 인정되어 취소되었음
에도 처분청이 동일한 사실에 관하여 부과처분을 되
풀이 한 경우, 만약 그 부과처분이 감사원의 시정요구
에 의한 것이었다는 사정이 있다면 이를 위법하다고
볼 수 없다.

④ 행정심판청구는 엄격한 형식을 요하지 아니하는 서면
행위이므로 행정청의 위법·부당한 처분으로 인하여
권리나 이익을 침해당한 사람이 당해 행정청에 그 처
분의 취소나 변경을 구하는 취지의 서면을 제출하였
다면 서면의 표제나 형식 여하에 불구하고 행정심판
청구로 보아야 한다.

18 다음 사례에 대한 설명으로 옳은 것은?

> 갑은 2018. 3. 2. 허위의 서류를 바탕으로 시장 을에게 「여객자동차 운수사업법」에 따른 면허를 신청하였고, 시장 을은 2018. 6. 4. 갑에 대하여 여객자동차운수사업면허를 발급하였다. 을은 2025. 9. 7. 갑의 면허에 하자가 있음을 알게 되었고, 2025. 10. 15. 갑의 면허를 취소하는 처분을 하였다(처분서는 2025. 10. 17. 갑에게 도달되었음). 갑은 2025. 11. 14. 을의 면허취소처분에 대하여 관할법원에 취소소송을 제기하였다.
>
> * 「여객자동차 운수사업법」에는 여객자동차운수사업면허 취소처분의 제척기간에 관한 별도의 규정이 없음.

① 을의 갑에 대한 면허취소처분은 「행정기본법」에서 정한 제척기간이 경과한 후에 이루어진 것으로서 위법하다.

② 절차 하자를 이유로 을의 처분을 취소하는 법원의 판결이 2026. 5. 7. 확정된 경우, 을은 2026. 10. 15. 적법한 절차를 거친 후 다시 동일한 사유로 갑의 면허를 취소하는 처분을 할 수 있다.

③ 을이 갑에 대하여 면허취소처분을 하기 위해서는 원칙적으로 갑의 고의 또는 과실이 요구된다.

④ 을이 갑에 대한 면허를 취소하기 위해서는 그 취소로 인하여 갑이 입게 될 불이익을 취소로 달성되는 공익과 비교·형량 하였어야 하고, 만약 이를 누락하였다면 그 처분은 위법하게 된다.

19 행정상 강제에 대한 설명으로 옳은 것은?

① 법령등에 의하여 직접 명령된 의무의 불이행은 행정대집행의 대상이 되지 않는다.

② 장례식장으로의 사용을 중지하지 않는 경우에 행정청으로서는 직접 또는 제3자로 하여금 장례식장으로 사용하는 부분의 출입문을 봉쇄하는 등의 방법으로 장례식장으로의 사용을 중지시킬 수 있으므로, 관계 법령에 위반하여 장례식장 영업을 하고 있는 자의 장례식장 사용중지의무는 행정대집행의 대상이 된다.

③ 행정청은 즉시강제를 하기 전에 미리 의무자에게 적절한 이행기간을 정하여 그 기한까지 행정상 의무를 이행하지 아니하면 즉시강제를 한다는 뜻을 문서로 계고하여야 한다.

④ 「건축법」상 이행강제금을 부과받은 사람이 이행강제금사건의 제1심결정 후 항고심결정이 있기 전에 사망한 경우, 항고심결정은 당연무효이고, 이미 사망한 사람의 이름으로 제기된 재항고는 보정할 수 없는 흠결이 있는 것으로서 부적법하다.

20 행정작용의 내용에 대한 설명으로 옳지 않은 것은?

① 국회의원에 대한 징계처분에 대하여는 헌법 제64조 제4항이 법원에 제소할 수 없다고 규정하고 있으므로 이는 행정소송의 대상이 되지 아니하나, 그러한 특별한 규정이 없는 지방의회 의원에 대한 징계의결은 항고소송의 대상이 된다.

② 마약류 관련 수형자에 대하여 마약류반응검사를 위하여 소변을 받아 제출하게 한 것은 권력적 사실행위로서 「헌법재판소법」 제68조 제1항의 공권력의 행사에 해당한다.

③ 공정거래위원회가 부당한 공동행위를 한 사업자들 중 자진신고자에 대하여 구 독점규제 및 공정거래에 관한 법령에 따라 과징금 부과처분(선행처분)을 한 뒤, 다시 자진신고자에 대한 사건을 분리하여 자진신고를 이유로 과징금 감면처분(후행처분)을 한 경우, 후행처분의 취소를 구하는 소는 부적법하다.

④ 감액처분으로도 아직 취소되지 않고 남아 있는 부분이 위법하다 하여 다투고자 하는 경우, 감액처분을 항고소송의 대상으로 할 수는 없고, 당초 징수결정 중 감액처분에 의하여 취소되지 않고 남은 부분을 항고소송의 대상으로 할 수 있을 뿐이다.

01 행정행위의 부관에 대한 설명으로 옳지 않은 것은?

① 「사회복지사업법」상 사회복지법인의 정관변경을 허가할 것인지의 여부는 주무관청의 정책적 판단에 따른 재량에 맡겨져 있으므로, 주무관청이 정관변경허가를 함에 있어서는 비례의 원칙 및 평등의 원칙에 적합하고 행정처분의 본질적 효력을 해하지 않는 한도 내에서 부관을 붙일 수 있다.

② 토지소유자가 토지형질변경행위허가에 붙은 기부채납의 부관에 따라 토지를 국가나 지방자치단체에 기부채납한 경우, 기부채납의 부관이 당연무효이거나 취소되지 아니한 이상 토지소유자는 위 부관으로 인하여 기부채납계약의 중요부분에 착오가 있음을 이유로 기부채납계약을 취소할 수 없다.

③ 사도개설허가에서 정해진 공사기간은 사도개설허가 자체의 존속기간을 정한 것이라 볼 수 있으므로 공사기간 내에 사도로 준공검사를 받지 못하였다면 사도개설허가는 당연히 실효된다.

④ 법정부관에 대하여는 행정행위에 부관을 붙일 수 있는 한계에 관한 일반적인 원칙이 적용되지 않는다.

02 행정상 법률관계에 대한 설명으로 옳은 것은?

① 「민원사무 처리에 관한 법률」에서 민원사항의 신청에 대한 행정기관의 절차적인 접수의무를 규정하고 있다고 하더라도, 그로써 바로 민원인에게 그 민원에서 요구하는 행정기관의 행위에 대한 실체적인 신청권까지 인정되는 것이라고 볼 수 없다.

② 헌법 제107조 제2항의 '규칙'에는 지방자치단체의 조례는 포함되지 아니한다.

③ 행정계획에 있어서 형량명령의 법리는 「산업입지 및 개발에 관한 법률」상 산업단지개발계획 변경권자가 산업단지 입주업체 등의 신청에 따라 산업단지개발계획을 변경할 것인지를 결정하는 경우에는 적용되지 아니한다.

④ 재량권 행사의 준칙인 행정규칙의 공표가 있었다면 그 자체로 상대방은 보호가치 있는 신뢰를 갖게 되었다고 볼 수 있다.

03 행정벌에 대한 설명으로 옳지 않은 것은?

① 종업원의 범죄행위에 대한 법인의 독자적인 책임에 관하여는 전혀 규정하지 않은 채, 법인이 고용한 종업원이 업무에 관하여 범죄행위를 하였다는 이유만으로 법인에 대하여 형사처벌을 과하도록 규정하는 것은 책임주의 원칙에 반한다.

② 경찰서장이 범칙행위에 대하여 통고처분을 한 이상, 통고처분에서 정한 범칙금 납부기간까지는 원칙적으로 경찰서장은 즉결심판을 청구할 수 없고, 검사도 동일한 범칙행위에 대하여 공소를 제기할 수 없다.

③ 하나의 행위가 2 이상의 질서위반행위에 해당하는 경우를 제외하고, 2 이상의 질서위반행위가 경합하는 경우에는 가장 중한 과태료에 그 1/2을 가산한다. 다만, 다른 법령(지방자치단체의 조례를 포함한다)에 특별한 규정이 있는 경우에는 그 법령으로 정하는 바에 따른다.

④ 법률에 따르지 아니하고는 어떤 행위도 질서위반행위로 과태료를 부과하지 아니한다.

04 행정소송의 판결에 대한 설명으로 옳은 것은?

① 처분등을 취소하는 확정판결의 기속력 및 행정청의 재처분 의무에 관한 「행정소송법」 규정은 무효확인소송에도 준용되므로 무효확인판결 자체만으로도 실효성을 확보할 수 있다.

② 취소 확정판결의 기판력은 취소 청구가 인용된 판결에서 인정되는 것으로서 당사자인 행정청과 그 밖의 관계행정청에게 확정판결의 취지에 따라 행동하여야 할 의무를 지우는 작용을 한다.

③ 공사중지명령의 상대방이 제기한 공사중지명령 취소소송에서 기각판결이 확정된 경우에도, 이후 그 명령의 상대방은 명령의 해제신청을 거부한 처분의 취소를 구하는 소송에서는 명령의 적법성을 다툴 수 있다.

④ 자동차운수사업면허조건 등을 위반한 사업자에 대한 과징금부과처분이 법이 정한 한도액을 초과하여 위법할 경우 법원으로서는 그 한도를 초과한 부분만을 취소하여야 한다.

05 행정행위의 취소와 철회에 대한 설명으로 옳지 않은 것은?

① 건축주가 토지 소유자로부터 토지사용승낙서를 받아 그 토지 위에 건축물을 건축하는 대물적 성질의 건축허가를 받았다가 착공에 앞서 건축주의 귀책사유로 해당 토지를 사용할 권리를 상실한 경우, 토지 소유자는 건축허가의 철회를 신청할 수 있다.

② 행정처분을 한 처분청은 그 처분에 하자가 있는 경우에는 원칙적으로 별도의 법적 근거가 없더라도 스스로 이를 직권으로 취소할 수 있지만, 그와 같이 직권취소를 할 수 있다는 사정만으로 이해관계인에게 처분청에 대하여 그 취소를 요구할 신청권이 부여된 것으로 볼 수는 없다.

③ 점용료 부과처분에 취소사유에 해당하는 흠이 있는 경우 도로관리청으로서는 당초 처분 자체를 취소하고 흠을 보완하여 새로운 부과처분을 하거나, 흠 있는 부분에 해당하는 점용료를 감액하는 처분을 할 수 있다.

④ 행정청은 적법한 처분이 중대한 공익을 위하여 필요한 경우에는 그 처분의 전부 또는 일부를 소급하여 철회할 수 있다.

06 「행정심판법」에 대한 설명으로 옳은 것만을 고른 것은?

> ㄱ. 행정심판이 청구된 후에 피청구인이 새로운 처분을 하거나 심판청구의 대상인 처분을 변경한 경우에는 청구인은 새로운 처분이나 변경된 처분에 맞추어 청구의 취지나 이유를 변경할 수 있다.
>
> ㄴ. 위원회는 거부처분에 대한 취소심판의 청구가 이유가 있다고 인정하면 지체 없이 신청에 따른 처분을 하거나 처분을 할 것을 피청구인에게 명한다.
>
> ㄷ. 위원회는 피청구인이 거부처분에 대한 무효확인재결에도 불구하고 재결의 취지에 따른 처분을 하지 아니하면 청구인의 신청에 의하여 결정으로 상당한 기간을 정하고 피청구인이 그 기간 내에 이행하지 아니하는 경우에는 그 지연기간에 따라 일정한 배상을 하도록 명하거나 즉시 배상을 할 것을 명할 수 있다.

① ㄱ   ② ㄱ, ㄷ
③ ㄴ, ㄷ   ④ ㄱ, ㄴ, ㄷ

07 정보공개에 대한 설명으로 옳지 않은 것은?

① 학술·연구를 위하여 일시적으로 국내에 체류하는 외국인은 정보공개를 청구할 수 있다.

② 청구인이 공공기관의 비공개 결정에 불복하는 행정심판을 청구하기 위해서는 「공공기관의 정보공개에 관한 법률」에서 정하는 이의신청 절차를 거쳐야 한다.

③ 국가기관등은 비공개 결정 등에 대하여 이의신청이 있는 경우에는 심의회를 개최하여야 한다. 다만, 단순·반복적인 청구에 해당하는 경우에는 심의회를 개최하지 아니할 수 있으며 개최하지 아니하는 사유를 청구인에게 문서로 통지하여야 한다.

④ 「공공기관의 정보공개에 관한 법률」에 따라 중앙행정기관은 전자적 형태로 보유·관리하는 정보 중 공개대상으로 분류된 정보를 국민의 정보공개 청구가 없더라도 정보통신망을 활용한 정보공개시스템 등을 통하여 공개하여야 한다.

08 사인의 공법행위에 대한 설명으로 옳은 것은?

① '부지 확보' 요건을 완비하지 못한 상태에서 건축신고 수리처분이 이루어졌음에도 그 처분 당시 건축주가 장래에도 토지형질변경허가를 받지 않거나 받지 못할 것이 명백하였다면, 그 건축신고 수리처분은 '부지 확보'라는 수리요건이 갖추어지지 않았음이 확정된 상태에서 이루어진 처분으로서 적법하다고 볼 수 없다.

② 주민등록의 신고는 행정청의 수리처분 등 별단의 조처를 기다릴 필요 없이 그 접수시에 신고로서의 효력이 발생한다.

③ 신청에 있어서 보완의 대상이 되는 흠은 보완이 가능한 경우이어야 함은 물론이고, 그 내용 또한 형식적·절차적인 요건에 한정되므로, 실질적인 요건에 관한 흠이 있는 경우라면 그것이 민원인의 단순한 착오나 일시적인 사정에 기한 경우라도 보완요구의 대상이 될 수 없다.

④ 「건축법」상의 착공신고의 경우에는 신고 그 자체로서 법적 절차가 완료되어 행정청의 처분이 개입될 여지가 없으므로, 행정청의 착공신고 반려행위는 항고소송의 대상인 처분에 해당하지 않는다.

09 법치행정의 원리에 대한 설명으로 옳지 않은 것은?

① 법률유보원칙은 단순히 행정작용이 법률에 근거를 두기만 하면 충분한 것이 아니라, 국가공동체와 그 구성원에게 기본적이고도 중요한 의미를 갖는 영역에 있어서는 국민의 대표자인 입법자가 그 본질적 사항에 대해서 스스로 결정하여야 한다는 요구까지 내포하고 있다.

② 법외노조 통보는 적법하게 설립된 노동조합의 법적 지위를 박탈하는 중대한 침익적 처분으로서 원칙적으로 국민의 대표자인 입법자가 스스로 형식적 법률로써 규정하여야 할 사항이고, 행정입법으로 이를 규정하기 위하여는 반드시 법률의 명시적이고 구체적인 위임이 있어야 한다.

③ 금지규정으로부터 작위의무, 즉 위반결과의 시정을 명하는 권한이 당연히 추론되는 것은 아니다.

④ 침익적 행정처분은 그 근거가 되는 행정법규를 더욱 엄격하게 해석·적용해야 하고, 행정처분의 상대방에게 지나치게 불리한 방향으로 확대해석이나 유추해석을 해서는 아니 되므로, 그 입법 취지와 목적 등을 고려한 목적론적 해석은 전적으로 배제된다.

10 「행정조사기본법」에 대한 설명으로 옳지 않은 것은?

① 조사원이 조사목적의 달성을 위하여 시료채취를 하는 경우에는 그 시료의 소유자 및 관리자의 정상적인 경제활동을 방해하지 아니하는 범위 안에서 최소한도로 하여야 하고, 시료채취로 조사대상자에게 손실을 입힌 때에는 그 손실을 보상하여야 한다.

② 현장조사는 해가 뜨기 전이나 해가 진 뒤에는 할 수 없으나, 사무실 또는 사업장 등의 업무시간에 행정조사를 실시하는 경우에는 그러하지 아니하다.

③ '조사대상자의 자발적인 협조를 얻어 실시하는 행정조사'는 개별 법령 등에 별도의 규정이 없어도 실시할 수 있으나, 이미 개별 법령 등에서 행정조사를 규정하고 있는 경우에는 이를 근거로 하지 않은 채 협조만으로 실시할 수는 없다.

④ 행정조사는 법령등 또는 행정조사운영계획으로 정하는 바에 따라 정기적으로 실시함을 원칙으로 하나, 법령등의 위반에 대한 신고를 받거나 민원이 접수된 경우에는 수시조사를 할 수 있다.

11 취소소송의 대상이 되는 행정처분에 대한 설명으로 옳은 것은?

① 「군인사법」상 각 군 참모총장이 '군인 명예전역수당 지급대상자 결정절차'에서 국방부장관에게 수당지급대상자를 추천하거나 신청자 중 일부를 추천하지 않는 행위는 항고소송의 대상이 되는 처분에 해당하지 않는다.

② 공정거래위원회의 고발조치 및 고발의결은 모두 항고소송의 대상이 되는 행정처분에 해당한다.

③ 자동차운전면허대장에 일정한 사항을 등재하는 행위와 운전경력증명서상의 기재행위는 행정소송의 대상이 되는 독립한 행정처분으로 볼 수 있다.

④ 과세관청이 사업자등록을 관리하는 과정에서 위장사업자의 사업자명의를 직권으로 실사업자의 명의로 정정하는 행위는 사업자로서의 지위에 변동을 가져오는 것이므로 항고소송의 대상이 되는 행정처분으로 볼 수 있다.

12 「행정절차법」에 대한 설명으로 옳지 않은 것은?

① 당사자등은 처분 전에 그 처분의 관할 행정청에 서면이나 말로 또는 정보통신망을 이용하여 의견제출을 할 수 있고, 만약 당사자등이 정당한 이유 없이 의견제출기한까지 의견제출을 하지 아니한 경우에는 의견이 없는 것으로 본다.

② 행정예고기간은 예고 내용의 성격 등을 고려하여 정하되, 20일 이상으로 한다. 다만, 행정목적을 달성하기 위하여 긴급한 필요가 있는 경우에는 행정예고기간을 단축할 수 있고, 이 경우 단축된 행정예고기간은 10일 이상으로 한다.

③ 행정응원에 드는 비용은 응원을 요청한 행정청이 부담하며, 그 부담금액 및 부담방법은 응원을 요청한 행정청과 응원을 하는 행정청이 협의하여 결정한다.

④ 공정거래위원회의 시정조치 및 과징금납부명령에 「행정절차법」 소정의 의견청취절차 생략사유가 존재하면 공정거래위원회는 「행정절차법」을 적용하여 의견청취절차를 생략할 수 있다.

13 「공익사업을 위한 토지 등의 취득 및 보상에 관한 법률」에 대한 설명으로 옳지 않은 것은?

① 토지소유자나 관계인의 재결신청 청구에도 사업시행자가 재결신청을 하지 않을 때 토지소유자나 관계인은 사업시행자를 상대로 거부처분 취소소송 또는 부작위 위법확인소송의 방법으로 다투어야 한다.

② 토지소유자가 사업시행자로부터 잔여지 가격감소 등으로 인한 손실보상을 받기 위해서는 「공익사업을 위한 토지 등의 취득 및 보상에 관한 법률」에 규정된 재결절차를 거쳐야 하고, 특별한 사정이 없는 한 이러한 재결절차를 거치지 않은 채 곧바로 사업시행자를 상대로 손실보상을 청구하는 것은 허용되지 않는다.

③ 토지수용위원회의 재결에 대한 이의의 신청이나 행정소송의 제기는 사업의 진행 및 토지의 수용 또는 사용을 정지시키지 아니한다.

④ 수용재결에 불복하여 취소소송을 제기하는 경우, 이의신청을 거친 때에는 이의재결을 한 중앙토지수용위원회를 피고로 하여 이의재결의 취소를 구하여야 한다.

14 행정행위에 대한 설명으로 옳지 않은 것은?

① 경찰공무원에 대한 징계위원회의 심의과정에 감경사유에 해당하는 공적 사항이 제시되지 아니한 경우에는 그 징계양정이 결과적으로 적정한지와 상관없이 이는 관계 법령이 정한 징계절차를 지키지 않은 것으로서 위법하다.

② 석유판매업의 양도에 따라 양수인이 양도인의 지위를 승계한다고 규정되어 있더라도, 양수인이 그 지위를 승계할 당시에 양도인의 위반 사실을 알았음을 등록관청이 증명하지 못한 경우에 한하여 양도인의 위반행위를 이유로 양수인에게 응분의 제재조치를 취할 수 있다.

③ 처분이 위헌법률에 근거하여 내려진 것이고 그 행정처분의 목적달성을 위하여서는 후행 행정처분이 필요한데 후행 행정처분은 아직 이루어지지 않은 경우, 그 행정처분을 무효로 하더라도 법적 안정성을 크게 해치지 않는 반면에 그 하자가 중대하여 그 구제가 필요한 경우에는 이를 당연무효사유로 보아서 쟁송기간 경과 후에라도 무효확인을 구할 수 있다.

④ 처분의 효력 유무가 민사소송의 선결문제로 되어 당해 민사소송의 수소법원이 이를 심리·판단하는 경우 당해 수소법원은 그 처분을 행한 행정청에게 그 선결문제로 된 사실을 통지하여야 한다.

15 국가배상에 대한 설명으로 옳은 것만을 고른 것은?

> ㄱ. 군 복무 중 사망한 망인의 유족이 국가배상을 받은 경우, 국가는 「군인연금법」상 사망보상금을 지급함에 있어 정신적 손해배상금 상당액을 공제할 수 있다.
>
> ㄴ. 권한을 위임받은 기관 소속의 공무원이 위임사무 처리에 있어 고의 또는 과실로 타인에게 손해를 가하였거나 위임사무로 설치·관리하는 영조물의 하자로 타인에게 손해를 발생하게 한 경우에는 권한을 위임한 관청이 소속된 지방자치단체가 「국가배상법」 제2조 또는 제5조에 의한 배상책임을 부담한다.
>
> ㄷ. 「국가배상법」상 영조물의 설치·관리상의 하자로 인한 책임은 무과실책임이고 「민법」상 공작물의 점유자의 책임과는 달리 면책사유도 규정되어 있지 않으므로, 국가 또는 지방자치단체는 영조물의 설치·관리상의 하자로 인하여 타인에게 손해를 가한 경우에 그 손해의 방지에 필요한 주의를 해태하지 아니하였다 하여 면책을 주장할 수 없다.
>
> ㄹ. 「국가배상법」 제6조 제1항 소정의 '공무원의 봉급·급여 기타의 비용'이란 공무원의 인건비만을 가리키는 것이 아니라 당해사무에 필요한 일체의 경비를 의미하나, 대외적으로 그러한 경비를 지출하는 것에 불과한 자는 경비의 실질적·궁극적 부담자가 아닌 이상 그러한 경비를 부담하는 자에 포함되지 아니한다.

① ㄱ, ㄷ
② ㄱ, ㄹ
③ ㄴ, ㄷ
④ ㄴ, ㄹ

16 이행강제금에 대한 설명으로 옳지 않은 것은?

① 시정명령을 받은 의무자가 그 시정명령의 취지에 부합하는 의무를 이행하기 위한 정당한 방법으로 행정청에 신청 또는 신고를 하였으나 행정청이 위법하게 이를 거부 또는 반려함으로써 결국 그 처분이 취소되기에 이르렀다면, 특별한 사정이 없는 한 그 시정명령의 불이행을 이유로 이행강제금을 부과할 수는 없다.

② 「건축법」상 이행강제금 납부의 최초 독촉은 징수처분으로서 항고소송의 대상이 되는 행정처분이 될 수 있다.

③ 「개발제한구역의 지정 및 관리에 관한 특별조치법」상 이행강제금의 부과·징수를 위한 계고는 시정명령을 불이행한 경우에 취할 수 있는 절차이므로, 이행강제금을 부과·징수할 때마다 그에 앞서 시정명령 절차를 다시 거쳐야 한다.

④ 「농지법」에 따른 이행강제금 부과처분에 불복하는 경우에는 「비송사건절차법」에 따른 재판절차가 적용되어야 하고, 「행정소송법」상 항고소송의 대상은 될 수 없다.

17 당사자소송에 대한 설명으로 옳은 것은?

① 행정청은 공법상 당사자소송의 원고가 될 수 있다.

② 공법상 계약에 법령 위반 등의 내용상 하자가 있는 경우에는 그 계약은 하자의 중대·명백성을 따질 것 없이 당연무효이고, 이에 대한 다툼은 당사자소송에 의하여야 한다.

③ 「공익사업을 위한 토지 등의 취득 및 보상에 관한 법률」상 환매권의 존부에 관한 확인을 구하는 소송 및 환매금액의 증감을 구하는 소송은 당사자소송에 해당한다.

④ 당사자소송에는 「행정소송법」상 취소소송의 제소기간에 관한 규정이 준용된다.

18 행정행위의 하자에 대한 설명으로 옳지 않은 것은?

① 행정처분이 발하여진 후에 헌법재판소가 그 행정처분의 근거가 된 법률을 위헌으로 결정하였다면, 그 행정처분은 특별한 사정이 없는 한 당연무효이다.

② 과세관청이 과세예고 통지 후 과세전적부심사 청구나 그에 대한 결정이 있기도 전에 과세처분을 하는 것은 납세자의 절차적 권리를 침해하는 것으로서 절차상 하자가 중대하고도 명백하여 무효이다.

③ 「환경영향평가법」상 환경영향평가를 실시하여야 할 사업에 대하여 환경영향평가를 거치지 아니하였음에도 사업 실시계획 승인처분을 한 경우, 그 처분의 하자는 행정처분의 당연무효사유에 해당한다.

④ 「폐기물처리시설 설치촉진 및 주변지역 지원 등에 관한 법률」에 정한 입지선정위원회가 법령의 규정에 위배하여 군수와 주민대표가 선정·추천한 전문가를 포함시키지 않은 채 임의로 구성되어 의결을 한 경우, 그에 터잡아 이루어진 폐기물처리시설 입지결정처분의 하자는 무효사유에 해당한다.

19 행정소송의 심리에 대한 설명으로 옳은 것만을 고른 것은?

ㄱ. 징계사유인 성희롱 관련 형사재판에서 성희롱 행위가 있었다는 점을 합리적 의심을 배제할 정도로 확신하기 어렵다는 이유로 공소사실에 관하여 무죄가 선고되었다면 행정소송에서도 그 징계사유의 존재를 부정하여야 한다.

ㄴ. 법원이 어느 하나의 사유에 의한 과징금부과처분에 대하여 그 사유와 기본적 사실관계의 동일성이 인정되지 아니하는 다른 처분사유가 존재한다는 이유로 적법하다고 판단하는 것은 특별한 사정이 없는 한 직권심사주의의 한계를 넘는 것으로서 허용될 수 없다.

ㄷ. 원고가 고의 또는 중대한 과실 없이 당사자소송으로 제기하여야 할 것을 항고소송으로 잘못 제기한 경우에, 당사자소송으로서의 소송요건을 결하고 있음이 명백하여 당사자소송으로 제기되었더라도 어차피 부적법하게 되는 경우가 아닌 이상, 법원으로서는 원고가 당사자소송으로 소 변경을 하도록 하여 심리·판단하여야 한다.

ㄹ. 처분과 관련되는 부당이득반환청구소송이 계속된 법원에는 사실심의 변론종결시까지 당해 처분에 대한 취소소송을 병합할 수 있다.

ㅁ. 법원은 다른 행정청을 소송에 참가시킬 필요가 있다고 인정할 때에는 당사자 또는 당해 행정청의 신청 또는 직권에 의하여 결정으로써 그 행정청을 소송에 참가시킬 수 있다.

① ㄱ, ㄴ, ㅁ   ② ㄱ, ㄷ, ㄹ

③ ㄴ, ㄷ, ㄹ   ④ ㄴ, ㄷ, ㅁ

20 행정법의 일반원칙에 대한 설명으로 옳지 않은 것은?

① 헌법상 평등원칙은 일체의 차별적 대우를 부정하는 절대적 평등을 뜻하는 것이 아니라 입법을 하고 법을 적용할 때에 합리적인 근거가 없는 차별을 하여서는 아니 된다는 상대적 평등을 뜻한다.

② 처분청이 착오로 행정서사업 허가처분을 한 후 20년이 다 되어서야 취소사유를 알고 행정서사업 허가를 취소한 경우, 그 허가취소처분은 실권의 법리에 저촉되는 것으로 보아야 한다.

③ 행정청이 지구단위계획을 수립하면서 그 권장용도를 판매·위락·숙박시설로 결정하여 고시하였다 하더라도 당해 지구 내에서 공익과 무관하게 언제든지 숙박시설에 대한 건축허가가 가능하다는 취지의 공적 견해를 표명한 것으로 볼 수 없다.

④ 특수공익법인인 국민건강보험공단은 공권력을 행사하는 주체이자 기본권 보장의 수범자로서의 지위를 가지므로, 그 차별처우의 위법성이 보다 폭넓게 인정될 수 있다.

01 정보공개에 대한 설명으로 옳지 않은 것은?

① 정보공개를 청구하여 정보공개 여부에 대한 결정의 통지를 받은 자가 정당한 사유 없이 해당 정보의 공개를 다시 청구하는 경우, 공공기관은 종전 청구와의 내용적 유사성·관련성 등을 고려하여 해당 청구를 종결 처리할 수 있다.

② 「공공기관의 정보공개에 관한 법률」 제9조 제1항 제7호 소정의 '법인 등의 경영·영업상 비밀'은 「부정경쟁방지 및 영업비밀보호에 관한 법률」 제2조 제2호 소정의 '영업비밀'에 한정된다.

③ 「개인정보 보호법」 제2조 제1호에 따른 개인정보로서 공개될 경우 사생활의 비밀 또는 자유를 침해할 우려가 있다고 인정되는 정보는 비공개 대상 정보에 해당하나, 직무를 수행한 공무원의 성명·직위는 비공개 대상 정보에 해당하지 아니한다.

④ 정보의 부분 공개가 허용되는 경우란 그 정보의 공개 방법 및 절차에 비추어 당해 정보에서 비공개대상정보에 관련된 기술 등을 제외 혹은 삭제하고 나머지 정보만을 공개하는 것이 가능하고 나머지 부분의 정보만으로도 공개의 가치가 있는 경우를 의미한다.

02 국가배상에 대한 설명으로 옳은 것은?

① 「국가배상법」상 '공무원'이라 함은 「국가공무원법」이나 「지방공무원법」에 의하여 공무원으로서의 신분을 가진 자에 국한하지 않고, 널리 공무를 위탁받아 실질적으로 공무에 종사하고 있는 일체의 자를 가리키는 것이나, 공무의 위탁이 일시적이고 한정적인 사항에 관한 활동을 위한 것인 경우에는 '공무원'에 해당하지 아니한다.

② 군인이 전투·훈련 등 직무 집행과 관련하여 공상을 입은 경우라고 하더라도 「군인연금법」 또는 「국가유공자 예우 등에 관한 법률」에 의하여 재해보상금·유족연금·상이연금 등 별도의 보상을 받을 수 없는 경우에는 「국가배상법」 제2조 제1항 단서의 적용 대상에서 제외하여야 한다.

③ 경과실이 있는 공무원이 피해자에 대하여 손해배상책임을 부담하지 아니함에도 피해자에게 손해를 배상하였다면 그것은 채무자 아닌 사람이 타인의 채무를 변제한 경우에 해당하고, 이는 「민법」 제469조의 '제3자의 변제' 또는 「민법」 제744조의 '도의관념에 적합한 비채변제'에 해당하여 피해자는 공무원에 대하여 이를 반환할 의무가 있다.

④ 공무원에게 부과된 직무상 의무의 내용이 공공 일반의 이익을 위한 것이라도 공무원이 고의 또는 과실로 그에게 부과된 직무상 의무를 위반하여 피해자가 손해를 입은 이상 국가배상책임이 인정된다.

03 법률상 이익에 대한 설명으로 옳지 않은 것은?

① 환경영향평가 대상지역 밖의 주민이라 할지라도 공유수면매립면허처분 등으로 인하여 그 처분 전과 비교하여 수인한도를 넘는 환경피해를 받거나 받을 우려가 있는 경우에는, 공유수면매립면허처분 등으로 인하여 환경상 이익에 대한 침해 또는 침해우려가 있다는 것을 입증함으로써 그 처분 등의 무효확인을 구할 원고적격을 인정받을 수 있다.

② 교육감의 학교법인 이사장 및 학교장에 대한 호봉정정 및 급여환수 명령 등에 대하여, 호봉정정 및 급여환수의 대상인 사립학교 직원들은 항고소송으로 위 명령 등을 다툴 원고적격이 있다.

③ 대학입학고사 불합격처분의 취소를 구하는 소송계속 중 당해 연도의 입학시기가 지난 경우에도 불합격처분의 취소를 구할 법률상의 이익이 있다.

④ 행정청이 「산업재해보상보험법」에 의한 보험급여 수급자에 대하여 부당이득 징수결정을 한 후 징수결정의 하자를 이유로 징수금 액수를 감액하는 경우에 감액처분은 감액된 징수금 부분에 관해서만 법적 효과가 미치는 것으로서 당초 징수결정과 별개 독립의 징수금 결정처분이므로 징수의무자에게는 감액처분의 취소를 구할 소의 이익이 있다.

04 「질서위반행위규제법」에 대한 설명으로 옳지 않은 것은?

① 신분에 의하여 과태료를 감경 또는 가중하거나 과태료를 부과하지 아니하는 때에는 그 신분의 효과는 신분이 없는 자에게도 미친다.

② 다른 법률에 특별한 규정이 없는 경우, 14세가 되지 아니한 자의 질서위반행위는 과태료를 부과하지 아니한다.

③ 행정청이 질서위반행위에 대하여 과태료를 부과하고자 하는 때에는 미리 당사자에게 대통령령으로 정하는 사항을 통지하고, 10일 이상의 기간을 정하여 의견을 제출할 기회를 주어야 한다.

④ 질서위반행위를 한 자가 자신의 책임 없는 사유로 위반행위에 이르렀다고 주장하는 경우 법원은 그 내용을 살펴 행위자에게 고의나 과실이 있는지를 따져보아야 한다.

05 행정입법에 대한 설명으로 옳은 것은?

① 지방의회의원에 대하여 유급보좌인력을 두는 것은 개별 지방의회의 조례로써 규정할 사항이다.

② 법률조항의 위임에 따라 대통령령으로 규정한 내용이 헌법에 위반되는 경우에는 그로 인하여 모법인 해당 수권 법률조항도 위헌이 된다.

③ 감사원규칙은 법규명령이므로 구체적 규범통제의 대상이 될 수 있다.

④ 법률이 주민의 권리의무에 관한 사항에 관하여 구체적으로 범위를 정하지 않은 채 조례로 정하도록 포괄적으로 위임한 경우에는 지방자치단체는 주민의 권리의무에 관한 사항을 조례로 제정할 수 없다.

06 신뢰보호의 원칙에 대한 설명으로 옳지 않은 것은?

① 종교법인이 도시계획구역 내 생산녹지로 답인 토지에 대하여 종교회관 건립을 이용목적으로 하는 토지거래계약의 허가를 받으면서 담당공무원이 관련 법규상 허용된다 하여 이를 신뢰하고 건축준비를 하였으나 그 후 당해 지방자치단체장이 다른 사유를 들어 토지형질변경허가신청을 불허가한 것은 신뢰보호원칙에 위반되지 아니한다.

② 당초 정구장시설을 설치한다는 도시계획결정을 하였다가 정구장 대신 청소년 수련시설을 설치한다는 도시계획 변경결정 및 지적승인을 한 경우, 당초의 도시계획결정만으로는 도시계획사업의 시행자 지정을 받게 된다는 공적인 견해를 표명하였다고 할 수 없다.

③ 폐기물처리업 사업계획에 대하여 적정통보를 한 것만으로 그 사업부지 토지에 대한 국토이용계획변경신청을 승인하여 주겠다는 취지의 공적인 견해표명을 한 것으로 볼 수 없다.

④ 취득세 등이 면제되는 「지방세법」에 정한 '기술진흥단체'인지 여부에 관한 질의에 대하여 건설교통부장관과 내무부장관이 비과세 의견으로 회신한 경우, 공적인 견해표명에 해당한다.

07 「개인정보 보호법」에 대한 설명으로 옳은 것만을 고른 것은?

> ㄱ. 개인정보처리자의 지휘·감독을 받아 개인정보를 처리하는 자인 개인정보취급자가 개인정보처리자의 업무 수행을 위하여 개인정보를 이전받는 경우, 위와 같은 개인정보취급자는 「개인정보 보호법」 제19조에서 말하는 '개인정보처리자로부터 개인정보를 제공받은 자'에 해당한다.
>
> ㄴ. 개인정보자기결정권의 보호대상이 되는 개인정보는 개인의 신체, 신념, 사회적 지위, 신분 등과 같이 인격주체성을 특징짓는 사항으로서 개인의 동일성을 식별할 수 있게 하는 일체의 정보를 의미하며, 반드시 개인의 내밀한 영역에 속하는 정보에 국한되지 않고 공적 생활에서 형성되었거나 이미 공개된 개인정보까지도 포함한다.
>
> ㄷ. 「소비자기본법」에 따라 공정거래위원회에 등록한 후 1년이 경과한 소비자단체는 개인정보처리자가 「개인정보 보호법」상 집단분쟁조정을 거부하거나 집단분쟁조정의 결과를 수락하지 아니한 경우에는 법원에 권리침해 행위의 금지·중지를 구하는 소송인 단체소송을 제기할 수 있다.
>
> ㄹ. 개인정보처리자의 고의 또는 중대한 과실로 인하여 개인정보가 유출된 경우로서 정보주체에게 손해가 발생한 때에는 법원은 그 손해액의 5배를 넘지 아니하는 범위에서 손해배상액을 정할 수 있다. 다만, 개인정보처리자가 고의 또는 중대한 과실이 없음을 증명한 경우에는 그러하지 아니하다.

① ㄱ, ㄷ
② ㄱ, ㄹ
③ ㄴ, ㄷ
④ ㄴ, ㄹ

08 행정계획에 대한 설명으로 옳은 것은?

① 이미 고시된 실시계획에 포함된 상세계획으로 관리되는 토지 위의 건물의 용도를 상세계획 승인권자의 변경승인 없이 임의로 판매시설에서 상세계획에 반하는 일반목욕장으로 변경한 경우, 행정청이 그 영업신고를 수리하지 않고 영업소를 폐쇄한 처분은 적법하다.

② 도시계획의 결정·변경 등에 관한 권한을 가진 행정청이 결정·고시한 후행 도시계획에 선행 도시계획과 서로 양립할 수 없는 내용이 포함되어 있다면, 특별한 사정이 없는 한 후행 도시계획결정은 무효이다.

③ 구 「국토이용관리법」상 국토이용계획이 일단 확정된 후에도 어떤 사정의 변동이 있다면 지역주민에게 일반적으로 그 계획의 변경을 신청할 권리가 인정된다.

④ 국공립대학의 총장직선제 개선 여부를 재정지원 평가 요소로 반영하고 이를 개선하지 않을 경우 다음 연도에 지원금을 삭감 또는 환수하도록 규정한 교육부장관의 '대학교육역량강화사업 기본계획'은 헌법소원의 대상이 된다.

09 공법관계와 사법관계에 대한 설명으로 옳은 것은?

① 조달청장이 「국가를 당사자로 하는 계약에 관한 법률」에 따라 부정당업자에 대하여 일정기간 입찰참가자격을 제한하는 것은 사법행위에 해당한다.

② 도로개설 등 공사로 인한 무허가건물의 강제철거와 관련하여 이루어지는 지방자치단체의 철거건물 소유자에 대한 시영아파트분양권 부여 및 세입자에 대한 지원대책 등의 업무는 지방자치단체가 사경제주체로서 하는 활동으로 볼 것이지 공행정작용과 관련된 활동으로 볼 수 없다.

③ 농지개량조합과 그 직원과의 관계는 사법상의 근로계약관계가 아닌 공법상의 특별권력관계이고, 그 조합의 직원에 대한 징계처분의 취소를 구하는 소송은 행정소송사항에 속한다.

④ 텔레비전방송수신료의 징수업무를 위탁받아 자신의 고유업무와 관련된 고지행위와 결합하여 수신료를 징수할 권한이 있는지 여부를 다투는 쟁송은 민사소송에 의하여야 한다.

10 행정행위의 하자의 승계에 대한 설명으로 옳지 않은 것은?

① 두 개 이상의 행정처분이 연속적으로 행하여지는 경우 선행처분과 후행처분이 서로 결합하여 1개의 법률효과를 완성하는 때에는 선행처분에 불가쟁력이 생겨 그 효력을 다툴 수 없게 된 경우에도 선행처분의 하자를 이유로 후행처분의 효력을 다툴 수 있다.

② 「공인중개사법」 위반으로 업무정지처분을 받고 그 업무정지기간 중 중개업무를 하였다는 이유로 중개사무소개설등록취소처분을 받은 경우, 양 처분은 그 내용과 효과를 달리하는 독립된 행정처분으로서, 서로 결합하여 1개의 법률효과를 완성하는 때에 해당한다고 볼 수 없다.

③ 「공익사업을 위한 토지 등의 취득 및 보상에 관한 법률」상 사업인정의 고시 절차를 누락한 경우 이를 이유로 수용재결처분의 취소를 구할 수 있다.

④ 후행처분인 대집행영장발부통보처분의 취소를 청구하는 소송에서 청구원인으로 선행처분인 계고처분이 위법한 것이기 때문에 그 계고처분을 전제로 행하여진 대집행영장발부통보처분도 위법한 것이라는 주장을 할 수 있다.

11 행정의 실효성 확보수단에 대한 설명으로 옳은 것은?

① 과징금의 근거가 되는 법률에는 과징금에 관한 부과·징수 주체, 부과 사유, 상한액과 하한액, 가산금을 징수하려는 경우 그 사항, 과징금 또는 가산금 체납 시 강제징수를 하려는 경우 그 사항을 명확하게 규정하여야 한다.

② 「화물자동차 운수사업법 시행령」상 '위반행위의 횟수에 따른 가중처분기준'이 적용되려면 실제 선행 위반행위가 있고 그에 대하여 유효한 제재처분이 이루어졌음에도 그 제재처분일로부터 법령이 정한 기간 이내에 다시 같은 내용의 위반행위가 적발된 경우이면 족하고, 선행 제재처분에 처분의 종류를 잘못 선택하거나 처분양정에서 재량권을 일탈·남용한 하자가 있었던 경우라고 해서 달리 볼 것은 아니다.

③ 양벌규정에 의한 영업주의 처벌은 금지위반행위자인 종업원의 처벌에 종속되는 것이므로 영업주만 따로 처벌할 수는 없다.

④ 직접강제는 현재의 급박한 행정상의 장해를 제거하기 위한 경우로서 그 성질상 행정상 의무의 이행을 명하는 것만으로는 행정목적을 달성하기 곤란한 경우 행정청이 국민의 신체 또는 재산에 실력을 행사하여 그 행정목적을 달성하는 것으로서, 다른 수단으로는 행정목적을 달성할 수 없는 경우에만 허용되며 이 경우에도 최소한으로만 실시하여야 한다.

12 「행정절차법」에 대한 설명으로 옳지 않은 것은?

① 입법예고기간은 예고할 때 정하되, 특별한 사정이 없으면 40일(자치법규는 20일) 이상으로 한다.

② 행정청이 신청에 따라 행정절차에 참여하게 한 이해관계인은 처분 전에 그 처분의 관할 행정청에 서면이나 말로 또는 정보통신망을 이용하여 의견제출을 할 수 있다.

③ 대통령이 한 한국방송공사 사장 해임처분에는 「행정절차법」이 적용된다.

④ 행정청이 「행정절차법」 제20조 제1항의 처분기준 사전공표 의무를 위반하여 미리 공표하지 아니한 갱신기준을 적용하여 갱신을 거부하는 처분을 하였다면, 그러한 처분은 절차하자가 존재하는 것으로서 곧바로 위법하게 된다.

13 「행정소송법」상 처분등에 대한 설명으로 옳지 않은 것은?

① 지방자치단체장이 국유 일반재산을 대부하여 달라는 신청을 거부한 것은 항고소송의 대상이 되는 거부처분에 해당한다.

② 친일반민족행위자 재산조사위원회의 재산조사개시결정은 조사대상자의 권리·의무에 직접 영향을 미치는 독립한 행정처분으로서 항고소송의 대상이 된다.

③ 제3자효를 수반하는 행정행위에 대한 행정심판청구에 있어서 그 청구를 인용하는 내용의 재결로 인하여 비로소 권리이익을 침해받게 되는 자는 그 인용재결에 대하여 다툴 필요가 있고, 그 인용재결은 원처분과 내용을 달리하는 것이므로 그 인용재결의 취소를 구하는 것은 원처분에는 없는 재결에 고유한 하자를 주장하는 셈이어서 당연히 항고소송의 대상이 된다.

④ 총포·화약안전기술협회가 자신의 공행정활동에 필요한 재원을 마련하기 위하여 회비납부의무자에 대하여 한 '회비납부통지'는 납부의무자의 구체적인 부담금액을 산정·고지하는 '부담금 부과처분'으로서 항고소송의 대상이 된다.

14 「공익사업을 위한 토지 등의 취득 및 보상에 관한 법률」에 대한 설명으로 옳지 않은 것은?

① 수용재결에 불복하여 제기하려는 행정소송이 보상금의 증감에 관한 소송인 경우 그 소송을 제기하는 자가 토지소유자 또는 관계인일 때에는 사업시행자를, 사업시행자일 때에는 토지소유자 또는 관계인을 각각 피고로 한다.

② 하나의 수용재결에서 피보상자별로 여러 가지의 토지, 물건, 권리 또는 영업의 손실에 관하여 심리·판단이 이루어졌을 때, 피보상자 또는 사업시행자가 반드시 그 재결 전부에 관하여 불복하여야 하는 것은 아니다.

③ 중앙토지수용위원회는 이의신청을 받은 경우 재결이 위법하거나 부당하다고 인정할 때에는 그 재결의 전부 또는 일부를 취소하거나 보상액을 변경할 수 있다.

④ 사업시행자가 이주정착지에 대한 도로·급수시설·배수시설 그 밖의 공공시설 등 통상적인 수준의 생활기본시설을 설치하고 비용을 부담하도록 강제한 「공익사업을 위한 토지 등의 취득 및 보상에 관한 법률」 제78조 제4항 규정은 시혜적인 이주대책대상자에까지 적용된다.

15 처분사유의 추가 또는 변경에 대한 설명으로 옳은 것만을 고른 것은?

ㄱ. 당초의 처분사유인 사업계획이 건설폐기물법상 허가기준을 충족하지 못한다는 사실과 소송계속 중 추가된 사유인 사업계획이 국토계획법상 개발행위허가기준을 충족하지 못한다는 사실은 기본적 사실관계의 동일성이 인정된다.

ㄴ. 행정청은 사실심 변론을 종결할 때까지 당초의 처분사유와 기본적 사실관계가 동일한 범위 내에서 처분사유를 추가 또는 변경할 수 있다.

ㄷ. 처분청이 처분 당시 적시한 구체적 사실을 변경하지 아니하는 범위 내에서 단지 처분의 근거 법령만을 추가·변경하는 경우에 법원은 처분청이 처분 당시 적시한 구체적 사실에 대하여 처분 후 추가·변경한 법령을 적용하여 처분의 적법 여부를 판단할 수 있다.

---

① ㄱ   ② ㄴ

③ ㄴ, ㄷ   ④ ㄱ, ㄴ, ㄷ

16 행정작용의 내용에 대한 설명으로 옳지 않은 것은?

① 「도시 및 주거환경정비법」에 따른 이전고시는 소유권을 분양받을 자에게 이전하고 가격의 차액에 상당하는 금액을 청산하거나 대지 또는 건축물을 정하지 않고 금전적으로 청산하는 공법상 처분이다.

② 교도소장이 수형자를 '접견내용 녹음·녹화 및 접견 시 교도관 참여대상자'로 지정한 행위는 항고소송의 대상이 되는 '처분'에 해당한다.

③ 행정청이 위법 건축물에 대한 시정명령을 하고 나서 위반자가 이를 이행하지 아니하여 전기·전화의 공급자에게 그 위법 건축물에 대한 전기·전화공급을 하지 말아 줄 것을 요청한 행위는 항고소송의 대상이 되는 행정처분이라고 볼 수 없다.

④ 어업권면허에 선행하는 우선순위결정은 설령 위법하더라도 중대명백한 하자가 있어 당연무효가 아닌 한 취소되기 전까지는 유효한 것으로 통용된다.

17 행정행위에 대한 설명으로 옳은 것만을 고른 것은?

ㄱ. 「가축분뇨의 관리 및 이용에 관한 법률」에 따른 가축분뇨 처리방법 변경허가는 허가권자의 재량행위에 해당한다.

ㄴ. 건축주의 건축계획이 「건축법」상 건축허가기준을 충족하더라도 국토계획법상 개발행위 허가기준을 충족하지 못한 경우 건축행정청은 「건축법」상 건축허가를 발급하면서 국토계획법상 개발행위(건축물의 건축) 허가가 의제되지 않은 것으로 처리해야 한다.

ㄷ. 관할관청은 개인택시운송사업의 양도·양수에 대한 인가를 한 후에도 그 양도·양수 이전에 있었던 양도인에 대한 운송사업면허 취소사유를 들어 양수인의 사업면허를 취소할 수 있으나, 양도·양수 당시 양도인에 대한 운송사업면허 취소사유가 현실적으로 발생하지 않은 경우에는 설령 그 원인되는 사실이 이미 존재하였다고 하더라도 관할관청으로서는 그 후 발생한 운송사업면허 취소사유에 기하여 양수인의 사업면허를 취소할 수는 없다.

ㄹ. 인수자가 인수 당시에 경매 목적물인 사업장이 아닌 다른 장소에 방치된 사업장폐기물이 존재한다는 사실을 알지 못하였고 그와 같이 알지 못한 데 정당한 사유가 있었다는 등 특별한 사정이 있는 경우에는, 인수자에게 해당 사업장폐기물에 관한 공법상 의무까지 승계된다고 볼 수 없다.

① ㄱ, ㄷ   ② ㄱ, ㄹ
③ ㄴ, ㄷ   ④ ㄴ, ㄹ

18 행정상 법률관계에 대한 설명으로 옳지 않은 것은?

① 서훈취소는 대통령이 국가원수로서 행하는 행위이기는 하나 법원이 사법심사를 자제하여야 할 고도의 정치성을 띤 행위라고 볼 수는 없다.

② 지방자치단체가 제정한 조례가 '1994년 관세 및 무역에 관한 일반협정'에 위반되는 경우에는 그 효력이 없다.

③ 사적 자치와 계약자유의 원칙에 따라 「석탄산업법 시행령」 소정의 재해위로금 청구권은 당사자의 합의에 의하여 이를 미리 포기할 수 있다.

④ 「건축법」에 의하여 신고를 함으로써 건축허가를 받은 것으로 간주되는 경우에는 건축을 하고자 하는 자가 적법한 요건을 갖춘 건축신고만 하면 행정청의 수리행위 등 별다른 조치를 기다릴 필요 없이 건축을 할 수 있다.

19 다음 사례에 대한 설명으로 옳지 않은 것은?

> 갑은 2025. 4. 13. A시에 「식품위생법」상 영업허가를 신청하였으나, A시장은 해당 영업시설이 법에서 정한 시설기준에 맞지 아니함을 이유로 갑의 신청을 거부하였고, 그 처분서는 2025. 5. 2. 갑에게 도달하였다. 갑은 A시장의 처분에 중대·명백한 하자가 있다고 판단하여 2025. 7. 25. 관할법원에 무효확인소송을 제기하였다.

① 갑이 무효확인소송이 계속 중인 2025. 11. 7. A시장의 거부처분에 대한 취소소송을 예비적·추가적으로 병합한 경우, 병합된 소는 적법하게 제기된 것으로 볼 수 있다.

② 법원의 심리 결과 A시장의 처분에 취소사유에 해당하는 하자만이 존재하는 경우, 만약 갑이 취소소송을 병합하지 않았다면 법원으로서는 청구기각판결을 선고해야 한다.

③ A시장의 거부처분에 대한 법원의 무효확인판결이 확정되었음에도 불구하고 A시장이 아무런 처분을 하지 않는 경우에도, 갑은 법원에 간접강제를 신청할 수 없다.

④ A시장의 거부처분에 중대·명백한 하자가 존재한다는 점에 대해서는 갑이 증명책임을 진다.

20 「행정심판법」에 대한 설명으로 옳은 것은?

① 청구인이 피청구인을 잘못 지정한 경우에는 위원회는 직권으로 또는 당사자의 신청에 의하여 결정으로써 피청구인을 경정할 수 있다.

② 선정대표자가 선정되면 다른 청구인들은 직접 또는 선정대표자를 통해서 그 사건에 관한 행위를 할 수 있다.

③ 행정부 내부의 시정절차인 행정심판에 있어서는 항고소송의 경우와 달리 처분청이 당초 처분의 근거로 삼은 사유와 기본적 사실관계의 동일성이 인정되지 않는 사유도 추가 또는 변경할 수 있다.

④ 부작위에 대한 의무이행심판에 있어서는 사정재결이 인정되지 아니한다.

01 인허가의제에 대한 설명으로 옳은 것은?

① 인허가의제를 받으려면 주된 인허가를 신청할 때 관련 인허가에 필요한 서류를 함께 제출하여야 한다. 다만, 불가피한 사유로 함께 제출할 수 없는 경우에는 관련 인허가 행정청이 별도로 정하는 기한까지 제출할 수 있다.

② 인허가의 근거 법령에서 절차간소화를 위해 관련 인허가를 의제 처리할 수 있는 규정을 둔 경우, 그 입법 취지를 고려할 때 주된 인허가를 신청하려는 사업시행자는 반드시 관련 인허가 의제 처리를 동시에 신청해야 한다.

③ 건축주가 건축물을 건축하기 위해서는 「건축법」상 건축허가와 「국토의 계획 및 이용에 관한 법률」상 개발행위(건축물의 건축) 허가를 각각 별도로 신청하여야 하는 것이 아니라, 「건축법」상 건축허가절차에서 관련 인허가의제 제도를 통해 두 허가의 발급 여부가 동시에 심사·결정되도록 하여야 한다.

④ 건축허가를 받은 경우에 토지형질변경허가를 받은 것으로 보는 인허가의제에 있어서, 건축허가권자가 건축불허가처분을 하면서 그 처분사유로 건축불허가사유뿐만 아니라 형질변경불허가사유를 들고 있다면, 그 건축불허가처분에 관한 쟁송과는 별개로 형질변경불허가처분에 관한 쟁송을 제기하여야 한다.

02 행정상 강제에 대한 설명으로 옳지 않은 것은?

① 대집행계고처분을 하기 위하여는 법령에 의하여 직접 명령되거나 법령에 근거한 행정청의 명령에 의한 의무자의 대체적 작위의무 위반행위가 있어야 한다.

② 이행강제금은 대체적 작위의무의 위반에 대하여 부과될 수 있다.

③ 수용재결에 따른 토지의 인도 또는 그 지장물의 명도의무 등은 공법상 의무에 해당하므로 그 권리를 피보전권리로 하는 「민사집행법」상 명도단행가처분은 특별한 사정이 없는 한 허용될 수 없다.

④ 직접강제는 행정대집행이나 이행강제금 부과의 방법으로는 행정상 의무 이행을 확보할 수 없거나 그 실현이 불가능한 경우에 실시하여야 한다.

03 행정법의 일반원칙에 대한 설명으로 옳지 않은 것은?

① 「국세기본법」에 규정된 비과세관행이 성립하려면 과세관청 자신이 그 사항에 관하여 과세할 수 있음을 알면서도 어떤 특별한 사정 때문에 과세하지 않는다는 의사가 있어야 하고, 이와 같은 의사는 명시적으로 표시되어야 하는 것이지 묵시적인 표시로는 인정될 수 없다.

② 과세관청이 비과세대상에 해당하는 것으로 잘못 알고 일단 비과세결정을 하였으나 그 후 과세표준과 세액의 탈루 또는 오류가 있는 것을 발견한 때에는, 이를 조사하여 결정할 수 있다.

③ 한 사람이 여러 종류의 자동차운전면허를 취득하는 경우뿐 아니라 이를 취소 또는 정지함에 있어서도 서로 별개의 것으로 취급하는 것이 원칙이다.

④ 제1종 보통면허로 운전할 수 있는 승합자동차를 음주운전한 경우, 제1종 보통면허뿐만 아니라 제1종 대형면허까지 취소할 수 있다.

04 취소소송의 원고적격에 대한 설명으로 옳지 않은 것은?

① 법률상 이익은 당해 처분의 근거 법규 또는 관련 법규에서 명시적으로 당해 이익을 보호하는 명문의 규정이 없더라도 근거 법규 및 관련 법규의 합리적 해석상 그 법규에서 행정청을 제약하는 이유가 순수한 공익의 보호만이 아닌 개별적·직접적·구체적 이익을 보호하는 취지가 포함되어 있다고 해석되는 경우에도 인정된다.

② 법령이 특정한 행정기관으로 하여금 다른 행정기관을 상대로 제재적 조치를 취할 수 있도록 하면서, 그에 따르지 않으면 그 행정기관에 대하여 과태료 등을 부과할 수 있도록 정하는 경우, 권리구제나 권리보호의 필요성이 인정된다면 예외적으로 그 제재적 조치의 상대방인 행정기관에게 항고소송 원고로서의 당사자능력과 원고적격을 인정할 수 있다.

③ 경업자에 대한 행정처분이 경업자에게 불리한 내용이라면 그와 경쟁관계에 있는 기존의 업자에게는 특별한 사정이 없는 한 유리할 것이므로 기존의 업자가 그 행정처분의 무효확인 또는 취소를 구할 이익은 없다고 보아야 한다.

④ 인허가 등의 수익적 행정처분을 신청한 수인이 서로 경쟁관계에 있어서 일방에 대한 허가 등의 처분이 타방에 대한 불허가 등으로 귀결될 수밖에 없는 때에도, 허가 등의 처분을 받지 못한 자로서는 허가 등 처분의 상대방이 아닌 이상 당해 처분의 취소를 구할 원고적격이 없다.

05 「공익사업을 위한 토지 등의 취득 및 보상에 관한 법률」에 대한 설명으로 옳지 않은 것은?

① 사업시행자가 사업인정의 고시가 된 날부터 1년 이내에 재결신청을 하지 아니한 경우에는 사업인정고시가 된 날부터 1년이 되는 날의 다음 날에 사업인정은 그 효력을 상실한다.

② 동일한 소유자에게 속하는 일단의 토지의 일부가 취득되거나 사용됨으로 인하여 잔여지의 가격이 감소하거나 그 밖의 손실이 있을 때 해당 토지소유자는 사업시행자에게 잔여지를 매수하여 줄 것을 청구할 수 있으며, 사업인정 이후에는 관할 토지수용위원회에 수용을 청구할 수 있다.

③ 재결에 대하여 불복절차를 취하지 아니함으로써 그 재결에 대하여 더 이상 다툴 수 없게 된 경우에는 사업시행자는 그 재결이 당연무효이거나 취소되지 않는 한, 이미 보상금을 지급받은 자에 대하여 민사소송으로 그 보상금을 부당이득이라 하여 반환을 구할 수 없다.

④ 토지수용위원회는 사업시행자, 토지소유자 또는 관계인이 신청한 범위에서 재결하여야 하나, 손실보상의 경우에는 증액재결을 할 수 있다.

06 취소소송의 소송요건에 대한 설명으로 옳은 것만을 고른 것은?

> ㄱ. 근로자가 부당해고 구제신청을 할 당시 이미 정년에 이르거나 근로계약기간 만료, 폐업 등의 사유로 근로계약관계가 종료하여 근로자의 지위에서 벗어난 경우에도 해고기간 중의 임금 상당액을 지급받을 필요가 있다면 구제신청을 기각한 중앙노동위원회의 재심판정의 취소를 구할 소의 이익이 있다.
>
> ㄴ. 항고소송에 있어서 원고는 전심절차에서 주장하지 아니한 공격방어방법을 소송절차에서 주장할 수 있고 법원은 이를 심리하여 행정처분의 적법 여부를 판단할 수 있는 것이므로, 원고가 전심절차에서 주장하지 아니한 처분의 위법사유를 소송절차에서 새롭게 주장하였다고 하여 다시 그 처분에 대하여 별도의 전심절차를 거쳐야 하는 것은 아니다.
>
> ㄷ. 민사소송인 소가 서울행정법원에 제기되었는데도 피고가 제1심법원에서 관할위반이라고 항변하지 아니하고 본안에 관한 변론을 한 경우에는 제1심법원에 변론관할이 생긴다.

① ㄱ   ② ㄴ

③ ㄴ, ㄷ   ④ ㄱ, ㄴ, ㄷ

07 행정입법에 대한 설명으로 옳은 것은?

① 법률이 행정청에 대하여 행정입법을 할 재량을 부여하였다 하더라도, 그 재량을 부여한 취지와 목적에 비추어 행정청이 행정입법의 권한을 행사하지 아니한 것이 현저하게 합리성을 잃어 사회적 타당성이 없는 경우에는 그 부작위가 객관적 정당성을 상실하였다고 볼 수 있고, 이러한 경우 특별한 사정이 없으면 「국가배상법」상 공무원의 과실도 인정된다.

② 헌법에서 채택하고 있는 조세법률주의의 원칙상 과세요건과 징수절차에 관한 사항을 명령·규칙 등 하위 법령에 위임하여 규정할 수는 없다.

③ 해당 규정의 전부가 불가분적으로 결합되어 있어 일부를 무효로 하는 경우 나머지 부분이 유지될 수 없는 결과를 가져오는 경우에도, 법원이 구체적 규범통제를 통해 위헌·위법으로 선언할 심판대상은 해당 규정 중 재판의 전제성이 인정되는 조항에 한정된다.

④ 행정소송에 대한 대법원판결에 의하여 명령·규칙이 헌법 또는 법률에 위반된다는 것이 확정된 경우에는 대법원은 지체없이 그 사유를 법제처장에게 통보하여야 한다.

08 「행정소송법」상 처분등에 대한 설명으로 옳지 않은 것은?

① 지방노동위원회의 구제명령이나 기각결정에 불복하는 사용자나 근로자는 그 명령이나 결정에 대하여 행정소송을 제기할 수 있다.

② 갑 시장이 감사원으로부터 소속 공무원 을에 대하여 징계의 종류를 정직으로 정한 징계 요구를 받게 되자 감사원에 징계 요구에 대한 재심의를 청구하였고 감사원이 재심의청구를 기각한 경우, 감사원의 징계 요구와 재심의결정은 항고소송의 대상이 되는 행정처분에 해당하지 않는다.

③ 「국세기본법」에 따른 과세관청의 국세환급금결정 또는 그 결정을 구하는 신청에 대한 환급거부결정은 모두 항고소송의 대상이 되는 처분이라고 볼 수 없다.

④ 과세관청의 소득처분에 따른 소득금액변동통지는 항고소송의 대상이 되는 행정처분에 해당한다.

09 정보공개에 대한 설명으로 옳은 것은?

① 「교육공무원승진규정」 제26조는 교육공무원의 근무성적평정의 결과를 공개하지 아니한다고 규정하고 있으므로, 이를 근거로 해당 정보에 대한 공개청구를 거부할 수 있다.

② 의사결정과정에 제공된 회의관련 자료나 의사결정과정이 기록된 회의록 등은 의사가 결정되거나 의사가 집행된 경우에는 더 이상 의사결정과정에 있는 사항 그 자체라고는 할 수 없으나, 비공개대상정보에 포함될 수 있다.

③ 사법시험 제2차 시험의 답안지 열람은 사법시험업무의 수행에 현저한 지장을 초래한다고 볼 수 있으므로 비공개 대상 정보에 해당한다.

④ 재소자가 교도관의 가혹행위를 이유로 형사고소 및 민사소송을 제기하면서 그 증명자료 확보를 위해 '징벌위원회 회의록' 등의 정보공개를 요청한 경우, 징벌위원회 회의록 중 징벌절차 진행 부분은 비공개사유에 해당한다.

10 사인의 공법행위에 대한 설명으로 옳지 않은 것은?

① 사인의 공법상 행위는 명문으로 금지되거나 성질상 불가능한 경우가 아닌 한 그에 따른 행정행위가 행하여질 때까지 자유로이 철회하거나 보정할 수 있다.

② 「체육시설의 설치·이용에 관한 법률」에 따른 골프연습장의 신고요건을 갖춘 자라고 할지라도 그 골프연습장을 설치하려고 하는 건물이 「건축법」을 위반한 무허가 건물이라면 적법한 신고를 할 수 없다.

③ 정신과의원을 개설하려는 자가 법령에 규정되어 있는 요건을 갖추어 개설신고를 한 때에, 행정청은 원칙적으로 이를 수리하여 신고필증을 교부하여야 하고, 법령에서 정한 요건 이외의 사유를 들어 의원급 의료기관 개설신고의 수리를 거부할 수는 없다.

④ 「체육시설의 설치·이용에 관한 법률」에 의한 골프장 이용료 변경신고는 행정청에 도달하기만 하면 신고로서의 효력이 발생하는 것이 아니라 행정청이 수리한 경우에 비로소 신고의 효력이 발생한다.

11 행정행위의 내용에 대한 설명으로 옳지 않은 것은?

① 건축허가는 대물적 성질을 갖는 것이어서 허가대상 건축물에 대한 권리변동에 수반하여 자유로이 양도할 수 있는 것이고, 그에 따라 건축허가의 효과는 허가대상 건축물에 대한 권리변동에 수반하여 이전되며 별도의 승인처분에 의하여 이전되는 것이 아니다.

② 관할관청의 개인택시 운송사업면허의 양도·양수에 대한 인가에는 양도인과 양수인 간의 양도행위를 보충하여 그 법률효과를 완성시키는 의미에서의 인가처분뿐만 아니라 양수인에 대해 양도인이 가지고 있던 면허와 동일한 내용의 면허를 부여하는 처분이 포함되어 있다.

③ 「여객자동차운수사업법」에 따른 개인택시운송사업 면허는 특정인에게 권리나 이익을 부여하는 재량행위이고, 행정청이 면허 발급 여부를 심사함에 있어 이미 설정된 면허기준의 해석상 당해 신청이 면허발급의 우선순위에 해당함이 명백함에도 불구하고 이를 제외시켜 면허거부처분을 하였다면 특별한 사정이 없는 한 그 거부처분은 재량권을 남용한 위법한 처분이다.

④ 재량행위에 대한 사법심사의 경우 행정청의 재량에 기한 공익판단의 여지를 감안하여 법원은 독자의 결론을 도출함이 없이 당해 행위에 재량권의 일탈·남용이 있는지 여부 및 그 재량의 행사가 합목적성을 결여하였는지 여부만을 심사하게 된다.

12 행정절차에 대한 설명으로 옳지 않은 것은?

① '외국인의 출입국에 관한 사항'이라고 하여 행정절차를 거칠 필요가 당연히 부정되는 것은 아니다.

② 청문의 진행에 있어서 당사자등이 의견서를 제출한 경우에는 그 내용을 출석하여 진술한 것으로 본다.

③ 「행정절차법 시행령」 소정의 의견청취절차의 예외사유는 법원의 재판 등에 따라 처분의 전제가 되는 사실이 객관적으로 증명되면 행정청이 반드시 일정한 처분을 해야 하는 경우 등 의견청취가 행정청의 처분 여부나 그 수위 결정에 영향을 미치지 못하는 경우를 의미한다.

④ 처분 상대방의 방어권 보장을 주된 목적으로 하는 「행정절차법」의 입법취지를 고려할 때, 「행정절차법」 제20조 소정의 처분기준의 설정·공표의 규정은 침익적 처분에 대해서만 적용될 뿐 수익적 처분의 경우에는 적용되지 않는 것으로 보아야 한다.

13 행정행위의 하자에 대한 설명으로 옳은 것만을 고른 것은?

> ㄱ. 재산세 등 과세처분의 취소를 구하는 소송에서 표준지 공시지가결정의 위법성을 다투는 것은 원칙적으로 허용된다.
>
> ㄴ. 신청에 의한 처분의 경우에는 신청에 대하여 일단 거부처분이 행해지면 그 거부처분이 적법한 절차에 의하여 취소되지 않는 한, 사유를 추가하여 거부처분을 반복하는 것은 존재하지도 않는 신청에 대한 거부처분으로서 당연무효이다.
>
> ㄷ. 도시관리계획결정·고시와 그 도면에 특정 토지가 도시관리계획에 포함되지 않았음이 명백한데도 도시관리계획을 집행하기 위한 후속 계획이나 처분에서 그 토지가 도시관리계획에 포함된 것처럼 표시되어 있는 경우, 이는 도시관리계획 변경절차를 거치지 않는 한 당연무효이다.

① ㄱ   ② ㄴ

③ ㄴ, ㄷ   ④ ㄱ, ㄴ, ㄷ

14 행정행위의 취소와 철회에 대한 설명으로 옳지 않은 것은?

① 수익적 행정처분에 존재하는 하자나 취소해야 할 필요성에 관한 증명책임은 기존 이익과 권리를 침해하는 처분을 한 행정청에 있다.

② 직권취소는 행정행위의 성립상의 하자를 이유로 하는 것이므로, 개별법에 특별한 규정이 없는 한 「행정절차법」에 따른 절차규정이 적용되지 않는다.

③ 행정청이 평가인증이 이루어진 이후에 새로이 발생한 사유를 들어 「영유아보육법」 제30조 제5항에 따라 평가인증을 철회하는 처분을 하면서도, 평가인증의 효력을 과거로 소급하여 상실시키기 위해서는, 특별한 사정이 없는 한 「영유아보육법」 제30조 제5항과는 별도의 법적 근거가 필요하다.

④ 변상금 부과처분에 대한 취소소송이 진행 중이라도 그 부과권자로서는 위법한 처분을 스스로 취소하고 그 하자를 보완하여 다시 적법한 부과처분을 할 수도 있다.

15 다음 사례에 대한 설명으로 옳지 않은 것은?

> 변호사 갑은 변호사등록 결격기간이 경과한 후 대한변호사협회에 변호사등록신청을 하였다. 그런데 대한변호사협회 협회장 을은 결격기간이 경과한 갑에게 별다른 등록거부사유가 존재하지 않았음에도 갑에 대한 변호사등록 거부 안건을 등록심사위원회에 회부하였고, 이에 따라 갑은 변호사등록이 2개월 간 지연되는 손해를 입게 되었다. 이에 갑은 위 등록지연에 따른 손해배상을 청구하고자 한다.

① 대한변호사협회는 변호사 등록에 관한 한 공법인으로서 공권력 행사의 주체가 된다.

② 갑에게 발생한 손해와 관련하여 을에게 경과실만이 있었던 경우에도, 을은 갑에 대하여 손해배상책임을 지게 된다.

③ 갑은 대한변호사협회를 상대로 「국가배상법」에 따른 손해배상을 청구할 수는 없다.

④ 만약 갑이 변호사등록이 지연된 기간 동안 법률사무소에 일반 직원으로 고용되어 근로를 제공함으로써 소득을 얻었다면, 그러한 소득액은 손해배상액에서 공제되어야 한다.

16 행정의 실효성 확보수단에 대한 설명으로 옳은 것은?

① 조세·형사·행형 및 보안처분에 관한 사항에 대하여는 「행정조사기본법」 제4조(행정조사의 기본원칙)는 적용하지 아니한다.

② 「독점규제 및 공정거래에 관한 법률」 소정의 부당지원행위에 대한 과징금은 부당지원행위의 억지라는 행정목적을 실현하기 위한 행정상 제재금으로서의 성격에 부당이득환수적 요소도 부가되어 있으므로 국가형벌권 행사로서의 처벌에 해당한다.

③ 지방국세청장 또는 세무서장이 「조세범 처벌절차법」에 따라 통고처분을 거치지 아니하고 즉시 고발하였다 하더라도 지방국세청장 또는 세무서장은 동일한 조세범칙행위에 대하여 다시 통고처분을 할 수 있다.

④ 과태료 재판의 경우 법원은 기록상 현출되어 있는 사항에 관하여 직권으로 증거조사를 하고 이를 기초로 하여 판단할 수 있으나, 행정청의 과태료 부과처분사유와 기본적 사실관계에 있어서 동일성이 인정되는 한도 내에서만 과태료를 부과할 수 있다.

17 정비사업에 대한 설명으로 옳지 않은 것은?

① 주택재개발정비사업조합이 수립한 사업시행계획에 하자가 있다면 관할 행정청의 사업시행계획 인가처분에는 고유한 하자가 없다 하더라도 사업시행계획의 무효를 주장하면서 곧바로 그에 대한 인가처분의 무효확인이나 취소를 구할 수 있다.

② 주택재건축정비사업조합이 수립한 관리처분계획에 대하여 관할 행정청의 인가·고시가 있은 후 총회결의의 하자를 다투기 위해서는 항고소송의 방법으로 관리처분계획의 취소 또는 무효확인을 구하여야 한다.

③ 토지 등 소유자들이 직접 시행하는 도시환경정비사업에서 토지 등 소유자에 대한 사업시행인가처분은 「도시 및 주거환경정비법」상 정비사업을 시행할 수 있는 권한을 가지는 행정주체로서의 지위를 부여하는 일종의 설권적 처분의 성격을 가진다.

④ 「도시 및 주거환경정비법」상 조합설립추진위원회 구성승인은 조합의 설립을 위한 주체인 추진위원회의 구성행위를 보충하여 효력을 부여하는 처분이다.

18 행정소송의 판결에 대한 설명으로 옳지 않은 것은?

① 어떤 처분의 당초 처분사유와 기본적 사실관계의 동일성이 인정되지 않는 다른 사유가 있다면, 그 처분에 대한 취소소송에서 처분사유 추가·변경은 허용되지 않지만, 처분청이 그 처분에 대한 취소판결 확정 후 그 다른 사유를 근거로 별도의 처분을 하는 것은 허용된다.

② 후소의 소송물이 전소의 소송물과 동일하지는 않더라도 전소의 소송물에 관한 판단이 후소의 선결문제가 되거나 모순관계에 있을 때에는 후소에서 전소 판결의 판단과 다른 주장을 하는 것은 허용되지 않는다.

③ 주택건설사업 승인신청 거부처분에 대한 무효확인판결이 확정된 후 행정청이 재처분을 하였다 하더라도 그 재처분이 종전 거부처분에 대한 무효확인판결의 기속력에 반하는 경우, 「행정소송법」상 간접강제신청에 필요한 요건을 갖춘 것으로 보아야 한다.

④ 「도시 및 주거환경정비법」상 주택재개발사업조합의 조합설립인가처분이 법원의 재판에 의하여 취소된 경우, 당해 주택재개발사업조합이 조합설립인가처분 취소 전에 도시정비법상 적법한 행정주체 또는 사업시행자로서 한 결의 등 처분은 달리 특별한 사정이 없는 한 소급하여 효력을 상실한다.

19 영조물책임에 대한 설명으로 옳은 것은?

① 가변차로에 설치된 두 개의 신호등에서 서로 모순되는 신호가 들어오는 오작동이 발생하였고 그 고장이 현재의 기술 수준상 부득이한 것이라고 가정하더라도 그와 같은 사정만으로 손해발생의 예견가능성이나 회피가능성이 없어 영조물의 하자를 인정할 수 없는 경우라고 단정할 수 없다.

② 집중호우로 제방도로가 유실되면서 그 곳을 걸어가던 보행자가 강물에 휩쓸려 익사한 경우, 사고 당일의 집중호우가 50년 빈도의 최대강우량에 해당하는 것이었다면 이는 불가항력적인 재해로서 그 영조물의 관리청에게 책임을 물을 수 없다.

③ 하천의 제방이 계획홍수위를 넘고 있더라도, 그와 같은 하천이 그 후 새로운 하천시설을 설치할 때 기준으로 삼기 위하여 제정한 '하천시설기준'에서 정한 여유고를 확보하지 못하고 있다면 그 자체로 안전성이 결여된 하자가 있다고 보아야 한다.

④ 고등학생이 교사의 단속을 피해 담배를 피우기 위하여 3층 건물 화장실 밖의 난간을 지나다가 실족하여 사망한 경우, 학교 관리자에게 그와 같은 사고가 있을 것을 예상하여 복도나 화장실 창문에 난간으로의 출입을 막기 위한 출입금지장치나 추락위험을 알리는 경고표지판을 설치할 의무가 있다 할 것이므로, 학교 시설의 설치·관리상의 하자가 인정된다.

20 「행정심판법」에 대한 설명으로 옳은 것만을 고른 것은?

> ㄱ. 위원회는 필요하면 당사자가 주장하지 아니한 사실에 대하여도 심리할 수 있다.
> ㄴ. 위원회는 필요하다고 인정하면 직권으로 그 행정심판 결과에 이해관계가 있는 제3자나 행정청을 그 사건 심판에 참가시킬 수 있다.
> ㄷ. 선정대표자는 다른 청구인들을 위하여 그 사건에 관한 모든 행위를 할 수 있으나, 심판청구를 취하하려면 다른 청구인들의 동의를 받아야 한다.

① ㄱ, ㄴ   ② ㄱ, ㄷ
③ ㄴ, ㄷ   ④ ㄱ, ㄴ, ㄷ

제 **13** 회

01 행정절차에 대한 설명으로 옳지 않은 것은?

① 청문 주재자는 당사자등의 전부 또는 일부가 정당한 사유 없이 청문기일에 출석하지 아니하거나 의견서를 제출하지 아니한 경우에는 이들에게 다시 의견진술 및 증거제출의 기회를 주지 아니하고 청문을 마칠 수 있다.

② 직장가입자의 피부양자를 지역가입자로 변경하는 국민건강보험공단의 자격변경처분은 처분 상대방의 피부양자 자격을 소급하여 박탈하는 내용을 포함하므로, 국민건강보험공단은 위 처분에 앞서 상대방에게 「행정절차법」 제21조 제1항에 따라 사전통지를 하거나 의견 제출의 기회를 주어야 하고, 이를 하지 않은 것은 절차상 하자에 해당한다.

③ 행정청은 다수 국민에게 불편이나 부담을 주는 처분을 하려는 경우에는 청문 주재자를 2명 이상으로 선정할 수 있고, 이 경우 선정된 청문 주재자 중 1명이 청문 주재자를 대표한다.

④ 「도로법」에 따른 도로구역변경결정은 「행정절차법」상 사전통지나 의견청취의 대상이 되는 처분에 해당한다.

02 행정소송의 당사자와 참가인에 대한 설명으로 옳지 않은 것은?

① 「행정소송법」 제8조 제2항에 따라 행정소송에 있어서는 「민사소송법」의 규정이 일반적으로 준용되므로 행정청은 「민사소송법」에 따른 보조참가를 할 수 있다.

② 국민권익위원회가 소방청장에게 인사와 관련하여 부당한 지시를 한 사실이 인정된다며 이를 취소할 것을 요구하기로 의결하고 그 내용을 통지하자 소방청장이 국민권익위원회 조치요구의 취소를 구하는 소송을 제기한 경우, 소방청장은 당사자능력과 원고적격을 가진다.

③ 원고가 피고를 잘못 지정한 때에는 법원은 원고의 신청에 의하여 결정으로써 피고의 경정을 허가할 수 있고, 이와 같은 피고경정은 사실심 변론을 종결할 때까지 할 수 있다.

④ 사립학교 교원에 대한 징계처분의 경우에는 학교법인 등의 징계처분은 행정처분이 아니므로 그에 대한 소청심사청구에 따라 위원회가 한 결정이 행정처분이고, 행정소송에서의 심판대상은 학교법인 등의 원 징계처분이 아니라 위원회의 결정이 되며, 따라서 피고도 행정청인 위원회가 된다.

03 행정상 법률관계에 대한 설명으로 옳은 것은?

① 서울특별시 지하철공사의 사장이 소속 직원에게 한 징계처분에 대한 불복절차는 행정소송에 의하여야 한다.

② 「석탄산업법」상 피재근로자의 재해위로금 지급청구권은 석탄산업합리화사업단의 지급결정에 의하여 비로소 그 내용이 확정되는 것이므로, 사업단이 표시한 재해위로금 지급거부의 의사표시에 불복이 있는 경우에는 사업단을 상대로 그 지급거부의 의사표시에 대한 항고소송을 제기하여야 한다.

③ 체납처분에서 공매대금의 배분은 행정처분에 속하는 것이므로, 배분처분에 하자가 있어 그것이 위법하게 된다 하더라도 그 배분처분이 취소되거나 당연무효로 인정되어 공정력이 배제되지 아니하는 한 배분된 돈이 곧바로 부당이득에 해당한다고 볼 수 없다.

④ 지방자치단체가 사인과 체결한 자원회수시설에 대한 위탁운영협약은 행정재산에 대한 사용·수익허가로서 특정인에게 행정재산을 사용할 수 있는 권리를 설정하여 주는 강학상 특허에 해당한다.

04 행정의 실효성 확보수단에 대한 설명으로 옳은 것은?

① 「부동산 실권리자명의 등기에 관한 법률」상 실권리자명의 등기의무에 위반하여 부과된 과징금 채무는 상속인 기타의 사람에게 승계될 수 없는 일신전속적인 성질의 것이므로 과징금을 부과받은 자가 사망한 경우 그 상속인에게 승계되는 것으로 볼 수 없다.

② 행정청의 과태료 부과에 불복하는 이의제기는 과태료 부과처분의 효력에 영향을 주지 아니한다.

③ 일정한 법규 위반 사실이 행정처분의 전제사실이자 형사법규의 위반사실이 되는 경우, 형사판결이 확정되기 전에 그 위반사실을 이유로 제재처분을 하였다면 절차적 위반에 해당한다.

④ 무신고·과소신고·납부불성실가산세 등은 본세의 세액이 유효하게 확정되어 있을 것을 전제로 하는 것이므로, 신고·납부할 본세의 납세의무가 인정되지 아니하는 경우 이를 따로 부과할 수 없다.

05 행정행위의 하자에 대한 설명으로 옳은 것은?

① 권한의 범위를 넘어서는 권한유월의 행위는 무권한 행위로서 원칙적으로 무효이므로, 5급 이상의 국가정보원직원에 대한 의원면직처분이 임면권자인 대통령이 아닌 국가정보원장에 의해 행해졌다면 이는 당연무효이다.

② 국토계획법령이 정한 도시계획시설사업의 대상 토지의 소유와 동의 요건을 갖추지 못하였는데도 사업시행자로 지정하였다면, 이는 국토계획법령이 정한 법규의 중요한 부분을 위반한 것으로서 특별한 사정이 없는 한 그 하자가 중대하다고 보아야 한다.

③ 「경찰공무원법」상 직위해제처분과 면직처분은 후자가 전자의 처분을 전제로 한 것이므로, 선행 직위해제처분의 위법사유는 후행 면직처분에 승계된다.

④ 행정청이 사전에 교통영향평가를 거치지 아니한 채 '건축허가 전까지 교통영향평가 심의필증을 교부받을 것'을 부관으로 붙여서 한 '실시계획변경 승인 및 공사시행변경 인가 처분'은 당연무효이다.

06 법률상 이익에 대한 설명으로 옳지 않은 것은?

① 학교법인 임원취임승인의 취소처분 후 그 임원의 임기가 만료되고 「사립학교법」 소정의 임원결격사유기간마저 경과한 경우 또는 위 취소처분에 대한 취소소송 제기 후 임시이사가 교체되어 새로운 임시이사가 선임된 경우에는, 위 취임승인취소처분 및 당초의 임시이사선임처분의 취소를 구할 소의 이익이 없다.

② 제재적 행정처분이 제재기간의 경과로 인하여 그 효력이 소멸되었으나, 부령인 시행규칙의 형식으로 정한 처분기준에서 제재적 행정처분을 받은 것을 가중사유나 전제요건으로 삼아 장래의 제재적 행정처분을 하도록 정하고 있는 경우, 선행처분인 제재적 행정처분을 받은 상대방은 그 처분에서 정한 제재기간이 경과하였더라도 그 처분의 취소를 구할 법률상 이익이 있다.

③ 건축허가가 「건축법」 소정의 이격거리를 두지 아니하고 건축물을 건축하도록 되어 있어 위법하다 하더라도 이미 건축공사가 완료되었다면 인접한 대지의 소유자로서는 위 건축허가처분의 취소를 구할 소의 이익이 없다.

④ 국립대학교 법학전문대학원에 입학원서를 제출한 갑이 종교적 신념을 지키기 위해 면접 일정을 변경해 달라는 취지의 이의신청서를 제출했으나, 총장이 이를 거부하고 면접평가에 응시하지 않은 갑에게 불합격처분을 한 경우, 비록 불합격처분이 취소된다 하더라도 갑이 당해 연도 입학시험에 다시 응시할 기회를 갖게 되는 것은 아니나, 불합격처분의 취소를 통해 회복되는 이익이 있을 수 있으므로 그 취소를 구할 법률상 이익이 인정된다.

07 「행정기본법」 및 「행정기본법 시행령」에 대한 설명으로 옳은 것만을 고른 것은?

ㄱ. 행정청은 이의신청을 받으면 그 신청을 받은 날부터 14일 이내에 그 이의신청에 대한 결과를 신청인에게 통지하여야 한다. 다만, 부득이한 사유로 14일 이내에 통지할 수 없는 경우에는 그 기간을 만료일 다음 날부터 기산하여 10일의 범위에서 한 차례 연장할 수 있으며, 연장 사유를 신청인에게 통지하여야 한다.

ㄴ. 등기우편으로 재산의 소유자 또는 점유자에게 즉시강제의 고지를 하였으나 2회 이상 반송되는 경우에는 게시판이나 인터넷 홈페이지에 게시하는 등 적절한 방법에 의한 공고로써 고지를 갈음할 수 있다.

ㄷ. 처분의 재심사 신청을 받은 합의제행정기관은 특별한 사정이 없으면 신청을 받은 날부터 90일 이내에 처분의 재심사 결과(재심사 여부와 처분의 유지ㆍ취소ㆍ철회ㆍ변경 등에 대한 결정을 포함한다)를 신청인에게 통지하여야 한다.

① ㄱ   ② ㄴ
③ ㄱ, ㄴ   ④ ㄱ, ㄴ, ㄷ

08 행정계획에 대한 설명으로 옳은 것은?

① 「행정절차법」은 행정계획의 수립ㆍ확정절차에 관한 법적 근거를 두고 있다.

② 「문화재보호법」은 개인이 행정청에 대하여 문화재보호구역 지정의 취소 또는 해제를 신청할 수 있다는 근거 규정을 별도로 두고 있지 아니하므로, 문화재보호구역 내에 있는 토지를 소유한 것에 불과한 자로서는 위 보호구역의 지정해제를 요구할 수 있는 법규상 또는 조리상의 신청권이 없다.

③ 주민 등의 도시관리계획 입안 제안을 거부한 처분을 이익형량에 하자가 있어 위법하다고 판단하여 취소하는 판결이 확정된 후 행정청이 다시 새로운 이익형량을 하여 수립한 도시관리계획에 대해 제기된 취소소송에서, 도시관리계획의 내용이 취소판결의 기속력에 위배되지는 않는다고 하더라도 계획재량의 한계를 일탈한 것인지의 여부는 별도로 심리ㆍ판단하여야 한다.

④ 도시기본계획에 포함되어 있지 아니한 추모공원의 조성을 내용으로 하는 도시계획시설결정은 위법하다.

09 국가배상에 대한 설명으로 옳지 않은 것은?

① 「국가배상법」 제2조 제1항 단서의 면책조항은 전투·훈련 또는 이에 준하는 직무집행뿐만 아니라 '일반 직무집행'에 관하여도 국가나 지방자치단체의 배상책임을 제한하는 것으로 해석된다.

② 국가 또는 지방자치단체가 법령이 정하는 상수원수 수질기준 유지의무를 다하지 못하고, 법령이 정하는 고도의 정수처리방법이 아닌 일반적 정수처리방법으로 수돗물을 생산·공급하였다는 사유가 존재한다면, 그 수돗물을 마신 개인에 대하여 손해배상책임을 부담하게 된다.

③ 「자동차손해배상보장법」은 자동차의 운행이 사적인 용무를 위한 것이건 국가 등의 공무를 위한 것이건 구별하지 아니하고 「민법」이나 「국가배상법」에 우선하여 적용된다.

④ 「국가배상법」 제2조 제1항 단서에도 불구하고 전사하거나 순직한 군인·군무원·경찰공무원 또는 예비군대원의 유족은 자신의 정신적 고통에 대한 위자료를 청구할 수 있다.

10 취소소송의 대상이 되는 행정처분에 대한 설명으로 옳지 않은 것은?

① 피해자의 의사와 무관하게 주민등록번호가 유출된 경우에는 조리상 주민등록번호의 변경을 요구할 신청권이 인정되므로, 행정청의 주민등록번호 변경신청 거부행위는 항고소송의 대상이 되는 행정처분에 해당한다.

② 의료기관의 명칭표시판에 진료과목을 함께 표시하는 경우 글자 크기를 제한하고 있는 「의료법 시행규칙」 제31조는 그 자체로서 국민의 구체적인 권리의무나 법률관계에 직접적인 변동을 초래하지 아니하므로 항고소송의 대상이 되는 행정처분이라고 할 수 없다.

③ 선행처분의 주요 부분을 실질적으로 변경하는 내용으로 후행처분을 한 경우에 선행처분은 특별한 사정이 없는 한 효력을 상실하지만, 후행처분이 선행처분의 내용 중 일부만을 소폭 변경하는 정도에 불과한 경우에는 선행처분은 소멸하는 것이 아니라 후행처분에 의하여 변경되지 아니한 범위 내에서는 그대로 존속한다.

④ 「농지법」상 농지처분의무통지는 법률상 당연히 해당 농지를 처분할 의무가 발생하였음을 고지해 주는 사실 또는 관념의 통지에 불과할 뿐, 위 통지에 의하여 비로소 농지처분의무가 생기는 것은 아니어서 항고소송의 대상이 되는 처분이라고 할 수 없다.

제 **14** 회

105

11 신뢰보호의 원칙에 대한 설명으로 옳지 않은 것은?

① 신뢰보호원칙의 적용 요건인 행정청의 공적 견해표명이 있다고 인정하기 위해서는 적어도 담당자의 조직상 지위와 임무, 당해 언동을 하게 된 구체적인 경위 등에 비추어 그 언동의 내용을 신뢰할 수 있는 경우이어야 한다.

② 과세관청이 납세의무자에게 면세사업자등록증을 교부하고 수년간 면세사업자로서 한 부가가치세 예정신고 및 확정신고를 받은 경우, 과세관청이 납세의무자에게 그가 영위하는 사업에 관하여 부가가치세를 과세하지 아니함을 시사하는 언동이나 공적인 견해를 표명한 것이라 할 수 있다.

③ 시의 도시계획과장과 도시계획국장이 도시계획사업의 준공과 동시에 사업부지에 편입한 토지에 대한 완충녹지 지정을 해제함과 아울러 당초의 토지소유자들에게 환매하겠다는 약속을 했음에도, 이를 믿고 토지를 협의매매한 토지소유자의 완충녹지지정해제신청을 거부한 것은, 행정상 신뢰보호의 원칙을 위반하거나 재량권을 일탈·남용한 위법한 처분이다.

④ 행정청이 앞서 표명한 공적인 견해에 반하는 행정처분을 함으로써 달성하려는 공익이 행정청의 공적 견해표명을 신뢰한 개인이 그 행정처분으로 인하여 입게 되는 이익의 침해를 정당화할 수 있을 정도로 강한 경우에는 신뢰보호의 원칙을 들어 그 행정처분이 위법하다고는 할 수 없다.

12 인허가 받은 영업의 양도에 대한 설명으로 옳지 않은 것은?

① 「관광진흥법」에 의한 지위승계신고를 수리하는 허가관청의 행위는 단순히 양도·양수인 사이에 이미 발생한 사법상 사업양도의 법률효과에 의하여 양수인이 그 영업을 승계하였다는 사실의 신고를 접수하는 행위에 그치는 것이 아니라, 영업허가자의 변경이라는 법률효과를 발생시키는 행위이다.

② 종전 사업시행자가 받은 사업계획승인에 대한 취소사유가 있는 이상 행정청이 사업시행자 변경으로 인한 사업계획 변경승인 과정에서 변경되는 사업시행자에 관하여 새로운 심사를 거쳤다 하더라도 변경된 사업시행자에 대한 사업계획 변경승인을 취소할 수 있다.

③ 행정청이 양도인에 대하여 채석허가를 취소하는 처분을 하였다면 이는 양수인의 지위에 대한 직접적 침해가 된다고 할 것이므로 양수인은 채석허가를 취소하는 처분의 취소를 구할 법률상 이익을 가진다.

④ 「식품위생법」 규정에 의하여 영업자지위승계신고를 수리하는 처분은 종전의 영업자의 권익을 제한하는 처분이므로, 행정청으로서는 위 신고를 수리하는 처분을 함에 있어서 「행정절차법」 소정의 당사자에 해당하는 종전의 영업자에 대하여 위 규정 소정의 행정절차를 실시하고 처분을 하여야 한다.

13 정보공개에 대한 설명으로 옳지 않은 것은?

① 도시공원위원회의 회의관련자료 및 회의록은 시장 등의 결정의 대외적 공표행위가 있은 후에는 이를 의사결정과정이나 내부검토과정에 있는 사항이라고 할 수 없고 위 위원회의 회의관련자료 및 회의록을 공개하더라도 업무의 공정한 수행에 지장을 초래할 염려가 없으므로 공개대상이 된다.

② 청구인이 공공기관의 비공개 결정 또는 부분 공개 결정에 대한 이의신청을 하여 공공기관으로부터 이의신청에 대한 결과를 통지받은 후 취소소송을 제기하는 경우 그 제소기간은 이의신청에 대한 결과를 통지받은 날부터 기산한다.

③ 재판에 관련된 일체의 정보가 '진행 중인 재판에 관련된 정보'로서 비공개 대상 정보에 해당하는 것은 아니고 진행 중인 재판의 심리 또는 재판결과에 구체적으로 영향을 미칠 위험이 있는 정보에 한정된다.

④ 교육기관정보공개법은 공공기관이 직무상 작성 또는 취득하여 관리하고 있는 정보 가운데 교육관련기관이 학교교육과 관련하여 직무상 작성 또는 취득하여 관리하고 있는 정보의 공개에 관하여 특별히 규율하는 법률이므로, 학교에 대하여는 교육기관정보공개법이 적용되는 이상 정보공개법을 적용할 수 없다.

14 행정상 강제에 대한 설명으로 옳은 것은?

① 과세관청이 체납처분으로서 행하는 공매는 우월한 공권력의 행사로서 행정소송의 대상이 되는 공법상의 행정처분이며 공매에 의하여 재산을 매수한 자는 그 공매처분이 취소된 경우에 그 취소처분의 위법을 주장하여 행정소송을 제기할 법률상 이익이 있다.

② 과세관청의 체납자 등에 대한 공매통지는 국가의 강제력에 의하여 진행되는 공매절차에서 체납자 등의 권리 내지 재산상 이익을 보호하기 위하여 법률로 규정한 절차적 요건에 해당하므로, 그 통지를 하지 아니한 채 공매처분을 하였다면 그 공매처분은 당연무효이다.

③ 「부동산 실권리자명의 등기에 관한 법률」상 장기미등기자가 이행강제금 부과 전에 등기신청의무를 이행하였더라도 동법에 규정된 기간이 지나서 등기신청의무를 이행한 경우라면 이행강제금을 부과할 수 있다.

④ 「지방세징수법」상 지방세의 결손처분은 국세의 결손처분과 마찬가지로 납세의무가 소멸하는 사유가 되고, 결손처분의 취소 또한 국민의 권리와 의무에 영향을 미치므로 결손처분과 결손처분의 취소는 모두 항고소송의 대상이 되는 행정처분에 해당한다.

15 행정작용의 내용에 대한 설명으로 옳은 것만을 고른 것은?

> ㄱ. 상대방 있는 행정처분이 상대방에게 고지되지 아니하였다 하더라도 상대방이 인터넷 홈페이지 등 다른 경로를 통해 행정처분의 내용을 알게 되었다면 행정처분의 효력이 발생한다.
> ㄴ. 지방계약직공무원인 옴부즈만 채용행위는 공법상 대등한 당사자 사이의 의사표시의 합치로 성립하는 공법상 계약에 해당한다.
> ㄷ. 행정처분이 불복기간의 경과로 인하여 확정될 경우 그 처분의 기초가 된 사실관계나 법률적 판단이 확정되는 효력이 발생한다.

① ㄱ   ② ㄴ

③ ㄱ, ㄴ   ④ ㄴ, ㄷ

16 당사자소송에 대한 설명으로 옳지 않은 것은?

① 명예퇴직한 법관이 미지급 명예퇴직수당액에 대하여 가지는 권리는 명예퇴직수당 지급대상자 결정 절차를 거쳐 명예퇴직수당규칙에 의하여 확정된 공법상 법률관계에 관한 권리로서, 그 지급을 구하는 소송은 당사자소송에 해당하며, 그 법률관계의 당사자인 행정청을 상대로 제기하여야 한다.

② 공무원연금관리공단의 인정에 의하여 퇴직연금을 지급받아 오던 중 구 공무원연금법령의 개정 등으로 퇴직연금 중 일부 금액의 지급이 정지된 경우, 미지급퇴직연금에 대한 지급청구권은 공법상 권리로서 그의 지급을 구하는 소송은 공법상의 법률관계에 관한 소송인 공법상 당사자소송에 해당한다.

③ 국가 등 과세주체가 당해 확정된 조세채권의 소멸시효 중단을 위하여 납세의무자를 상대로 제기한 조세채권존재확인의 소는 공법상 당사자소송에 해당한다.

④ 사업주가 당연가입자가 되는 고용보험 및 산재보험에서 보험료 납부의무 부존재확인의 소는 공법상의 법률관계 자체를 다투는 소송으로서 공법상 당사자소송이다.

17 다음 사례에 대한 설명으로 옳지 않은 것은?

> 갑은 A시장에 대해 「국토의 계획 및 이용에 관한 법률」상 토지형질변경허가가 의제되는 건축허가를 신청하였다. A시장은 관련 행정청과의 협의를 거쳐 갑에 대해 '공사기간 동안 도로에 건축자재를 적치하지 않을 것'을 부관으로 부가하여 건축허가를 하였다. 건축허가를 받은 갑은 공사 준비를 완료한 다음 A시장에 대해 착공신고를 한 후 공사를 진행하기 시작하였다.

① A가 부가한 부관의 성질이 무엇인지 명확하지 않은 경우 그 부관은 부담인 것으로 추정되며, 만약 갑이 그 부관에 따른 의무를 불이행하였다고 하여 건축허가가 당연히 실효되는 것은 아니다.

② 만약 A가 갑의 착공신고의 수리를 거부하였다면, 갑은 그 수리거부에 대해 항고소송으로 다툴 수 있다.

③ A의 착공신고 수리에 대해 인근 주민 을이 제기한 행정심판에서 취소재결이 내려진 경우, 그 재결에는 재결 자체의 고유한 하자가 존재한다.

④ 갑이 부관에 따른 의무를 위반하여 도로에 건축자재를 적치한 경우, A는 곧바로 「행정대집행법」이 정한 바에 따라 대집행을 할 수 있다.

18 행정행위의 내용에 대한 설명으로 옳지 <u>않은</u> 것은?

① 지방경찰청장이 횡단보도를 설치하여 보행자의 통행 방법 등을 규제하는 것은 행정청이 특정사항에 대하여 의무의 부담을 명하는 행위이고 이는 국민의 권리의무에 직접 관계가 있는 행위로서 행정처분에 해당한다.

② 귀화신청인이 「국적법」에서 정한 귀화요건을 갖추지 못한 경우, 법무부장관은 귀화 허부에 관한 재량권을 행사하여 귀화불허처분을 할 수 있다.

③ 처분의 근거 법령이 행정청에 처분의 요건과 효과 판단에 일정한 재량을 부여하였는데도, 행정청이 자신에게 재량권이 없다고 오인한 나머지 처분으로 달성하려는 공익과 그로써 처분상대방이 입게 되는 불이익의 내용과 정도를 전혀 비교형량 하지 않은 채 처분을 하였다면, 이는 재량권 불행사로서 그 자체로 재량권 일탈·남용으로 해당 처분을 취소하여야 할 위법사유가 된다.

④ 지적공부 소관청의 지목변경신청 반려행위와 토지대장 직권말소행위는 모두 국민의 권리관계에 영향을 미치는 것으로서 항고소송의 대상이 되는 행정처분에 해당한다.

19 행정소송에 대한 설명으로 옳은 것만을 고른 것은?

ㄱ. 관할 세무서장을 피고로 한 과세처분 취소소송에서 청구가 기각된 확정판결의 기판력은 대한민국을 피고로 한 과오납 조세에 대한 부당이득반환청구소송에도 미친다.

ㄴ. '건축허가를 받지 않고 건축한 건축물'임을 처분사유로 한 원상복구명령 등에 대한 취소소송 계속 중 행정청은 '건축신고를 하지 않은 가설건축물'이라는 처분사유를 추가 또는 변경할 수 있다.

ㄷ. 국무회의에서 건국훈장 독립장이 수여된 망인에 대한 서훈취소를 의결하고 대통령이 결재함으로써 서훈취소가 결정된 후 국가보훈처장이 망인의 유족에게 '독립유공자 서훈취소결정 통보'를 한 경우, 서훈취소결정 취소소송의 피고적격은 대통령이 갖는다.

① ㄱ, ㄴ   ② ㄱ, ㄷ
③ ㄴ, ㄷ   ④ ㄱ, ㄴ, ㄷ

20 「공익사업을 위한 토지 등의 취득 및 보상에 관한 법률」에 대한 설명으로 옳지 <u>않은</u> 것은?

① 「공익사업을 위한 토지 등의 취득 및 보상에 관한 법률」이 사업시행자에게 이주대책의 수립·실시의무를 부과하고 있다고 하여 그 규정 자체만에 의하여 이주자에게 사업시행자가 수립한 이주대책상의 택지분양권이나 아파트 입주권 등을 받을 수 있는 구체적인 권리가 직접 발생한다고 볼 수는 없다.

② 사업시행자, 토지소유자 또는 관계인은 수용재결에 불복할 때에는 재결서를 받은 날부터 90일 이내에, 이의신청을 거쳤을 때에는 이의신청에 대한 재결서를 받은 날부터 60일 이내에 각각 행정소송을 제기할 수 있다.

③ 사업인정고시가 된 후 사업시행자가 토지를 사용하는 기간이 3년 이상인 경우 토지소유자는 관할 토지수용위원회에 토지의 수용을 청구할 수 있고, 이를 받아들이지 않는 토지수용위원회의 재결에 대해서는 항고소송의 방법으로 불복할 수 있다.

④ 개발이익은 그 성질상 완전보상의 범위에 포함되는 피수용자의 손실이라고는 볼 수 없으므로, 개발이익을 배제하고 손실보상액을 산정한다 하여 헌법이 규정한 정당보상의 원리에 어긋난다고 볼 수 없다.

제 **14** 회

01 행정상 법률관계에 대한 설명으로 옳지 않은 것은?

① 읍·면장의 이장에 대한 직권면직행위는 행정청으로서 공권력을 행사하여 행하는 행정처분이 아니라 서로 대등한 지위에서 이루어진 공법상 계약에 따라 그 계약을 해지하는 의사표시에 해당한다.

② 「국토의 계획 및 이용에 관한 법률」에서 정한 토지의 소유자·점유자 또는 관리인이 사업시행자의 일시 사용에 대하여 정당한 사유 없이 동의를 거부하는 경우, 사업시행자는 해당 토지의 소유자 등을 상대로 동의의 의사표시를 구하는 민사소송을 제기할 수 있다.

③ 한국마사회가 조교사 또는 기수의 면허를 부여하거나 취소하는 것은 국가 기타 행정기관으로부터 위탁받은 행정권한의 행사가 아니라 일반 사법상의 법률관계에서 이루어지는 단체 내부에서의 징계 내지 제재처분이다.

④ 「도시재개발법」에 의한 재개발조합은 조합원에 대한 법률관계에서 적어도 특수한 존립목적을 부여받은 특수한 행정주체이므로, 조합원의 자격 인정 여부에 관하여 다툼이 있는 경우에는 공법상의 당사자소송에 의하여 그 조합원 자격의 확인을 구할 수 있다.

02 행정행위의 요건과 효력에 대한 설명으로 옳지 않은 것은?

① 정보통신망을 이용한 송달은 송달받을 자가 동의하는 경우에만 하며, 정보통신망을 이용하여 전자문서로 송달하는 경우에는 송달받을 자가 지정한 컴퓨터 등에 입력된 때에 도달된 것으로 본다.

② 「행정절차법」 제15조에 따라 처분은 상대방에게 그 통지서가 도달되어야 효력이 발생하므로, 망인에 대한 서훈취소는 유족에 대한 통지에 의해 효력이 발생한다.

③ 법무부장관의 입국금지결정이 그 의사가 공식적인 방법으로 외부에 표시된 것이 아니라 단지 그 정보를 내부 전산망인 출입국관리정보시스템에 입력하여 관리한 것에 지나지 않은 경우, 이는 항고소송의 대상이 될 수 있는 처분에 해당하지 않는다.

④ 「개발제한구역의 지정 및 관리에 관한 특별조치법」 제30조 제1항에 의하여 행정청으로부터 시정명령을 받은 자가 이를 위반한 경우, 그 시정명령이 당연무효가 아니더라도 위법한 것으로 인정되는 한 같은 법상 시정명령 위반죄가 성립될 수 없다.

03 국가배상에 대한 설명으로 옳은 것은?

① 주민등록사무를 담당하는 공무원이 개명으로 인한 주민등록상 성명정정을 본적지 관할관청에 통보하지 아니한 직무상 의무위배행위와 갑과 같은 이름으로 개명허가를 받은 듯이 호적등본을 위조하여 주민등록상 성명을 위법하게 정정한 을이 갑의 부동산에 관하여 불법적으로 근저당권설정등기를 경료함으로써 갑이 입은 손해 사이에는 상당인과관계가 있다.

② '법령을 위반하여'라고 함은 인권존중·권력남용금지·신의성실과 같이 공무원으로서 마땅히 지켜야 할 준칙이나 규범을 지키지 아니하고 위반한 경우를 비롯하여 널리 그 행위가 주관적인 정당성을 결여하고 있는 경우도 포함한다.

③ 국가배상책임에 따른 손해배상을 청구하기 위해서는 가해행위를 한 공무원을 특정하여야 한다.

④ '공공의 영조물'이란 국가 또는 지방자치단체가 소유권, 임차권 그 밖의 권한에 기하여 관리하고 있는 경우를 의미하고, 그러한 권원 없이 사실상의 관리를 하고 있는 경우는 포함되지 아니한다.

04 행정의 실효성 확보수단에 대한 설명으로 옳지 않은 것은?

① 즉시강제는 다른 수단으로는 행정목적을 달성할 수 없는 경우에만 허용되며, 이 경우에도 최소한으로만 실시하여야 한다.

② 한국자산관리공사의 공매통지는 공매사실 자체를 체납자에게 알려주는 데 불과한 것으로서 통지의 상대방의 법적 지위나 권리·의무에 직접 영향을 주는 것이 아니라고 할 것이므로, 행정처분에 해당한다고 할 수 없다.

③ 계고서라는 명칭의 1장의 문서로서 일정기간 내에 위법건축물의 자진철거를 명함과 동시에 그 소정기한 내에 자진철거를 하지 아니할 때에는 대집행할 뜻을 미리 계고한 경우라도 「건축법」에 의한 철거명령과 「행정대집행법」에 의한 계고처분은 독립하여 있는 것으로서 각 그 요건이 충족되었다고 볼 수 있다.

④ 대집행에 요한 비용에 대하여서는 행정청은 사무비의 소속에 따라 국세와 동일한 순위의 선취득권을 가지며, 대집행에 요한 비용을 징수하였을 때에는 그 징수금은 사무비의 소속에 따라 국고 또는 지방자치단체의 수입으로 한다.

05 행정작용의 내용에 대한 설명으로 옳은 것만을 고른 것은?

ㄱ. 토지 등 소유자들이 직접 시행하는 도시환경정비사업에서 토지 등 소유자에 대한 사업시행인가처분은 설권적 처분의 성격을 가지므로, 토지 등 소유자들이 작성한 사업시행계획은 독립된 행정처분에 해당한다.

ㄴ. 행정주체는 구체적인 행정계획을 입안·결정함에 있어서 비교적 광범위한 형성의 자유를 가지는 것이지만, 그 행정계획에 관련되는 자들의 이익을 공익과 사익 사이에서는 물론이고 공익 상호간과 사익 상호간에도 정당하게 비교·교량하여야 한다는 제한이 있다.

ㄷ. 행정지도는 그 목적 달성에 필요한 최소한도에 그쳐야 하며, 행정지도의 상대방의 의사에 반하여 부당하게 강요하여서는 아니 된다. 또한 행정기관은 행정지도의 상대방이 행정지도에 따르지 아니하였다는 것을 이유로 불이익한 조치를 하여서는 아니 된다.

① ㄱ   ② ㄴ
③ ㄴ, ㄷ   ④ ㄱ, ㄴ, ㄷ

06 사인의 공법행위에 대한 설명으로 옳지 않은 것은?

① 「식품위생법」상 식품접객업 영업신고의 요건을 갖추었다면, 그 영업신고를 한 당해 건축물이 「건축법」소정의 허가를 받지 아니한 무허가 건물이라 할지라도 영업신고는 적법하게 이루어진 것으로 본다.

② 공무원이 한 사직 의사표시의 철회나 취소는 그에 터잡은 의원면직처분이 있을 때까지 할 수 있는 것이고, 일단 면직처분이 있고 난 이후에는 철회나 취소할 여지가 없다.

③ 수리를 요하지 아니한 신고에 있어서 적법한 요건을 갖춘 신고의 경우에는 행정청의 수리처분 등 별단의 조처를 기다릴 필요 없이 그 접수시에 신고로서의 효력이 발생하는 것이므로 그 수리가 거부되었다고 하여 무신고 영업이 되는 것은 아니다.

④ 「체육시설의 설치·이용에 관한 법률」상 체육시설의 회원을 모집하고자 하는 자의 시·도지사 등에 대한 회원모집계획서 제출은 수리를 요하는 신고에서의 신고에 해당하며, 시·도지사 등의 검토결과 통보는 수리행위로서 행정처분에 해당한다.

07 행정행위의 부관에 대한 설명으로 옳지 않은 것은?

① 부관의 내용 중 사후에 행정소송을 제기하지 않겠다는 내용의 부제소특약에 관한 부분은 계약자유의 원칙에 따라 허용된다.

② 기선선망어업의 허가를 하면서 운반선, 등선 등 부속선을 사용할 수 없도록 제한한 부관은 그 어업허가의 목적달성을 사실상 어렵게 하여 그 본질적 효력을 해하는 것으로서 위법하다.

③ 행정처분에 이미 부담이 부가되어 있는 상태에서 그 의무의 범위 또는 내용 등을 변경하는 부관의 사후변경은, 법률에 명문의 규정이 있거나 그 변경이 미리 유보되어 있는 경우 또는 상대방의 동의가 있는 경우에 한하여 허용되는 것이 원칙이지만, 사정변경으로 인하여 당초에 부담을 부가한 목적을 달성할 수 없게 된 경우에도 그 목적달성에 필요한 범위 내에서 예외적으로 허용된다.

④ 지방국토관리청장이 일부 공유수면매립지에 대하여 한 국가 또는 지방자치단체 귀속처분은 독립하여 행정소송의 대상이 될 수 없다.

08 「행정절차법」에 대한 설명으로 옳지 않은 것은?

① 행정청은 신청에 구비서류의 미비 등 흠이 있는 경우에는 보완에 필요한 상당한 기간을 정하여 지체 없이 신청인에게 보완을 요구하여야 하고, 신청인이 그 기간 내에 보완을 하지 아니하였을 때에는 그 이유를 구체적으로 밝혀 접수된 신청을 되돌려 보낼 수 있다.

② 행정청은 위반사실 등의 공표된 내용이 사실과 다른 것으로 밝혀지거나 공표에 포함된 처분이 취소된 경우에는 그 내용을 정정하여, 정정한 내용을 지체 없이 해당 공표와 같은 방법으로 공표된 기간 이상 공표하여야 한다. 다만, 당사자가 원하지 아니하면 공표하지 아니할 수 있다.

③ 「행정절차법」은 지방의회의 의결을 거치거나 동의 또는 승인을 받아 행하는 사항 및 심사청구에 따른 사항에 대하여는 적용하지 아니한다.

④ 행정청은 청문이 시작되는 날부터 10일 전까지 청문 주재자에게 청문과 관련한 필요한 자료를 미리 통지하여야 한다.

09 「행정소송법」상 처분등에 대한 설명으로 옳은 것은?

① 「교육공무원법」상 승진후보자 명부에 의한 승진심사 방식으로 행해지는 승진임용에서 승진후보자 명부에 포함되어 있던 후보자를 승진임용인사발령에서 제외하는 행위는 항고소송의 대상인 처분에 해당하지 않는다.

② 건설업면허증 및 건설업면허수첩의 재교부는 건설업의 면허를 받았다고 하는 특정사실을 공권적으로 확인하는 확인적 행정행위이다.

③ 국·공립학교 교원에 대한 징계처분에 대하여 위원회에 소청심사를 청구하고 위원회의 결정이 있은 후 그에 불복하는 행정소송을 제기하는 경우, 그 심판대상은 위원회의 결정이 되는 것이 원칙이다.

④ 선행처분이 후행처분에 의하여 변경되지 아니한 범위 내에서 존속하고 후행처분은 선행처분의 내용 중 일부를 변경하는 범위 내에서 효력을 가지는 경우에, 선행처분에만 존재하는 취소사유를 이유로 후행처분의 취소를 청구할 수는 없다.

10 「개인정보 보호법」에 대한 설명으로 옳은 것만을 고른 것은?

ㄱ. 개인정보처리자는 공공기관이 법령 등에서 정하는 소관 업무의 수행을 위하여 불가피한 경우에는 개인정보를 수집할 수 있으며 그 수집 목적의 범위에서 이용할 수 있다.

ㄴ. 재판사무를 담당하는 수소법원이 그 재판권에 기하여 법에서 정해진 방식에 따라 행하는 공권적 통지행위로서 여러 소송서류 등을 송달하는 경우에는 '개인정보처리자'로서 개인정보를 제공한 것으로 볼 수 있다.

ㄷ. 정보주체는 「행정기본법」 제20조에 따른 행정청의 자동적 처분이 자신의 권리 또는 의무에 중대한 영향을 미치는 경우에는 해당 개인정보처리자에 대하여 해당 결정을 거부할 수 있는 권리를 가진다.

ㄹ. 이미 공개된 개인정보를 정보주체의 동의가 있었다고 객관적으로 인정되는 범위 내에서 수집·이용·제공 등 처리를 할 때는 정보주체의 별도의 동의는 불필요하다고 보아야 하고, 별도의 동의를 받지 아니하였다고 하여 「개인정보 보호법」을 위반한 것으로 볼 수 없다.

① ㄱ, ㄷ   ② ㄱ, ㄹ

③ ㄴ, ㄷ   ④ ㄴ, ㄹ

11 행정입법에 대한 설명으로 옳지 않은 것은?

① 시행령의 내용이 모법의 입법 취지와 관련 조항 전체를 유기적·체계적으로 살펴보아 모법의 해석상 가능한 것을 명시한 것에 지나지 아니하는 때에는 모법에 이에 관하여 직접 위임하는 규정을 두지 않았다고 하더라도 이를 무효라고 볼 수 없다.

② '재판의 전제'란 구체적 사건이 법원에 계속 중이어야 하고, 위헌·위법인지가 문제 된 경우에는 규정의 특정 조항이 해당 소송사건의 재판에 적용되는 것이어야 하며, 그 조항이 위헌·위법인지에 따라 그 사건을 담당하는 법원이 다른 판단을 하게 되는 경우를 말한다.

③ 당사자는 구체적 사건의 심판을 위한 선결문제로서 행정입법의 위법성을 주장하여 법원에 대하여 당해 사건에 대한 적용 여부의 판단을 구할 수 있을 뿐 아니라 행정입법 자체의 합법성의 심사를 목적으로 하는 독립한 신청을 제기할 수도 있다.

④ 개정법령과 성질상 모순·저촉되지 아니하고 개정된 상위법령의 시행에 필요한 사항을 규정하고 있는 집행명령은 상위법령의 개정에도 불구하고 당연히 실효되지 아니하고 개정법령의 시행을 위한 집행명령이 제정·발효될 때까지는 여전히 그 효력을 유지한다.

12 행정심판에 대한 설명으로 옳지 않은 것은?

① 여러 명의 청구인이 공동으로 심판청구를 할 때에는 청구인들 중에서 3명 이하의 선정대표자를 선정할 수 있다.

② 시·도지사 소속으로 두는 행정심판위원회의 위원장은 그 행정심판위원회가 소속된 행정청이 된다. 이 경우 해당 지방자치단체의 조례로 정하는 바에 따라 공무원이 아닌 위원을 위원장으로 정할 수 있으며, 이때 위원장은 비상임으로 한다.

③ 위원회는 피청구인이 거부처분에 대한 취소재결의 취지에 따라 다시 이전의 신청에 대한 처분을 하지 아니하면 직권으로 또는 청구인의 신청에 의하여 결정으로 상당한 기간을 정하고 피청구인이 그 기간 내에 이행하지 아니하는 경우에는 그 지연기간에 따라 일정한 배상을 하도록 명하거나 즉시 배상을 할 것을 명할 수 있다.

④ 위원회는 임시처분을 결정한 후에 임시처분이 공공복리에 중대한 영향을 미치거나 임시처분의 사유가 없어진 경우에는 직권으로 또는 당사자의 신청에 의하여 임시처분 결정을 취소할 수 있다.

13 「질서위반행위규제법」상 과태료에 대한 설명으로 옳은 것은?

① 구 「주택건설촉진법」은 '제32조 제2호의 규정을 위반하여 주택을 공급한 자'를 과태료에 처하도록 규정하고 있으므로, 주택공급계약이 위 법 규정에 위반하였다면 그 사법적 효력까지 부인되는 것으로 보아야 한다.

② 심신장애로 인하여 행위의 옳고 그름을 판단할 능력이 없거나 그 판단에 따른 행위를 할 능력이 없는 자의 질서위반행위는 과태료를 감경한다.

③ 하나의 행위가 2 이상의 질서위반행위에 해당하는 경우에는 각 질서위반행위에 대하여 정한 과태료를 가중하여 부과한다.

④ 과태료 재판은 이유를 붙인 결정으로써 하며, 결정은 당사자와 검사에게 고지함으로써 효력이 생긴다.

14 행정소송의 판결에 대한 설명으로 옳지 않은 것은?

① 과세처분의 취소소송에서 청구가 기각된 확정판결의 기판력은 그 과세처분의 무효확인을 구하는 소송에도 미친다.

② 당연무효의 행정처분을 소송목적물로 하는 행정소송에서 원고의 청구를 인용하는 것이 현저히 공공복리에 적합하지 아니하다고 인정하는 때에는 법원은 원고의 청구를 기각할 수 있다.

③ 간접강제결정에 기한 배상금은 확정판결의 취지에 따른 재처분의 지연에 대한 제재나 손해배상이 아니므로, 특별한 사정이 없는 한 간접강제결정에서 정한 의무이행기한이 경과한 후에라도 확정판결의 취지에 따른 재처분의 이행이 있으면 처분 상대방이 더 이상 배상금을 추심하는 것은 허용되지 않는다.

④ 절차 내지 형식의 위법을 이유로 과세처분을 취소하는 판결이 확정된 경우, 과세처분권자가 그 확정판결에 적시된 위법사유를 보완하여 행한 새로운 과세처분은 확정판결에 의하여 취소된 종전의 과세처분과는 별개의 처분으로서 확정판결의 기속력에 저촉되지 않는다.

15 정보공개에 대한 설명으로 옳은 것은?

① 공개를 구하는 정보를 공공기관이 한때 보유·관리하였으나 후에 그 정보가 담긴 문서들이 폐기되어 존재하지 않게 된 것이라면 그 정보를 더 이상 보유·관리하고 있지 않다는 점에 대한 증명책임은 공개청구인에게 있다.

② 공개청구의 대상이 되는 정보가 이미 다른 사람에게 공개하여 널리 알려져 있는 경우에는 비공개결정이 정당화될 수 있다.

③ 「민사소송법」상 문서제출의무 예외에 해당하는 '공무원 또는 공무원이었던 사람'이 그 직무와 관련하여 보관하거나 가지고 있는 문서에 대한 공개는 「공공기관의 정보공개에 관한 법률」에서 정한 절차와 방법에 의하여야 한다.

④ 견책의 징계처분을 받은 자가 소속기관의 장에게 징계위원회에 참여한 징계위원의 성명과 직위에 대한 정보공개청구를 하였으나 해당 정보가 비공개 대상이라는 이유로 거부된 경우, 그 견책처분에 대한 취소소송의 기각판결이 확정되었다면 정보공개거부처분의 취소를 구할 법률상 이익은 인정되지 않는다.

16 행정법의 일반원칙에 대한 설명으로 옳은 것은?

① 폐기물처리업에 대하여 사전에 관할관청으로부터 사업계획 적합통보를 받고 허가요건을 갖춘 다음 허가신청을 하였음에도 다수 청소업자의 난립으로 안정적이고 효율적인 청소업무의 수행에 지장이 있다는 이유로 한 불허가처분은 신뢰보호의 원칙에 반한다.

② 동일한 사항을 다르게 취급하는 것은 합리적 이유가 없는 차별이므로, 같은 정도의 비위를 저지른 자들은 비록 개전의 정이 있는지 여부에 차이가 있다고 하더라도 징계 종류의 선택과 양정에 있어 동일하게 취급받아야 한다.

③ 과세관청이 질의회신 등을 통하여 어떤 견해를 대외적으로 표명하였다면, 그것이 중요한 사실관계와 법적인 쟁점을 제대로 드러내지 아니한 채 질의한 데 따른 것이더라도 공적인 견해표명에 의하여 정당한 기대를 가지게 할 만한 신뢰가 부여된 경우로 볼 수 있다.

④ 신뢰보호의 원칙이 적용되기 위하여는 행정청의 견해표명이 정당하다고 신뢰한 데에 대하여 개인에게 귀책사유가 없어야 하며, 귀책사유의 유무는 상대방을 기준으로 판단하여야 하는 것이지 그로부터 신청행위를 위임받은 수임인 등의 귀책사유까지 고려하여서는 아니 된다.

17 행정소송에 대한 설명으로 옳은 것만을 고른 것은?

ㄱ. 취소소송과 그와 관련되는 손해배상·부당이득반환·원상회복 등 청구소송이 각각 다른 법원에 계속되고 있는 경우에 취소소송이 계속된 법원이 상당하다고 인정하는 때에는 당사자의 신청 또는 직권에 의하여 이를 관련청구소송이 계속된 법원으로 이송할 수 있다.

ㄴ. 법원이 기본적 사실관계가 동일하지 않은 사유의 실체적 당부에 관한 처분상대방의 명시적인 동의 없이 추가·변경된 거부처분사유를 심리·판단하여 이를 근거로 거부처분이 적법하다고 판단하는 것은 「행정소송법」상 직권심리주의의 한계를 벗어난 것으로 허용될 수 없다.

ㄷ. 처분등을 취소하는 판결에 의하여 권리 또는 이익의 침해를 받은 제3자는 자기에게 책임없는 사유로 소송에 참가하지 못함으로써 판결의 결과에 영향을 미칠 공격 또는 방어방법을 제출하지 못한 때에는 이를 이유로 확정된 종국판결에 대하여 재심의 청구를 할 수 있고, 이 경우 재심의 청구는 확정판결이 있음을 안 날로부터 30일 이내, 판결이 확정된 날로부터 1년 이내에 제기하여야 한다.

ㄹ. 소송당사자에게는 관할위반을 이유로 하는 이송신청권이 인정된다.

ㅁ. 집행정지신청 기각결정 후 본안소송이 취하되었다면 위 기각결정에 대한 재항고는 그 실익이 없어 각하될 수밖에 없다.

① ㄱ, ㄴ, ㅁ　　　　② ㄱ, ㄹ, ㅁ
③ ㄴ, ㄷ, ㄹ　　　　④ ㄴ, ㄷ, ㅁ

18 다음 사례에 대한 설명으로 옳지 않은 것은?

> 서울에서 식품접객업을 영위하는 갑은 2025. 12. 27. 청소년에게 주류를 제공한 사실이 적발되었다. 「식품위생법 시행규칙」에 따르면, 허가업자가 청소년에게 주류를 제공한 경우, 1회 위반 시 영업정지 2월, 2회 위반 시 영업정지 3월, 3회 위반 시 영업허가를 취소하도록 정하고 있고, 위 시행규칙에 따라 구청장 A는 2026. 2. 5. 갑에게 영업정지 2월의 처분(이하 '이 사건 처분'이라 한다)을 하였다.
>
> * 식품위생법령에는 영업정지 또는 취소의 제척기간에 관한 별도의 규정이 없음.

① 갑이 이 사건 처분에 대해 행정심판을 제기하는 경우, 그 심판청구에 대하여는 서울특별시 행정심판위원회에서 심리·재결한다.

② 이 사건 처분에서 정한 제재기간이 모두 경과한 후에도, 갑은 이 사건 처분에 대해 항고소송을 제기할 법률상 이익이 있다.

③ 만약 갑이 청소년에게 주류를 제공한 사실이 적발된 직후 담당 공무원에게 해당 사실을 시인하는 한편 그에 대한 의견을 진술할 기회를 부여받았다면, A가 이 사건 처분을 하면서 사전통지 등 행정절차를 거치지 않았다고 하더라도 그 처분이 위법하게 되는 것은 아니다.

④ 만약 갑이 청소년에게 주류를 제공한 날이 2020. 12. 27.이었다면, A는 2026. 2. 5. 갑에 대하여 이 사건 처분을 할 수 없다.

19 행정행위의 하자에 대한 설명으로 옳지 않은 것은?

① 납세자가 아닌 제3자의 재산을 대상으로 한 압류처분은 그 처분의 내용이 법률상 실현될 수 없는 것이어서 당연무효이다.

② 임용 당시 공무원임용 결격사유가 있었다 하더라도 국가의 과실에 의하여 임용결격자임을 밝혀내지 못한 경우, 그 임용행위가 당연무효인 것으로는 볼 수 없다.

③ 적법한 권한 위임 없이 세관출장소장에 의하여 행하여진 관세부과처분은 그 하자가 중대하기는 하지만 객관적으로 명백하다고 할 수 없어 당연무효는 아니다.

④ 제소기간이 경과하여 불가쟁력이 발생한 과세처분의 근거규정에 대한 헌법재판소의 위헌결정이 있은 이후에 이루어진 체납처분은 그 사유만으로 하자가 중대하고 객관적으로 명백하여 당연무효이다.

20 「공익사업을 위한 토지 등의 취득 및 보상에 관한 법률」에 대한 설명으로 옳지 않은 것은?

① 손실보상금에 관한 합의 내용이 「공익사업을 위한 토지 등의 취득 및 보상에 관한 법률」에서 정하는 손실보상 기준에 맞지 않는 경우, 토지소유자 등은 법령상 기준에 따른 손실보상금을 추가로 청구할 수 있다.

② 사업시행자가 토지 등을 수용하거나 사용하려면 국토교통부장관의 사업인정을 받아야 하며, 사업인정은 공익사업을 토지 등을 수용 또는 사용할 사업으로 결정하는 것으로서 공익사업의 시행자에게 그 후 일정한 절차를 거칠 것을 조건으로 수용권을 설정하여 주는 형성행위이다.

③ 관할 토지수용위원회가 사업시행자에게 잔여지 수용청구의 의사표시를 수령할 권한을 부여하였다고 인정할 만한 사정이 없는 한, 사업시행자에게 한 잔여지 매수청구의 의사표시를 관할 토지수용위원회에 한 잔여지 수용청구의 의사표시로 볼 수는 없다.

④ 토지소유자 등이 손실보상대상에 해당한다고 주장하며 보상을 요구하는데도 사업시행자가 손실보상대상에 해당하지 아니한다며 보상대상에서 이를 제외한 채 협의를 하지 않아 결국 협의가 성립하지 않은 경우, 토지소유자 등에게는 재결신청청구권이 인정된다.

01 과징금에 대한 설명으로 옳지 않은 것은?

① 「부동산 실권리자명의 등기에 관한 법률」 및 시행령 상 명의신탁자에 대하여 과징금을 부과할 것인지 여부는 행정청의 재량에 속한다.

② 구 「청소년보호법」 제49조 제1항 등에 따른 동법 시행령 제40조 [별표 6]의 위반행위의 종별에 따른 과징금 처분기준은 법규명령이다.

③ 공정거래위원회의 과징금 납부명령 등이 재량권 일탈·남용으로 위법한지 여부는 다른 특별한 사정이 없는 한 과징금 납부명령 등이 행하여진 '의결일' 당시의 사실상태를 기준으로 판단하여야 한다.

④ 과징금 납부 의무자가 과징금 납부기한을 연기하거나 과징금을 분할 납부하려는 경우에는 납부기한 10일 전까지 과징금 납부기한의 연기나 과징금의 분할 납부를 신청하는 문서에 해당 사유를 증명하는 서류를 첨부하여 행정청에 신청해야 한다.

02 행정행위의 요건과 효력에 대한 설명으로 옳지 않은 것은?

① 일반적으로 처분이 주체·내용·절차와 형식의 요건을 모두 갖추고 외부에 표시된 경우에는 처분의 존재가 인정된다.

② 부담의 이행으로서 하게 된 사법상 매매 등의 법률행위는 부담을 붙인 행정처분과는 별개의 법률행위이므로, 그 부담의 불가쟁력의 문제와는 별도로 법률행위가 사회질서 위반이나 강행규정에 위반되는지 여부 등을 따져보아 그 법률행위의 유효 여부를 판단하여야 한다.

③ 항고소송에서 행정처분이 적법하다고 주장하는 피고가 그 적법사유에 대한 입증책임을 부담하는 것은, 처분의 공정력을 부정하는 것이 아니며 입증책임과 공정력은 별개의 문제이다.

④ 행정처분이 불복기간의 경과로 확정되었다면 당해 처분이 위법함을 이유로 국가배상청구를 하는 것은 허용되지 아니한다.

03 행정처분에 대한 설명으로 옳은 것은?

① 수익적 행정처분에 있어서는 법령에 특별한 근거규정이 있는 경우에만 그 부관으로서 부담을 붙일 수 있다.

② 지방병무청장이 재신체검사를 거쳐 종전의 현역병입영대상편입처분을 보충역편입처분으로 변경한 후에, 보충역편입처분에 하자가 있다는 이유로 이를 다시 취소한 경우 종전의 현역병입영대상편입처분의 효력이 되살아난다.

③ 지방자치단체장이 공장시설을 신축하는 회사에 대하여 사업승인 당시 부가하였던 조건을 이행할 때까지 신축공사를 중지하라는 명령을 한 경우, 위 회사에게 중지명령의 원인사유가 해소되었음을 이유로 당해 공사중지명령의 해제를 요구할 수 있는 권리가 인정되는 것은 아니다.

④ 주택재건축조합의 정관변경에 대한 시장 등의 인가는 그 대상이 되는 기본행위를 보충하여 법률상 효력을 완성시키는 행위로서 이러한 인가를 받지 못한 경우 변경된 정관은 효력이 없고, 시장 등이 변경된 정관을 인가하더라도 정관변경의 효력이 총회의 의결이 있었던 때로 소급하여 발생한다고 할 수 없다.

04 집행정지에 대한 설명으로 옳지 않은 것은?

① 집행정지는 행정쟁송절차에서 실효적 권리구제를 확보하기 위한 잠정적 조치일 뿐이므로, 본안 확정판결로 해당 제재처분이 적법하다는 점이 확인되었다면 처분청은 제재처분의 상대방이 집행정지를 통해 집행정지가 이루어지지 않은 경우와 비교하여 제재를 덜 받게 되는 결과가 초래되도록 해서는 안 된다.

② 항고소송을 제기한 원고가 본안소송에서 패소확정판결을 받은 경우에는 집행정지결정의 효력은 소급하여 소멸한다.

③ 처분의 효력정지는 처분 등의 집행 또는 절차의 속행을 정지함으로써 목적을 달성할 수 있는 경우에는 허용되지 아니한다.

④ 과징금을 납부하기 위하여 무리하게 외부자금을 신규 차입하게 되면 사업자가 중대한 경영상의 위기를 맞게 될 것이라는 사정은 집행정지의 요건인 '회복하기 어려운 손해'에 해당한다.

05 행정절차에 대한 설명으로 옳은 것은?

① 입법 예고를 통해 법령안의 내용을 국민에게 예고하였다면, 그것이 법령으로 확정되지 아니하였더라도 국가가 이해관계자들에게 위 법령안에 관련된 사항을 약속하였다고 볼 수 있다.

② 교육부장관이 부적격사유가 없는 후보자들 사이에서 어떤 후보자를 상대적으로 더욱 적합하다고 판단하여 국립대학교의 총장으로 임용제청하는 경우, 개별 심사항목이나 고려요소에 대한 평가 결과를 자세히 밝힐 의무가 있다.

③ 행정청은 신청인의 편의를 위하여 처분의 처리기간을 종류별로 미리 정하여 공표하여야 하고, 부득이한 사유로 공표한 처리기간 내에 처분을 처리하기 곤란한 경우에는 해당 처분의 처리기간의 범위에서 한 번만 그 기간을 연장할 수 있다.

④ 반복적으로 이루어진 조치명령 중 일부가 전자우편을 통해 甲에게 송달되었는데, 甲이 전자우편을 통한 송달에 이의를 제기하지 않았고, 그 결과 甲이 위와 같이 전자우편으로 송달된 폐기물 조치명령을 이행하지 않았다는 이유로 과거에 형사처벌을 받은 적이 있는 사실이 있는 경우, 甲은 그 이후에 행해진 조치명령에 대해서 이를 휴대전화 문자메시지로 송달받는 데에 동의하였다고 볼 수 있다.

06 행정상 손실보상에 대한 설명으로 옳은 것은?

① 공유수면 매립면허의 고시가 있는 경우 그 사업이 시행되고 그로 인하여 직접 손실이 발생한다고 할 수 있으므로, 관행어업권자는 공유수면매립면허의 고시를 이유로 손실보상을 청구할 수 있다.

② 공익사업의 시행자가 사전보상을 하지 않은 채 공사에 착수함으로써 토지소유자와 관계인이 손해를 입은 경우, 토지소유자와 관계인이 입은 손해는 손실보상청구권이 침해된 데에 따른 손해이므로, 사업시행자가 배상해야 할 손해액은 원칙적으로 손실보상금이다.

③ 토지수용위원회는 행정쟁송에 의하여 사업인정이 취소되지 않은 경우에도 공익상 필요가 있는 때에는 사업인정 자체를 무의미하게 하는, 즉 사업의 시행이 불가능하게 되는 것과 같은 재결을 할 수 있다.

④ 중앙토지수용위원회의 재결에 대한 이의신청에 대하여는 국민권익위원회에 두는 중앙행정심판위원회에서 심리·재결한다.

07 취소소송의 심리에 대한 설명으로 옳은 것만을 고른 것은?

> ㄱ. 처분청이 항고소송에서 당초 처분사유와 기본적 사실관계의 동일성이 인정되지 않는 다른 처분사유를 주장한 것에 대하여 상대방이 아무런 의견을 밝히지 않고 있다면, 법원은 석명권을 행사하여 상대방에게 추가·변경된 처분사유의 실체적 당부에 관한 법원의 판단을 구하는지 등에 관하여 의견을 진술할 수 있도록 기회를 주어야 한다.
>
> ㄴ. 원고적격은 소송요건의 하나이므로 사실심 변론종결시는 물론 상고심에서도 존속하여야 하고 이를 흠결하면 부적법한 소가 된다.
>
> ㄷ. 해당 처분을 다툴 법률상 이익이 있는지 여부는 직권조사사항이므로 이에 관한 당사자의 주장에 관하여 원심법원이 판단하지 않은 것은 판단유탈의 상고이유가 된다.

① ㄱ, ㄴ   ② ㄱ, ㄷ
③ ㄴ, ㄷ   ④ ㄱ, ㄴ, ㄷ

08 행정의 실효성 확보수단에 대한 설명으로 옳지 않은 것은?

① 행정청의 과태료 부과에 불복하는 당사자는 과태료 부과 통지를 받은 날부터 30일 이내에 해당 행정청에 서면으로 이의제기를 할 수 있다.

② 「행정조사기본법」에 따르면, 행정기관의 장은 법령등에 특별한 규정이 있는 경우를 제외하고는 행정조사의 결과를 확정한 날부터 7일 이내에 그 결과를 조사대상자에게 통지하여야 한다.

③ 「독점규제 및 공정거래에 관한 법률」상의 시정명령은 과거의 위반행위는 물론 가까운 장래에 반복될 우려가 있는 위반행위에 대해서도 할 수 있다.

④ 산림을 무단형질변경한 자가 사망한 경우 당해 토지의 소유권 또는 점유권을 승계한 상속인은 그 복구의무를 부담하게 되므로, 관할 행정청은 그 상속인에 대하여 복구명령을 할 수 있다.

09 행정입법에 대한 설명으로 옳은 것은?

① 법규명령의 위임근거가 되는 법률에 대하여 위헌결정이 선고되더라도 그 위임에 근거하여 제정된 법규명령은 별도의 폐지행위가 없는 한 원칙적으로 효력을 상실하지 않는다.

② 조례가 집행행위의 개입 없이도 그 자체로서 직접 국민의 구체적인 권리의무나 법적 이익에 영향을 미치는 등의 법률상 효과를 발생하는 경우 그 조례는 항고소송의 대상이 되는 행정처분에 해당하고, 이러한 조례에 대한 무효확인소송을 제기함에 있어서 피고적격은 해당 조례를 의결한 지방의회가 갖는다.

③ 행정처분이 행하여진 후 그 처분의 근거가 된 시행령 규정에 대한 법원의 위헌·위법 판결이 확정된 경우, 그러한 시행령 규정은 무효가 되고 그에 기초한 행정처분도 당연무효로 된다.

④ 대법원 이외의 각급법원도 구체적 규범통제의 방법으로 법규명령 조항에 대한 위헌·위법 판단을 할 수 있다.

10 행정심판에 대한 설명으로 옳은 것의 개수는?

> ㄱ. 심판청구에 대한 인용재결에 불복하는 피청구인은 재결
> 서의 정본을 송달받은 날부터 90일 이내에 행정소송을
> 제기할 수 있다.
> ㄴ. 위원회는 피청구인이 처분을 다른 처분으로 변경할 것
> 을 명하는 재결에 따른 처분을 하지 아니하면 청구인의
> 신청에 의하여 결정으로 상당한 기간을 정하고 피청구
> 인이 그 기간 내에 이행하지 아니하는 경우에는 그 지연
> 기간에 따라 일정한 배상을 하도록 명하거나 즉시 배상
> 을 할 것을 명할 수 있다.
> ㄷ. 시·도 행정심판위원회의 기각 재결 자체에 고유한 하
> 자가 존재하는 경우, 청구인은 중앙행정심판위원회에
> 그 재결에 대하여 다시 행정심판을 청구할 수 있다.
> ㄹ. 위원회는 심판청구의 대상이 되는 처분 또는 부작위 외의
> 사항에 대하여는 재결하지 못하고, 심판청구의 대상이
> 되는 처분보다 청구인에게 불리한 재결을 하지 못한다.
> ㅁ. 간접강제결정의 효력은 피청구인인 행정청이 소속된 국
> 가·지방자치단체 또는 공공단체에 미치며, 결정서 정본은
> 그 결정에 대한 소송제기와 관계없이 「민사집행법」에 따른
> 강제집행에 관하여는 집행권원과 같은 효력을 가진다.

① 1개 ② 2개
③ 3개 ④ 4개

11 행정행위의 하자에 대한 설명으로 옳지 않은 것은?

① 과세관청이 과세처분에 앞서 납세의무자에게 보낸 과
세예고통지서 등에 의하여 납세의무자가 그 처분에
대한 불복 여부의 결정 및 불복신청에 전혀 지장을 받
지 않았음이 명백하다면, 이로써 납세고지서의 흠결
이 보완되거나 하자가 치유된다.

② 사업시행계획에 관한 취소사유인 하자는 관리처분계
획에 승계되지 아니하므로 그 하자를 들어 관리처분
계획의 적법 여부를 다툴 수 없다.

③ 후행처분인 노선면허처분에 대한 취소소송에서 선행처
분인 국제항공노선 운수권배분 실효처분 및 노선면허
거부처분의 위법을 독립된 위법사유로 주장할 수 있다.

④ 「병역법」상 보충역편입처분과 공익근무요원소집처분
은 각각 단계적으로 별개의 법률효과를 발생하는 독
립된 행정처분이므로, 보충역편입처분에 하자가 있다
고 할지라도 그것이 당연무효라고 볼만한 특단의 사
정이 없는 한 그 위법을 이유로 공익근무요원소집처
분의 효력을 다툴 수 없다.

12 정보공개에 대한 설명으로 옳지 않은 것은?

① 정보공개와 관련한 공공기관의 결정에 대한 행정소송
을 심리하는 재판장은 필요하다고 인정하면 당사자를
참여시키지 아니하고 제출된 공개 청구 정보를 비공
개로 열람·심사할 수 있고, 이 경우 피고에게 공개
청구된 정보의 원본 또는 사본·복제물의 제출을 명
할 수 있다.

② 정보공개청구권은 법률상 보호되는 구체적인 권리이
므로 청구인이 공공기관에 대하여 정보공개를 청구하
였다가 거부처분을 받은 것 자체가 법률상 이익의 침
해에 해당한다.

③ 공개청구자가 특정한 바와 같은 정보를 공공기관이
보유·관리하고 있지 않은 경우라도 해당 정보에 대
한 공개거부처분에 대하여 취소를 구할 법률상 이익
이 있다.

④ 청구인이 정보공개와 관련한 공공기관의 비공개 결정
또는 부분 공개 결정에 대하여 불복이 있거나 정보공
개 청구 후 20일이 경과하도록 정보공개 결정이 없는
때에는 공공기관으로부터 정보공개 여부의 결정 통지
를 받은 날 또는 정보공개 청구 후 20일이 경과한 날
부터 30일 이내에 해당 공공기관에 문서로 이의신청
을 할 수 있다.

13 행정소송에 대한 설명으로 옳은 것만을 고른 것은?

> ㄱ. 취소소송의 수소법원은 필요하다고 인정할 때에는 직권으로 증거조사를 할 수 있고, 당사자가 주장하지 아니한 사실에 대하여도 판단할 수 있다.
>
> ㄴ. 처분의 취소를 구하는 청구에 대한 기각판결에는 기판력이 발생하지 않는다.
>
> ㄷ. 상고심에서 비로소 주장하는 처분의 위법성에 관한 사유는 적법한 상고이유가 될 수 없다.
>
> ㄹ. 「도시 및 주거환경정비법」상 주택재건축사업조합이 새로이 조합설립인가처분을 받은 것과 동일한 요건과 절차를 거쳐 조합설립변경인가처분을 받은 경우, 당초의 조합설립인가처분이 유효한 것을 전제로 당해 주택재건축사업조합이 시공사 선정 등의 후속행위를 하였다 하더라도 특별한 사정이 없는 한 당초의 조합설립인가처분의 무효확인을 구할 소의 이익은 없다.
>
> ㅁ. 「행정소송법」 제39조는 '당사자소송은 국가·공공단체 그 밖의 권리주체를 피고로 한다.'라고 규정하고 있는데, 이것이 당사자소송의 피고적격이 인정되는 권리주체를 행정주체로 한정한다는 취지는 아니므로, 이 규정을 들어 사인을 피고로 하는 당사자소송을 제기할 수 없다고 볼 것은 아니다.

① ㄱ, ㄴ, ㄷ   ② ㄱ, ㄷ, ㅁ

③ ㄱ, ㄹ, ㅁ   ④ ㄴ, ㄷ, ㄹ

14 행정상 법률관계에 대한 설명으로 옳지 않은 것은?

① 개발제한구역의 지정으로 인한 지가의 하락은 토지소유자가 수인해야 하는 사회적 제약의 한계를 넘는 것으로, 아무런 보상 없이 이를 감수하도록 하고 있는 한, 비례의 원칙에 위반되어 당해 토지소유자의 재산권을 과도하게 침해하는 것으로서 헌법에 위반된다.

② 공기업·준정부기관이 입찰을 거쳐 계약을 체결한 상대방에 대해 공공기관의 운영에 관한 법령에 따라 계약조건 위반을 이유로 입찰참가자격제한처분을 하기 위해서는 입찰공고와 계약서에 미리 계약조건과 그 계약조건을 위반할 경우 입찰참가자격 제한을 받을 수 있다는 사실을 모두 명시해야 한다.

③ 공무원의 연가보상비청구권은 공무원이 연가를 실시하지 아니하는 등 법령상 정해진 요건이 충족되면 그 자체만으로 지급기준일 또는 보수지급기관의 장이 정한 지급일에 구체적으로 발생하고 행정청의 지급결정에 의하여 비로소 발생하는 것은 아니다.

④ 공무원연금법령상 급여를 받으려고 하는 자는 우선 관계 법령에 따라 공무원연금공단에 급여지급을 신청하여 공무원연금공단이 이를 거부하거나 일부 금액만 인정하는 급여지급결정을 하는 경우 그 결정을 대상으로 항고소송을 제기하는 등으로 구체적 권리를 인정받아야 한다.

15 행정소송의 소송요건에 대한 설명으로 옳지 않은 것은?

① 외국 국적의 甲이 위명(僞名)인 乙 명의의 여권으로 대한민국에 입국한 뒤 乙 명의로 난민 신청을 하였고 법무부장관이 乙 명의를 사용한 甲을 직접 면담하여 조사한 후에 甲에 대하여 난민불인정 처분을 한 경우, 甲은 난민불인정 처분의 취소를 구할 법률상 이익이 있다.

② 행정처분의 근거 법률에 의하여 보호되는 직접적이고 구체적인 이익이 있는 경우에는 「행정소송법」 소정의 '무효확인을 구할 법률상 이익'이 있다고 보아야 하고, 이와 별도로 무효확인소송의 보충성이 요구되는 것은 아니다.

③ 이미 제소기간이 지남으로써 불가쟁력이 발생하여 불복청구를 할 수 없었던 경우라면 그 이후에 행정청이 행정심판청구를 할 수 있다고 잘못 알렸다고 하더라도 그 잘못된 안내에 따라 청구된 행정심판 재결서 정본을 송달받은 날부터 다시 취소소송의 제소기간이 기산되는 것은 아니다.

④ 건축물에 시공상 하자가 있음에도 사용검사처분이 이루어진 경우 해당 건축물의 입주자나 입주예정자는 사용검사처분의 취소를 구할 법률상 이익이 있다.

16 「행정기본법」에 대한 설명으로 옳은 것만을 고른 것은?

ㄱ. 행정청의 처분에 이의가 있는 당사자는 처분을 받은 날부터 30일 이내에 해당 행정청 또는 감독청에 이의신청을 할 수 있다.

ㄴ. 처분으로 인해 법률상 이익이 침해된 제3자는 처분(제재처분 및 행정상 강제는 제외한다)이 행정심판, 행정소송 및 그 밖의 쟁송을 통하여 다툴 수 없게 된 경우(법원의 확정판결이 있는 경우는 제외한다)라도 자신에게 유리한 결정을 가져다주었을 새로운 증거가 있는 경우에는 해당 처분을 한 행정청에 처분을 취소·철회하거나 변경하여 줄 것을 신청할 수 있다.

ㄷ. 이의신청을 하였으나 「행정기본법」에서 정한 통지기간 내에 결과를 통지받지 못한 경우, 그 통지기간이 만료되는 날의 다음 날부터 90일 이내에 행정심판 또는 행정소송을 제기할 수 있다.

① ㄴ   ② ㄷ

③ ㄴ, ㄷ   ④ ㄱ, ㄴ, ㄷ

17 행정작용의 내용에 대한 설명으로 옳지 않은 것은?

① 「건축법」에서 인허가의제 제도를 둔 취지는 인허가의 제사항 관련 법률에 따른 각각의 인허가 요건에 관한 일체의 심사를 배제하려는 것이 아니므로, 도시계획시설인 주차장에 대한 건축허가신청을 받은 행정청으로서는 「건축법」상 허가 요건뿐 아니라 국토의 계획 및 이용에 관한 법령이 정한 도시계획시설사업에 관한 실시계획인가 요건도 충족하는 경우에 한하여 이를 허가해야 한다.

② 행정청이 건축불허가처분을 하면서 그 처분사유로 건축불허가 사유뿐만 아니라 그 의제의 대상이 되는 형질변경불허가 사유나 농지전용불허가 사유를 들고 있다고 하여 그 건축불허가처분 외에 별개로 형질변경불허가처분이나 농지전용불허가처분이 존재하는 것은 아니다.

③ 확약이 위법한 경우 행정청은 확약에 기속되지 아니하며, 그로 인해 행정청이 확약을 이행할 수 없는 경우에는 지체 없이 당사자에게 그 사실을 통지하여야 한다.

④ 산재보상법상 각종 보험급여 등의 지급결정을 변경 또는 취소하는 처분과 처분에 터 잡아 잘못 지급된 보험급여액에 해당하는 금액을 징수하는 처분이 적법한지를 판단하는 경우, 지급결정을 변경 또는 취소하는 처분이 적법하다면 그에 터 잡은 징수처분도 적법하다고 판단해야 한다.

18 행정대집행에 대한 설명으로 옳지 않은 것은?

① 해가 지기 전에 대집행을 착수한 경우에는 행정청은 해가 진 후에도 대집행을 할 수 있다.

② 비상시 또는 위험이 절박한 경우에 있어서 당해 행위의 급속한 실시를 요하여 계고 및 영장 통지 절차를 취할 여유가 없을 때에는 그 수속을 거치지 아니하고 대집행을 할 수 있다.

③ 건물의 점유자가 철거의무자일 때에도 법치주의 원리에 비추어 볼 때 건물철거의무에 퇴거의무가 포함되어 있는 것으로 볼 수는 없으므로 별도로 퇴거를 명하는 집행권원이 필요하다.

④ 후행처분인 대집행비용납부명령의 취소를 청구하는 소송에서 청구원인으로 선행처분인 계고처분이 위법한 것이기 때문에 그 계고처분을 전제로 행하여진 대집행비용납부명령도 위법한 것이라는 주장을 할 수 있다.

19 국가배상에 대한 설명으로 옳지 않은 것은?

① 대법원 판례에 따르면, 민간인과 직무집행 중인 군인의 공동불법행위로 인하여 직무집행 중인 다른 군인이 피해를 입은 경우 민간인이 피해 군인에게 자신의 귀책부분을 넘어서 배상한 때에는 국가에 대하여 국가의 귀책비율에 따른 구상을 청구할 수 있다.

② 법령의 위탁에 의해 지방자치단체로부터 대집행을 수권 받은 구 한국토지공사는 공무인 대집행을 실시함에 따르는 권리·의무 및 책임이 귀속되는 행정주체의 지위에 있다.

③ 「국가배상법」 소정의 '영조물의 설치 또는 관리의 하자'라 함은 영조물이 그 용도에 따라 통상 갖추어야 할 안전성을 갖추지 못한 상태에 있음을 말하는 것으로서, 영조물이 완전무결한 상태에 있지 아니하고 그 기능상 어떠한 결함이 있다는 것만으로 영조물의 설치 또는 관리에 하자가 있다고 할 수 없다.

④ 사고 당시 설치하고 있던 옹벽은 아직 완성도 되지 아니하여 일반 공중의 이용에 제공되지 않고 있었던 이상 「국가배상법」 소정의 영조물에 해당한다고 할 수 없다.

20 행정소송에 대한 설명으로 옳지 않은 것은?

① 현행 「행정소송법」에서는 장래에 행정청이 일정한 내용의 처분을 하지 못하도록 할 것을 구하는 소송은 허용되지 않는다.

② 행정처분의 효력이나 집행 혹은 절차속행 등의 정지를 구하는 신청은 「행정소송법」상 집행정지신청의 방법으로서만 가능할 뿐 「민사소송법」상 가처분의 방법으로는 허용될 수 없다.

③ 행정사건의 심리절차는 행정소송의 특수성을 감안하여 「행정소송법」이 정하고 있는 특칙이 적용될 수 있는 점을 제외하면 심리절차 면에서 민사소송 절차와 큰 차이가 없으므로, 특별한 사정이 없는 한 당사자소송으로 서울행정법원에 제기할 것을 민사소송으로 지방법원에 제기하여 판결이 내려진 경우라 하더라도 그 판결이 위법하게 되는 것은 아니다.

④ '처분등이나 그 집행 또는 절차의 속행으로 인한 손해 발생의 우려' 등 집행정지의 적극적 요건에 관한 주장·소명 책임은 원칙적으로 신청인 측에 있으며, 이러한 요건을 결여하였다는 이유로 효력정지 신청을 기각한 결정에 대하여 행정처분 자체의 적법 여부를 가지고 불복사유로 삼을 수 없다.

제 16 회

행정법 총론

정답 및 해설

제1~16회

Answer

01	②	02	④	03	①	04	①	05	③
06	④	07	③	08	②	09	②	10	④
11	①	12	①	13	④	14	④	15	②
16	③	17	④	18	②	19	④	20	②

01 　행정법통론　　　　　　　　　　정답 ②

☑ 오답해설

① 헌법재판소의 **위헌결정**은 행정청이 개인에 대하여 신뢰의 대상이 되는 **공적인 견해를 표명한 것이라고 할 수 없으므로** 그 결정에 관련한 개인의 행위에 대하여는 **신뢰보호의 원칙이 적용되지 아니한다.** 대법원 2003. 6. 27. 선고 2002두6965 판결

③ 신뢰보호의 원칙의 요건이 되는 행정청의 선행조치에는 **명시적·적극적 조치뿐만 아니라 묵시적·소극적 조치도 모두 포함**된다.

④ 신뢰보호의 원칙은 행정청이 공적인 견해를 표명할 당시의 사정이 그대로 유지됨을 전제로 적용되는 것이 원칙이므로, **사후에 그와 같은 사정이 변경된** 경우에는 그 공적 견해가 더 이상 개인에게 신뢰의 대상이 된다고 보기 어려운 만큼, 특별한 사정이 없는 한 **행정청이 그 견해표명에 반하는 처분을 하더라도 신뢰보호의 원칙에 위반된다고 할 수 없다.** 대법원 2020. 6. 25. 선고 2018두34732 판결

☑ 정답찾기

② 국가가 공무원임용결격사유가 있는 자에 대하여 결격사유가 있는 것을 알지 못하고 공무원으로 임용하였다가 **사후에 결격사유가 있는 자임을 발견하고 공무원 임용행위를 취소**하는 것은 당사자에게 원래의 임용행위가 **당초부터 당연무효이었음을 통지**하여 확인시켜 주는 행위에 지나지 아니하는 것이므로, 그러한 의미에서 **당초의 임용처분을 취소함에 있어서는 신의칙 내지 신뢰의 원칙을 적용할 수 없고** 또 그러한 의미의 취소권은 시효로 소멸하는 것도 아니다. 대법원 1987. 4. 14. 선고 86누459 판결

02 　행정쟁송법　　　　　　　　　　정답 ④

☑ 오답해설

① 지방자치단체가 A 주식회사를 **자원회수시설**과 부대시설의 운영·유지관리 등을 위탁할 민간사업자로 선정하고 A 주식회사와 체결한 위 시설에 관한 **위·수탁 운영 협약**은 **사법상 계약**에 해당한다. 대법원 2019. 10. 17. 선고 2018두60588 판결

② 국유림의 경영 및 관리에 관한 법률에 따른 **임산물매각계약**은 **사법상 계약**이다. 대법원 2020. 5. 14. 선고 2018다298409 판결

③ 국유재산 등의 관리청이 하는 **행정재산의 사용·수익에 대한 허가**는 순전히 사경제주체로서 행하는 사법상의 행위가 아니라 관리청이 공권력을 가진 우월적 지위에서 행하는 **행정처분**으로서 특정인에게 행정재산을 사용할 수 있는 권리를 설정하여 주는 **강학상 특허**에 해당한다. 대법원 2006. 3. 9. 선고 2004다31074 판결

☑ 정답찾기

④ 기부채납받은 공유재산을 무상으로 기부자에게 사용을 허용하는 행위는 사경제주체로서 상대방과 대등한 입장에서 하는 **사법상 행위**이지 행정청이 공권력의 주체로서 행하는 공법상 행위라고 할 수 없으므로, 기부자가 기부채납한 부동산을 일정기간 무상사용한 후에 한 **사용허가기간 연장신청을 거부**한 행정청의 행위도 단순한 **사법상의 행위**일 뿐 행정처분 기타 공법상 법률관계에 있어서의 행위는 아니다. 대법원 1994. 1. 25. 선고 93누7365 판결

03 　행정절차법　　　　　　　　　　정답 ①

☑ 오답해설

② 행정청이 행정처분을 하면서 **논리적으로 당연히 수반되어야 하는 의사표시**를 명시적으로 하지 않았다고 하더라도, 그것이 행정청의 추단적 의사에도 부합하고 상대방도 이를 알 수 있는 경우에는 행정처분에 위와 같은 **의사표시가 묵시적으로** 포함되어 있다고 볼 수 있다. 대법원 2020. 10. 29 선고 2017다269152 판결

③ 국가공무원법상 **직위해제처분**은 당해 행정작용의 성질상 행정절차를 거치기 곤란하거나 불필요하다고 인정되는 사항 또는 행정절차에 준하는 절차를 거친 사항에 해당하므로, 처분의 사전통지 및 의견청취 등에 관한 행정절차법의 규정이 별도로 적용되지 않는다. 대법원 2014. 5. 16. 선고 2012두26180 판결

④ 행정절차법 시행령은 '학교·연수원 등에서 교육·훈련의 목적을 달성하기 위하여 학생·연수생들을 대상으로 하는 사항'을 행정절차법의 적용이 제외되는 경우로 규정하고 있으나, 이는 교육과정과 내용의 구체적 결정, 과제의 부과, 성적의 평가, 공식적 징계에 이르지 아니한 질책·훈계 등과 같이 **교육·훈련의 목적을 직접 달성하기 위하여 행하는 사항**을 말하는 것으로 보아야 하고, **생도에 대한 퇴학처분**과 같이 신분을 박탈하는 징계처분은 여기에 해당한다고 볼 수 없다. 대법원 2018. 3. 13. 선고 2016두33339 판결

☑ 정답찾기

① 보건복지부장관이 이 사건 공표를 통해 어린이집의 평가등급 부여 결정을 외부에 표시한 것은 구 행정절차법 제24조 제1항 본문에서 정한 '다른 법령 등에 특별한 규정이 있는 경우'에 해당하므로, 피고 장관이 이 사건 평가등급 부여결정을 하면서 이를 처분상대방인 원고에게 문서 또는 전자문서로 고지하지 않은 것에 구 행정절차법 제24조 제1항에서 정한 처분의 방식을 위반한 절차적 하자가 있다고 보기 어렵다. 대법원 2023. 12. 7. 선고 2022두52522 판결

04 행정작용법   정답 ①

✅ 오답해설

② 행정기본법 제2조(정의)

> 이 법에서 사용하는 용어의 뜻은 다음과 같다.
> 1. '법령등'이란 다음 각 목의 것을 말한다.
>   가. 법령: 다음의 어느 하나에 해당하는 것
>   1) 법률 및 대통령령·총리령·부령
>   2) 국회규칙·대법원규칙·헌법재판소규칙·중앙선거관리위원회규칙 및 감사원규칙
>   3) 1) 또는 2)의 위임을 받아 중앙행정기관(「정부조직법」 및 그 밖의 법률에 따라 설치된 중앙행정기관을 말한다. 이하 같다)의 장, 국회의장, 대법원장, 헌법재판소장, 중앙선거관리위원회위원장, 감사원장 등이 정한 훈령·예규 및 고시 등 행정규칙

③ 행정규칙은 법규명령과 같은 엄격한 제정 및 개정절차를 요하지 아니하므로, 재산권 등과 같은 **기본권을 제한**하는 작용을 하는 법률이 입법위임을 할 때에는 대통령령, 총리령, 부령 등 **법규명령에 위임함이 바람직**하고, **고시와 같은 형식으로 입법위임**을 할 때에는 적어도 행정규제기본법 제4조 제2항 단서에서 정한 바와 같이 법령이 전문적·기술적 사항이나 경미한 사항으로서 업무의 성질상 위임이 **불가피한 사항에 한정된다** 할 것이고, 그러한 사항이라 하더라도 포괄위임금지의 원칙상 법률의 위임은 반드시 구체적·개별적으로 한정된 사항에 대하여 행하여져야 한다. 헌법재판소 2016. 2. 25. 선고 2015헌바191 결정

④ 국회가 법률로 **행정청에 특정한 사항을 위임**했음에도 불구하고 행정청이 정당한 이유 없이 이를 이행하지 않는다면 권력분립의 원칙과 법치국가 또는 법치행정의 원칙에 위배되는 것으로서 위법함과 동시에 위헌적인 것이 되고, 이는 행정청이 법률에서 대통령령으로 정하도록 위임받은 사항을 **전혀 입법하지 않은 경우**는 물론 그 법률이 위임한 사항을 **불충분하게 규정함으로써** 법률이 위임한 행정입법의무를 제대로 이행하지 않은 경우도 마찬가지이다(주: 이른바 '부진정 행정입법부작위'를 의미함). 대법원 2024. 12. 19. 선고 2022다289051 전원합의체 판결

✅ 정답찾기

① 법령의 규정이 특정 행정기관에게 법령 내용의 구체적 사항을 정할 수 있는 권한을 부여하면서 **권한행사의 절차나 방법을 특정하지 아니한 경우**에는 수임 행정기관은 행정규칙이나 규정 형식으로 법령 내용이 될 사항을 구체적으로 정할 수 있다. 대법원 2012. 7. 5. 선고 2010다72076 판결

05 실효성 확보수단   정답 ③

✅ 오답해설

① 항만순찰 등 업무는 부산광역시장이 국가로부터 위임받은 **기관위임사무**에 해당한다고 봄이 상당하고, 이러한 경우에 지방자치단체인 피고인을 양벌규정에 의한 처벌대상이 되는 법인에 해당하는 것으로 보아 처벌할 수는 없으므로 피고인에게는 이 사건 자동차관리법 위반죄가 성립할 수 없다. 대법원 2009. 6. 11. 선고 2008도6530 판결

② 개인정보 보호법은 양벌규정에 의하여 처벌되는 개인정보처리자로는 같은 법 제74조 제2항에서 '법인 또는 개인'만을 규정하고 있을 뿐이고, 법인격 없는 공공기관에 대하여도 위 양벌규정을 적용할 것인지 여부에 대하여는 **명문의 규정을 두고 있지 않으므로**, 죄형법정주의의 원칙상 '**법인격 없는 공공기관**'을 위 양벌규정에 의하여 처벌할 수 없고, 그 경우 **행위자** 역시 위 양벌규정으로 **처벌할 수 없다**. 대법원 2021. 10. 28. 선고 2020도1942 판결

④ 질서위반행위규제법 제12조(다수인의 질서위반행위 가담)

> ② **신분에 의하여 성립**하는 질서위반행위에 신분이 없는 자가 가담한 때에는 신분이 없는 자에 대하여도 질서위반행위가 **성립한다.**

✅ 정답찾기

③ 지방공무원의 **신분을 가지지 아니하는** 사람도 구 지방공무원법 제58조 제1항을 위반하여 같은 법 제82조에 따라 처벌되는 지방공무원의 범행에 가공한다면 형법 제33조 본문에 의해서 **공범으로 처벌받을 수 있다**. 대법원 2012. 6. 14. 선고 2010도14409 판결

06 행정쟁송법   정답 ④

✅ 오답해설

① 상대방이 통보서를 **송달받기 전**에 자신의 의무기록에 관한 정보공개를 청구하여 위 처분을 하는 내용의 통보서를 비롯한 일체의 서류를 교부받은 날부터 제소기간을 기산하여 위 소는 90일이 지난 후 제기한 것으로서 부적법하다고 본 원심판결에는 법리를 오해한 위법이 있다. 대법원 2014. 9. 25. 선고 2014두8254 판결

② 행정청이 법정 심판청구기간보다 **긴 기간으로 잘못 알린 경우**에 그 잘못 알린 기간 내에 심판청구가 있으면 그 심판청구는 법정 심판청구기간 내에 제기된 것으로 본다는 취지의 행정심판법 제18조 제5항의 규정은 행정심판 제기에 관하여 적용되는 규정이지, **행정소송 제기에도 당연히 적용되는 규정이라고 할 수는 없다**. 대법원 2001. 5. 8. 선고 2000두6916 판결

③ 행정처분의 당연무효를 선언하는 의미에서 취소를 구하는 행정소송을 제기한 경우에도 **제소기간의 준수 등 취소소송의 제소요건을 갖추어야 한다**. 대법원 1993. 3. 12. 선고 92누11039 판결

✅ 정답찾기

④ 청구취지를 **교환적으로 변경**하여 종전의 소가 취하되고 새로운 소가 제기된 것으로 보게 되는 경우에 새로운 소에 대한 **제소기간의 준수 등**은 원칙적으로 **소의 변경이 있은 때**를 기준으로 하여 판단된다(주: 민사소송법에 따른 교환적 변경이 이루어진 사례임). 대법원 2013. 7. 11. 선고 2011두27544 판결

07 행정쟁송법   정답 ③

☑ 오답해설

① 어떠한 처분의 근거가 행정규칙에 규정되어 있다고 하더라도, 그 처분이 상대방에게 권리의 설정 또는 의무의 부담을 명하거나 기타 법적인 효과를 발생하게 하는 등으로 그 **상대방의 권리의무에 직접 영향을 미치는 행위**라면, 이 경우에도 <u>항고소송의 대상이 되는 행정처분에 해당한다.</u> 대법원 2012. 9. 27. 선고 2010두3541 판결

② 거부처분의 처분성을 인정하기 위한 전제요건이 되는 **신청권의 존부**는 구체적 사건에서 신청인이 누구인가를 고려하지 않고 관계 법규의 해석에 의하여 **일반 국민**에게 그러한 신청권을 인정하고 있는가를 살펴 **추상적**으로 결정되는 것이고, 신청인이 그 신청에 따른 단순한 응답을 받을 권리를 넘어서 신청의 인용이라는 만족적 결과를 얻을 권리를 의미하는 것은 아니다. 대법원 2009. 9. 10. 선고 2007두20638 판결

④ 국가가 수익자인 수요기관을 위하여 국민을 계약상대자로 하여 체결하는 **요청조달계약**에는 다른 법률에 특별한 규정이 없는 한 당연히 **국가계약법이 적용**된다. 그러나 위 법리에 의하여 요청조달계약에 적용되는 국가계약법 조항은 국가가 사경제 주체로서 국민과 대등한 관계에 있음을 전제로 한 **사법관계에 관한 규정에 한정**되고, 고권적 지위에서 국민에게 침익적 효과를 발생시키는 **행정처분에 관한 규정까지 당연히 적용된다고 할 수 없다.** 대법원 2017. 6. 29. 선고 2014두14389 판결

☑ 정답찾기

③ 거부처분이 있은 후 당사자가 다시 신청을 한 경우에는 신청의 제목 여하에 불구하고 그 내용이 새로운 신청을 하는 취지라면 관할 행정청이 이를 다시 거절하는 것은 새로운 거부처분이라고 보아야 한다. (중략) 설령 신청기간을 제한하는 특별한 규정이 있더라도 재신청이 **신청기간**을 도과하였는지는 **본안에서** 재신청에 대한 거부처분이 적법한가를 판단하는 단계에서 고려할 요소이지, **소송요건 심사단계에서 고려할 요소가 아니다.** 대법원 2021. 1. 14. 선고 2020두50324 판결

08 행정작용법   정답 ②

☑ 오답해설

ㄱ. 구 도시계획법 제78조 제1항에 정한 처분이나 조치명령을 받은 자가 이에 위반한 경우 이로 인하여 같은 법 제92조에 정한 처벌을 하기 위하여는 그 처분이나 조치명령이 적법한 것이라야 하고, 그 처분이 당연무효가 아니라 하더라도 그것이 위법한 처분으로 인정되는 한 같은 법 제92조 위반죄가 성립될 수 없다. 대법원 1992. 8. 18. 선고 90도1709 판결

ㄷ. 물품세 과세대상이 아닌 것을 세무공무원이 직무상 과실로 과세대상으로 오인하여 과세처분을 행함으로 인하여 손해가 발생된 경우에는, 동 과세처분이 취소되지 아니하였다 하더라도, 국가는 이로 인한 손해를 배상할 책임이 있다. 대법원 1979. 4. 10. 선고 79다262 판결

☑ 정답찾기

ㄴ. 자동차 운전면허 취소처분을 받은 사람이 자동차를 운전하였으나 운전면허 취소처분의 원인이 된 교통사고 또는 법규 위반에 대하여 범죄사실의 증명이 없는 때에 해당한다는 이유로 무죄판결이 확정된 경우에는 그 **취소처분이 취소되지 않았더라도** 도로교통법에 규정된 무면허운전의 죄로 **처벌할 수는 없다고** 보아야 한다. 대법원 2021. 9. 16. 선고 2019도11826 판결

09 실효성 확보수단   정답 ②

☑ 오답해설

① **상당한 의무이행기간**을 부여하지 아니한 대집행계고처분이 있었다면, 설사 피고가 대집행영장으로써 대집행의 시기를 늦추었더라도 위 대집행계고처분은 상당한 이행기한을 정하여 한 것이 아니어서 대집행의 적법절차에 위배한 것으로 위법한 처분이라고 할 것이다. 대법원 1990. 9. 14. 선고 90누2048 판결

③ 행정기본법 제33조(즉시강제)

> ② 즉시강제를 실시하기 위하여 현장에 파견되는 집행책임자는 그가 집행책임자임을 표시하는 증표를 보여 주어야 하며, 즉시강제의 이유와 내용을 고지하여야 한다.
> ③ 제2항에도 불구하고 집행책임자는 즉시강제를 하려는 재산의 소유자 또는 점유자를 알 수 없거나 현장에서 그 소재를 즉시 확인하기 어려운 경우에는 즉시강제를 실시한 후 집행책임자의 이름 및 그 이유와 내용을 고지할 수 있다. 다만, 다음 각 호에 해당하는 경우에는 게시판이나 인터넷 홈페이지에 게시하는 등 적절한 방법에 의한 공고로써 고지를 갈음할 수 있다.

④ 행정기본법 제31조(이행강제금)

> ⑤ 행정청은 의무자가 행정상 의무를 이행할 때까지 이행강제금을 **반복하여 부과할 수 있다.** 다만, 의무자가 의무를 이행하면 새로운 이행강제금의 **부과를 즉시 중지**하되, 이미 부과한 이행강제금은 징수하여야 한다.

☑ 정답찾기

② (행정청이 토지구획정리사업의 환지예정지를 지정하고 그 사업에 편입되는 건축물 등 지장물의 소유자 또는 임차인에게 지장물의 **자진이전을 요구**한 후 이에 응하지 않자 지장물의 이전에 대한 대집행을 계고하고 다시 대집행영장을 통지한 사안에서) 위 계고처분 등은 행정대집행법 제2조에 따라 **명령된 지장물 이전의무가 없음에도** 그러한 의무의 불이행을 사유로 행하여진 것으로 위법하다고 한 사례. 대법원 2010. 6. 24. 선고 2010두1231 판결

10 행정작용법   정답 ④

☑ 오답해설

① 국립공원 관리청이 국립공원 집단시설지구개발사업과 관련하여 그 시설물기본설계 변경승인처분을 함에 있어서 환경부장관과의 협의를 거친 이상, 환경영향평가서의 내용이 환경영향평가제도를 둔 입법 취지를 달성할 수 없을 정도로 심히 부실하다는 등의 특별한 사정이 없는 한, 공원관리청이 **환경부장관의 환경영향평가에 대한 의견에 반하는 처분을 하였다고 하여** 그 처분이 위법하다고 할 수는 없다. 대법원 2001. 7. 27. 선고 99두2970 판결

② 세액산출근거가 기재되지 아니한 납세고지서에 의한 부과처분은 강행법규에 위반하여 취소대상이 된다 할 것이므로 이와 같은 하자는 납세의무자가 전심절차에서 이를 주장하지 아니하였거나, 그 후 부과된 세금을 자진납부하였다거나, 또는 조세채권의 소멸시효기간이 만료되었다 하여 치유되는 것이라고는 할 수 없다. 대법원 1985. 4. 9. 선고 84누431 판결

③ **표준지공시지가결정**이 위법한 경우에는 그 자체를 행정소송의 대상이 되는 행정처분으로 보아 그 위법 여부를 다툴 수 있음은 물론, **수용보상금의 증액**을 구하는 소송에서도 선행처분으로서 그 수용대상 토지 가격 산정의 기초가 된 비교표준지공시지가결정의 위법을 독립한 사유로 주장할 수 있다(주 : 서로 독립하여 별개의 법률효과를 목적으로 하지만, 하자의 승계를 부인하면 상대방에게 수인한도를 넘는 가혹함을 가져오며 그 결과가 예측 가능한 것이 아님을 이유로 하자의 승계를 인정한 사례). 대법원 2008. 8. 21. 선고 2007두13845 판결

☑ 정답찾기

④ 근로복지공단이 사업종류 변경결정을 하면서 실질적으로 행정절차법에서 정한 처분절차를 준수하지 않아 사업주에게 방어권행사 및 불복의 기회가 보장되지 않은 경우에는 이를 항고소송의 대상인 처분으로 인정하는 것은 사업주에게 조기의 권리구제기회를 보장하기 위한 것일 뿐이므로, 이 경우에는 사업주가 사업종류 변경결정에 대해 제소기간 내에 취소소송을 제기하지 않았다고 하더라도 후행처분인 각각의 산재보험료 부과처분에 대한 쟁송절차에서 비로소 선행처분인 사업종류 변경결정의 위법성을 다투는 것이 허용되어야 한다. 대법원 2020. 4. 9. 선고 2019두61137 판결

11 행정정보   정답 ①

☑ 오답해설

② 개인정보 보호법 제16조(개인정보의 수집 제한)

> ③ 개인정보처리자는 정보주체가 <u>필요한 최소한의 정보 외의 개인정보 수집에 동의하지 아니한다는</u> 이유로 정보주체에게 재화 또는 서비스의 제공을 <u>거부하여서는 아니 된다.</u>

③ 개인정보 보호법 제2조(정의)

> 이 법에서 사용하는 용어의 뜻은 다음과 같다.
> 1. '개인정보'란 <u>살아 있는 개인</u>에 관한 정보로서 나음 각 목의 어느 하나에 해당하는 정보를 말한다.
>   나. 해당 정보만으로는 특정 개인을 알아볼 수 없더라도 <u>다른 정보와 쉽게 결합하여 알아볼 수 있는 정보.</u> 이 경우 쉽게 결합할 수 있는지 여부는 다른 정보의 입수 가능성 등 개인을 알아보는 데 소요되는 시간, 비용, 기술 등을 합리적으로 고려하여야 한다.

④ 개인정보 보호법 제39조의2(법정손해배상의 청구)

> ① 제39조제1항에도 불구하고 정보주체는 개인정보처리자의 고의 또는 과실로 인하여 개인정보가 분실·도난·유출·위조·변조 또는 훼손된 경우에는 <u>300만원 이하의 범위에서 상당한 금액을 손해액으로 하여</u> 배상을 청구할 수 있다. 이 경우 해당 <u>개인정보처리자는 고의 또는 과실이 없음을 입증하지 아니하면 책임을 면할 수 없다.</u>

☑ 정답찾기

① 개인정보 보호법 제64조의2(과징금의 부과)

> ② 보호위원회는 제1항에 따른 과징금을 부과하려는 경우 <u>전체 매출액에서 위반행위와 관련이 없는 매출액을 제외한 매출액을 기준으로</u> 과징금을 산정한다.

12 행정작용법   정답 ①

☑ 오답해설

② 술에 취한 상태에 있다고 인정할 만한 상당한 이유가 있음에도 불구하고 **경찰공무원의 측정에 응하지 아니한 때에는 필요적으로 운전면허를 취소하도록** 되어 있어 처분청이 그 취소 여부를 선택할 수 있는 재량의 여지가 없음이 그 법문상 명백하므로, 위 법조의 요건에 해당하였음을 이유로 한 운전면허취소처분에 있어서 재량권의 일탈 또는 남용의 문제는 생길 수 없다. 대법원 2004. 11. 12. 선고 2003두12042 판결

③ **음주운전**으로 인한 교통사고를 방지할 공익상의 필요는 매우 크다 아니할 수 없으므로, 음주운전 내지 그 제재를 위한 음주측정 요구의 거부 등을 이유로 한 자동차운전면허의 취소에 있어서는 일반의 수익적 행정행위의 취소와는 달리 그 취소로 인하여 입게 될 당사자의 개인적인 불이익보다는 이를 방지하여야 하는 **일반예방적인 측면이 더욱 강조**되어야 할 것이고, 특히 당해 운전자가 영업용 택시를 운전하는 등 자동차 운전을 업으로 삼고 있는 자인 경우에는 더욱 그러하다. 대법원 1995. 9. 26. 선고 95누6069 판결

④ 만약 행정청이 과거 상대방에게 한 특정한 처분으로 인하여 그에게 **유리한 사실관계가 형성되었음을 인식**하고 있었음에도 이를 반영하지 않은 채 재량권을 행사하였다면, 이는 행정청의 **사실오인**에 기초한 것으로서 재량권 일탈·남용에 해당하여 위법하다. 행정청이 상대방에게 그와 같은 사실관계에 관한 자료의 제출을 요청하였으나 그가 이를 제대로 이행하지 않은 경우라고 하더라도, 그러한 사정으로 인하여 행정청이 사실오인을 일으켰다는 등의 특별한 사정이 없는 한, 마찬가지라고 할 것이다. 대법원 2025. 3. 13. 선고 2024두58692 판결

☑ 정답찾기

① 분양전환승인 중 분양전환가격을 승인하는 부분은 단순히 분양계약의 효력을 보충하여 그 효력을 완성시켜주는 강학상 '인가'에 해당한다고 볼 수 없다. 대법원 2020. 7. 23. 선고 2015두48129 판결

13 행정법통론　　　　　　　　　　　　　　　정답 ③

☑ 오답해설

① 체육시설의 설치·이용에 관한 법률에 따른 골프연습장의 신고요건을 갖춘 자라 할지라도 골프연습장을 설치하려는 건물이 건축법상 무허가 건물이라면 적법한 신고를 할 수 없다. 대법원 1993. 4. 27. 선고 93누1374 판결

② 건축허가권자는 건축신고가 건축법, 국토의 계획 및 이용에 관한 법률 등 관계 법령에서 정하는 명시적인 제한에 배치되지 않는 경우에도 건축을 허용하지 않아야 할 중대한 공익상 필요가 있는 경우에는 건축신고의 수리를 거부할 수 있다. 대법원 2019. 10. 31. 선고 2017두74320 판결

④ 장기요양기관의 폐업신고와 노인의료복지시설의 폐지신고는, 행정청이 관계 법령이 규정한 요건에 맞는지를 심사한 후 수리하는 이른바 '수리를 필요로 하는 신고'에 해당한다. 그러나 행정청이 그 신고를 수리하였다고 하더라도, 신고서 위조 등의 사유가 있어 신고행위 자체가 효력이 없다면, 그 수리행위는 유효한 대상이 없는 것으로서, 수리행위 자체에 중대·명백한 하자가 있는지를 따질 것도 없이 당연히 무효이다. 대법원 2018. 6. 12. 선고 2018두33593 판결

☑ 정답찾기

③ 행정기본법 제34조(수리 여부에 따른 신고의 효력)

> 법령등으로 정하는 바에 따라 행정청에 일정한 사항을 통지하여야 하는 신고로서 법률에 신고의 수리가 필요하다고 명시되어 있는 경우(행정기관의 내부 업무 처리 절차로서 수리를 규정한 경우는 제외한다)는 행정청이 수리하여야 효력이 발생한다.

14 행정구제법　　　　　　　　　　　　　　　정답 ④

☑ 오답해설

ㄱ. 공법상의 제한을 받는 토지의 수용보상액을 산정함에 있어서는 그 공법상의 제한이 당해 공공사업의 시행을 직접 목적으로 하여 가하여진 경우에는 그 제한을 받지 아니하는 상태대로 평가하여야 할 것이지만, 공법상 제한이 당해 공공사업의 시행을 직접 목적으로 하여 가하여진 경우가 아니라면 그러한 제한을 받는 상태 그대로 평가하여야 하고, 그와 같은 제한이 당해 공공사업의 시행 이후에 가하여진 경우라고 하여 달리 볼 것은 아니다. 대법원 2005. 2. 18. 선고 2003두14222 판결

ㄴ. 토지보상법 제72조(사용하는 토지의 매수청구 등)

> 사업인정고시가 된 후 다음 각 호의 어느 하나에 해당할 때에는 해당 토지소유자는 사업시행자에게 해당 토지의 매수를 청구하거나 관할 토지수용위원회에 그 토지의 수용을 청구할 수 있다. 이 경우 관계인은 사업시행자나 관할 토지수용위원회에 그 권리의 존속을 청구할 수 있다.

ㄷ. 사업시행자는 이주대책기준을 정하여 이주대책대상자 중에서 이주대책을 수립·실시하여야 할 자를 선정하여 그들에게 공급할 택지 또는 주택의 내용이나 수량을 정할 수 있고, 이를 정하는 데 재량을 가진다. 대법원 2009. 3. 12. 선고 2008두12610 판결

ㄹ. 생활대책대상자 선정기준에 해당하는 자는 사업시행자에게 생활대책대상자 선정 여부의 확인·결정을 신청할 수 있는 권리를 가지는 것이어서, 만일 사업시행자가 그러한 자를 생활대책대상자에서 제외하거나 선정을 거부하면, 이러한 생활대책대상자 선정기준에 해당하는 자는 사업시행자를 상대로 항고소송을 제기할 수 있다. 대법원 2011. 10. 13. 선고 2008두17905 판결

ㅁ. 토지보상법 제66조(사업시행 이익과의 상계금지)

> 사업시행자는 동일한 소유자에게 속하는 일단의 토지의 일부를 취득하거나 사용하는 경우 해당 공익사업의 시행으로 인하여 잔여지의 가격이 증가하거나 그 밖의 이익이 발생한 경우에도 그 이익을 그 취득 또는 사용으로 인한 손실과 상계할 수 없다.

15 행정쟁송법　　　　　　　　　　　　　　　정답 ②

☑ 오답해설

① 행정심판법 제15조(선정대표자)

> ③ 선정대표자는 다른 청구인들을 위하여 그 사건에 관한 모든 행위를 할 수 있다. 다만, 심판청구를 취하하려면 다른 청구인들의 동의를 받아야 하며, 이 경우 동의 받은 사실을 서면으로 소명하여야 한다.

③ 행정심판법 제48조(재결의 송달과 효력 발생)

> ④ 처분의 상대방이 아닌 제3자가 심판청구를 한 경우 위원회는 재결서의 등본을 지체 없이 피청구인을 거쳐 처분의 상대방에게 송달하여야 한다.

④ 행정심판법 제50조의2(위원회의 간접강제)

> ④ 청구인은 제1항 또는 제2항에 따른 결정(주 : 위원회의 간접강제결정)에 불복하는 경우 그 결정에 대하여 행정소송을 제기할 수 있다.

☑ 정답찾기

② 행정심판법 제43조(재결의 구분)

> ③ 위원회는 취소심판의 청구가 이유가 있다고 인정하면 처분을 취소 또는 다른 처분으로 변경하거나 처분을 다른 처분으로 변경할 것을 피청구인에게 명한다(주 : 취소명령재결은 포함되지 않음).

16 행정정보   정답 ③

✅ 오답해설

① 아파트재건축주택조합의 조합원들에게 제공될 **무상보상평수의 사업수익성** 등을 검토한 자료가 구 공공기관의 정보공개에 관한 법률 제7조 제1항에서 정한 비공개대상정보에 해당하지 않는다고 한 사례. 대법원 2006. 1. 13. 선고 2003두9459 판결

② 정보공개법 시행령 제2조 제1호가 정보공개의무를 지는 공공기관의 하나로 사립대학교를 들고 있는 것이 모법인 구 공공기관의 정보공개에 관한 법률의 위임 범위를 벗어났다거나 사립대학교가 **국비의 지원을 받는 범위 내에서만 공공기관의 성격을 가진다고 볼 수 없다.** 대법원 2006. 8. 24. 선고 2004두2783 판결

④ 도시공원위원회의 심의 후 그 심의사항들에 대한 시장 등의 결정의 **대외적 공표행위가 있기 전까지는** 위 위원회의 **회의관련자료 및 회의록은 비공개대상정보에 해당한다**고 할 것이고, 다만 (중략) 시장 등의 결정의 **대외적 공표행위가 있은 후에는** 위 위원회의 회의관련자료 및 회의록은 공개대상이 된다. 대법원 2000. 5. 30. 선고 99추85 판결

✅ 정답찾기

③ **군사법원법**은 정보공개법 제4조 제1항에서 정한 '정보의 공개에 관하여 **다른 법률에 특별한 규정이 있는 경우**'에 해당한다. 따라서 **군검사가 공소제기**된 사건과 관련하여 보관하고 있는 서류 또는 물건에 관하여는 피고인이나 변호인의 정보공개법에 의한 정보공개청구가 허용되지 아니한다. 대법원 2024. 5. 30. 선고 2022두65559 판결

17 행정쟁송법   정답 ④

✅ 오답해설

① 행정소송규칙 제14조(사정판결)

> 법원이 법 제28조제1항에 따른 판결(주 : 사정판결)을 할 때 그 처분등을 취소하는 것이 현저히 공공복리에 적합하지 아니한지 여부는 **사실심 변론을 종결할 때를 기준으로 판단한다.**

② 행정처분을 취소한다는 확정판결이 있으면 그 **취소판결의 형성력에** 의하여 당해 행정처분의 취소나 취소통지 등의 별도의 절차를 요하지 아니하고 **당연히 취소의 효과가 발생**한다. 대법원 1991. 10. 11. 선고 90누5443 판결

③ 확정된 종국판결의 **사실심 변론종결 이전에** 발생하고 제출할 수 있었던 사유에 기인한 주장이나 항변은 확정판결의 **기판력에 의하여 차단**되므로 당사자가 그와 같은 사유를 원인으로 확정판결의 내용에 반하는 주장을 새로이 하는 것은 허용되지 아니한다. 대법원 2015. 10. 29. 선고 2015두44288 판결

✅ 정답찾기

④ 과세처분 취소소송의 피고는 처분청이므로 행정청을 피고로 하는 취소소송에 있어서의 기판력은 당해 처분이 귀속하는 **국가 또는 공공단체에 미친다.** 대법원 1998. 7. 24. 선고 98다10854 판결

18 행정구제법   정답 ③

✅ 오답해설

① 국가배상법 제15조(신청인의 동의와 배상금 지급)

> ③ 배상결정을 받은 신청인이 **배상금 지급을 청구하지 아니하거나** 지방자치단체가 대통령령으로 정하는 기간 내에 배상금을 지급하지 아니하면 그 결정에 동의하지 아니한 것으로 본다.

② **한국토지공사는** 이러한 법령의 위탁에 의하여 대집행을 수권 받은 자로서 공무인 대집행을 실시함에 따르는 권리·의무 및 책임이 귀속되는 **행정주체의 지위에** 있다고 볼 것이지 지방자치단체 등의 기관으로서 국가배상법 제2조 소정의 **공무원에 해당한다고 볼 것은 아니다.** (중략) 따라서 한국토지공사에 대해서도 국가배상법 제2조 소정의 공무원에 포함됨을 전제로 이 사건 대집행에 따른 손해배상책임이 고의 또는 중과실로 인한 경우로 제한된다고 한 원심의 판단에는 손해배상책임의 요건에 관한 법리를 오해한 잘못이 있다(주 : 행정주체인 한국토지공사는 경과실이 있는 경우에도 손해배상책임을 진다는 취지임). 대법원 2010. 1. 28. 선고 2007다82950,82967 판결

④ 지방자치단체장이 교통신호기를 설치하여 그 관리권한이 도로교통법 제71조의2 제1항의 규정에 의하여 관할 지방경찰청장에게 위임되어 지방자치단체 소속 공무원과 지방경찰청 소속 공무원이 합동근무하는 교통종합관제센터에서 그 관리업무를 담당하던 중 위 **신호기가 고장난 채 방치되어 교통사고가 발생한 경우,** 국가배상법 **제2조 또는 제5조에 의한 배상책임을** 부담하는 것은 지방경찰청장이 소속된 국가가 아니라, 그 권한을 위임한 지방자치단체장이 소속된 **지방자치단체**라고 할 것이나, (중략) 교통신호기를 관리하는 지방경찰청장 산하 경찰관들에 대한 봉급을 부담하는 **국가도** 국가배상법 **제6조 제1항에 의한 배상책임을** 부담한다. 대법원 1999. 6. 25. 선고 99다11120 판결

✅ 정답찾기

③ 국가배상법 제4조(양도 등 금지)

> **생명·신체의 침해로 인한 국가배상을 받을 권리는 양도하거나 압류하지 못한다.**

19 행정작용법   정답 ④

☑ 오답해설

ㄱ. **국립의료원 부설 주차장에 관한 위탁관리용역운영계약**의 실질은 **행정재산에 대한 사용·수익허가**(주: 강학상 **특허**처분)이므로, 위 계약에 따른 가산금 지급채무의 부존재를 주장하여 구제를 받으려면, 적절한 행정쟁송절차를 통하여 권리관계를 다투어야 할 것이지, 이 사건과 같이 피고에 대하여 민사소송으로 위 지급의무의 부존재확인을 구할 수는 없는 것이다. 대법원 2006. 3. 9. 선고 2004다31074 판결

ㄷ. 구 「산업집적활성화 및 공장설립에 관한 법률」에 따른 **산업단지 입주계약의 해지통보**는 (중략) 한국산업단지공단이 우월적 지위에서 원고에게 일정한 법률상 효과를 발생하게 하는 것으로서 <u>항고소송의 대상이 되는 행정처분에 해당한다</u>고 보아야 할 것이다. 대법원 2011. 6. 30. 선고 2010두23859 판결

☑ 정답찾기

ㄴ. 다른 법률에 특별한 규정이 있는 경우이거나 또는 지방계약법의 개별 규정의 규율내용이 매매, 도급 등과 같은 특정한 유형·내용의 계약을 규율대상으로 하고 있는 경우가 아닌 한, <u>지방자치단체를 당사자로 하는 계약에 관하여는 그 계약의 성질이 **공법상 계약인지 사법상 계약인지와 상관없이** 원칙적으로 지방계약법의 규율이 적용된다</u>고 보아야 한다. 대법원 2020. 12. 10. 선고 2019다234617 판결

ㄹ. 공법상 계약 체결에 따른 권리를 취득한 상대방이 그러한 권리의 실질적 보장을 위한 방법의 하나로 <u>공법상 계약의 상대방 측인 행정청을 상대로 수익적 행정행위를 신청</u>하였고 그러한 신청이 공법상 계약에 따른 권리·의무의 이행방식에 위배되는 것이 아니라면, 수익적 행정행위 형식으로 공법상 계약의 권리를 실현시키기 어려운 사정변경이 생겼거나 중대한 공익상의 필요가 발생한 경우와 같이 <u>특별한 사정이 없는 이상, 행정청으로서는 수익적 행정행위에 관한 재량권을 공법상 계약에 반하지 않는 범위에서 행사하여야 한다.</u> 대법원 2025. 2. 27. 선고 2024두47890 판결

20 실효성 확보수단   정답 ②

☑ 오답해설

① **제재적 행정처분의 기준이 부령** 형식으로 규정되어 있더라도 그것은 행정청 내부의 사무처리준칙을 규정한 것에 지나지 않아 <u>대외적으로 국민이나 법원을 기속하는 효력이 없다</u>. 대법원 2019. 9. 26. 선고 2017두48406 판결

③ 여러 처분사유에 관하여 하나의 제재처분을 하였을 때 그중 일부가 인정되지 않는다고 하더라도 나머지 처분사유들만으로도 처분의 **정당성이 인정**되는 경우에는 그 <u>처분을 위법하다고 보아 취소하여서는 아니 된다</u>. 대법원 2020. 5. 14. 선고 2019두63515 판결

④ 영업장 면적이 변경되었음에도 그에 관한 <u>신고의무가 이행되지 않은 영업을 양수한 자 역시</u> 그와 같은 신고의무를 이행하지 않은 채 영업을 계속한다면 시정명령 또는 영업정지 등 제재처분의 대상이 될 수 있다. 대법원 2020. 3. 26. 선고 2019두38830 판결

☑ 정답찾기

② 행정기본법 제37조(처분의 재심사)

> ① <u>당사자는</u> 처분(**제재처분 및 행정상 강제는 제외**한다. 이하 이 조에서 같다)이 행정심판, 행정소송 및 그 밖의 쟁송을 통하여 다툴 수 없게 된 경우(법원의 확정판결이 있는 경우는 제외한다)라도 다음 각 호의 어느 하나에 해당하는 경우에는 해당 처분을 한 행정청에 처분을 취소·철회하거나 변경하여 줄 것을 신청할 수 있다.

Answer

01	④	02	②	03	①	04	④	05	②
06	③	07	③	08	①	09	②	10	④
11	①	12	①	13	③	14	③	15	②
16	④	17	②	18	①	19	③	20	④

01 행정작용법　　　　　　　　정답 ④

☑ 오답해설

① 수익적 처분이 상대방의 허위 기타 **부정한 방법**으로 인하여 행하여 졌다면 상대방은 그 처분이 그와 같은 사유로 인하여 **취소될 것임을** 예상할 수 없었다고 할 수 없으므로, 이러한 경우에까지 상대방의 신 뢰를 보호하여야 하는 것은 아니라고 할 것이다. 대법원 1995. 1. 20. 선고 94누6529 판결

② 과세관청이 부과처분을 취소하면 그 부과처분으로 인한 법률효과는 일단 소멸하는 것이므로, 그 후 다시 동일한 과세대상에 대하여 부과 처분을 하여도 **이미 소멸한 법률효과가 다시 회복되는 것은 아니고** 새로운 부과처분에 근거한 법률효과가 생길 뿐이며, 그 새로운 부과 처분의 내용이 실질에 있어서는 당초의 부과처분의 감액경정처분에 불과한 것이었다 하여 달리 해석할 것이 아니다. 대법원 1996. 9. 24. 선고 96다204 판결

③ 행정처분이 취소되면 그 소급효에 의하여 처음부터 그 처분이 없었 던 것과 같은 효과를 발생하게 되는바, 행정청이 의료법인의 이사에 대한 이사취임승인취소처분(제1처분)을 직권으로 취소(제2처분)한 경우에는 그로 인하여 이사가 소급하여 이사로서의 지위를 회복하 게 되고, 그 결과 위 제1처분과 제2처분 사이에 법원에 의하여 선임 결정된 임시이사들의 지위는 **법원의 해임결정이 없더라도** 당연히 소멸된다. 대법원 1997. 1. 21. 선고 96누3401 판결

☑ 정답찾기

④ 점용료 부과처분에 취소사유에 해당하는 흠이 있는 경우 도로관리 청으로서는 당초 처분 자체를 취소하고 흠을 보완하여 새로운 부과 처분을 하거나, 흠 있는 부분에 해당하는 점용료를 감액하는 **처분을** 할 수 있다. (중략) 그런데 앞서 본 바와 같은 흠 있는 부분에 해당하 는 **점용료를 감액**하는 처분은 당초 처분 자체를 **일부 취소**하는 변경 처분에 해당하고, 그 실질은 종래의 **위법한 부분을 제거**하는 것으로 서 흠의 **치유와는 차이가 있다.** 대법원 2019. 1. 17. 선고 2016두56721 판결

02 실효성 확보수단　　　　　　　　정답 ②

☑ 오답해설

① 행정대집행법상의 건물철거의무는 제1차 철거명령 및 계고처분으로 서 발생하였고 **제2차의 계고처분**은 원고들에게 새로운 철거의무를 부과하는 것이 아니고 다만 **대집행기한의 연기통지에 불과하므로** 행정처분이 아니다. 대법원 1991. 1. 25. 선고 90누5962 판결

③ 관계 법령상 행정대집행의 절차가 인정되어 행정청이 **행정대집행의 방법으로** 건물의 철거 등 대체적 작위의무의 이행을 실현할 수 있는 경우에는 따로 **민사소송의 방법으로** 그 의무의 이행을 구할 수 없다. 대법원 2017. 4. 28. 선고 2016다213916 판결

④ 아무런 권원 없이 국유재산에 설치한 시설물에 대하여 행정청이 **행정 대집행을 실시하지 않는** 경우, 그 국유재산에 대한 **사용청구권을 가 지고 있는 자는 국가를 대위하여 민사소송으로 그 시설물의 철거를 구할 수 있다.** 대법원 2009. 6. 11. 선고 2009다1122 판결

☑ 정답찾기

② **적법한 건축물에 대한 철거명령**은 그 하자가 중대하고 명백하여 **당연 무효**라고 할 것이고, 그 **후행행위**인 건축물철거 대집행계고처분 역 시 **당연무효**라고 할 것이다. 대법원 1999. 4. 27. 선고 97누6780 판결

03 행정구제법　　　　　　　　정답 ①

☑ 오답해설

② 국가의 **철도운행사업**은 국가가 공권력의 행사로서 하는 것이 아니 고 사경제적 작용이라 할 것이므로, 이로 인한 **사고에 공무원이 간여 하였다고 하더라도** 국가배상법을 적용할 것이 아니고 일반 민법의 규정에 따라야 한다. 대법원 1999. 6. 22. 선고 99다7008 판결

③ 국가배상법 제2조 제1항 단서가 보훈보상자법 등에 의한 보상을 받 을 수 있는 경우 국가배상법에 따른 손해배상청구를 하지 못한다는 것을 넘어 국가배상법상 손해배상금을 받은 경우 **보훈보상자법상 보상금 등 보훈급여금의 지급을 금지하는 것으로 해석하기는 어려 운 점** 등에 비추어, 국가보훈처장은 국가배상법에 따라 손해배상을 받았다는 사정을 들어 보상금 등 **보훈급여금의 지급을 거부할 수 없다.** 대법원 2017. 2. 3. 선고 2015두60075 판결

④ 국가배상법 제9조(소송과 배상신청의 관계)

> 이 법에 따른 **손해배상의 소송은 배상심의회에 배상신청을 하지 아니 하고도 제기할 수 있다.**

☑ 정답찾기

① 공무원이 **자기 소유의 자동차**로 공무수행 중 사고를 일으킨 경우에 는 그 손해배상책임은 자동차손해배상보장법이 정한 바에 의하게 되어, 그 사고가 자동차를 운전한 공무원의 **경과실에 의한 것인지 중과실 또는 고의에 의한 것인지를 가리지 않고** 그 공무원이 자동차 손해배상보장법 제3조 소정의 '자기를 위하여 자동차를 운행하는 자' 에 해당하는 한 손해배상책임을 부담한다. 대법원 1996. 5. 31. 선고 94 다15271 판결

04 행정쟁송법　　　　　　　　정답 ④

☑ 오답해설

① 사립학교 교원이 **소청심사청구를** 하여 해임처분의 효력을 다투던 중 형사판결 확정 등 **당연퇴직**사유가 발생하여 교원의 지위를 회복 할 수 없더라도, 해임처분이 취소되거나 변경되면 해임처분일부터 당연퇴직사유 발생일까지의 기간에 대한 **보수 지급**을 구할 수 있는 경우에는 소청심사청구를 기각한 교원소청심사위원회 결정의 취소 를 구할 **법률상 이익**이 있다. 대법원 2024. 2. 8. 선고 2022두50571 판결

② 행정청이 공무원에 대하여 **새로운 직위해제사유에 기한 직위해제처 분**을 한 경우 그 이전에 한 직위해제처분은 이를 묵시적으로 철회하 였다고 봄이 상당하므로, 그 이전 처분의 취소를 구하는 부분은 존재 하지 않는 행정처분을 대상으로 한 것으로서 그 소의 이익이 없어 부적법하다. 대법원 2003. 10. 10. 선고 2003두5945 판결

③ 특별한 사정이 없는 한 경원관계에서 허가 등 처분을 받지 못한 사 람은 자신에 대한 거부처분의 취소를 구할 소의 이익이 있다. 대법원 2015. 10. 29. 선고 2013두27517 판결

☑ 정답찾기

④ '의료기관의 처방약조제 기회를 공정하게 배분받을 기존 약국개설자 의 이익'은 약국개설등록처분의 근거법규 및 관련 법규에 의하여 보 호되는 <u>개별적·직접적·구체적 이익</u>이라고 할 수 있다. 그러므로 다른 약사에 대한 약국개설등록처분으로 인하여 조제 기회를 전부 또는 일부라도 상실하게 된 **기존 약국개설자**는 특별한 사정이 없는 한 해당 처분의 취소를 구할 법률상 이익이 **있다.** 이때 반드시 기존 약국개설자의 **주된 매출**이 해당 의료기관이 발행한 처방전에 기초 하고 있었다거나 해당 의료기관이 발행한 처방전에 관한 기존 약국 개설자의 **매출 감소가 상당**하여야만, 그와 같은 이익이 침해될 우려 가 있다고 볼 것은 **아니다.** 대법원 2025. 9. 11. 선고 2024두34276 판결

05 행정절차법   정답 ②

☑ 오답해설

① 행정청이 당사자와 사이에 도시계획사업의 시행과 관련한 **협약을 체결**하면서 관계 법령 및 행정절차법에 규정된 청문의 실시 등 **의견 청취절차를 배제하는 조항**을 두었다고 하더라도, (중략) 이러한 협 약이 체결되었다고 하여 청문의 실시에 관한 규정의 적용이 배제된 다거나 청문을 실시하지 않아도 되는 예외적인 경우에 해당한다고 할 수 없다. 대법원 2004. 7. 8. 선고 2002두8350 판결

③ 처분 당시 당사자가 어떠한 근거와 이유로 처분이 이루어진 것인지 를 충분히 알 수 있어서 그에 **불복하여 행정구제절차로 나아가는 데 에 별다른 지장이 없었던 것**으로 인정되는 경우에는 처분서에 처분 의 근거와 이유가 **구체적으로 명시되어 있지 않았다고 하더라도** 그 로 말미암아 그 처분이 위법한 것으로 된다고 할 수는 없다. 대법원 2013. 11. 14. 선고 2011두18571 판결

④ 행정절차법 제9조(당사자등의 자격)

> 다음 각 호의 어느 하나에 해당하는 자는 행정절차에서 <u>당사자등이 될 수 있다.</u>
> 2. 법인, 법인이 아닌 사단 또는 재단

☑ 정답찾기

② 행정청이 미리 공표한 기준, 즉 행정규칙을 따랐는지 여부가 처분의 적법성을 판단하는 결정적인 지표가 되지 못하는 것과 마찬가지로, 행정청이 **미리 공표하지 않은 기준을 적용하였는지** 여부도 처분의 **적법성을 판단하는 결정적인 지표가 될 수 없다.** 대법원 2020. 12. 24. 선고 2018두45633 판결

06 행정작용법   정답 ③

☑ 오답해설

① 관할 행정청은 양수인의 **선의·악의를 불문**하고 **양수인에 대하여** 불법증차 차량에 관하여 지급된 유가보조금의 반환을 명할 수 있다. 다만, 그에 따른 양수인의 책임범위는 **지위승계 후 발생한 유가보조 금 부정수급액에 한정**되고, 지위승계 전에 발생한 유가보조금 부 정수급액에 대해서까지 양수인을 상대로 반환명령을 할 수는 없다. 대법원 2021. 7. 29. 선고 2018두55968 판결

② 만일 어떠한 **공중위생영업**에 대하여 그 영업을 정지할 위법사유가 있다면, 관할 행정청은 그 영업이 양도·양수되었다 하더라도 그 업 소의 **양수인에 대하여** 영업정지처분을 할 수 있다고 봄이 상당하다. 대법원 2001. 6. 29. 선고 2001두1611 판결

④ 행정청이 주택건설사업의 **양수인에 대하여** 양도인에 대한 사업계획 승인을 취소하였다는 사실을 통지한 것만으로는 양수인의 법률상 지위에 어떠한 변동을 일으키는 것은 아니므로 위 통지는 항고소송 의 대상이 되는 행정처분이라고 할 수는 없다. 대법원 2000. 9. 26. 선 고 99두646 판결

☑ 정답찾기

③ 사업양도·양수에 따른 허가관청의 지위승계신고의 수리는 적법한 사업의 양도·양수가 있었음을 전제로 하는 것이므로 그 수리대상 인 사업양도·양수가 존재하지 아니하거나 무효인 때에는 수리를 하였다 하더라도 그 수리는 유효한 대상이 없는 것으로서 당연히 무효라 할 것이고, 사업의 양도행위가 무효라고 주장하는 양도자는 **민사쟁송으로 양도·양수행위의 무효를 구함이 없이** 막바로 허가관 청을 상대로 하여 행정소송으로 위 신고수리처분의 무효확인을 구 할 **법률상 이익이 있다.** 대법원 2005. 12. 23. 선고 2005두3554 판결

07 행정작용법   정답 ③

☑ 오답해설

ㄱ. 도로관리청이 도로점용을 허가하면서 부가하는 조건은 수익적 행정 행위의 주된 내용에 덧붙여 그 행정행위 상대방에게 작위, 부작위, 수인 등 의무를 부과하는 부관의 일종으로서 특별한 사정이 없는 한 그 의무의 이행상대방은 **수익적 행정행위를 한 행정청으로 한정**되 는 점, (중략) 도로점용허가 대상 도로가 아닌 **다른 도로의 관리청이** 그의 필요에 따라 도로점용허가 대상 도로에 관한 공사를 시행하는 경우에는 당초 도로점용허가를 한 처분청과 처분상대방 사이의 공 사비용 부담 주체 결정에 관한 부관인 조건을 **원용할 수 없다.** 대법 원 2024. 10. 31. 선고 2022다250626 판결

☑ 정답찾기

ㄴ. 일반적으로 **보조금 교부결정**에 관해서는 행정청에게 광범위한 **재량** 이 부여되어 있고, 행정청은 **보조금 교부결정**을 할 때 법령과 예산 에서 정하는 보조금의 교부 목적을 달성하는 데에 필요한 조건을 붙 일 수 있다. 대법원 2021. 2. 4. 선고 2020두48772 판결

ㄷ. 행정처분의 상대방이 수익적 행정처분을 얻기 위하여 행정청과 사 이에 행정처분에 부가할 부담에 관한 협약을 체결하고 행정청이 수 익적 행정처분을 하면서 협약상의 의무를 부담으로 부가하였으나 부담의 전제가 된 주된 행정처분의 근거 법령이 개정됨으로써 행정 청이 더 이상 부관을 붙일 수 없게 된 경우에도 **곧바로 협약의 효력 이 소멸하는 것은 아니다.** 대법원 2009. 2. 12. 선고 2005다65500 판결

08 행정법통론 　　　　　　　　　　정답 ①

☑ 오답해설

② 사직원 제출자의 내심의 의사가 사직할 뜻이 아니었다 하더라도 그 의사가 외부에 객관적으로 표시된 이상 그 의사는 **표시된 대로 효력**을 발하는 것이며, 민법 제107조 제1항 단서의 <u>비진의 의사표시의 무효에 관한 규정</u>은 그 성질상 **사인의 공법행위에 적용되지 아니하**므로 원고의 사직원을 받아들여 의원면직처분한 것을 당연무효라고 할 수 없다. 대법원 2001. 8. 24. 선고 99두9971 판결

③ 허가대상 건축물의 양수인이 구 건축법 시행규칙에 규정되어 있는 <u>형식적 요건을 갖추어 시장·군수 등 행정관청에 적법하게 **건축주의 명의변경을 신고**</u>한 때에는 <u>행정관청은 그 신고를 수리하여야지 실체적인 이유를 내세워 신고의 수리를 거부할 수는 없다</u>. 대법원 2014. 10. 15. 선고 2014두37658 판결

④ **신고납부방식의 조세**는 원칙적으로 <u>납세의무자가 스스로 과세표준과 세액을 정하여 신고하는 행위에 의하여 납세의무가 구체적으로 확정</u>되고, 그 납부행위는 신고에 의하여 확정된 구체적 납세의무의 이행으로 하는 것이며, 국가나 지방자치단체는 그와 같이 확정된 조세채권에 기하여 납부된 세액을 보유한다. 납세의무자의 **신고행위가** 중대하고 명백한 하자로 인하여 **당연무효로 되지 아니하는 한** 그것이 바로 **부당이득**에 해당한다고 할 수 **없다**. 대법원 2018. 11. 9. 선고 2015다221026 판결

☑ 정답찾기

① 행정절차법 제17조 및 제24조

> **행정절차법 제17조(처분의 신청)** ② 제1항에 따라 <u>처분을 신청할 때 전자문서로 하는 경우에는 행정청의 컴퓨터 등에 입력된 때에 신청한 것으로 본다.</u>
>
> **행정절차법 제24조(처분의 방식)** ① 행정청이 처분을 할 때에는 다른 법령등에 특별한 규정이 있는 경우를 제외하고는 **문서로 하여야 하**며, 다음 각 호의 어느 하나에 해당하는 경우에는 **전자문서로 할 수 있다.**
> 1. 당사자등의 **동의**가 있는 경우
> 2. 당사자가 <u>전자문서로 처분을 **신청**</u>한 경우

09 행정쟁송법 　　　　　　　　　　정답 ②

☑ 오답해설

ㄴ. 피고 **한국농어촌공사**가 '피고 농림축산식품부장관의 **대행자**' 지위에서 위와 같은 납부통지를 하였음을 분명하게 밝힌 이상, 피고 농림축산식품부**장관**이 이 사건 농지보전부담금 부과처분을 **외부적으로 자신의 명의**로 행한 행정청으로서 항고소송의 피고가 되어야 하고, 단순한 대행자에 불과한 피고 한국농어촌공사를 피고로 삼을 수는 없다. 대법원 2018. 10. 25. 선고 2018두43095 판결

☑ 정답찾기

ㄱ. 한국자산관리공사가 체납압류된 재산을 공매하는 것은 세무서장의 **공매권한 위임**에 의한 것으로 보아야 할 것이므로, 한국자산관리공사가 한 그 공매처분에 대한 취소 등의 항고소송을 제기함에 있어서는 <u>수임청으로서 실제로 공매를 행한 **한국자산관리공사를 피고로**</u> 하여야 하고, 위임청인 세무서장은 피고적격이 없다. 대법원 1997. 2. 28. 선고 96누1757 판결

ㄷ. 노동위원회법 제27조(중앙노동위원회의 처분에 대한 소송)

> ① 중앙노동위원회의 처분에 대한 소송은 **중앙노동위원회 위원장을** 피고로 하여 처분의 송달을 받은 날부터 15일 이내에 제기하여야 한다.

10 실효성 확보수단 　　　　　　　　정답 ④

☑ 오답해설

① 질서위반행위규제법 제33조(직권에 의한 사실탐지와 증거조사)

> ① <u>법원은 **직권으로** 사실의 탐지와 필요하다고 인정하는 증거의 조사를 하여야 한다.</u>

② 법원이 **비송사건절차법**에 따라서 하는 과태료 재판은 관할 관청이 부과한 과태료처분에 대한 당부를 심판하는 **행정소송절차가 아니라** 법원이 **직권으로** 개시·결정하는 것이므로, 원칙적으로 과태료 재판에서는 행정소송에서와 같은 신뢰보호의 원칙 위반 여부가 문제로 되지 아니하고, (이하 생략). 대법원 2006. 4. 28.자 2003마715 결정

③ 질서위반행위규제법 제3조(법 적용의 시간적 범위)

> ① <u>질서위반행위의 성립과 과태료 처분은 행위 시의 법률에 따른다.</u>

☑ 정답찾기

④ 질서위반행위규제법 제7조(고의 또는 과실)

> <u>고의 또는 과실이 없는 질서위반행위는 과태료를 부과하지 아니한다.</u>

11 행정법통론 　　　　　　　　　　정답 ①

☑ 오답해설

② 타인의 사무가 **국가의 사무**인 경우, 사인이 처리한 국가의 사무가 사인이 국가를 대신하여 처리할 수 있는 성질의 것으로서, <u>사무 처리의 긴급성</u> 등 국가의 사무에 대한 사인의 개입이 정당화되는 경우에 한하여 사무관리가 성립하고, 사인은 그 범위 내에서 국가에 대하여 국가의 사무를 처리하면서 지출된 필요비 내지 유익비의 상환을 청구할 수 있다. 대법원 2014. 12. 11. 선고 2012다15602 판결

③ 행정기본법 제6조(행정에 관한 기간의 계산)

> ② 법령등 또는 처분에서 국민의 권익을 제한하거나 의무를 부과하는 경우 권익이 제한되거나 의무가 지속되는 기간의 계산은 다음 각 호의 기준에 따른다. 다만, 다음 각 호의 기준에 따르는 것이 국민에게 불리한 경우에는 그러하지 아니하다.
> 2. 기간의 말일이 토요일 또는 공휴일인 경우에도 기간은 **그 날로 만료한다.**

④ **대한변호사협회**는 변호사 등록에 관한 한 공법인으로서 공권력 행사의 주체이다. (중략) 대한변호사협회가 등록사무의 수행과 관련하여 정립한 규범을 단순히 내부 기준이라거나 사법적인 성질을 지니는 것이라 볼 수는 없고, 변호사 등록을 하려는 자와의 관계에서 <u>대외적 구속력을 가지는</u> 공권력 행사에 해당한다고 할 것이다. 헌법재판소 2019. 11. 28. 선고 2017헌마759 전원재판부 결정

① 변상금 부과처분에 대한 취소소송이 진행 중이라도 그 부과권자로서는 위법한 처분을 스스로 취소하고 그 하자를 보완하여 다시 적법한 부과처분을 할 수도 있는 것이어서 그 권리행사에 법률상의 장애사유가 있는 경우에 해당한다고 할 수 없으므로, 변상금 부과처분에 대한 취소소송이 진행되는 동안에도 그 부과권의 소멸시효가 진행된다. 대법원 2006. 2. 10. 선고 2003두5686 판결

12 행정작용법   정답 ①

✅ 오답해설

② 행정주체가 구체적인 행정계획을 입안·결정할 때 가지는 형성의 자유의 한계에 관한 법리는 산업입지법상 산업단지개발계획 변경권자가 산업단지 입주업체 등의 신청에 따라 산업단지개발계획을 변경할 것인지를 결정하는 경우에도 마찬가지로 적용된다. 대법원 2021. 7. 29. 선고 2021두33593 판결

③ 환지예정지 지정이나 환지처분은 그에 의하여 직접 토지소유자 등의 권리의무가 변동되므로 이를 항고소송의 대상이 되는 처분이라고 볼 수 있으나, 환지계획은 (중략) 이를 항고소송의 대상이 되는 처분에 해당한다고 할 수가 없다. 대법원 1999. 8. 20. 선고 97누6889 판결

④ 재건축정비사업조합이 이러한 행정주체의 지위에서 위 법에 기초하여 수립한 사업시행계획은 인가·고시를 통해 확정되면 이해관계인에 대한 구속적 행정계획으로서 독립된 행정처분에 해당한다. 대법원 2009. 11. 2.자 2009마596 결정

✅ 정답찾기

① 주민 등의 도시관리계획 입안 제안을 거부한 처분을 이익형량에 하자가 있어 위법하다고 판단하여 취소하는 판결이 확정되었더라도 행정청에게 그 입안 제안을 그대로 수용하는 내용의 도시관리계획을 수립할 의무가 있다고는 볼 수 없고, 행정청이 다시 새로운 이익형량을 하여 적극적으로 도시관리계획을 수립하였다면 취소판결의 기속력에 따른 재처분의무를 이행한 것이라고 보아야 한다. 대법원 2020. 6. 25. 선고 2019두56135 판결

13 행정정보   정답 ③

✅ 오답해설

① 전자적 형태로 보유·관리되는 정보의 경우에는, 그 정보가 청구인이 구하는 대로는 되어 있지 않다고 하더라도, 공개청구를 받은 공공기관이 공개청구대상정보의 기초자료를 전자적 형태로 보유·관리하고 있고, 당해 기관에서 통상 사용되는 컴퓨터 하드웨어 및 소프트웨어와 기술적 전문지식을 사용하여 그 기초자료를 검색하여 청구인이 구하는 대로 편집할 수 있으며, 그러한 작업이 당해 기관의 컴퓨터 시스템 운용에 별다른 지장을 초래하지 아니한다면, 그 공공기관이 공개청구대상정보를 보유·관리하고 있는 것으로 볼 수 있고, 이러한 경우에 기초자료를 검색·편집하는 것은 새로운 정보의 생산 또는 가공에 해당한다고 할 수 없다. 대법원 2010. 2. 11. 선고 2009두6001 판결

② 알 권리에서 파생되는 정부의 공개의무는 특별한 사정이 없는 한 국민의 적극적인 정보수집행위, 특히 특정의 정보에 대한 공개청구가 있는 경우에야 비로소 존재한다. 헌법재판소 2004. 12. 16. 선고 2002헌마579 전원재판부

④ 문제은행 출제방식을 채택하고 있는 치과의사 국가시험의 문제지와 정답지는 비공개대상에 해당한다. 대법원 2007. 6. 15. 선고 2006두15936 판결

✅ 정답찾기

③ 여기에서 말하는 공공기관이 보유·관리하는 정보라 함은 당해 공공기관이 작성하여 보유·관리하고 있는 정보뿐만 아니라 경위를 불문하고 당해 공공기관이 보유·관리하고 있는 모든 정보를 의미한다고 할 것이다. 대법원 2008. 9. 25. 선고 2008두8680 판결

14 행정쟁송법   정답 ③

✅ 오답해설

① 제재처분에 대한 행정쟁송절차에서 처분에 대해 집행정지결정이 이루어졌더라도 본안에서 해당 처분이 최종적으로 적법한 것으로 확정되어 집행정지결정이 실효되고 제재처분을 다시 집행할 수 있게 되면, 처분청으로서는 당초 집행정지결정이 없었던 경우와 동등한 수준으로 해당 제재처분이 집행되도록 필요한 조치를 취하여야 한다. 대법원 2020. 9. 3. 선고 2020두34070 판결

② 집행정지의 요건으로 규정하고 있는 '공공복리에 중대한 영향을 미칠 우려'가 없을 것이라고 할 때의 '공공복리'는 그 처분의 집행과 관련된 구체적이고도 개별적인 공익을 말하는 것으로서 이러한 집행정지의 소극적 요건에 대한 주장·소명책임은 행정청에게 있다. 대법원 1999. 12. 20.자 99무42 결정

④ 집행정지결정을 한 후에라도 본안소송이 취하되어 소송이 계속하지 아니한 것으로 되면 집행정지결정은 당연히 그 효력이 소멸되는 것이고 별도의 취소조치를 필요로 하는 것이 아니다. 대법원 1975. 11. 11. 선고 75누97 결정

✅ 정답찾기

③ 부작위법확인소송과 달리 무효등 확인소송에는 취소소송의 집행정지에 관한 규정이 준용되므로, 무효등 확인소송을 본안으로 하는 집행정지는 인정된다.

> 행정소송법 제38조(준용규정) ① 제9조, 제10조, 제13조 내지 제17조, 제19조, 제22조 내지 제26조, 제29조 내지 제31조 및 제33조의 규정은 무효등 확인소송의 경우에 준용한다.
>
> 행정소송법 제23조(집행정지) (내용 생략)

15 행정작용법　　　　　　　　　　　　　정답 ②

오답해설

ㄴ. 인허가 의제대상이 되는 처분의 공시방법에 관한 하자가 있더라도, 그로써 해당 인허가 등 의제의 효과가 발생하지 않을 여지가 있게 될 뿐이고, 그러한 사정이 주택건설사업계획 승인처분 자체의 위법사유가 될 수는 없다. 대법원 2017. 9. 12. 선고 2017두45131 판결

ㄷ. 주택건설사업계획 승인권자가 구 주택법 제17조 제3항에 따라 도시·군관리계획 결정권자와 협의를 거쳐 관계 주택건설사업계획을 승인하면 같은 조 제1항 제5호에 따라 도시·군관리계획결정이 이루어진 것으로 의제되고, 이러한 협의 절차와 별도로 국토의 계획 및 이용에 관한 법률 제28조 등에서 정한 도시·군관리계획 입안을 위한 주민 의견청취 절차를 거칠 필요는 없다. 대법원 2018. 11. 29. 선고 2016두38792 판결

정답찾기

ㄱ. 주택건설사업계획 승인처분에 따라 의제된 인허가가 위법함을 다투고자 하는 이해관계인은, 주택건설사업계획 승인처분의 취소를 구할 것이 아니라 의제된 인허가의 취소를 구하여야 하며, 의제된 인허가는 주택건설사업계획 승인처분과 별도로 항고소송의 대상이 되는 처분에 해당한다. 대법원 2018. 11. 29. 선고 2016두38792 판결

ㄹ. 주된 인허가에 관한 사항을 규정하고 있는 법률에서 주된 인허가가 있으면 다른 법률에 의한 인허가를 받은 것으로 의제한다는 규정을 둔 경우, 주된 인허가가 있으면 다른 법률에 의한 인허가가 있는 것으로 보는 데 그치고, 거기에서 더 나아가 다른 법률에 의하여 인허가를 받았음을 전제로 하는 그 다른 법률의 모든 규정들까지 적용되는 것은 아니다. 대법원 2016. 11. 24. 선고 2014두47686 판결

16 행정작용법　　　　　　　　　　　　　정답 ④

오답해설

① 구 청소년보호법에 따른 청소년유해매체물 결정 및 고시처분은 당해 유해매체물의 소유자 등 특정인만을 대상으로 한 행정처분이 아니라 일반 불특정 다수인을 상대방으로 하여 일률적으로 표시의무, 포장의무, 청소년에 대한 판매·대여 등의 금지의무 등 각종 의무를 발생시키는 행정처분으로서, 정보통신윤리위원회가 특정 인터넷 웹사이트를 청소년유해매체물로 결정하고 청소년보호위원회가 효력 발생시기를 명시하여 고시함으로써 그 명시된 시점에 효력이 발생하였다고 봄이 상당하고, 정보통신윤리위원회와 청소년보호위원회가 위 처분이 있었음을 위 웹사이트 운영자에게 제대로 통지하지 아니하였다고 하여 그 효력 자체가 발생하지 아니한 것으로 볼 수는 없다. 대법원 2007. 6. 14. 선고 2004두619 판결

② 행정절차법 제14조(송달)

> ④ 다음 각 호의 어느 하나에 해당하는 경우에는 송달받을 자가 알기 쉽도록 관보, 공보, 게시판, 일간신문 중 하나 이상에 공고하고 인터넷에도 공고하여야 한다.

③ 민사소송에 있어서 어느 행정처분의 당연무효 여부가 선결문제로 되는 때에는 이를 판단하여 당연무효임을 전제로 판결할 수 있고 반드시 행정소송 등의 절차에 의하여 그 취소나 무효확인을 받아야 하는 것은 아니다. 대법원 2010. 4. 8. 선고 2009다90092 판결

정답찾기

④ 연령미달의 결격자인 피고인이 소외인의 이름으로 운전면허시험에 응시, 합격하여 교부받은 운전면허는 당연무효가 아니고 도로교통법 제65조 제3호의 사유에 해당함에 불과하여 취소되지 않는 한 유효하므로 피고인의 운전행위는 무면허운전에 해당하지 아니한다. 대법원 1982. 6. 8. 선고 80도2646 판결

17 실효성 확보수단　　　　　　　　　　　정답 ②

오답해설

① 음주운전 여부에 대한 조사 과정에서 운전자 본인의 동의를 받지 아니하고 또한 법원의 영장도 없이 채혈조사를 한 결과를 근거로 한 운전면허 정지·취소 처분은 도로교통법 제44조 제3항을 위반한 것으로서 특별한 사정이 없는 한 위법한 처분으로 볼 수밖에 없다. 대법원 2016. 12. 27. 선고 2014두46850 판결

③ 우편물 통관검사절차에서 이루어지는 우편물의 개봉, 시료채취, 성분분석 등의 검사는 수출입물품에 대한 적정한 통관 등을 목적으로 한 행정조사의 성격을 가지는 것으로서 수사기관의 강제처분이라고 할 수 없으므로, 압수·수색영장 없이 우편물의 개봉, 시료채취, 성분분석 등 검사가 진행되었다 하더라도 특별한 사정이 없는 한 위법하다고 볼 수 없다. 대법원 2013. 9. 26. 선고 2013도7718 판결

④ 행정조사기본법 제3조(적용범위)

> ② 다음 각 호의 어느 하나에 해당하는 사항에 대하여는 이 법을 적용하지 아니한다.
> 4. 「근로기준법」 제101조에 따른 근로감독관의 직무에 관한 사항

정답찾기

② 수질오염물질을 측정하는 경우 시료채취의 방법, 오염물질 측정의 방법 등을 정한 구 수질오염공정시험기준은 형식 및 내용에 비추어 행정기관 내부의 사무처리준칙에 불과하므로 일반 국민이나 법원을 구속하는 대외적 구속력은 없다. 따라서 시료채취의 방법 등이 위 고시에서 정한 절차에 위반된다고 하여 그러한 사정만으로 곧바로 그에 기초하여 내려진 행정처분이 위법하다고 볼 수는 없고, 관계 법령의 규정 내용과 취지 등에 비추어 절차상 하자가 채취된 시료를 객관적인 자료로 활용할 수 없을 정도로 중대한지에 따라 판단되어야 한다. 대법원 2022. 9. 16. 선고 2021두58912 판결

18 행정구제법 정답 ①

✅ 오답해설

② 사업시행자가 <u>사업인정을 받은 후</u> 그 사업이 공용수용을 할 만한 **공익성을 상실**하거나 사업인정에 관련된 자들의 이익이 현저히 **비례의 원칙에 어긋나게** 된 경우 또는 사업시행자가 해당 **공익사업을 수행할 의사나 능력을 상실**하였음에도 여전히 그 사업인정에 기하여 <u>수용권을 행사</u>하는 것은 수용권의 공익 목적에 반하는 **수용권의 남용**에 해당하여 허용되지 않는다. 대법원 2011. 1. 27. 선고 2009두1051 판결

③ <u>사업인정고시</u>는 수용재결절차로 나아가 강제적인 방식으로 토지소유자나 관계인의 권리를 취득·보상하기 위한 절차적 요건에 지나지 않고 **영업손실보상의 요건이 아니다.** 따라서 피고가 시행하는 사업이 토지보상법상 공익사업에 해당하고 원고들의 영업이 해당 공익사업으로 폐업하거나 휴업하게 된 것이어서 <u>토지보상법령에서 정한 영업손실 보상대상</u>에 해당하면, **사업인정고시가 없더라도** 피고는 <u>원고들에게 영업손실을 보상할 의무가 있다.</u> 대법원 2021. 11. 11. 선고 2018다204022 판결

④ 토지보상법 제86조(이의신청에 대한 재결의 효력)

> ① 제85조 제1항에 따른 기간 이내에 소송이 제기되지 아니하거나 그 밖의 사유로 이의신청에 대한 <u>재결이 확정</u>된 때에는「민사소송법」상의 **확정판결**이 있는 것으로 보며, 재결서 정본은 집행력 있는 판결의 정본과 동일한 **효력**을 가진다.

✅ 정답찾기

① 토지수용위원회의 **수용재결이 있은 후**라고 하더라도 토지소유자 등과 사업시행자가 <u>다시 협의</u>하여 토지 등의 취득이나 사용 및 그에 대한 보상에 관하여 <u>임의로 **계약을 체결할 수 있다**</u>고 보아야 한다. 대법원 2017. 4. 13. 선고 2016두64241 판결

19 행정쟁송법 정답 ③

✅ 오답해설

ㄱ. 사실심에서 변론종결시까지 당사자가 주장하지 않던 **직권조사사항**에 해당하는 사항을 **상고심에서 비로소 주장**하는 경우 그 직권조사사항에 해당하는 사항은 상고심의 **심판범위에 해당**한다. 대법원 2004. 12. 24. 선고 2003두15195 판결

ㄷ. 징계혐의자에 대한 <u>감봉 1월의 징계처분을 견책으로 변경한 소청결정</u> 중 그를 **견책에 처한 조치**는 재량권의 남용 또는 일탈로서 위법하다는 사유는 소청결정 자체에 **고유한 위법을 주장**하는 것으로 볼 수 없어 소청결정의 취소사유가 될 수 없다. 대법원 1993. 8. 24. 선고 93누5673 판결

✅ 정답찾기

ㄴ. 사회적 사실관계의 **기본적 동일성**이 인정되는 경우라고 하더라도 그에 대한 규범적 평가와 처분의 근거 법령의 변경으로, 예를 들어 **기속행위가 재량행위로 변경**되는 경우와 같이, 당초 처분의 내용을 **변경할 필요성**이 제기되는 경우에는 해당 처분을 취소한 후 처분청으로 하여금 다시 처분절차를 거쳐 새로운 처분을 하도록 하여야 할 것이지 당초 처분의 내용을 그대로 유지한 채 근거 법령만 추가·변경하는 것은 허용될 수 없다. 대법원 2024. 11. 28. 선고 2023두61349 판결

ㄹ. 행정처분의 위법 여부를 판단하는 기준 시점에 관하여 판결 시가 아니라 처분 시라고 하는 의미는 행정처분이 있을 때의 법령과 사실상태를 기준으로 하여 위법 여부를 판단하며 처분 후 법령의 개폐나 사실상태의 변동에 영향을 받지 않는다는 뜻이지 **처분 당시 존재하였던 자료나 행정청에 제출되었던 자료만으로** 위법 여부를 판단한다는 의미는 **아니다.** 그러므로 처분 당시의 사실상태 등에 관한 증명은 <u>사실심 변론종결 당시까지</u> 할 수 있고, 법원은 행정처분 당시 행정청이 알고 있었던 자료뿐만 아니라 <u>사실심 변론종결 당시까지</u> 제출된 모든 자료를 종합하여 처분 당시 존재하였던 객관적 사실을 확정하고 그 사실에 기초하여 처분의 위법 여부를 판단할 수 있다. 대법원 2017. 4. 7. 선고 2014두37122 판결

ㅁ. 행정소송법 제10조(관련청구소송의 이송 및 병합)

> ② <u>취소소송에는</u> 사실심의 변론종결시까지 <u>관련청구소송을</u> 병합하거나 <u>피고외의 자를</u> 상대로 한 관련청구소송을 취소소송이 계속된 법원에 병합하여 제기할 수 있다.

20 행정쟁송법 정답 ④

✅ 오답해설

① **개발부담금 부과처분이 취소**된 이상 그 후의 <u>부당이득으로서의 과오납금 반환</u>에 관한 법률관계는 단순한 민사관계에 불과한 것이고, 행정소송 절차에 따라야 하는 관계로 볼 수 없다. 대법원 1995. 12. 22. 선고 94다51253 판결

② 행정소송법 제44조(준용규정)

> ② <u>제10조의 규정(관련청구소송의 이송 및 병합)</u>은 당사자소송과 관련청구소송이 각각 다른 법원에 계속되고 있는 경우의 이송과 이들 소송의 병합의 경우에 **준용한다.**

③ **군인연금법령상 급여**를 받으려고 하는 사람은 우선 관계 법령에 따라 국방부장관 등에게 급여지급을 청구하여 국방부장관 등이 이를 거부하거나 일부 금액만 인정하는 급여지급결정을 하는 경우 그 결정을 대상으로 **항고소송**을 제기하는 등으로 구체적 권리를 인정받은 다음 비로소 당사자소송으로 그 급여의 지급을 구해야 한다. 이러한 구체적인 권리가 발생하지 않은 상태에서 <u>곧바로 국가를 상대로 한 **당사자소송**으로 급여의 지급을 소구하는 것은 **허용되지 않는다.**</u> 대법원 2021. 12. 16. 선고 2019두45944 판결

✅ 정답찾기

④ 99두3416 판결 및 2020헌가12 전원재판부 결정

> [1] 행정소송법 제8조 제2항에 의하면 행정소송에도 민사소송법의 규정이 일반적으로 준용되므로 법원으로서는 <u>공법상 당사자소송에서 재산권의 청구를 인용하는 판결을 하는 경우 가집행선고를 할 수 있다.</u> 대법원 2000. 11. 28. 선고 99두3416 판결
> [2] '국가를 상대로 하는 당사자소송의 경우에는 가집행선고를 할 수 없다.'라고 규정한 행정소송법 제43조는 국가가 당사자소송의 피고인 경우 가집행의 선고를 제한하여, 국가가 아닌 공공단체 그 밖의 권리주체가 피고인 경우에 비하여 합리적인 이유 없이 차별하고 있으므로 <u>평등원칙에 반한다</u>(주 : 따라서 국가를 상대로 하는 당사자소송의 경우에도 법원은 가집행선고를 할 수 있음). 헌법재판소 2022. 2. 24. 선고 2020헌가12 전원재판부 결정

Answer

01	④	02	①	03	③	04	②	05	②
06	①	07	①	08	④	09	③	10	③
11	②	12	②	13	①	14	④	15	②
16	④	17	①	18	④	19	②	20	③

01　실효성 확보수단　　정답 ④

오답해설

① 행정기본법 제31조(이행강제금의 부과)

> ③ 행정청은 <u>이행강제금을 부과하기 전에 미리 의무자에게 **적절한 이행기간**을 정하여 그 기한까지 행정상 의무를 이행하지 아니하면 이행강제금을 부과한다는 뜻을 문서로 **계고**하여야 한다.</u>

② 건축법상 이행강제금 납부의무는 상속인 기타의 사람에게 승계될 수 없는 <u>일신전속적</u>인 성질의 것이므로 **이미 사망한 사람**에게 이행강제금을 부과하는 내용의 처분이나 결정은 **당연무효**이고, 이행강제금을 부과받은 사람의 이의에 의하여 <u>비송사건절차법에 의한 재판절차가 개시된 후에 그 이의의 사람이 사망한 때에는 사건 자체가 목적을 잃고 절차가 종료한다.</u> 대법원 2006. 12. 8.자 2006마470 판결

③ 농지법이 위와 같이 이행강제금 부과처분에 대한 불복절차를 분명하게 규정하고 있으므로, <u>이와 다른 불복절차를 허용할 수는 없다.</u> 설령 관할청이 이행강제금 부과처분을 하면서 재결청에 행정심판을 청구하거나 관할 행정법원에 행정소송을 할 수 있다고 **잘못 안내**하거나 관할 행정심판위원회가 **각하재결이 아닌 기각재결**을 하면서 관할 법원에 행정소송을 할 수 있다고 **잘못 안내**하였다고 하더라도, 그러한 잘못된 안내로 행정법원의 **항고소송 재판관할이 생긴다고 볼 수도 없다.** 대법원 2019. 4. 11. 선고 2018두42955 판결

정답찾기

④ 행정기본법 제31조(이행강제금의 부과)

> ② 행정청은 다음 각 호의 사항을 고려하여 <u>이행강제금의 부과 금액을 **가중**하거나 **감경**할 수 있다.</u>
> 1. 의무 불이행의 동기, 목적 및 결과
> 2. 의무 불이행의 정도 및 상습성
> 3. 그 밖에 행정목적을 달성하는 데 필요하다고 인정되는 사유

02　행정작용법　　정답 ①

오답해설

② 행정행위의 부관은 부담인 경우를 제외하고는 독립하여 행정소송의 대상이 될 수 없는바, <u>기부채납받은 행정재산에 대한 사용·수익허가에서 공유재산의 관리청이 정한 사용·수익허기의 기간</u>은 그 허가의 효력을 제한하기 위한 행정행위의 부관으로서 이러한 사용·수익허가의 기간에 대해서는 **독립하여 행정소송을 제기할 수 없으며,** 결국 이 사건 청구는 부적법하여 각하를 면할 수 없다. 대법원 2001. 6. 15. 선고 99두509 판결

---

③ 행정처분에 <u>부담인 부관을 붙인 경우</u> **부관의 무효화**에 의하여 본체인 행정처분 자체의 효력에도 영향이 있게 될 수는 있지만, 그 처분을 받은 사람이 부담의 이행으로 사법상 매매 등의 법률행위를 한 경우에는 그 부관은 특별한 사정이 없는 한 법률행위를 하게 된 동기 내지 연유로 작용하였을 뿐이므로 이는 법률행위의 **취소사유가** 될 수 있음은 별론으로 하고 그 법률행위 자체를 **당연히 무효화하는 것은 아니다.** 대법원 2009. 6. 25. 선고 2006다18174 판결

④ 행정처분에 붙은 <u>부담인 부관이 제소기간의 도과로 확정되어 이미 불가쟁력이 생겼다면</u> 그 하자가 중대하고 명백하여 당연 무효로 보아야 할 경우 외에는 누구나 그 효력을 부인할 수 없을 것이지만, 부담의 이행으로서 하게 된 사법상 매매 등의 법률행위는 부담을 붙인 행정처분과는 어디까지나 **별개의 법률행위**이므로 그 부담의 불가쟁력의 문제와는 별도로 법률행위가 사회질서 위반이나 강행규정에 <u>위반되는지 여부 등을 따져보아 그 **법률행위의 유효 여부를 판단**하여야 한다(주 : 민사소송을 통해 부담의 이행행위로 행한 사법상 법률행위의 효력을 별도로 판단할 수 있다는 의미).</u> 대법원 2009. 6. 25. 선고 2006다18174 판결

정답찾기

① 도로점용허가 대상 도로가 아닌 **다른 도로의 관리청이** 그의 필요에 따라 도로점용허가 대상 도로에 관한 공사를 시행하는 경우에는 당초 도로점용허가를 한 처분청과 처분상대방 사이의 공사비용 부담 주체 결정에 관한 부관인 조건을 **원용할 수 없다.** 대법원 2024. 10. 31. 선고 2022다250626 판결

03　행정법통론　　정답 ③

오답해설

① 국립대학교 총장은 공권력을 행사하는 주체이자 **기본권 수범자로서의** 지위를 가지므로, 국립대학교 총장은 헌법상 평등원칙의 직접적인 구속을 받고, 국민의 기본권을 보호 내지 실현할 책임과 의무를 부담하므로, 그 **차별처우의 위법성이 보다 폭넓게 인정**된다. 대법원 2024. 4. 4. 선고 2022두56661 판결

② 갑이 **동성인 을과 교제**하다가 서로를 동반자로 삼아 함께 생활하기로 합의하고 동거하던 중 결혼식을 올린 뒤 국민건강보험공단에 건강보험 직장가입자인 을의 사실혼 배우자로 피부양자 자격취득 신고를 하여 피부양자 자격을 취득한 것으로 등록되었는데, 이 사실이 언론에 보도되자 국민건강보험공단이 갑을 피부양자로 등록한 것이 '착오 처리'였다며 갑의 피부양자 자격을 소급하여 상실시키고 지역가입자로 갑의 자격을 변경한 후 그동안의 지역가입자로서의 건강보험료 등을 납입할 것을 고지한 사안에서, 위 처분이 **행정절차법 제21조 제1항(주 : 처분의 사전통지 등)과 헌법상 평등원칙을 위반하여 위법**하다고 한 사례. 대법원 2024. 7. 18. 선고 2023두36800 전원합의체 판결

④ 행정청이 원고들에게 공신력이 있는 **주민등록번호**와 이에 따른 **주민등록증을 부여**한 행위는 원고들에게 대한민국 국적을 취득하였다는 공적인 견해를 표명한 것이라고 보아야 한다. 대법원 2024. 3. 12. 선고 2022두60011 판결

---

③ 조례안이 지방의회의 감사 또는 조사를 위하여 출석요구를 받은 증인이 5급 이상 공무원인지 여부, 기관(법인)의 대표나 임원인지 여부 등 증인의 사회적 신분에 따라 미리부터 과태료의 액수에 차등을 두고 있는 경우, (중략) 부당한 차별대우라고 할 것이어서 헌법에 규정된 평등의 원칙에 위배되어 무효이다. 대법원 1997. 2. 25. 선고 96추213 판결

04 행정정보 　　　　　　　　　　　　　　　정답 ②

✓ 오답해설

① 여기에서 말하는 국민에는 자연인은 물론 법인, 권리능력 없는 사단·재단도 포함되고, 법인, 권리능력 없는 사단·재단 등의 경우에는 설립목적을 불문한다. 대법원 2003. 12. 12. 선고 2003두8050 판결

③ 청구인에게는 특정한 공개방법을 지정하여 정보공개를 청구할 수 있는 법령상 신청권이 있다. 따라서 공공기관이 공개청구의 대상이 된 정보를 공개는 하되, 청구인이 신청한 공개방법 이외의 방법으로 공개하기로 하는 결정을 하였다면, 이는 정보공개청구 중 정보공개방법에 관한 부분에 대하여 일부 거부처분을 한 것이고, 청구인은 그에 대하여 항고소송으로 다툴 수 있다. 대법원 2016. 11. 10. 선고 2016두44674 판결

④ 지방자치단체의 업무추진비 세부항목별 집행내역 및 그에 관한 증빙서류에 포함된 개인에 관한 정보는 '공개하는 것이 공익을 위하여 필요하다고 인정되는 정보'에 해당하지 않는다고 한 사례. 대법원 2003. 3. 11. 선고 2001두6425 판결

✓ 정답찾기

② 정보비공개결정의 취소를 구하는 사건에 있어서, 만일 공개를 청구한 정보의 내용 중 너무 포괄적이거나 막연하여서 사회일반인의 관점에서 그 내용과 범위를 확정할 수 있을 정도로 특정되었다고 볼 수 없는 부분이 포함되어 있다면, 이를 심리하는 법원으로서는 마땅히 공공기관의 정보공개에 관한 법률 제20조 제2항의 규정에 따라 공공기관에게 그가 보유·관리하고 있는 공개청구정보를 제출하도록 하여 이를 비공개로 열람·심사하는 등의 방법으로 공개청구정보의 내용과 범위를 특정시켜야 하고, 나아가 위와 같은 방법으로도 특정이 불가능한 경우에는 특정되지 않은 부분과 나머지 부분을 분리할 수 있고 나머지 부분에 대한 비공개결정이 위법한 경우라고 하여도 정보공개의 청구 중 특정되지 않은 부분에 대한 비공개결정의 취소를 구하는 부분은 나머지 부분과 분리하여 이를 기각하여야 한다. 대법원 2007. 6. 1. 선고 2007두2555 판결

05 행정쟁송법 　　　　　　　　　　　　　　　정답 ②

✓ 오답해설

① 일반적으로 금전 부과처분 취소소송에서 부과금액 산출과정의 잘못 때문에 부과처분이 위법한 것으로 판단되더라도 사실심 변론종결시까지 제출된 자료에 의하여 적법하게 부과될 정당한 부과금액이 산출되는 때에는 부과처분 전부를 취소할 것이 아니라 정당한 부과금액을 초과하는 부분만 취소하여야 한다. 대법원 2016. 7. 14. 선고 2015두4167 판결

③ 취소판결의 기판력은 소송물로 된 행정처분의 위법성 존부에 관한 판단 그 자체에만 미치는 것이므로 전소와 후소가 그 소송물을 달리하는 경우에는 전소 확정판결의 기판력이 후소에 미치지 아니한다. 대법원 1996. 4. 26. 선고 95누5820 판결

④ 과세처분을 취소하는 판결이 확정되면 그 과세처분은 처분시에 소급하여 소멸하므로 그 뒤에 과세관청에서 그 과세처분을 경정하는 경정처분을 하였다면 이는 존재하지 않는 과세처분을 경정한 것으로서 그 하자가 중대하고 명백한 당연무효의 처분이다. 대법원 1989. 5. 9. 선고 88다카16096 판결

✓ 정답찾기

② 만약 소송에서 추가·변경할 수 있는 다른 사유가 있었음에도 처분청이 이를 적절하게 주장·증명하지 못하여 법원이 그 처분을 위법하다고 판단하여 취소하는 판결이 확정되면, 처분청이 그 다른 사유를 근거로 다시 종전과 같은 내용의 처분을 하는 것은 허용되지 않는다. 어떤 처분의 당초 처분사유와 기본적 사실관계의 동일성이 인정되지 않는 다른 사유가 있다면, 그 처분에 대한 취소소송에서 처분사유 추가·변경은 허용되지 않지만, 처분청이 그 처분에 대한 취소판결 확정 후 그 다른 사유를 근거로 별도의 처분을 하는 것은 허용된다. 대법원 2020. 12. 24. 선고 2019두55675 판결

06 행정작용법 　　　　　　　　　　　　　　　정답 ①

✓ 오답해설

② 주류판매업 면허는 설권적 행위가 아니라 주류판매의 질서유지, 주세 보전의 행정목적 등을 달성하기 위하여 개인의 자연적 자유에 속하는 영업행위를 일반적으로 제한하였다가 특정한 경우에 이를 회복하도록 그 제한을 해제하는 강학상의 허가로 해석되므로 주세법 제10조 제1호 내지 제11호에 열거된 면허제한사유에 해당하지 아니하는 한 면허관청으로서는 임의로 그 면허를 거부할 수 없다. 대법원 1995. 11. 10. 선고 95누5714 판결

③ 구 수도권대기환경특별법 제14조 제1항에서 정한 대기오염물질 총량관리사업장 설치의 허가 또는 변경허가는 특정인에게 인구가 밀집되고 대기오염이 심각하다고 인정되는 수도권 대기관리권역에서 총량관리대상 오염물질을 일정량을 초과하여 배출할 수 있는 특정한 권리를 설정하여 주는 행위로서 그 처분의 여부 및 내용의 결정은 행정청의 재량에 속한다. 대법원 2013. 5. 9. 선고 2012두22799 판결

④ 법원의 심사결과 행정청의 재량행위가 사실오인 등에 근거한 것이라고 인정된다면 이는 재량권을 일탈·남용한 것으로서 위법하여 그 취소를 면치 못한다. 대법원 2001. 7. 27. 선고 99두2970 판결

✓ 정답찾기

① 국유재산의 무단점유 등에 대한 변상금 징수의 요건은 국유재산법 제51조 제1항에 명백히 규정되어 있으므로 변상금을 징수할 것인가는 처분청의 재량을 허용하지 않는 기속행위이고, 여기에 재량권 일탈·남용의 문제는 생길 여지가 없다. 대법원 1998. 9. 22. 선고 98두7602 판결

07 실효성 확보수단   정답 ①

오답해설

ㄴ. 과태료처분의 당부는 최종적으로 **비송사건절차법**에 의한 절차에 의하여만 판단되어야 한다고 보아야 할 것이므로 위와 같은 과태료처분은 행정소송의 대상이 되는 **행정처분이라고 볼 수 없다**. 대법원 1993. 11. 23. 선고 93누16833 판결

ㄷ. 지방국세청장 또는 세무서장이 조세범칙행위에 대하여 **고발을 한 후**에 동일한 조세범칙행위에 대하여 통고처분을 하였더라도, 이는 법적 권한 소멸 후에 이루어진 것으로서 특별한 사정이 없는 한 **효력이 없고**, 조세범칙행위자가 이러한 통고처분을 이행하였더라도 조세범 처벌절차법에서 정한 **일사부재리의 원칙이 적용될 수 없다**. 대법원 2016. 9. 28. 선고 2014도10748 판결

정답찾기

ㄱ. 행정상의 단속을 주안으로 하는 법규라 하더라도 '**명문규정이 있거나 해석상 과실범도 벌할 뜻이 명확한 경우**'를 제외하고는 형법의 원칙에 따라 '**고의**'가 있어야 벌할 수 있다. 대법원 2010. 2. 11. 선고 2009도9807 판결

08 행정구제법   정답 ④

오답해설

① 국가배상법 **제2조 제1항 단서** 규정은 **다른 법령에 보상제도가 규정되어 있고**, 그 법령에 규정된 상이등급 또는 장애등급 등의 요건에 해당되어 **그 권리가 발생한 이상**, **실제로 그 권리를 행사하였는지 또는 그 권리를 행사하고 있는지 여부에 관계없이 적용된다**고 보아야 하고, 그 각 법률에 의한 보상금청구권이 **시효로 소멸되었다 하여** 적용되지 않는다고 할 수는 없다. 대법원 2002. 5. 10. 선고 2000다39735 판결

② 헌법재판소 재판관의 위법한 직무집행의 결과 잘못된 각하결정을 함으로써 청구인으로 하여금 본안판단을 받을 기회를 상실하게 한 이상, 설령 본안판단을 하였더라도 **어차피 청구가 기각되었을 것이라는 사정**이 있다고 하더라도 (중략) 그 침해로 인한 정신성 고통에 대하여는 **위자료를 지급할 의무가 있다**. 대법원 2003. 7. 11. 선고 99다24218 판결

③ **상호보증**은 **외국의 법령, 판례 및 관례** 등에 의하여 승인요건을 비교하여 인정되면 충분하고 반드시 당사국과 조약이 체결되어 있을 필요는 없으며, 해당 외국에서 구체적으로 우리나라의 같은 종류의 판결을 승인한 사례가 없다고 하더라도 실제로 승인할 것이라고 기대할 수 있을 정도이면 충분하다. 대법원 2017. 5. 30. 선고 2012다23832 판결

정답찾기

④ 국가나 지방자치단체가 행정절차를 진행하는 과정에서 주민들의 의견제출 등 **절차적 권리를 보장하지 않은 위법**이 있다고 하더라도 그 후 이를 시정하여 **절차를 다시 진행**한 경우, **종국적으로 행정처분 단계까지 이르지 않거나 처분을 직권으로 취소하거나 철회한 경우**, **행정소송을 통하여 처분이 취소되거나 처분의 무효를 확인하는 판결이 확정된 경우 등**에는 주민들이 절차적 권리의 행사를 통하여 환경권이나 재산권 등 사적 이익을 보호하려던 목적이 실질적으로 달성된 것이므로 특별한 사정이 없는 한 절차적 권리 침해로 인한 **정신적 고통에 대한 배상은 인정되지 않는다**. 대법원 2021. 7. 29 선고 2015다221668 판결

09 행정쟁송법   정답 ③

오답해설

① 행정소송법 제19조 및 96누14661 판결

> [1] **행정소송법 제19조(취소소송의 대상)** 취소소송은 처분등을 대상으로 한다. 다만, 재결취소소송의 경우에는 재결 자체에 **고유한 위법이 있음을 이유**로 하는 경우에 한한다.
> [2] 행정소송법 제19조에서 말하는 '재결 자체에 고유한 위법'이란 원처분에는 없고 재결에만 있는 재결청의 권한 또는 구성의 위법, 재결의 절차나 형식의 위법, **내용의 위법** 등을 뜻하고, 그 중 내용의 위법에는 위법·부당하게 인용재결을 한 경우가 해당한다. 대법원 1997. 9. 12. 선고 96누14661 판결

② 어떠한 처분에 **법령상 근거가 있는지**, 행정절차법에서 정한 **처분절차를 준수하였는지**는 본안에서 당해 처분이 **적법한가를 판단하는 단계에서 고려할 요소**이지, 소송요건 심사단계에서 고려할 요소가 아니다. 대법원 2020. 1. 16. 선고 2019다264700 판결

④ 수익적 행정행위 신청에 대한 거부처분은 당사자의 신청에 대하여 관할 행정청이 거절하는 의사를 대외적으로 명백히 표시함으로써 성립되고, 거부처분이 있은 후 당사자가 **다시 신청**을 한 경우에는 신청의 제목 여하에 불구하고 그 내용이 새로운 신청을 하는 취지라면 관할 행정청이 **이를 다시 거절하는 것은 새로운 거부처분**으로 봄이 원칙이다. 대법원 2019. 4. 3. 선고 2017두52764 판결

정답찾기

③ 행정처분에 대한 행정심판의 **재결에 이유모순의 위법이 있다는 사유**는 재결처분 자체에 **고유한 하자**로서 재결처분의 취소를 구하는 소송에서는 그 위법사유로서 주장할 수 있으나, 원처분의 취소를 구하는 소송에서는 그 취소를 구할 위법사유로서 주장할 수 없다. 대법원 1996. 2. 13. 선고 95누8027 판결

10 행정작용법   정답 ③

오답해설

① 일반적으로 법률의 위임에 의하여 효력을 갖는 법규명령의 경우, 구법에 위임의 근거가 없어 무효였더라도 사후에 법개정으로 위임의 근거가 부여되면 **그때부터는 유효한 법규명령**이 되나, 반대로 구법의 위임에 의한 유효한 법규명령이 법개정으로 위임의 근거가 없어지게 되면 그때부터 무효인 법규명령이 된다. 대법원 1995. 6. 30. 선고 93추83 판결

② **형벌법규**에 대하여도 특히 긴급한 필요가 있거나 미리 법률로서 자세히 정할 수 없는 부득이한 사정이 있는 경우에 한하여 수권법률이 구성요건의 점에서는 **처벌대상인 행위가 어떠한 것일거라고 이를 예측할 수 있을 정도로 구체적으로 정하고**, 형벌의 점에서는 형벌의 종류 및 그 상한과 폭을 명확히 규정하는 것을 조건으로 위임입법이 허용되며 이러한 위임입법은 죄형법정주의에 반하지 않는다. 헌법재판소 1996. 2. 29. 선고 94헌마213 결정

④ 법률이 **공법석 난체 등의 성관**에 자치법석 사항을 위임한 경우에는 헌법 제75조가 정하는 포괄적인 위임입법의 금지는 원칙적으로 적용되지 않는다고 봄이 상당하고, 그렇다 하더라도 그 사항이 국민의 권리·의무에 관련되는 것일 경우에는 적어도 국민의 권리·의무에 관한 기본적이고 본질적인 사항은 국회가 정하여야 한다. 대법원 2007. 10. 12. 선고 2006두14476 판결

③ 법률에서 위임받은 사항을 전혀 규정하지 않고 재위임하는 것은 복위임금지 원칙에 반할 뿐 아니라 위임명령의 제정 형식에 관한 수권법의 내용을 변경하는 것이 되므로 허용되지 않으나, <u>위임받은 사항에 관하여 대강을 정하고 그 중의 **특정사항을 범위를 정하여** 하위법령에 다시 위임하는 경우에는 재위임이 허용된다.</u> 이러한 법리는 조례가 지방자치법 제22조 단서에 따라 주민의 권리제한 또는 의무부과에 관한 사항을 법률로부터 위임받은 후, 이를 다시 지방자치단체장이 정하는 '규칙'이나 '고시' 등에 재위임하는 경우에도 마찬가지이다. 대법원 2015. 1. 15. 선고 2013두14238 판결

11 　행정작용법　　　　　　　　　　　　정답 ②

☑ 오답해설

① 행정절차법 제40조의2(확약)

> ④ 행정청은 다음 각 호의 어느 하나에 해당하는 경우에는 **확약에 기속되지 아니한다.**
> 1. <u>확약을 한 후에 확약의 내용을 이행할 수 없을 정도로 **법령등이나 사정이 변경**된 경우</u>
> 2. <u>확약이 **위법**한 경우</u>
> ⑤ 행정청은 확약이 제4항 각 호의 어느 하나에 해당하여 확약을 이행할 수 없는 경우에는 지체 없이 <u>당사자에게 그 사실을 통지하여야</u> 한다.

③ <u>원자로 및 관계 시설의 **부지사전승인처분**은 그 자체로서 건설부지를 확정하고 사전공사를 허용하는 법률효과를 지닌 독립한 **행정처분**</u>이기는 하지만, 건설허가 전에 신청자의 편의를 위하여 미리 그 건설허가의 일부 요건을 심사하여 행하는 <u>사전적 부분 건설허가처분의 성격을 갖고 있는 것이어서</u> 나중에 건설허가처분이 있게 되면 그 **건설허가처분에 흡수되어 독립된 존재가치를 상실함으로써** 그 건설허가처분만이 쟁송의 대상이 되는 것이므로, <u>부지사전승인처분의 취소를 구하는 소는 소의 이익을 잃게</u> 되고, 따라서 부지사전승인처분의 위법성은 나중에 내려진 건설허가처분의 취소를 구하는 소송에서 이를 다투면 된다. 대법원 1998. 9. 4. 선고 97누19588 판결

④ 자동차운송사업양도양수계약에 기한 양도양수인가신청에 대하여 피고 시장이 내인가를 한 후 위 내인가에 기한 본인가신청이 있었으나 자동차운송사업 양도양수인가신청서가 합의에 의한 정당한 신청서라고 할 수 없다는 이유로 위 <u>내인가를 취소한</u> 경우, 위 내인가의 법적 성질이 행정행위의 일종으로 볼 수 있든 아니든 그것이 행정청의 상대방에 대한 의사표시임이 분명하고, 피고가 위 <u>내인가를 취소함으로써</u> 다시 본인가에 대하여 따로이 인가 여부의 처분을 한다는 사정이 보이지 않는다면 위 내인가취소를 <u>인가신청을 거부하는 처분</u>으로 보아야 할 것이다. 대법원 1991. 6. 28. 선고 90누4402 판결

☑ 정답찾기

② 행정절차법 제40조의2(확약)

> ③ 행정청은 <u>다른 행정청과의 협의 등의 절차를 거쳐야 하는 처분에 대하여 확약을 하려는 경우에는 **확약을 하기 전에 그 절차를 거쳐야** 한다.</u>

12 　행정쟁송법　　　　　　　　　　　　정답 ②

☑ 오답해설

① 원고가 <u>고의 또는 중대한 과실 없이</u> 행정소송으로 제기하여야 할 사건을 민사소송으로 잘못 제기한 경우, 수소법원으로서는 만약 그 행정소송에 대한 **관할도 동시에 가지고 있다면** 이를 **행정소송으로 심리·판단**하여야 하고, 그 행정소송에 대한 **관할을 가지고 있지 아니**하다면 관할법원에 **이송**하여야 한다. 다만 해당 소송이 이미 행정소송으로서의 전심절차 및 제소기간을 도과하였거나 행정소송의 대상이 되는 처분 등이 존재하지도 아니한 상태에 있는 등 **행정소송으로서의 소송요건을 결하고 있음이 명백**하여 행정소송으로 제기되었더라도 어차피 부적법하게 되는 경우에는 이송할 것이 아니라 **각하하여야** 한다. 대법원 2020. 10. 15. 선고 2020다222382 판결

③ **집합건물 공용부분의 대수선**과 관련한 행정청의 허가, 사용승인 등 일련의 처분에 관하여는 처분의 직접 상대방 외에 해당 집합건물의 구분소유자에게도 취소를 구할 원고적격이 인정된다. 대법원 2024. 3. 12. 선고 2021두58998 판결

④ 교원소청심사위원회가 한 결정의 취소를 구하는 소송에서 그 결정의 적부는 결정이 이루어진 시점을 기준으로 판단하여야 하지만, 그렇다고 하여 <u>소청심사 단계에서 이미 주장된 사유만을 행정소송의 판단대상으로 삼을 것은 아니다.</u> 따라서 소청심사 결정 후에 생긴 사유가 아닌 이상 <u>소청심사 단계에서 주장하지 아니한 사유도 행정소송에서 주장할 수 있고, 법원도 이에 대하여 심리·판단할 수 있다.</u> 대법원 2018. 7. 12. 선고 2017두65821 판결

☑ 정답찾기

② 행정소송법 제14조(피고경정)

> ① 원고가 피고를 잘못 지정한 때에는 법원은 **원고의 신청에 의하여** 결정으로써 <u>피고의 경정을 허가할 수 있다.</u>
> ④ 제1항의 규정에 의한 결정이 있은 때에는 <u>새로운 피고에 대한 소송은 처음에 소를 제기한 때에 제기된 것으로 본다.</u>

13 　행정절차법　　　　　　　　　　　　정답 ①

☑ 오답해설

② 행정절차법 제33조(증거조사)

> ① 청문 주재자는 **직권으로 또는 당사자의 신청에 따라** 필요한 조사를 할 수 있으며, **당사자등이 주장하지 아니한 사실에 대하여도 조사**할 수 있다.

③ <u>처리기간에 관한 규정은 **훈시규정**에 불과할 뿐 강행규정이라고 볼 수 없다.</u> 행정청이 처리기간이 지나 처분을 하였더라도 이를 처분을 <u>취소할 절차상 하자로 볼 수 없다.</u> 대법원 2019. 12. 13. 선고 2018두41907 판결

④ 행정청이 문서로 처분을 한 경우 원칙적으로 처분서의 문언에 따라 어떤 처분을 하였는지 확정하여야 한다. 그러나 <u>처분서의 문언만으로는 행정청이 어떤 처분을 하였는지 **불분명**한 경우에는 처분 경위와 목적, 처분 이후 상대방의 태도 등 여러 사정을 고려하여 처분서의 문언과 달리 처분의 내용을 해석할 수 있다.</u> 대법원 2020. 10. 29. 선고 2017다269152 판결

✅ 정답찾기

① 해당 사유는 '처분의 사전통지'의 생략사유가 되는 것이지, '처분의 이유제시'의 생략사유가 되는 것이 아니다.

> **행정절차법 제21조(처분의 사전통지)** ④ 다음 각 호의 어느 하나에 해당하는 경우에는 제1항에 따른 통지를 하지 아니할 수 있다.
> 2. 법령등에서 요구된 자격이 없거나 없어지게 되면 **반드시 일정한 처분을 하여야 하는 경우**에 그 자격이 없거나 없어지게 된 사실이 법원의 재판 등에 의하여 객관적으로 증명된 경우

14 행정작용법   정답 ④

✅ 오답해설

ㄱ. 행정기본법 제37조(처분의 재심사)

> ③ 제1항에 따른 신청은 당사자가 제항 각 호의 사유를 안 날부터 **60일** 이내에 하여야 한다. 다만, 처분이 있은 날부터 5년이 지나면 신청할 수 없다.

ㄷ. 행정기본법 제37조(처분의 재심사)

> ⑤ 제4항에 따른 처분의 재심사 결과 중 처분을 유지하는 결과에 대해서는 행정심판, 행정소송 및 그 밖의 쟁송수단을 통하여 **불복할 수 없다.**

✅ 정답찾기

ㄴ. 행정기본법 제37조 및 제2조

> 행정기본법 제37조(처분의 재심사) ① <u>당사자는</u> (이하 생략).
> 행정기본법 제2조(정의) 이 법에서 사용하는 용어의 뜻은 다음과 같다.
> 3. "당사자"란 <u>처분의 상대방</u>을 말한다.

ㄹ. 행정기본법 시행령 제12조(처분의 재심사 신청 사유)

> 법 제37조 제1항 제3호에서 "「민사소송법」 제451조에 따른 재심사유에 준하는 사유가 발생한 경우 등 대통령령으로 정하는 경우"란 다음 각 호의 어느 하나에 해당하는 경우를 말한다.
> 3. 제3자의 거짓 진술이 처분의 근거가 된 경우

15 실효성 확보수단   정답 ③

✅ 오답해설

① 처분을 할 것인지 여부와 처분의 정도에 관하여 **재량**이 인정되는 과징금 납부명령에 대하여 그 명령이 재량권을 일탈하였을 경우, 법원으로서는 재량권의 일탈 여부만 판단할 수 있을 뿐이지 **재량권의 범위 내에서 어느 정도가 적정한 것인지에 관하여는 판단할 수 없어** 그 **전부를 취소**할 수밖에 없고, 법원이 적정하다고 인정하는 부분을 **초과한 부분만 취소할 수는 없다.** 대법원 2009. 6. 23. 선고 2007두18062 판결

② 과징금부과처분은 반드시 현실적인 행위자가 아니라도 **법령상 책임자로 규정된 자**에게 부과되고 원칙적으로 위반자의 **고의·과실을 요하지 아니하나**, 위반자의 의무 해태를 탓할 수 없는 정당한 사유가 있는 등의 특별한 사정이 있는 경우에는 이를 부과할 수 없다. 대법원 2014. 10. 15. 선고 2013두5005 판결

④ 구 독점규제 및 공정거래에 관한 법률 제24조의2에 의한 부당내부거래에 대한 **과징금**은 행정상의 **제재금**으로서의 기본적 성격에 **부당이득환수적 요소**도 부가되어 있는 것이라 할 것이고, 이를 두고 헌법 제13조 제1항에서 금지하는 **국가형벌권** 행사로서의 '처벌'에 해당한다고는 할 수 **없으므로**, 공정거래법에서 형사처벌과 아울러 과징금의 병과를 예정하고 있더라도 이중처벌금지원칙에 위반된다고 볼 수 없다. 헌법재판소 2003. 7. 24. 선고 2001헌가25 결정

✅ 정답찾기

③ 관할 행정청이 여객자동차운송사업자의 **여러 가지 위반행위를 인지**하였다면 **전부에 대하여 일괄하여** 5,000만 원의 최고한도 내에서 **하나의 과징금 부과처분**을 하는 것이 원칙이고, 인지한 여러 가지 위반행위 중 일부에 대해서만 우선 과징금 부과처분을 하고 나머지에 대해서는 차후에 별도의 과징금 부과처분을 하는 것은 다른 특별한 사정이 없는 한 허용되지 않는다. 대법원 2021. 2. 4. 선고 2020두48390 판결

16 행정법통론   정답 ④

✅ 오답해설

① **국가긴급권**은 평상시의 헌법질서에 따른 권력행사방법만으로는 대처할 수 없는 중대한 위기상황에 대비하여 헌법이 중대한 예외로서 인정한 비상수단이므로, 헌법이 정한 국가긴급권의 발동요건·사후통제 및 국가긴급권에 내재하는 **본질적 한계**는 엄격히 준수되어야 한다. (중략) 비록 이 사건 **계엄 선포**가 고도의 정치적 결단을 요하는 행위라 하더라도 **탄핵심판**절차에서 그 헌법 및 법률 위반 여부를 **심사할 수 있다**고 봄이 상당하다. 헌법재판소 2025. 4. 4.자 2024헌나8 결정

② **사면**은 형의 선고의 효력 또는 공소권을 상실시키거나, 형의 집행을 면제시키는 **국가원수의 고유한 권한**을 의미하며, 사법부의 판단을 변경하는 제도로서 권력분립의 원리에 대한 예외가 된다. 헌법재판소 2000. 6. 1. 선고 97헌바74 결정

③ 인간다운 생활을 할 권리인 **사회권적 기본권**은 국가가 재정형편 등 여러 가지 상황들을 종합적으로 고려하여 법률을 통하여 구체화함으로써 법률적 권리로 인정된다. 의료급여법에 의하여 인정되는 **의료급여수급권**도 이러한 법률적 권리에 해당한다. 헌법재판소 2020. 4. 23. 선고 2017헌마103 전원재판부 결정

✅ 정답찾기

④ 군인사법은 헌법이 대통령에게 부여한 **군통수권**을 실질적으로 존중한다는 차원에서 **군인의 복무에 관한 사항을 규율**할 권한을 대통령령에 위임한 것이라 할 수 있고, 대통령령으로 규정될 내용 및 범위에 관한 기본적인 사항을 다소 광범위하게 위임하였다 하더라도 포괄위임금지원칙에 위배된다고 볼 수 없다. 따라서 이 사건 군인복무 규율 조항은 이와 같은 군인사법 조항의 위임에 의하여 제정된 정당한 위임의 범위 내의 규율이라 할 것이므로 **법률유보원칙을 준수한 것이다.** 헌법재판소 2010. 10. 28. 선고 2008헌마638 전원재판부

17 행정작용법

정답 ①

오답해설

② 헌법재판소의 위헌결정의 효력은 <u>위헌제청을 한 **당해 사건**</u>, 위헌결정이 있기 전에 이와 동종의 위헌 여부에 관하여 헌법재판소에 위헌여부심판제청을 하였거나 법원에 위헌여부심판제청신청을 한 경우의 당해 사건(**동종사건**)과 따로 위헌제청신청은 아니하였지만 당해 법률 또는 법률의 조항이 재판의 전제가 되어 법원에 계속 중인 사건(**병행사건**)뿐만 아니라 <u>위헌결정 이후에 위와 같은 이유로 제소된 일반사건</u>에도 미친다. 대법원 1993. 1. 15. 선고 91누5747 판결

③ (주택재개발정비사업조합 설립추진위원회가 주택재개발정비사업조합 설립인가처분의 취소소송에 대한 1심 판결 이후 <u>정비구역 내 토지 등 소유자의 4분의 3을 초과하는 **조합설립동의서**를 새로 받은 사안에서</u>) 하자의 치유를 인정하였을 때 원고들을 비롯한 <u>토지 등 소유자들에게 아무런 손해가 발생하지 않는다고 단정할 수 없으므로</u> 위 설립인가처분의 하자가 치유된다고 볼 수 없다. 대법원 2010. 8. 26. 선고 2010두2579 판결

④ 원천징수의무자인 법인이 원천징수하는 소득세의 납세의무를 이행하지 아니함에 따라 과세관청이 하는 **납세고지**는 확정된 세액의 납부를 명하는 징수처분에 해당하므로 <u>선행처분인 **소득금액변동통지**에 하자가 존재하더라도 당연무효 사유에 해당하지 않는 한 후행처분인 징수처분에 그대로 승계되지 아니한다.</u> 대법원 2012. 1. 26. 선고 2009두14439 판결

정답찾기

① 과세대상이 되지 아니하는 어떤 법률관계나 사실관계에 대하여 이를 과세대상이 되는 것으로 <u>오인할 만한 객관적인 사정이 있는 경우에 그것이 과세대상이 되는지의 여부가 그 **사실관계를 정확히 조사하여야 비로소 밝혀질 수 있는 경우**</u>라면, 그 하자가 중대한 경우라도 외관상 명백하다고 할 수 없으므로 과세요건 사실을 오인한 위법의 과세처분을 <u>당연무효라고 볼 수 없다.</u> 대법원 2001. 6. 29. 선고 2000다17339 판결

18 행정구제법

정답 ④

오답해설

① <u>국립공원구역지정</u> 후 토지를 종래의 목적으로도 사용할 수 없거나 토지를 사적으로 사용할 수 있는 방법이 없이 공원구역내 일부 토지소유자에 대하여 **가혹한 부담**을 부과하면서 **아무런 보상규정을 두지 않은 경우**에는 비례의 원칙에 위반되어 당해 토지소유자의 재산권을 과도하게 침해하는 것이라고 할 수 있다. 헌법재판소 2003. 4. 24. 선고 99헌바110, 2000헌바46(병합) 전원재판부

② 하천법 제50조에 의한 **하천수 사용권**은 공익사업을 위한 토지 등의 취득 및 보상에 관한 법률 제76조 제1항이 손실보상의 대상으로 규정하고 있는 '물의 사용에 관한 권리'에 해당한다. 대법원 2018. 12. 27. 선고 2014두11601 판결

③ '영업상의 손실'이란 수용의 대상이 된 토지·건물 등을 이용하여 영업을 하다가 그 토지·건물 등이 수용됨으로 인하여 영업을 할 수 없거나 제한을 받게 됨으로 인하여 생기는 **직접적인 손실**을 말하는 것이므로 위 규정은 영업을 하기 위하여 **투자한 비용**이나 그 영업을 통하여 얻을 것으로 **기대되는 이익**에 대한 손실보상의 근거규정이 될 수 **없다.** 대법원 2006. 1. 27. 선고 2003두13106 판결

정답찾기

④ 감염병예방법에 근거한 **집합제한 조치**로 인하여 청구인들의 일반음식점 영업이 제한되어 영업이익이 감소되었다 하더라도, 청구인들이 소유하는 영업 시설·장비 등에 대한 구체적인 사용·수익 및 처분권한을 제한받는 것은 아니므로, 보상규정의 부재가 청구인들의 **재산권을 제한한다고 볼 수 없다.** 헌법재판소 2023. 6. 29. 선고 2020헌마1669 전원재판부 결정

19 행정쟁송법

정답 ②

오답해설

ㄱ. 행정소송법 제21조(소의 변경)

> ① 법원은 취소소송을 당해 처분등에 관계되는 사무가 귀속하는 국가 또는 공공단체에 대한 당사자소송 또는 취소소송외의 항고소송으로 변경하는 것이 상당하다고 인정할 때에는 청구의 기초에 변경이 없는 한 사실심의 변론종결시까지 <u>원고의 **신청에 의하여**</u> 결정으로써 소의 변경을 허가할 수 있다(주 : 처분권주의에 따라 <u>소의 변경은 법원이 직권으로 할 수는 없고 반드시 원고의 신청이 있어야 함</u>).

ㄷ. 취소소송에 병합할 수 있는 당해 처분과 관련되는 부당이득반환소송에는 당해 처분의 취소를 선결문제로 하는 부당이득반환청구가 포함되고, 이러한 부당이득반환청구가 인용되기 위해서는 **그 소송절차에서** 판결에 의해 당해 처분이 **취소되면 충분**하고 그 처분의 취소가 **확정되어야 하는 것은 아니**라고 보아야 한다. 대법원 2009. 4. 9. 선고 2008두23153 판결

정답찾기

ㄴ. 행정소송법 제23조(집행정지)

> ② 취소소송이 제기된 경우에 처분등이나 그 집행 또는 절차의 속행으로 인하여 생길 회복하기 어려운 손해를 예방하기 위하여 긴급한 필요가 있다고 인정할 때에는 본안이 계속되고 있는 법원은 <u>당사자의 신청 또는 **직권**</u>에 의하여 처분등의 효력이나 그 집행 또는 절차의 속행의 전부 또는 일부의 정지를 결정할 수 있다.

ㄷ. 간접강제결정에 기한 배상금은 확정판결의 취지에 따른 재처분의 지연에 대한 **제재나 손해배상이 아니고**, 재처분의 이행에 관한 심리적 강제수단에 불과한 것이므로, 특별한 사정이 없는 한 간접강제결정에서 정한 의무이행**기한이 경과한 후에라도** 확정판결의 취지에 따른 재처분의 이행이 있으면 처분 상대방이 더 이상 배상금을 **추심하는 것은 허용되지 않는다.** 대법원 2004. 1. 15. 선고 2002두2444 판결

ㄹ. 행정처분의 무효확인을 구하는 청구에는 특별한 사정이 없는 한 그 처분의 **취소를 구하는 취지**까지도 포함되어 있다고 볼 수는 있으나 위와 같은 경우에 <u>취소청구를 인용하려면 먼저 **취소를 구하는 항고소송으로서의 제소요건을 구비**한 경우에 한한다.</u> 대법원 1986. 9. 23. 선고 85누838 판결

20 행정쟁송법 　　　　　　　　　　　　　　　　정답 ③

✔ 오답해설

① 재결에 판결에서와 같은 기판력이 인정되는 것은 아니어서 재결의 확정된 경우에도 처분의 기초가 된 사실관계나 **법률적 판단이 확정**되고 당사자들이나 법원이 이에 기속되어 **모순되는 주장이나 판단을 할 수 없게 되는 것은 아니다.** 대법원 2015. 11. 27. 선고 2013다6759 판결

② 행정심판법 제49조(재결의 기속력 등)

> ③ 당사자의 신청을 거부하거나 부작위로 방치한 **처분의 이행을 명하는 재결**이 있으면 행정청은 지체 없이 이전의 신청에 대하여 재결의 취지에 따라 처분을 하여야 한다.

④ 행정심판법 제14조(법인이 아닌 사단 또는 재단의 청구인 능력)

> 법인이 아닌 사단 또는 재단으로서 대표자나 관리인이 정하여져 있는 경우에는 그 사단이나 재단의 이름으로 심판청구를 할 수 있다.

✔ 정답찾기

③ 행정심판법 제50조(위원회의 직접 처분)

> ① 위원회는 피청구인이 제49조 제3항(주 : **처분명령재결**)에도 불구하고 처분을 하지 아니하는 경우에는 당사자가 **신청**하면 기간을 정하여 서면으로 시정을 명하고 그 기간에 이행하지 아니하면 직접 처분을 할 수 있다. 다만, 그 처분의 성질이나 그 밖의 불가피한 사유로 위원회가 직접 처분을 할 수 없는 경우에는 그러하지 아니하다.

제 **04** 회 / **실전동형 모의고사**

01 행정법통론 정답 ②

☑ 오답해설

① 행정기본법 제14조(법 적용의 기준)

> ③ 법령등을 위반한 행위의 성립과 이에 대한 **제재처분**은 법령등에 특별한 규정이 있는 경우를 제외하고는 **법령등을 위반한 행위 당시의 법령등**에 따른다. 다만, 법령등을 위반한 행위 후 법령등의 변경에 의하여 그 행위가 법령등을 **위반한 행위에 해당하지 아니하거나** 제재처분 기준이 **가벼워진** 경우로서 해당 법령등에 특별한 규정이 없는 경우에는 **변경된 법령등을** 적용한다.

③ 개정 법령이 기존의 사실 또는 법률관계를 적용대상으로 하면서 국민의 재산권과 관련하여 종전보다 불리한 법률효과를 규정하고 있는 경우에도 그러한 사실 또는 법률관계가 개정법령이 시행되기 이전에 **이미 완성 또는 종결된 것이 아니라면** 이를 헌법상 금지되는 소급입법에 의한 재산권 침해라고 할 수는 없으며, 그러한 개정 법령의 적용과 관련하여서는 개정 전 법령의 존속에 대한 국민의 신뢰가 개정 법령의 적용에 관한 공익상의 요구보다 더 보호가치가 있다고 인정되는 경우에 그러한 국민의 신뢰를 보호하기 위하여 그 적용이 제한될 수 있는 여지가 있을 따름이다. 대법원 2009. 9. 10. 선고 2008두9324 판결

④ 행정기본법 제7조(법령등 시행일의 기간 계산)

> 법령등(훈령·예규·고시·지침 등을 포함한다. 이하 이 조에서 같다)의 시행일을 정하거나 계산할 때에는 다음 각 호의 기준에 따른다.
> 3. 법령등을 공포한 날부터 일정 기간이 경과한 날부터 시행하는 경우 그 기간의 **말일이 토요일 또는 공휴일**인 때에는 **그 말일로 기간이 만료한다.**

☑ 정답찾기

② 행정처분은 근거 법령이 개정된 경우에도 경과규정에서 달리 정함이 없는 한 **처분 당시 시행되는 개정 법령과 거기에서 정한 기준에 의하는 것이 원칙**이고, 그러한 개정 법령의 적용과 관련하여서는 개정 전 법령의 존속에 대한 국민의 신뢰가 개정 법령의 적용에 관한 공익상의 요구보다 더 보호가치가 있다고 인정되는 경우에 그러한 국민의 신뢰를 보호하기 위하여 적용이 제한될 수 있는 여지가 있다(주: '신청에 따른 처분'의 기준시법에 관한 사례임). 대법원 2014. 7. 24. 선고 2012두23501 판결

02 실효성 확보수단 정답 ③

☑ 오답해설

① 세법상 **가산세**는 과세권의 행사 및 조세채권의 실현을 용이하게 하기 위하여 납세자가 정당한 이유 없이 법에 규정된 신고, 납세 등 각종 의무를 위반한 경우에 개별세법이 정하는 바에 따라 부과되는 행정상의 제재로서 납세자의 **고의, 과실은 고려되지 않는** 반면, (중략) 그 의무해태를 탓할 수 없는 **정당한 사유가 있는 경우**에는 이를 과할 수 없다. 대법원 2005. 1. 27. 선고 2003두13632 판결

② 행정법상의 질서벌인 과태료의 부과처분과 형사처벌은 그 성질이나 목적을 달리하는 별개의 것이므로 행정법상의 질서벌인 과태료를 납부한 후에 형사처벌을 한다고 하여 이를 **일사부재리의 원칙에 반하는 것이라고 할 수는 없고**, 따라서 **임시운행허가기간**을 벗어나 무등록차량을 운행한 자에 대한 과태료의 제재와 형사처벌은 일사부재리의 원칙에 반하지 않는다. 대법원 1996. 4. 12. 선고 96도158 판결

④ 건축법상 위법상태의 해소를 목적으로 하는 시정명령 제도의 본질상, 시정명령의 이행을 기대할 수 없는 자, 즉 대지 또는 건축물의 위법상태를 시정할 수 있는 **법률상 또는 사실상의 지위에 있지 않은 자는 시정명령의 상대방이 될 수 없다.** 대법원 2022. 10. 14. 선고 2021두45008 판결

☑ 정답찾기

③ 병무청장이 그러한 행정결정을 공개 대상자에게 미리 통보하지 않은 것이 적절한지는 **본안에서** 해당 처분이 적법한가를 판단하는 단계에서 고려할 요소이며, 병무청장이 그러한 행정결정을 공개 대상자에게 미리 통보하지 않았다거나 처분서를 작성·교부하지 않았다는 점만으로 항고소송의 대상적격을 부정하여서는 아니 된다. 대법원 2019. 6. 27. 선고 2018두49130 판결

03 행정작용법 정답 ①

☑ 오답해설

② 단순한 **부작위의무의 위반**, 즉 관계 법령에 정하고 있는 절대적 금지나 허가를 유보한 상대적 금지를 위반한 경우에는 당해 법령에서 그 위반자에 대하여 위반에 의하여 생긴 유형적 결과의 **시정을 명하는 행정처분의 권한**을 인정하는 **규정을 두고 있지 아니한 이상**, 법치주의의 원리에 비추어 볼 때 위와 같은 **부작위의무로부터 그 의무를 위반함으로써 생긴 결과를 시정하기 위한 작위의무를 당연히 끌어낼 수는 없으며**, 또 위 금지규정(특히 허가를 유보한 상대적 금지규정)으로부터 작위의무, 즉 **위반결과의 시정을 명하는 권한이 당연히 추론되는 것도 아니다.** 대법원 1996. 6. 28. 선고 96누4374 판결

③ 검찰총장의 경고처분은 검사징계법에 따른 징계처분이 아니라 검찰청법 제7조 제1항, 제12조 제2항에 근거하여 검사에 대한 **직무감독권을 행사**하는 작용에 해당하므로, 검사의 직무상 의무 위반의 정도가 중하지 않아 검사징계법에 따른 '**징계사유**'에는 해당하지 않더라도 징계처분보다 낮은 수준의 감독조치로서 '경고처분'을 할 수 있고, 법원은 그것이 직무감독권자에게 주어진 재량권을 일탈·남용한 것이라는 특별한 사정이 없는 한 이를 존중하는 것이 바람직하다. 대법원 2021. 2. 10 선고 2020두47564 판결

④ 행정처분과 부관 사이에 **실제적 관련성**이 있다고 볼 수 없는 경우 공무원이 위와 같은 공법상의 제한을 회피할 목적으로 행정처분의 상대방과 사이에 사법상 계약을 체결하는 형식을 취하였다면 이는 법치행정의 원리에 반하는 것으로서 위법하다. 대법원 2009. 12. 10. 선고 2007다63966 판결

☑ **정답찾기**

① 구 여객자동차운수사업법에는 관할관청은 개인택시운송사업자의 운전면허가 취소된 때에 그의 개인택시운송사업면허를 취소할 수 있도록 규정되어 있을 뿐 그에게 운전면허 취소사유가 있다는 사유만으로 개인택시운송사업면허를 취소할 수 있도록 하는 **규정은 없으므로**, 관할관청으로서는 비록 개인택시운송사업자에게 운전면허 취소사유가 있다 하더라도 그로 인하여 운전면허 취소처분이 이루어지지 않은 이상 개인택시운송사업면허를 취소할 수는 없다. 대법원 2008. 5. 15. 선고 2007두26001 판결

04 행정쟁송법　　　　　　　　　　　정답 ④

☑ **오답해설**

① **한의사 면허**는 경찰금지를 해제하는 명령적 행위(강학상 허가)에 해당하고, 한약조제시험을 통하여 약사에게 한약조제권을 인정함으로써 한의사들의 영업상 이익이 감소되었다고 하더라도 이러한 이익은 **사실상의 이익**에 불과하고 약사법이나 의료법 등의 법률에 의하여 보호되는 이익이라고는 볼 수 없다. 대법원 1998. 3. 10. 선고 97누4289 판결

② 면허받은 장의자동차운송사업구역에 위반하였음을 이유로 한 행정청의 과징금부과처분에 의하여 동종업자의 영업이 보호되는 결과는 사업구역제도의 **반사적 이익**에 불과하기 때문에 그 과징금부과처분을 취소한 재결에 대하여 처분의 상대방 아닌 **제3자**는 그 취소를 구할 법률상 이익이 없다. 대법원 1992. 12. 8. 선고 91누13700 판결

③ 거부처분을 취소하는 재결이 있더라도 그에 따른 후속처분이 있기까지는 제3자의 권리나 이익에 변동이 있다고 볼 수 없고 **후속처분 시에 비로소** 제3자의 권리나 이익에 변동이 발생한다. 이러한 점들을 종합하면, 거부처분이 재결에서 취소된 경우 재결에 따른 **후속처분이 아니라 그 재결의 취소를 구하는 것**은 실효적이고 직접적인 권리구제수단이 될 수 없어 분쟁해결의 유효적절한 수단이라고 할 수 없으므로 **법률상 이익이 없다**. 대법원 2017. 10. 31. 선고 2015두45045 판결

☑ **정답찾기**

④ 이 사건 증원배정 처분의 근거가 된 고등교육법령 및 「대학설립·운영 규정」(대통령령)은 의과대학의 학생정원 증원의 한계를 규정함으로써 **의과대학에 재학 중인 학생들이** 적절하게 교육받을 권리를 **개별적·직접적·구체적으로 보호**하고 있다고 볼 여지가 충분하다. 대법원 2024. 6. 19.자 2024무689 결정

05 행정정보　　　　　　　　　　　정답 ②

☑ **오답해설**

① **제3자의 비공개요청**이 있다는 사유만으로 정보공개법상 정보의 비공개사유에 해당한다고 볼 수 없다. 대법원 2008. 9. 25. 선고 2008두8680 판결

③ 보안관찰법 소정의 **보안관찰 관련 통계자료**는 공공기관의 정보공개에 관한 법률 제7조 제1항 제2호 소정의 공개될 경우 국가안전보장·국방·통일·외교관계 등 국가의 중대한 이익을 해할 우려가 있는 정보, 또는 제3호 소정의 공개될 경우 국민의 생명·신체 및 재산의 보호 기타 공공의 안전과 이익을 현저히 해할 우려가 있다고 인정되는 정보에 해당한다. 대법원 2004. 3. 18. 선고 2001두8254 판결

④ '진행 중인 재판에 관련된 정보'에 해당한다는 사유로 정보공개를 거부하기 위하여는 반드시 그 정보가 진행 중인 재판의 소송기록 자체에 포함된 내용일 필요는 없다. 그러나 재판에 관련된 일체의 정보가 그에 해당하는 것은 아니고 진행 중인 재판의 심리 또는 재판결과에 구체적으로 영향을 미칠 위험이 있는 정보에 한정된다고 보는 것이 타당하다. 대법원 2011. 11. 24. 선고 2009두19021 판결

☑ **정답찾기**

② **한국방송공사의 '수시집행 접대성 경비의 건별 집행서류 일체'**는 피고의 경영·영업상 비밀에 관한 사항에 해당한다고 볼 여지가 있으나, 한편 이 사건 정보가 공개될 경우 피고의 정당한 이익을 현저히 해할 우려가 있다고 인정하기는 어렵다고 보이므로, 공공기관의 정보공개에 관한 법률 제9조 제1항 제7호의 **비공개대상정보에 해당하지 않는다**고 한 사례. 대법원 2008. 10. 23. 선고 2007두1798 판결

06 행정구제법　　　　　　　　　　　정답 ③

☑ **오답해설**

① 국민의 생명, 신체, 재산 등에 대하여 **절박하고 중대한 위험**상태가 발생하였거나 발생할 우려가 있어서 국민의 생명, 신체, 재산 등을 보호하는 것을 본래적 사명으로 하는 국가가 초법규적, 일차적으로 그 위험 배제에 나서지 아니하면 국민의 생명, 신체, 재산 등을 **보호할 수 없는 경우**에는 형식적 의미의 법령에 근거가 없더라도 국가나 관련 공무원에 대하여 그러한 **위험을 배제할 작위의무를 인정**할 수 있다. 그러나 그와 같은 절박하고 중대한 위험상태가 발생하였거나 발생할 상당한 우려가 있는 경우가 아닌 한, 원칙적으로 공무원이 관련 법령에서 정하여진 대로 직무를 수행하였다면 그와 같은 공무원의 부작위를 가지고 '고의 또는 과실로 법령을 위반'하였다고 할 수는 없다. 대법원 1998. 10. 13. 선고 98다18520 판결

② **긴급조치 제9호**는 위헌·무효임이 명백하고 긴급조치 제9호 발령으로 인한 **국민의 기본권 침해**는 그에 따른 강제수사와 공소제기, 유죄판결의 선고를 통하여 현실화되었다. 이러한 경우 긴급조치 제9호의 발령부터 적용·집행에 이르는 일련의 국가작용은, **전체적으로 보아** 공무원이 직무를 집행하면서 **객관적 주의의무를 소홀히** 하여 그 직무행위가 객관적 정당성을 상실한 것으로서 위법하다고 평가되고, 긴급조치 제9호의 적용·집행으로 강제수사를 받거나 유죄판결을 선고받고 복역함으로써 개별 국민이 입은 손해에 대해서는 국가배상책임이 인정될 수 있다. 대법원 2022. 8. 30. 선고 2018다212610 전원합의체 판결

제 04 회

④ 소음 등을 포함한 공해 등의 위험지역으로 이주하여 들어가 거주하는 경우와 같이 위험의 존재를 인식하거나 **과실로 인식하지 못하고 이주한** 경우에는 손해배상액의 산정에 있어 형평의 원칙상 **과실상계에** 준하여 감경 또는 면제사유로 고려하여야 한다. 대법원 2010. 11. 11. 선고 2008다57975 판결

정답찾기

③ **한국토지공사는** 이러한 <u>법령의 위탁에 의하여</u> 대집행을 수권 받은 자로서 공무인 대집행을 실시함에 따르는 권리·의무 및 책임이 귀속되는 **행정주체의 지위에** 있다고 볼 것이지 지방자치단체 등의 기관으로서 국가배상법 제2조 소정의 **공무원에** 해당한다고 볼 것은 **아니다**(주: 따라서 국가나 지방자치단체는 배상책임을 지지 않고, 공공단체가 행정주체의 지위에서 배상책임을 지게 됨). 대법원 2010. 1. 28. 선고 2007다82950 판결

07 행정쟁송법 정답 ③

오답해설

① 한국공항공단이 무상사용허가를 받은 행정재산에 대하여 하는 **전대행위는** 통상의 <u>사인간의 임대차와 다를 바가 없고</u>(주: 사법관계라는 의미), 그 임대차계약이 임차인의 사용승인신청과 임대인의 사용승인의 형식으로 이루어졌다고 하여 달리 볼 것은 아니다. 대법원 2004. 1. 15. 선고 2001다12638 판결

② <u>전문직공무원인</u> **공중보건의사의 채용계약 해지의** 의사표시는 일반공무원에 대한 징계처분과는 달라서 <u>항고소송의 대상이 되는 처분 등의 성격을 가진 것으로 인정되지 아니하고,</u> 일정한 사유가 있을 때에 관할 도지사가 채용계약 관계의 한쪽 당사자로서 **대등한 지위에서** 행하는 의사표시로 취급하고 있는 것으로 이해되므로, 공중보건의사 채용계약 해지의 의사표시에 대하여는 대등한 당사자간의 소송형식인 공법상의 **당사자소송으로** 그 의사표시의 무효확인을 청구할 수 있는 것이다. 대법원 1996. 5. 31. 선고 95누10617 판결

④ 공익사업을 위한 토지 등의 취득 및 보상에 관한 법령에 의한 **협의취득은** 사법상의 법률행위이므로 <u>당사자 사이의 자유로운 의사에 따라</u> 채무불이행책임이나 매매대금 과부족금에 대한 지급의무를 **약정할 수 있다.** 대법원 2012. 2. 23. 선고 2010다91206 판결

정답찾기

③ 지방자치단체의 관할구역 내에 있는 각급 <u>학교에서</u> **학교회계직원으로** 근무하는 것을 내용으로 하는 근로계약은 **사법상** 계약이다. 대법원 2018. 5. 11. 선고 2015다237748 판결

08 행정작용법 정답 ①

오답해설

ㄴ. **조합의 사업시행인가** 신청시의 토지 등 소유자의 **동의요건은** 토지 등 소유자의 재산상 권리·의무에 관한 기본적이고 본질적인 사항이라고 볼 수 없으므로 법률유보 내지 의회유보의 원칙이 반드시 지켜져야 하는 영역이라고 할 수 없다. 대법원 2007. 10. 12. 선고 2006두14476 판결

ㄹ. 행정청이 도시 및 주거환경정비법 등 관련 법령에 근거하여 행하는 **조합설립인가처분은** 단순히 사인들의 조합설립행위에 대한 보충행위로서의 성질을 갖는 것에 그치는 것이 아니라 법령상 요건을 갖출 경우 도시 및 주거환경정비법상 주택재건축사업을 시행할 수 있는 권한을 갖는 **행정주체(공법인)로서의** 지위를 부여하는 일종의 **설권적 처분의** 성격을 갖는다고 보아야 한다. (중략) 조합설립결의는 조합설립인가처분이라는 행정처분을 하는 데 필요한 요건 중 하나에 불과한 것이어서, **조합설립결의에 하자가** 있다면 그 하자를 이유로 직접 **항고소송의 방법으로** 조합설립인가처분의 취소 또는 무효확인을 구하여야 하고, 이와는 별도로 조합설립결의 부분만을 따로 떼어내어 그 효력 유무를 다투는 확인의 소를 제기하는 것은 원고의 권리 또는 법률상의 지위에 현존하는 불안·위험을 제거하는 데 가장 유효·적절한 수단이라 할 수 없어 특별한 사정이 없는 한 확인의 이익은 인정되지 아니한다. 대법원 2009. 9. 24. 선고 2008다60568 판결

정답찾기

ㄱ. <u>주택재건축정비사업조합이</u> 관리처분계획의 수립 혹은 변경을 통한 집단적인 의사결정 방식 외에 전체 조합원의 일부인 **개별 조합원과 사적으로 그와 관련한 약정을** 체결한 경우에도, 구속적 행정계획으로서 재건축조합이 행하는 독립된 행정처분에 해당하는 관리처분계획의 본질 및 전체 조합원 공동의 이익을 목적으로 하는 재건축조합의 행정주체로서 갖는 공법상 재량권에 비추어 재건축조합이 개별 조합원 사이의 사법상 약정에 직접적으로 **구속된다고 보기는 어렵다.** 대법원 2022. 7. 14. 선고 2022다206391 판결

ㄷ. 도시 및 주거환경정비법상 행정주체인 주택재건축정비사업조합을 상대로 관리처분계획안에 대한 **조합 총회결의의 효력을 다투는 소송**은 행정처분에 이르는 절차적 요건의 존부나 효력 유무에 관한 소송으로서 소송결과에 따라 행정처분의 위법 여부에 직접 영향을 미치는 공법상 법률관계에 관한 것이므로, 이는 행정소송법상 **당사자소송에** 해당한다. 그리고 이러한 **당사자소송에** 대하여는 행정소송법 제23조 제2항의 집행정지에 관한 규정이 준용되지 아니하므로, 이를 본안으로 하는 가처분에 대하여는 행정소송법 제8조 제2항에 따라 **민사집행법상 가처분에 관한 규정이 준용되어야** 한다. 대법원 2015. 8. 21.자 2015무26 결정

09 행정작용법 정답 ①

오답해설

② <u>자동차관리법상</u> **자동차관리사업자로** 구성하는 사업자단체인 **조합 또는 협회의 설립인가처분은** 국토해양부장관 또는 시·도지사가 자동차관리사업자들의 단체결성행위를 **보충하여 효력을 완성시키는** 처분에 해당한다. 대법원 2015. 5. 29. 선고 2013두635 판결

③ 회사 분할 시 특별한 규정이 없는 한 신설회사에 대하여 분할하는 회사의 **분할 전** 하도급거래 공정화에 관한 법률 위반행위를 이유로 하도급법 제25조 제1항에 따른 <u>시정조치를 명하는 것은</u> **허용되지 않는다**(주: 제재처분 **전** 제재사유의 승계를 부정한 사례). 대법원 2023. 6. 15. 선고 2021두55159 판결

④ 인가는 기본행위인 재단법인의 정관변경에 대한 법률상의 효력을 완성시키는 보충행위로서, 그 기본이 되는 정관변경 결의에 하자가 있을 때에는 그에 대한 인가가 있었다 하여도 **기본행위인 정관변경 결의가 유효한 것으로 될 수 없다.** 대법원 1996. 5. 16. 선고 95누4810 전원합의체 판결

④ 행정조사기본법 제17조(조사의 사전통지)

> ① 행정조사를 실시하고자 하는 행정기관의 장은 제9조에 따른 출석요구서, 제10조에 따른 보고요구서·자료제출요구서 및 제11조에 따른 현장출입조사서를 조사개시 7일 전까지 조사대상자에게 서면으로 통지하여야 한다. 다만, 다음 각 호의 어느 하나에 해당하는 경우에는 행정조사의 개시와 동시에 출석요구서등을 조사대상자에게 제시하거나 행정조사의 목적 등을 조사대상자에게 구두로 통지할 수 있다.
> 2. 「통계법」 제3조 제2호에 따른 지정통계의 작성을 위하여 조사하는 경우

☑ 정답찾기

② 행정조사기본법 제5조 단서에서 정한 '조사대상자의 자발적인 협조를 얻어 실시하는 행정조사'는 개별 법령 등에서 행정조사를 규정하고 있는 경우에도 실시할 수 있다. 대법원 2016. 10. 27. 선고 2016두41811 판결

---

10 행정쟁송법   정답 ④

☑ 오답해설

① 행정기본법 제36조(처분에 대한 이의신청)

> ③ 제1항에 따라 이의신청을 한 경우에도 그 이의신청과 관계없이 「행정심판법」에 따른 행정심판 또는 「행정소송법」에 따른 행정소송을 제기할 수 있다.

② 행정기본법 제36조(처분에 대한 이의신청)

> ⑤ 다른 법률에서 이의신청과 이에 준하는 절차에 대하여 정하고 있는 경우에도 그 법률에서 규정하지 아니한 사항에 관하여는 이 조에서 정하는 바에 따른다.

③ 과세처분에 관한 이의신청절차에서 과세관청이 이의신청 사유가 옳다고 인정하여 과세처분을 직권으로 취소한 이상 그 후 특별한 사유 없이 이를 번복하고 종전 처분을 되풀이하는 것은 허용되지 않는다. 대법원 2010. 9. 30. 선고 2009두1020 판결

☑ 정답찾기

④ 토지수용위원회의 수용재결에 대한 이의절차는 실질적으로 행정심판의 성질을 갖는 것이므로 토지수용법에 특별한 규정이 있는 것을 제외하고는 행정심판법의 규정이 적용된다. (중략) 재결서정본을 송달함에 있어서 상내방에게 이의신청기간을 알리지 않았다면 행정심판법 제18조 제6항의 규정에 의하여 같은 조 제3항의 기간(처분이 있었던 날부터 180일) 내에 이의신청을 할 수 있다. 대법원 1992. 6. 9. 선고 92누565 판결

---

11 실효성 확보수단   정답 ②

☑ 오답해설

① 행정조사기본법 제5조(행정조사의 근거)

> 행정기관은 법령등에서 행정조사를 규정하고 있는 경우에 한하여 행정조사를 실시할 수 있다. 다만, 조사대상자의 자발적인 협조를 얻어 실시하는 행정조사의 경우에는 그러하지 아니하다.

③ 행정조사기본법 제14조(공동조사)

> ① 행정기관의 장은 다음 각 호의 어느 하나에 해당하는 행정조사를 하는 경우에는 공동조사를 하여야 한다.
> 1. 당해 행정기관 내의 2 이상의 부서가 동일하거나 유사한 업무분야에 대하여 동일한 조사대상자에게 행정조사를 실시하는 경우

☑ 정답찾기

① 유가보조금 반환명령은 '운송사업자등'이 유가보조금을 지급받을 요건을 충족하지 못함에도 유가보조금을 청구하여 부정수급하는 행위를 처분사유로 하는 '대인적 처분'으로서, '운송사업자'가 불법증차 차량이라는 물적 자산을 보유하고 있음을 이유로 한 운송사업 허가취소 등의 '대물적 제재처분'과는 구별되고, 양수인은 영업양도·양수 전에 벌어진 양도인의 불법증차 차량의 제공 및 유가보조금 부정수급이라는 결과 발생에 어떠한 책임이 있다고 볼 수 없기 때문이다. 대법원 2021. 7. 29. 선고 2018두55968 판결

---

12 행정구제법   정답 ①

☑ 오답해설

② 이주자가 사업시행자에 대한 이주대책대상자 선정신청 및 이에 따른 확인·결정 등 절차를 밟지 아니하여 구체적인 수분양권을 아직 취득하지도 못한 상태에서 곧바로 분양의무의 주체를 상대방으로 하여 민사소송이나 공법상 당사자소송으로 이주대책상의 수분양권의 확인 등을 구하는 것은 허용될 수 없다. 대법원 1994. 5. 24. 선고 92다35783 전원합의체 판결

③ 토지보상법 제74조(잔여지 등의 매수 및 수용 청구)

> ① 동일한 소유자에게 속하는 일단의 토지의 일부가 협의에 의하여 매수되거나 수용됨으로 인하여 잔여지를 종래의 목적에 사용하는 것이 현저히 곤란할 때에는 해당 토지소유자는 사업시행자에게 잔여지를 매수하여 줄 것을 청구할 수 있으며, 사업인정 이후에는 관할 토지수용위원회에 수용을 청구할 수 있다. 이 경우 수용의 청구는 매수에 관한 협의가 성립되지 아니한 경우에만 할 수 있으며, 사업완료일까지 하여야 한다.

④ 공익사업을 위한 토지 등의 취득 및 보상에 관한 법률상 적법하게 시행된 공익사업으로 인하여 이주하게 된 주거용 건축물 세입자의 주거이전비 보상청구권은 공법상의 권리이고, 따라서 그 보상을 둘러싼 쟁송은 민사소송이 아니라 공법상의 법률관계를 대상으로 하는 행정소송에 의하여야 한다. 대법원 2008. 5. 29. 선고 2007다8129 판결

☑ 정답찾기

① 수용 대상 토지의 보상액을 산정함에 있어 해당 공익사업의 시행을 직접 목적으로 하는 계획의 승인, 고시로 인한 가격변동은 이를 고려함이 없이 재결 당시의 가격을 기준으로 하여 적정가격을 정하여야 하나, 해당 공익사업과는 관계없는 다른 사업의 시행으로 인한 개발이익은 이를 포함한 가격으로 평가하여야 하고, 개발이익이 해당 공익사업의 사업인정고시일 후에 발생한 경우에도 마찬가지이다. 대법원 2014. 2. 27. 선고 2013두21182 판결

13 행정법통론 정답 ②

☑ 오답해설

① 원고의 이 사건 대문설치신고는 형식적 하자가 없는 적법한 요건을 갖춘 신고라고 할 것이어서 피고의 신고증 교부 또는 수리처분 등 별단의 조처를 기다릴 필요가 없이 그 신고의 효력이 발생하였다고 할 것이어서 이 사건 대문은 적법한 것임에도 피고가 원고에 대하여 명한 이 사건 대문의 철거명령은 그 하자가 중대하고 명백하여 당연무효라고 할 것이고, 그 후행행위인 이 사건 계고처분 역시 당연무효라고 할 것이다. 대법원 1999. 4. 27. 선고 97누6780 판결

③ 수산업법 소정의 어업의 신고는 행정청의 수리에 의하여 비로소 그 효과가 발생하는 이른바 '수리를 요하는 신고'라고 할 것이다. 대법원 2000. 5. 26. 선고 99다37382 판결

④ 건축주 등은 신고제하에서도 건축신고가 반려될 경우 당해 건축물의 건축을 개시하면 시정명령, 이행강제금, 벌금의 대상이 되거나 당해 건축물을 사용하여 행할 행위의 허가가 거부될 우려가 있어 불안정한 지위에 놓이게 된다. 따라서 건축신고 반려행위가 이루어진 단계에서 당사자로 하여금 반려행위의 적법성을 다투어 그 법적 불안을 해소한 다음 건축행위에 나아가도록 함으로써 장차 있을지도 모르는 위험에서 미리 벗어날 수 있도록 길을 열어 주고, 위법한 건축물의 양산과 그 철거를 둘러싼 분쟁을 조기에 근본적으로 해결할 수 있게 하는 것이 법치행정의 원리에 부합한다. 그러므로 건축신고 반려행위는 항고소송의 대상이 된다. 대법원 2010. 11. 18. 선고 2008두167 전원합의체 판결

☑ 정답찾기

② 노동조합이 헌법 제33조 제1항 및 그 헌법적 요청에 바탕을 둔 노동조합법 제2조 제4호가 규정한 실질적 요건을 갖추지 못하였다면, 설령 그 설립신고가 행정관청에 의하여 형식상 수리되었더라도 실질적 요건이 흠결된 하자가 해소되거나 치유되는 등의 특별한 사정이 없는 한 이러한 노동조합은 노동조합법상 그 설립이 무효로서 노동3권을 향유할 수 있는 주체인 노동조합으로서의 지위를 가지지 않는다고 보아야 한다. 대법원 2025. 7. 3. 선고 2023다251718 판결

14 행정작용법 정답 ③

☑ 오답해설

ㄱ. 점용료 부과처분에 취소사유에 해당하는 흠이 있는 경우 도로관리청으로서는 당초 처분 자체를 취소하고 흠을 보완하여 새로운 부과처분을 하거나, 흠 있는 부분에 해당하는 점용료를 감액하는 처분을 할 수 있다. 흠 있는 부분에 해당하는 점용료를 감액하는 처분은 당초 처분 자체를 일부 취소하는 변경처분에 해당하고, 이러한 변경처분은 변경처분 자체가 신뢰보호 원칙에 반한다는 등의 특별한 사정이 없는 한 점용료 부과처분에 대한 취소소송이 제기된 이후에도 허용될 수 있다. 대법원 2019. 1. 17. 선고 2016두56721 판결

☑ 정답찾기

ㄴ. 국세 감액결정 처분은 이미 부과된 과세처분에 하자가 있음을 이유로 사후에 이를 일부취소하는 처분이므로, 취소의 효력은 그 취소된 국세 부과처분이 있었을 당시에 소급하여 발생하는 것이고, 이는 판결 등에 의한 취소이거나 과세관청의 직권에 의한 취소이거나에 따라 차이가 있는 것이 아니다. 대법원 1995. 9. 15. 선고 94다16045 판결

ㄷ. 행정기본법 제37조(처분의 재심사)

⑥ 행정청의 제18조에 따른 취소(직권취소)와 제19조에 따른 철회(직권철회)는 처분의 재심사에 의하여 영향을 받지 아니한다.

15 행정작용법 정답 ④

☑ 오답해설

① 환경영향평가법령에서 정한 환경영향평가를 거쳐야 할 대상사업에 대하여 그러한 환경영향평가를 거치지 아니하였음에도 승인 등 처분을 하였다면 그 처분은 위법하다 할 것이나, 그러한 절차를 거쳤다면, 비록 그 환경영향평가의 내용이 다소 부실하다 하더라도, 그 부실의 정도가 환경영향평가제도를 둔 입법 취지를 달성할 수 없을 정도이어서 환경영향평가를 하지 아니한 것과 다를 바 없는 정도의 것이 아닌 이상, 그 부실은 당해 승인 등 처분에 재량권 일탈·남용의 위법이 있는지 여부를 판단하는 하나의 요소로 됨에 그칠 뿐, 그 부실로 인하여 당연히 당해 승인 등 처분이 위법하게 되는 것이 아니다. 대법원 2006. 3. 16. 선고 2006두330 전원합의체 판결

② 행정청이 구 학교보건법 소정의 학교환경위생정화구역 내에서 금지행위 및 시설의 해제 여부에 관한 행정처분을 하면서 절차상 학교환경위생정화위원회의 심의를 누락한 흠이 있다면 그와 같은 흠을 가리켜 위 행정처분의 효력에 아무런 영향을 주지 않는다거나 경미한 정도에 불과하다고 볼 수는 없으므로, 특별한 사정이 없는 한 이는 행정처분을 위법하게 하는 취소사유가 된다. 대법원 2007. 3. 15. 선고 2006두15806 판결

③ 기업자가 토지소유자와 협의를 거치지 아니한 채 토지의 수용을 위한 재결을 신청하였다는 등의 하자는 절차상 위법으로서 이의재결의 취소를 구할 수 있는 사유가 될지언정 당연무효의 사유라고 할 수는 없다. 대법원 1993. 8. 13. 선고 93누2148 판결

☑ 정답찾기

④ 국유재산 또는 공유재산에 대한 점유나 사용·수익을 정당화할 법적 지위에 있는 자에 대하여 이루어진 변상금 부과처분은 당연무효이다. 대법원 2024. 10. 8. 선고 2023다210991 판결

16 행정쟁송법 정답 ④

☑ 오답해설

① 특정인에 대한 행정처분을 주소불명 등의 이유로 송달할 수 없어 관보·공보·게시판·일간신문 등에 공고한 경우에는, 공고가 효력을 발생하는 날에 상대방이 그 행정처분이 있음을 알았다고 볼 수는 없고, 상대방이 당해 처분이 있었다는 사실을 현실적으로 안 날에 그 처분이 있음을 알았다고 보아야 한다. 대법원 2006. 4. 28. 선고 2005두14851 판결

② 부작위위법확인의 소는 부작위상태가 계속되는 한 그 위법의 확인을 구할 이익이 있다고 보아야 하므로 원칙적으로 제소기간의 제한을 받지 않는다. 그러나 행정소송법 제38조 제2항이 제소기간을 규정한 같은 법 제20조를 부작위위법확인소송에 준용하고 있는 점에 비추어 보면, 행정심판 등 전심절차를 거친 경우에는 행정소송법 제20조가 정한 제소기간 내에 부작위위법확인의 소를 제기하여야 한다. 대법원 2009. 7. 23. 선고 2008두10560 판결

③ 보충역편입처분취소처분의 효력을 다투는 소에 공익근무요원복무중단처분, 현역병입영대상편입처분 및 현역병입영통지처분의 취소를 구하는 청구를 **추가적으로 병합**한 경우, 공익근무요원복무중단처분, 현역병입영대상편입처분 및 현역병입영통지처분의 취소를 구하는 소의 소제기 기간의 준수 여부는 각 그 **청구취지의 추가 · 변경신청이 있은 때를 기준**으로 개별적으로 판단하여야 한다. 대법원 2004. 12. 10. 선고 2003두12257 판결

✅ 정답찾기

④ 원고가 행정소송법상 항고소송으로 제기해야 할 사건을 민사소송으로 잘못 제기한 경우에 수소법원이 그 항고소송에 대한 관할을 가지고 있지 아니하여 관할법원에 이송하는 결정을 하였고, 그 이송결정이 확정된 후 원고가 항고소송으로 소 변경을 하였다면, 그 항고소송에 대한 제소기간의 준수 여부는 원칙적으로 **처음에 소를 제기한 때를 기준**으로 판단하여야 한다. 대법원 2022. 11. 17. 선고 2021두44425 판결

17 행정절차법 정답 ①

✅ 오답해설

② 행정절차법 제11조(대표자)

> ① 다수의 당사자등이 공동으로 행정절차에 관한 행위를 할 때에는 대표자를 선정할 수 있다.
> ⑤ 대표자가 있는 경우에는 당사자등은 그 **대표자를 통하여서만** 행정절차에 관한 행위를 할 수 있다.

③ 구 국적법 제5조 각 호와 같이 **귀화**는 요건이 항목별로 구분되어 구체적으로 규정되어 있다. 그리고 성질상 행정절차를 거치기 곤란하거나 거칠 필요가 없다고 인정되어 처분의 이유제시 등을 규정한 행정절차법이 적용되지 않는다. 대법원 2018. 12. 13. 선고 2016두31616 판결

④ 신청에 따른 처분이 이루어지지 아니한 경우에는 아직 당사자에게 권익이 부과되지 아니하였으므로 특별한 사정이 없는 한 신청에 대한 거부처분이라고 하더라도 직접 당사자의 권익을 제한하는 것은 아니어서 **신청에 대한 거부처분을 여기에서 말하는 '당사자의 권익을 제한하는 처분'**에 해당한다고 할 수 없는 것이어서 처분의 **사전통지대상이 된다고 할 수 없다.** 대법원 2003. 11. 28. 선고 2003두674 판결

✅ 정답찾기

① 묘지공원과 화장장의 후보지를 선정하는 과정에서 서울특별시, 비영리법인, 일반 기업 등이 공동 발족한 협의체인 **추모공원건립추진협의회**가 후보지 주민들의 의견을 청취하기 위하여 **그 명의로 개최한 공청회**는 행정청이 도시계획시설결정을 하면서 개최한 공청회가 아니므로, 위 공청회의 개최에 관하여 **행정절차법에서 정한 절차를 준수하여야 하는 것은 아니다.** 대법원 2007. 4. 12. 선고 2005두1893 판결

18 행정쟁송법 정답 ②

✅ 오답해설

ㄴ. 증액경정처분이 있는 경우 당초처분은 증액경정처분에 흡수되어 소멸하고, 소멸한 당초처분의 **절차적 하자**는 존속하는 증액경정처분에 **승계되지 아니한다.** 대법원 2010. 6. 24. 선고 2007두16493 판결

ㅁ. 외국인 갑이 법무부장관에게 귀화신청을 하였으나 법무부장관이 심사를 거쳐 '품행 미단정'을 불허사유로 국적법상의 요건을 갖추지 못하였다며 신청을 받아들이지 않는 처분을 하였는데, 법무부장관이 갑을 '품행 미단정'이라고 판단한 이유에 대하여 제1심 변론절차에서 **자동차관리법위반죄로 기소유예**를 받은 전력 등을 고려하였다고 주장하였다가 원심 변론절차에서 **불법 체류한 전력**이 있다는 추가적인 사정까지 고려하였다고 주장한 사안에서, 법무부장관이 원심에서 추가로 제시한 불법 체류 전력 등의 제반 사정은 **처분사유의 근거가 되는 기초 사실 내지 평가요소**에 지나지 않으므로, 추가로 **주장할 수 있다**고 한 사례. 대법원 2018. 12. 13. 선고 2016두31616 판결

✅ 정답찾기

ㄱ. 행정소송에서 쟁송의 대상이 되는 **행정처분의 존부**는 소송요건으로서 **직권조사사항**이고, 자백의 대상이 될 수 없는 것이므로, 설사 그 존재를 당사자들이 다투지 아니한다 하더라도 그 존부에 관하여 의심이 있는 경우에는 이를 직권으로 밝혀 보아야 할 것이다. 대법원 2004. 12. 24. 선고 2003두15195 판결

ㄷ. **확정판결의 존부**는 당사자의 주장이 없더라도 법원이 이를 **직권으로** 조사하여 판단하지 않으면 안되고, 더 나아가 당사자가 확정판결의 존재를 사실심변론종결시까지 주장하지 아니하였더라도 **상고심에서 새로이** 이를 주장, 입증할 수 있는 것이다. 대법원 1989. 10. 10. 선고 89누1308 판결

ㄹ. 현행 행정소송법상 행정청으로 하여금 일정한 행정**처분을 하도록 명하는** 이행판결을 구하는 소송이나 법원으로 하여금 행정청이 일정한 행정처분을 행한 것과 같은 효과가 있는 행정**처분을 직접 행하도록 하는** 형성판결을 구하는 소송은 **허용되지 아니한다.** 대법원 1997. 9. 30. 선고 97누3200 판결

19 실효성 확보수단 정답 ④

✅ 오답해설

① 행정기본법 제30조(행정상 강제)

> ③ 형사, 행형 및 **보안처분** 관계 법령에 따라 행하는 사항이나 **외국인의 출입국 · 난민인정 · 귀화 · 국적회복**에 관한 사항에 관하여는 이 절을 적용하지 아니한다.

② 계고서라는 명칭의 1장의 문서로서 일정기간 내에 위법건축물의 **자진철거를 명함과 동시에 그 소정기한 내에 자진철거를 하지 아니할 때에는 대집행할 뜻을 미리 계고**한 경우라도 건축법에 의한 **철거명령**과 행정대집행법에 의한 **계고처분**은 독립하여 있는 것으로서 **각 그 요건이 충족되었다**고 볼 것이고, 이 경우 철거명령에서 주어진 일정기간이 **자진철거에 필요한 상당한 기간**이라면 그 기간 속에는 계고시에 필요한 '**상당한 이행기간**'도 **포함되어 있다**고 보아야 할 것이다. 대법원 1992. 6. 12. 선고 91누13564 판결

③ 위법한 건물의 공유자 1인에 대한 계고처분은 다른 공유자에 대하여는 그 효력이 없다. 대법원 1994. 10. 28. 선고 94누5144 판결

✅ 정답찾기

④ 체납자 등은 **자신에 대한 공매통지의 하자만을 공매처분의 위법사유로 주장할 수 있을 뿐 다른 권리자에 대한 공매통지의 하자를 들어 공매처분의 위법사유로 주장하는 것은 허용되지 않는다.** 대법원 2008. 11. 20. 선고 2007두18154 전원합의체 판결

20 행정작용법 　　　　　　　　　　　　　　　　　　　　　정답 ③

☑ 오답해설

① **계약직공무원 채용계약해지**의 의사표시는 일반공무원에 대한 징계처분과는 달라서 항고소송의 대상이 되는 처분 등의 성격을 가진 것으로 인정되지 아니하고, 일정한 사유가 있을 때에 국가 또는 지방자치단체가 채용계약 관계의 한쪽 당사자로서 대등한 지위에서 행하는 의사표시로 취급되는 것으로 이해되므로, 이를 징계해고 등에서와 같이 그 징계사유에 한하여 효력 유무를 판단하여야 하거나, 행정처분과 같이 **행정절차법**에 의하여 근거와 이유를 제시하여야 하는 것은 아니다. 대법원 2002. 11. 26. 선고 2002두5948 판결

② **지방계약직공무원**에 대해서도 채용계약상 특별한 약정이 없는 한, 지방공무원법 및 지방공무원징계및소청규정에 정한 징계절차에 의하지 아니하고는 보수를 삭감할 수 없다고 봄이 상당하다(주: 계약직공무원에 대한 징계처분은 '처분'인 것으로 본 사례). 대법원 2008. 6. 12. 선고 2006두16328 판결

④ 국가를 당사자로 하는 계약에 관한 법률에 따라 국가가 당사자가 되는 이른바 **공공계약**은 사경제 주체로서 상대방과 대등한 위치에서 체결하는 **사법상 계약**으로서 본질적인 내용은 사인 간의 계약과 다를 바가 없으므로, 그에 관한 법령에 특별한 정함이 있는 경우를 제외하고는 사적 자치와 계약자유의 원칙 등 사법의 원리가 그대로 적용된다. 대법원 2012. 9. 20.자 2012마1097 결정

☑ 정답찾기

③ 국책사업인 '**한국형 헬기 개발사업**'(Korean Helicopter Program)에 개발주관사업자 중 하나로 참여하여 국가 산하 중앙행정기관인 방위사업청과 '한국형헬기 민군겸용 핵심구성품 개발협약'을 체결한 갑 주식회사가 협약을 이행하는 과정에서 환율변동 및 물가상승 등 외부적 요인 때문에 협약금액을 초과하는 비용이 발생하였다고 주장하면서 국가를 상대로 초과비용의 지급을 구하는 민사소송을 제기한 사안에서, 위 협약의 법률관계는 공법관계에 해당하므로 이에 관한 분쟁은 **행정소송**으로 제기하여야 한다고 한 사례. 대법원 2017. 11. 9. 선고 2015다215526 판결

Answer

01	③	02	④	03	①	04	②	05	①
06	②	07	①	08	④	09	③	10	③
11	②	12	①	13	①	14	②	15	④
16	③	17	③	18	④	19	②	20	④

01 실효성 확보수단　　　　　정답 ③

☑ 오답해설

① 금지되는 재조사에 기하여 과세처분을 하는 것은 단순히 당초 과세처분의 오류를 경정하는 경우에 불과하다는 등의 특별한 사정이 없는 한 그 자체로 위법하고, 이는 과세관청이 그러한 재조사로 얻은 과세자료를 과세처분의 근거로 삼지 않았다거나 이를 배제하고서도 동일한 과세처분이 가능한 경우라고 하여 달리 볼 것은 아니다. 대법원 2017. 12. 13. 선고 2016두55421 판결

② 가산세는 세법에서 규정하는 의무의 성실한 이행을 확보하기 위하여 세법에 따라 산출한 본세액에 가산하여 징수하는 **독립된 조세로서, 본세에 감면사유가 인정된다고 하여 가산세도 감면대상에 포함되는 것이 아니고**, 반면에 그 의무를 이행하지 아니한 데 대한 정당한 사유가 있는 경우에는 본세 납세의무가 있더라도 가산세는 부과하지 않는다. 대법원 2018. 11. 29. 선고 2015두56120 판결

④ 관할 지방병무청장이 1차로 공개 대상자 결정을 하고, 그에 따라 병무청장이 같은 내용으로 최종적 공개결정을 하였다면, 공개 대상자는 **병무청장의 최종적 공개결정**만을 다투는 것으로 충분하고, 관할 지방병무청장의 공개 대상자 결정을 별도로 다툴 소의 이익은 없어진다. 대법원 2019. 6. 27. 선고 2018두49130 판결

☑ 정답찾기

③ 행정기본법 제23조(제재처분의 제척기간)

> ① 행정청은 법령등의 위반행위가 종료된 날부터 **5년**이 지나면 해당 위반행위에 대하여 **제재처분**(인허가의 정지·취소·철회, 등록 말소, 영업소 폐쇄와 정지를 갈음하는 과징금 부과를 말한다. 이하 이 조에서 같다)을 할 수 없다.
> ④ 다른 법률에서 제1항 및 제3항의 기간보다 **짧거나 긴 기간**을 규정하고 있으면 그 법률에서 정하는 바에 따른다.

02 행정작용법　　　　　정답 ④

☑ 오답해설

① **구치소 내 과밀수용행위**는 피청구인이 우월적 지위에서 청구인의 의사와 상관없이 일방적으로 행한 **권력적 사실행위**로서 헌법소원심판의 대상이 되는 공권력 행사에 해당한다. 헌법재판소 2016. 12. 29. 자 2013헌마142 결정

② 국가인권위원회의 성희롱결정과 이에 따른 시정조치의 권고는 성희롱 행위자로 결정된 자의 인격권에 영향을 미침과 동시에 공공기관의 장 또는 사용자에게 일정한 법률상의 의무를 부담시키는 것이므로 국가인권위원회의 **성희롱결정 및 시정조치권고**는 행정소송의 대상이 되는 행정처분에 해당한다고 보지 않을 수 없다. 대법원 2005. 7. 8. 선고 2005두487 판결

③ **당연퇴직**의 인사발령은 법률상 당연히 발생하는 퇴직사유를 공적으로 확인하여 알려주는 이른바 관념의 통지에 불과하고 공무원의 신분을 상실시키는 새로운 형성적 행위가 아니므로 행정소송의 대상이 되는 독립한 행정처분이라고 할 수 없다. 대법원 1995. 11. 14. 선고 95누2036 판결

☑ 정답찾기

④ 행정지도가 강제성을 띠지 않은 비권력적 작용으로서 행정지도의 한계를 일탈하지 아니하였다면, 그로 인하여 상대방에게 어떤 손해가 발생하였다 하더라도 행정기관은 그에 대한 손해배상책임이 없다. 대법원 2008. 9. 25. 선고 2006다18228 판결

03 행정작용법　　　　　정답 ①

☑ 오답해설

② 부작위위법확인소송의 대상이 될 수 있는 것은 구체적 권리의무에 관한 분쟁이어야 하고 **추상적인 법령에 관하여 제정의 여부** 등은 그 자체로서 국민의 구체적인 권리의무에 직접적 변동을 초래하는 것이 아니어서 그 소송의 대상이 될 수 없다. 대법원 1992. 5. 8. 선고 91누11261 판결

③ 행정소송규칙 제2조(명령·규칙의 위헌판결 등 통보)

> ① 대법원은 재판의 전제가 된 명령·규칙이 헌법 또는 법률에 위배된다는 것이 법원의 판결에 의하여 확정된 경우에는 그 취지를 해당 명령·규칙의 소관 행정청에 통보하여야 한다.

④ 헌법 제40조와 헌법 제75조, 제95조의 의미를 살펴보면, 국회입법에 의한 수권이 입법기관이 아닌 행정기관에게 법률 등으로 구체적인 범위를 정하여 위임한 사항에 관하여는 당해 행정기관에게 법 정립의 권한을 갖게 되고, 입법자가 규율의 형식도 선택할 수 있다 할 것이므로, 헌법이 인정하고 있는 위임입법의 형식은 **예시적인 것**으로 보아야 할 것이고, 그것은 법률이 행정규칙에 위임하더라도 그 행정규칙은 위임된 사항만을 규율할 수 있으므로, 국회입법의 원칙과 상치되지도 않는다. 헌법재판소 2006. 12. 28. 선고 2005헌바59 결정

☑ 정답찾기

① 행정관청 내부의 사무처리규정에 불과한 **전결규정에 위반**하여 원래의 전결권자 아닌 보조기관 등이 처분권자인 행정관청의 이름으로 행정처분을 하였다고 하더라도 그 처분이 권한 없는 자에 의하여 행하여진 **무효의 처분이라고는 할 수 없다**. 대법원 1998. 2. 27. 선고 97누1105 판결

04 행정법통론　　　　　정답 ②

☑ 오답해설

① **WTO 협정**은 (중략) 사인에 대하여는 위 협정의 직접 효력이 미치지 아니한다고 보아야 할 것이므로, 위 협정에 따른 회원국 정부의 반덤핑부과처분이 **WTO 협정위반**이라는 이유만으로 **사인이 직접 국내 법원**에 회원국 정부를 상대로 그 처분의 취소를 구하는 소를 제기하거나 위 협정위반을 처분의 독립된 취소사유로 주장할 수는 **없다**. 대법원 2009. 1. 30. 선고 2008두17936 판결

③ 행정기본법 제7조(법령등 시행일의 기간 계산)

> 법령등(훈령·예규·고시·지침 등을 포함한다. 이하 이 조에서 같다)의 시행일을 정하거나 계산할 때에는 다음 각 호의 기준에 따른다.
> 2. 법령등을 공포한 날부터 일정 기간이 경과한 날부터 시행하는 경우 법령등을 공포한 날을 첫날에 산입하지 아니한다.

④ 법령의 개정에 있어서 구 법령의 존속에 대한 당사자의 신뢰가 합리적이고도 정당하며, 법령의 개정으로 야기되는 당사자의 손해가 극심하여 새로운 법령으로 달성하고자 하는 공익적 목적이 그러한 신뢰의 파괴를 정당화할 수 없다면, 입법자는 경과규정을 두는 등 당사자의 신뢰를 보호할 적절한 조치를 하여야 한다. 대법원 2006. 11. 16. 선고 2003두12899 전원합의체 판결

✅ 정답찾기

② 대법원의 판례가 법률해석의 일반적인 기준을 제시한 경우에 유사한 사건을 재판하는 하급심법원의 법관은 판례의 견해를 존중하여 재판하여야 하는 것이나, 판례가 사안이 서로 다른 사건을 재판하는 하급심법원을 직접 기속하는 효력이 있는 것은 아니다. 대법원 1996. 10. 25. 선고 96다31307 판결

---

05 행정작용법 　　　　　정답 ①

✅ 오답해설

② 행정청이 어느 법률관계나 사실관계에 대하여 어느 법률의 규정을 적용하여 행정처분을 한 경우에 그 법률관계나 사실관계에 대하여는 그 법률의 규정을 적용할 수 없다는 법리가 명백히 밝혀져 그 해석에 다툼의 여지가 없음에도 행정청이 위 규정을 적용하여 처분을 한 때에는 그 하자가 중대하고도 명백하다고 할 것이나, 그 법률관계나 사실관계에 대하여 그 법률의 규정을 적용할 수 없다는 법리가 명백히 밝혀지지 아니하여 그 해석에 다툼의 여지가 있는 때에는 행정관청이 이를 잘못 해석하여 행정처분을 하였더라도 이는 그 처분 요건사실을 오인한 것에 불과하여 그 하자가 명백하다고 할 수 없다. 대법원 2009. 9. 24. 선고 2009두2825 판결

③ 징계처분이 중대하고 명백한 흠 때문에 당연무효의 것이라면 징계처분을 받은 자가 이를 용인하였다 하여 그 흠이 치료되는 것은 아니다. 대법원 1989. 12. 12. 선고 88누8869 판결

④ 계고처분의 후속절차인 대집행에 위법이 있다고 하더라도, 그와 같은 후속절차에 위법성이 있다는 점을 들어 선행절차인 계고처분이 부적법하다는 사유로 삼을 수는 없다. 대법원 1997. 2. 14. 선고 96누15428 판결

✅ 정답찾기

① 조례 제정권의 범위를 벗어나 국가사무를 대상으로 한 무효인 서울특별시 행정권한 위임조례의 규정에 근거하여 구청장이 건설업영업정지처분을 한 경우, 그 처분은 결과적으로 적법한 위임 없이 권한 없는 자에 의하여 행하여진 것과 마찬가지가 되어 그 하자가 중대하나, (중략) 위 처분의 위임 과정의 하자가 객관적으로 명백한 것이라고 할 수 없으므로 이로 인한 하자는 결국 당연무효사유는 아니라고 봄이 상당하다. 대법원 1995. 7. 11. 선고 94누4615 전원합의체 판결

---

06 행정정보 　　　　　정답 ②

✅ 오답해설

① 사면대상자들의 사면실시건의서와 그와 관련된 국무회의 안건자료에 관한 정보는 비공개대상에 해당하지 않는다. 대법원 2006. 12. 7. 선고 2005두241 판결

③ (재소자가 교도관의 가혹행위를 이유로 형사고소 및 민사소송을 제기하면서 그 증명자료 확보를 위해 '근무보고서'와 '징벌위원회 회의록' 등의 정보공개를 요청하였으나 교도소장이 이를 거부한 사안에서) 근무보고서는 비공개대상정보에 해당한다고 볼 수 없고, 징벌위원회 회의록 중 비공개 심사·의결 부분은 비공개사유에 해당하지만 징벌절차 진행 부분은 비공개사유에 해당하지 않는다고 보아 분리 공개가 허용된다고 한 사례. 대법원 2009. 12. 10. 선고 2009두12785 판결

④ '2002년도 및 2003년도 국가 수준 학업성취도평가 자료'는 비공개대상정보에 해당하는 부분이 있으나, '2002학년도부터 2005학년도까지의 대학수학능력시험 원데이터'는 연구목적으로 그 정보의 공개를 청구하는 경우 위 조항의 비공개대상정보에 해당하지 않는다. 대법원 2010. 2. 25. 선고 2007두9877 판결

✅ 정답찾기

② 독립유공자서훈 공적심사위원회의 심의·의결 과정 및 그 내용을 기재한 회의록은 비공개대상에 해당한다. 대법원 2014. 7. 24. 선고 2013두20301 판결

---

07 행정구제법 　　　　　정답 ①

✅ 오답해설

ㄴ. 일반 공중의 이용에 제공되는 공공용물에 대하여 특허 또는 허가를 받지 않고 하는 일반사용은 다른 개인의 자유이용과 국가 또는 지방자치단체 등의 공공목적을 위한 개발 또는 관리·보존행위를 방해하지 않는 범위 내에서만 허용된다 할 것이므로, 공공용물에 관하여 적법한 개발행위 등이 이루어짐으로 말미암아 이에 대한 일정범위의 사람들의 일반사용이 종전에 비하여 제한받게 되었다 하더라도 특별한 사정이 없는 한 그로 인한 불이익은 손실보상의 대상이 되는 특별한 손실에 해당한다고 할 수 없다. 대법원 2002. 2. 26. 선고 99다35300 판결

ㄷ. 하천법 부칙 및 하천구역 편입토지 보상에 관한 특별조치법의 각 규정들을 종합하면, 위 규정들에 의한 손실보상청구권은 토지가 하천구역으로 된 경우에는 당연히 발생되는 것이지, 관리청의 보상금지급결정에 의하여 비로소 발생하는 것은 아니므로, 위 규정들에 의한 손실보상금의 지급을 구하거나 손실보상청구권의 확인을 구하는 소송은 행정소송법상 당사자소송에 의하여야 한다. 대법원 2006. 5. 18. 선고 2004다6207 전원합의체 판결

✅ 정답찾기

ㄱ. 우리 헌법상 수용의 주체를 국가로 한정한 바 없으므로 민간기업도 수용의 주체가 될 수 있고, (중략) 민간기업에게 산업단지개발사업에 필요한 토지 등을 수용할 수 있도록 규정한 산업입지 및 개발에 관한 법률 제22조 제1항은 헌법에 위반된다고 할 수 없다. 헌법재판소 2009. 9. 24. 선고 2007헌바114 결정

08 행정쟁송법　　　　정답 ④

✅ 오답해설

① 행정청이 **여러 개의 위반행위**에 대하여 **하나의 제재처분**을 하였으나, **위반행위별로 제재처분의 내용을 구분**하는 것이 가능하고 여러 개의 위반행위 중 일부의 위반행위에 대한 제재처분 부분만이 위법하다면, 법원은 제재처분 중 **위법성이 인정되는 부분만 취소**하여야 하고 제재처분 전부를 취소하여서는 아니 된다. 대법원 2020. 5. 14. 선고 2019두63515 판결

② 영업의 금지를 명한 영업허가취소처분 자체가 나중에 행정쟁송절차에 의하여 취소되었다면 그 영업허가취소처분은 그 **처분시에 소급하여 효력을 잃게** 되며, 그 영업허가취소처분에 복종할 의무가 원래부터 없었음이 확정되었다고 봄이 타당하고, 영업허가취소처분이 장래에 향하여서만 효력을 잃게 된다고 볼 것은 아니므로 그 영업허가취소처분 이후의 영업행위를 **무허가영업이라고 볼 수는 없다.** 대법원 1993. 6. 25. 선고 93도277 판결

③ 어떤 처분 내용의 적법성을 뒷받침하기 위하여 당초 처분사유와 기본적 사실관계의 **동일성이 인정되는** 다른 사유가 있다면 처분청은 그 처분에 대한 취소소송의 사실심 변론종결 시까지 그 사유를 적극적으로 주장·증명하여 법원으로부터 그 처분이 적법하다는 판단을 받아야 한다. 대법원 2020. 12. 24. 선고 2019두55675 판결

✅ 정답찾기

④ **기판력**의 객관적 범위는 그 **판결의 주문에 포함된 것, 즉 소송물로** 주장된 법률관계의 존부에 관한 판단의 결론 그 자체에만 미치는 것이고 **판결이유**에 설시된 그 전제가 되는 법률관계의 존부에까지 미치는 것은 **아니다**(주 : '기속력'과 달리 '기판력'은 판결의 주문에 포함된 것에 한하여만 미침). 대법원 1987. 6. 9. 선고 86다카2756 판결

09 실효성 확보수단　　　　정답 ③

✅ 오답해설

① 법인 대표자의 범죄행위에 대하여는 법인이 자신의 행위에 대한 책임을 부담하는 것이다. 법인 **대표자의 법규위반행위에 대한 법인의 책임**은, 법인 자신의 법규위반행위로 평가될 수 있는 행위에 대한 **법인의 직접책임**으로서, 대표자의 고의에 의한 위반행위에 대하여는 법인 자신의 고의에 의한 책임을, 대표자의 과실에 의한 위반행위에 대하여는 법인 자신의 과실에 의한 책임을 부담하는 것이다. 따라서 '심판대상조항 중 법인의 대표자 관련 부분'은 대표자의 책임을 요건으로 하여 법인을 처벌하는 것이므로 **책임주의원칙에 반하지 아니한다.** 헌법재판소 2013. 10. 24. 선고 2013헌가18 전원재판부

② 질서위반행위규제법 제3조(법 적용의 시간적 범위)

> ② **질서위반행위 후 법률이 변경되어** 그 행위가 질서위반행위에 해당하지 아니하게 되거나 과태료가 변경되기 전의 법률보다 **가볍게 된 때에는** 법률에 특별한 규정이 없는 한 **변경된 법률을 적용한다.**

④ 질서위반행위규제법 제25조(관할 법원)

> 과태료 사건은 다른 법령에 특별한 규정이 있는 경우를 제외하고는 **당사자의 주소지의 지방법원 또는 그 지원의 관할로 한다.**

✅ 정답찾기

③ 특별한 사정이 없는 이상 경찰서장은 범칙행위에 대한 형사소추를 위하여 이미 한 통고처분을 임의로 취소할 수 없다. 대법원 2021. 4. 1. 선고 2020도15194 판결

10 행정작용법　　　　정답 ③

✅ 오답해설

① 비구속적 행정계획안이나 행정지침이라도 국민의 기본권에 직접적으로 영향을 끼치고, 앞으로 법령의 뒷받침에 의하여 그대로 실시될 것이 틀림없을 것으로 예상될 수 있을 때에는, 공권력행위로서 예외적으로 헌법소원의 대상이 될 수 있다. 헌법재판소 2000. 6. 1. 선고 99헌마538 결정

② **도시기본계획**이라는 것은 도시의 장기적 개발방향과 미래상을 제시하는 도시계획 입안의 지침이 되는 장기적·종합적인 개발계획으로서 직접적인 구속력은 없는 것이므로, 도시계획시설결정 대상면적이 도시기본계획에서 예정했던 것보다 증가하였다 하여 그것이 도시기본계획의 범위를 벗어나 위법한 것은 아니다. 대법원 1998. 11. 27. 선고 96누13927 판결

④ 장래 일정한 기간 내에 관계 법령이 규정하는 시설 등을 갖추어 일정한 행정처분을 구하는 신청을 할 수 있는 법률상 지위에 있는 자의 국토이용계획변경신청을 거부하는 것이 **실질적으로 당해 행정처분 자체를 거부**하는 결과가 되는 경우에는 예외적으로 그 신청인에게 국토이용**계획변경을 신청할 권리가 인정**된다고 봄이 상당하므로, 이러한 신청에 대한 거부행위는 항고소송의 대상이 되는 행정처분에 해당한다. 대법원 2003. 9. 23. 선고 2001두10936 판결

✅ 정답찾기

③ 1999. 7. 22. 발표한 **개발제한구역제도개선방안**은 건설교통부장관이 개발제한구역의 해제 내지 조정을 위한 일반적인 기준을 제시하고, 개발제한구역의 운용에 대한 국가의 기본방침을 천명하는 정책계획안으로서 비구속적 행정계획안에 불과하므로 공권력행위가 될 수 없으며, 이 사건 **개선방안을 발표한 행위**도 대내외적 효력이 없는 단순한 사실행위에 불과하므로 공권력의 행사라고 할 수 없다. 헌법재판소 2000. 6. 1. 선고 99헌마538 결정

11 행정쟁송법　　　　정답 ②

✅ 오답해설

① 공정거래위원회의 '**표준약관 사용권장행위**'는 그 통지를 받은 해당 사업자 등에게 표준약관과 다른 약관을 사용할 경우 표준약관과 다르게 정한 주요내용을 고객이 알기 쉽게 표시하여야 할 의무를 부과하고, 그 불이행에 대해서는 과태료에 처하도록 되어 있으므로, 이는 사업자 등의 권리·의무에 직접 영향을 미치는 행정처분으로서 항고소송의 대상이 된다. 대법원 2010. 10. 14. 선고 2008두23184 판결

③ 재결취소소송의 경우 재결 자체에 고유한 위법이 있는지 여부를 심리할 것이고, 재결 자체에 고유한 위법이 없는 경우에는 원처분의 당부와는 상관없이 당해 재결취소소송은 이를 **기각**하여야 한다. 대법원 1994. 1. 25. 선고 93누16901 판결

④ 지방자치단체의 장이 민간투자사업을 추진하는 과정에서 사업시행자를 지정하기 위한 전 단계에서 공모제안을 받아 일정한 심사를 거쳐 우선협상대상자를 선정하는 행위와 이미 선정된 우선협상대상자를 그 지위에서 배제하는 행위는 모두 항고소송의 대상이 되는 행정처분으로 보아야 한다. 대법원 2020. 4. 29. 선고 2017두31064 판결

✓ 정답찾기

② 공무원연금관리공단이 위와 같은 법령의 개정 사실과 퇴직연금 수급자가 퇴직연금 중 일부 금액의 지급정지 대상자가 되었다는 사실을 통보한 것은 단지 위와 같이 법령에서 정한 사유의 발생으로 퇴직연금 중 일부 금액의 지급이 정지된다는 점을 알려주는 관념의 통지에 불과하고, 그로 인하여 비로소 지급이 정지되는 것은 아니므로 항고소송의 대상이 되는 **행정처분으로 볼 수 없다**. 대법원 2004. 12. 24. 선고 2003두15195 판결

---

12 행정절차법   정답 ①

✓ 오답해설

② 일반적으로 당사자가 근거규정 등을 명시하여 신청하는 인·허가 등을 거부하는 처분을 함에 있어 당사자가 그 근거를 알 수 있을 정도로 상당한 이유를 제시한 경우에는 당해 처분의 근거 및 이유를 구체적 조항 및 내용까지 명시하지 않았더라도 그로 말미암아 그 처분이 위법한 것이 된다고 할 수 없다. 대법원 2002. 5. 17. 선고 2000두8912 판결

③ 행정처분의 상대방에 대한 **청문통지서가 반송**되었다거나, 행정처분의 상대방이 **청문일시에 불출석**하였다는 이유로 청문을 실시하지 아니하고 한 침해적 행정처분은 위법하다. 대법원 2001. 4. 13. 선고 2000두3337 판결

④ 군인사법상 **보직해임처분**은 당해 행정작용의 성질상 행정절차를 거치기 곤란하거나 불필요하다고 인정되는 사항 또는 행정절차에 준하는 절차를 거친 사항에 해당하므로, 처분의 근거와 이유 제시 등에 관한 구 행정절차법의 규정이 별도로 적용되지 아니한다고 봄이 상당하다. 대법원 2014. 10. 15. 선고 2012두5756 판결

✓ 정답찾기

① 행정절차법 제23조가 정하고 있는 처분의 이유제시 의무는 '공통의 처분절차'로서 침익적 처분과 수익적 처분 모두에 대해서 적용된다.

---

13 행정작용법   정답 ①

✓ 오답해설

② 위법한 행정대집행이 완료되면 그 처분의 무효확인 또는 취소를 구할 소의 이익은 없다 하더라도, 미리 그 행정처분의 취소판결이 있어야만, 그 행정처분의 위법임을 이유로 한 손해배상 청구를 할 수 있는 것은 아니다. 대법원 1972. 4. 28. 선고 72다337 판결

③ 조세의 과오납이 **부당이득**이 되기 위하여는 납세 또는 조세의 징수가 실체법적으로나 절차법적으로 전혀 법률상의 근거가 없거나 과세처분의 하자가 중대하고 명백하여 **당연무효**이어야 하고, 과세처분의 하자가 단지 **취소할 수 있는 정도**에 불과할 때에는 과세관청이 이를 스스로 취소하거나 항고소송절차에 의하여 **취소되지 않는 한** 그로 인한 조세의 납부가 **부당이득이 된다고 할 수 없다**. 대법원 1994. 11. 11. 선고 94다28000 판결

④ 과세대상과 납세의무자 확정이 잘못되어 당연무효한 과세에 대하여는 체납이 문제될 여지가 없으므로 체납범이 성립하지 않는다. 대법원 1971. 5. 31. 선고 71도742 판결

✓ 정답찾기

① 행정기본법 제15조(처분의 효력)

> 처분은 권한이 있는 기관이 취소 또는 철회하거나 기간의 경과 등으로 소멸되기 전까지는 유효한 것으로 통용된다. 다만, 무효인 처분은 처음부터 그 효력이 발생하지 아니한다.

---

14 행정쟁송법   정답 ②

✓ 오답해설

ㄴ. 행정소송법 제11조 및 제26조

> 행정소송법 제11조(선결문제) ① 처분등의 효력 유무 또는 존재 여부가 민사소송의 선결문제로 되어 당해 민사소송의 수소법원이 이를 심리·판단하는 경우에는 제17조, 제25조, 제26조 및 제33조의 규정을 준용한다.
>
> 행정소송법 제26조(직권심리) 법원은 필요하다고 인정할 때에는 직권으로 증거조사를 할 수 있고, 당사자가 주장하지 아니한 사실에 대하여도 판단할 수 있다.

ㅁ. 부당해고 구제신청에 관한 중앙노동위원회의 명령 또는 결정의 취소를 구하는 소송에서 그 명령 또는 결정이 적법한지는 그 명령 또는 결정이 이루어진 시점을 기준으로 판단하여야 하고, 그 명령 또는 결정 후에 생긴 사유를 들어 적법 여부를 판단할 수는 없으나, 그 명령 또는 결정의 기초가 된 사실이 동일하다면 노동위원회에서 주장하지 아니한 사유도 행정소송에서 주장할 수 있다. 대법원 2021. 7. 29. 선고 2016두64876 판결

✓ 정답찾기

ㄱ. 당사자가 동일한 신청에 대하여 부작위법확인의 소를 제기하였으나 그 후 소극적 처분이 있다고 보아 처분취소소송으로 소를 교환적으로 변경한 후 여기에 부작위법확인의 소를 추가적으로 병합한 경우, 최초의 부작위법확인의 소가 적법한 제소기간 내에 제기된 이상 그 후 처분취소소송으로의 교환적 변경과 처분취소소송에의 추가적 변경 등의 과정을 거쳤다고 하더라도 여전히 제소기간을 준수한 것으로 봄이 상당하다. 대법원 2009. 7. 23. 선고 2008두10560 판결

ㄷ. 처분청이 거부처분에 대한 항고소송에서 기존의 처분사유와 **기본적 사실관계가 동일하지 않은 사유**를 처분사유로 추가·변경한 것에 대하여 처분상대방이 추가·변경된 처분사유의 실체적 당부에 관하여 해당 소송 과정에서 심리·판단하는 것에 **명시적으로 동의하는** 경우에는, 법원으로서는 그 처분사유가 기존의 처분사유와 **기본적 사실관계가 동일한지와 무관하게** 예외적으로 이를 허용할 수 있다. 대법원 2024. 11. 28. 선고 2023두61349 판결

ㄹ. 행정처분을 취소하는 확정판결이 제3자에 대하여도 효력이 있다고 하더라도 일반적으로 판결의 효력은 주문에 포함한 것에 한하여 미치는 것이니 그 취소판결 자체의 효력으로써 그 행정처분을 기초로 하여 새로 형성된 제3자의 권리까지 당연히 그 행정처분 전의 상태로 환원되는 것이라고는 할 수 없고, 단지 취소판결의 존재와 취소판결에 의하여 형성되는 법률관계를 소송당사자가 아니었던 제3자라 할지라도 이를 용인하지 않으면 아니된다는 것을 의미하는 것에 불과하다 할 것이다. 대법원 1986. 8. 19. 선고 83다카2022 판결

15 실효성 확보수단 　　　　　 정답 ④

✅ 오답해설

① 이행강제금의 본질상 건축법상 시정명령을 받은 의무자가 이행강제금이 부과되기 전에 그 의무를 이행한 경우에는 비록 시정명령에서 정한 기간을 지나서 이행한 경우라도 이행강제금을 부과할 수 없다. 대법원 2018. 1. 25. 선고 2015두35116 판결

② 참가압류처분에 앞서 독촉절차를 거치지 아니하였고 또 참가압류조서에 납부기한을 잘못 기재한 잘못이 있다고 하더라도 이러한 위법사유만으로는 참가압류처분을 무효로 할 만큼 중대하고도 명백한 하자라고 볼 수 없다. 대법원 1992. 3. 10. 선고 91누6030 판결

③ 국유 일반재산의 대부료 등의 징수에 관하여는 국세징수법상 체납처분에 관한 규정을 준용한 간이하고 경제적인 특별구제절차가 마련되어 있으므로, 특별한 사정이 없는 한 민사소송의 방법으로 대부료 등의 지급을 구하는 것은 허용되지 아니한다. 대법원 2014. 9. 4. 선고 2014다203588 판결

✅ 정답찾기

④ 구 국유재산법에 의한 변상금 부과·징수권은 민사상 부당이득반환청구권과 법적 성질을 달리하므로, 국가는 무단점유자를 상대로 변상금 부과·징수권의 행사와 별도로 국유재산의 소유자로서 민사상 부당이득반환청구의 소를 제기할 수 있다. 대법원 2014. 7. 16. 선고 2011다76402 전원합의체 판결

16 행정쟁송법 　　　　　 정답 ③

✅ 오답해설

① 행정심판법 제43조의2(조정)

　① 위원회는 당사자의 권리 및 권한의 범위에서 당사자의 동의를 받아 심판청구의 신속하고 공정한 해결을 위하여 조정을 할 수 있다. 다만, 그 조정이 공공복리에 적합하지 아니하거나 해당 처분의 성질에 반하는 경우에는 그러하지 아니하다.

② 행정심판법 제31조(임시처분)

　① 위원회는 처분 또는 부작위가 위법·부당하다고 상당히 의심되는 경우로서 처분 또는 부작위 때문에 당사자가 받을 우려가 있는 중대한 불이익이나 당사자에게 생길 급박한 위험을 막기 위하여 임시지위를 정하여야 할 필요가 있는 경우에는 직권으로 또는 당사자의 신청에 의하여 임시처분을 결정할 수 있다.
　③ 제1항에 따른 임시처분은 제30조제2항에 따른 집행정지로 목적을 달성할 수 있는 경우에는 허용되지 아니한다.

④ 행정심판법 제44조(사정재결)

　③ 제1항과 제2항은 무효등확인심판에는 적용하지 아니한다.

✅ 정답찾기

③ 행정심판법 제29조(청구의 변경)

　① 청구인은 청구의 기초에 변경이 없는 범위에서 청구의 취지나 이유를 변경할 수 있다.
　⑧ 청구의 변경결정이 있으면 처음 행정심판이 청구되었을 때부터 변경된 청구의 취지나 이유로 행정심판이 청구된 것으로 본다.

17 행정쟁송법 　　　　　 정답 ③

✅ 오답해설

ㄱ. '의료기관의 처방약조제 기회를 공정하게 배분받을 기존 약국개설자의 이익'은 약국개설등록처분의 근거법규 및 관련 법규에 의하여 보호되는 개별적·직접적·구체적 이익이라고 할 수 있다. 그러므로 다른 약사에 대한 약국개설등록처분으로 인하여 조제 기회를 전부 또는 일부라도 상실하게 된 기존 약국개설자는 특별한 사정이 없는 한 해당 처분의 취소를 구할 법률상 이익이 있다. 이때 반드시 기존 약국개설자의 주된 매출이 해당 의료기관이 발행한 처방전에 기초하고 있었다거나 해당 의료기관이 발행한 처방전에 관한 기존 약국개설자의 매출 감소가 상당하여야만, 그와 같은 이익이 침해될 우려가 있다고 볼 것은 아니다. 대법원 2025. 9. 11. 선고 2024두34276 판결

ㄹ. 행정소송법 제18조(행정심판과의 관계)

　② 제1항 단서의 경우에도 다음 각호의 1에 해당하는 사유가 있는 때에는 행정심판의 재결을 거치지 아니하고 취소소송을 제기할 수 있다.
　2. 처분의 집행 또는 절차의 속행으로 생길 중대한 손해를 예방하여야 할 긴급한 필요가 있는 때

✅ 정답찾기

ㄴ. 행정소송규칙 제5조(재판관할)

　① 국가의 사무를 위임 또는 위탁받은 공공단체 또는 그 장에 대하여 그 지사나 지역본부 등 종된 사무소의 업무와 관련이 있는 소를 제기하는 경우에는 그 종된 사무소의 소재지를 관할하는 행정법원에 제기할 수 있다.

ㄷ. 에스에이치공사가 택지개발사업 시행자인 서울특별시장으로부터 이주대책 수립권한을 포함한 택지개발사업에 따른 권한을 위임 또는 위탁받은 경우, 이주대책 대상자들이 에스에이치공사 명의로 이루어진 이주대책에 관한 처분에 대한 취소소송을 제기함에 있어 정당한 피고는 에스에이치공사가 된다고 한 사례. 대법원 2007. 8. 23. 선고 2005두3776 판결

제
05
회

18 행정구제법　　　　　　　　　　　　　정답 ④

☑ 오답해설

① 법관의 재판에 법령의 규정을 따르지 아니한 **잘못이 있다 하더라도** 이로써 바로 그 재판상 직무행위가 국가배상법 제2조 제1항에서 말하는 **위법한 행위로 되어 국가의 손해배상책임이 발생하는 것은 아니고**, 그 국가배상책임이 인정되려면 당해 법관이 **위법 또는 부당한 목적을 가지고 재판**을 하였다거나 법이 법관의 직무수행상 준수할 것을 요구하고 있는 **기준을 현저하게 위반**하는 등 **법관이 그에게 부여된 권한의 취지에 명백히 어긋나게 이를 행사하였다고 인정할 만한 특별한 사정이 있어야 한다.** 대법원 2003. 7. 11. 선고 99다24218 판결

② 전투·훈련 등 직무집행과 관련하여 공상을 입은 군인 등이 먼저 국가배상법에 따라 손해배상금을 지급받은 다음 구 **국가유공자법**이 정한 보상금 등 보훈급여금의 지급을 청구하는 경우 피고로서는 국가배상법에 따라 손해배상을 받았다는 사정을 들어 보상금 등 **보훈급여금의 지급을 거부할 수 없다.** 대법원 2017. 2. 3. 선고 2014두40012 판결

③ 공무원의 직무집행이 **법령이 정한 요건과 절차에 따라** 이루어진 것이라면 특별한 사정이 없는 한 이는 **법령에 적합한 것**이고 그 과정에서 **개인의 권리가 침해되는** 일이 생긴다고 하여 그 **법령적합성이 곧바로 부정되는 것은 아니다.** 대법원 2000. 11. 10. 선고 2000다26807 판결

☑ 정답찾기

④ 구 **국가배상법** 제3조 제1항과 제3항의 손해배상의 기준은 배상심의회의 배상금지급기준을 정함에 있어서의 하나의 기준을 정한 것에 지나지 아니하는 것이고 이로써 **배상액의 상한을 제한한 것으로 볼 수 없다** 할 것이며 따라서 **법원이 국가배상법에 의한 손해배상액을 산정함에 있어서 그 기준에 구애되는 것이 아니라** 할 것이다. 대법원 1970. 1. 29. 선고 69다1203 전원합의체 판결

19 행정법통론　　　　　　　　　　　　　정답 ②

☑ 오답해설

① 재량권 행사의 준칙인 행정규칙이 그 정한 바에 따라 되풀이 시행되어 **행정관행**이 이루어지게 되면 평등의 원칙이나 신뢰보호의 원칙에 따라 행정기관은 그 상대방에 대한 관계에서 그 규칙에 따라야 할 **자기구속**을 받게 되므로, 이러한 경우에는 특별한 사정이 없는 한 그를 위반하는 처분은 평등의 원칙이나 신뢰보호의 원칙에 위배되어 재량권을 일탈·남용한 위법한 처분이 된다. 대법원 2009. 12. 24. 선고 2009두7967 판결

③ 법률에 따른 개인의 행위가 단지 법률이 반사적으로 부여하는 기회의 활용을 넘어서 **국가에 의하여 일정 방향으로 유인된** 것이라면 **특별히 보호가치가 있는 신뢰이익**이 인정될 수 있고, 원칙적으로 개인의 신뢰보호가 국가의 법률개정이익에 우선된다고 볼 여지가 있다. 헌법재판소 2002. 11. 28. 선고 2002헌바45 결정

④ 병무청 담당부서의 담당공무원에게 공적 견해의 표명을 구하는 정식의 서면질의 등을 하지 아니한 채 총무과 민원팀장에 불과한 공무원이 민원봉사차원에서 상담에 응하여 안내한 것을 신뢰한 경우, 신뢰보호 원칙이 적용되지 아니한다. 대법원 2003. 12. 26. 선고 2003두1875 판결

☑ 정답찾기

② 국립대학교 법학전문대학원에 입학원서를 제출한 갑이 종교적 신념을 지키기 위해 **면접 일정을 토요일 오후 마지막 순번으로 변경해 달라**는 취지의 이의신청서를 제출했으나, 총장이 이를 **거부하고 면접평가에 응시하지 않은 갑에게 불합격 통지**를 한 사안에서, 갑의 면접일시 변경을 거부함으로써 갑이 종교적 신념을 이유로 받게 된 중대한 불이익을 방치한 총장의 행위는 헌법상 **평등원칙을 위반한 것으로 위법**하고, 위법하게 지정된 면접일정에 응시하지 않았음을 이유로 한 **불합격처분은 취소되어야 한다고** 한 사례. 대법원 2024. 4. 4. 선고 2022두56661 판결

20 종합 사례　　　　　　　　　　　　　정답 ④

☑ 오답해설

① 과징금부과처분은 반드시 현실적인 행위자가 아니라도 **법령상 책임자로 규정된** 자에게 부과되고 원칙적으로 위반자의 **고의·과실을 요하지 아니하**나, 위반자의 의무 해태를 탓할 수 없는 정당한 사유가 있는 등의 특별한 사정이 있는 경우에는 이를 부과할 수 없다. 대법원 2014. 10. 15. 선고 2013두5005 판결

② **공정거래위원회**의 시정조치 및 과징금납부명령에 행정절차법 소정의 의견청취절차 생략사유가 존재한다고 하더라도, 공정거래위원회는 행정절차법을 적용하여 의견청취절차를 생략할 수는 없다. 대법원 2001. 5. 8. 선고 2000두10212 판결

③ 구 독점규제 및 공정거래에 관한 법률 제24조의2에 의한 부당내부거래에 대한 **과징금**은 **행정상의 제재금**으로서의 기본적 성격에 **부당이득환수적 요소도** 부가되어 있는 것이라 할 것이고, 이를 두고 헌법 제13조 제1항에서 금지하는 **국가형벌권** 행사로서의 '처벌'에 해당한다고는 할 수 **없으므로**, 공정거래법에서 형사처벌과 아울러 과징금의 병과를 예정하고 있더라도 **이중처벌금지원칙에 위반된다고 볼 수 없다.** 헌법재판소 2003. 7. 24. 선고 2001헌가25 결정

☑ 정답찾기

④ 공정거래위원회가 부당한 공동행위를 행한 사업자로서 구 독점규제 및 공정거래에 관한 법률 제22조의2에서 정한 자진신고자나 조사협조자에 대하여 **과징금 부과처분(선행처분)**을 한 뒤, 동법 시행령 제35조 제3항에 따라 다시 자진신고자 등에 대한 사건을 분리하여 **자진신고 등을 이유로 한 과징금 감면처분(후행처분)**을 하였다면, **후행처분**은 자진신고 감면까지 포함하여 처분 상대방이 실제로 납부하여야 할 최종적인 과징금액을 결정하는 **종국적 처분**이고, **선행처분**은 이러한 종국적 처분을 예정하고 있는 일종의 **잠정적 처분**으로서 후행처분이 있을 경우 선행처분은 후행처분에 **흡수되어 소멸**한다. 따라서 위와 같은 경우에 **선행처분의 취소**를 구하는 소는 이미 효력을 잃은 처분의 취소를 구하는 것으로 **부적법**하다. 대법원 2015. 2. 12. 선고 2013두987 판결

Answer

01	②	02	④	03	①	04	③	05	②
06	④	07	①	08	④	09	③	10	③
11	②	12	②	13	①	14	④	15	①
16	③	17	②	18	③	19	①	20	④

01 행정작용법   정답 ②

☑ 오답해설

① 행정행위의 부관인 부담에 정해진 바에 따라 당해 행정청이 아닌 **다른 행정청**이 그 부담상의 의무이행을 요구하는 의사표시를 하였을 경우, 이러한 행위가 당연히 또는 무조건으로 행정소송법상 항고소송의 대상이 되는 **처분에 해당한다고 할 수는 없다.** 대법원 1992. 1. 21. 선고 91누1264 판결

③ 행정기본법 제17조(부관)

> ② 행정청은 처분에 재량이 없는 경우에는 **법률에 근거가 있는 경우에** **부관을 붙일 수 있다.**

④ 행정청이 종교단체에 대하여 기본재산전환인가를 함에 있어 인가조건을 부가하고 그 불이행시 인가를 취소할 수 있도록 한 경우, 인가조건의 의미는 철회권을 유보한 것이다. 대법원 2003. 5. 30. 선고 2003다6422 판결

☑ 정답찾기

② 임시이사를 선임하면서 임기를 '**후임 정식이사가 선임될 때까지**'로 기재한 것은 근거 법률의 해석상 당연히 도출되는 사항을 주의적·확인적으로 기재한 이른바 **법정부관**'일 뿐, 행정청의 의사에 따라 붙이는 본래 의미의 행정처분 부관이라고 볼 수 없다. 후임 정식이사가 선임되었다는 사유만으로 임시이사의 **임기가 자동적으로 만료되어 임시이사의 지위가 상실되는 효과가 발생하지 않고,** 관할 행정청이 후임 정식이사가 선임되었음을 이유로 **임시이사를 해임하는 행정처분을 해야만 비로소 임시이사의 지위가 상실되는 효과가 발생한다.** 대법원 2020. 10. 29. 선고 2017다269152 판결

02 행정법통론   정답 ④

☑ 오답해설

① **납골당설치 신고**는 이른바 '**수리를 요하는 신고**'라 할 것이므로, 납골당설치 신고가 구 장사법 관련 규정의 모든 요건에 맞는 신고라 하더라도 신고인은 곧바로 납골당을 설치할 수는 없고, 이에 대한 행정청의 **수리처분이 있어야만** 신고한 대로 납골당을 설치할 수 있다. 대법원 2011. 9. 8. 선고 2009두6766 판결

② 행정관청은 **노동조합으로** 설립신고를 한 단체가 노동조합법 제2조 제4호 가 목에 해당하는지 여부를 **실질적으로 심사할 수 있다**(주 : 노동조합 설립신고는 실질적 심사가 허용되는 수리를 요하는 신고라는 취지). 대법원 2014. 4. 10. 선고 2011두6998 판결

③ 수리란 신고를 유효한 것으로 판단하고 법령에 의하여 처리할 의사로 이를 수령하는 수동적 행위이므로 수리행위에 **신고필증 교부 등 행위가 꼭 필요한 것은 아니다.** 대법원 2011. 9. 8. 선고 2009두6766 판결

☑ 정답찾기

④ 행정절차법 제17조 제5항은 (중략) 행정청으로 하여금 신청에 대하여 거부처분을 하기 전에 반드시 신청인에게 **신청의 내용이나 처분의 실체적 발급요건에 관한 사항까지 보완할 기회를 부여하여야 할 의무를 정한 것은 아니라고 보아야 한다.** 대법원 2020. 7. 23 선고 2020두36007 판결

03 행정정보   정답 ①

☑ 오답해설

② 공무원이 **직무와 관련 없이** 개인적인 자격으로 간담회·연찬회 등 행사에 참석하고 금품을 수령한 정보는 정보공개법 제9조 제1항 제6호 단서 (다)목 소정의 '공개하는 것이 공익을 위하여 필요하다고 인정되는 정보'에 해당하지 않는다(주 : 비공개대상에 해당한다는 의미). 대법원 2003. 12. 12. 선고 2003두8050 판결

③ 외국 또는 외국 기관으로부터 비공개를 전제로 정보를 입수하였다는 이유만으로 이를 공개할 경우 업무의 공정한 수행에 현저한 지장을 받을 것이라고 단정할 수는 없다. 다만 위와 같은 사정은 정보 제공자와의 관계, 정보 제공자의 의사, 정보의 취득 경위, 정보의 내용 등과 함께 업무의 공정한 수행에 현저한 지장이 있는지를 판단할 때 고려하여야 할 형량 요소이다. 대법원 2018. 9. 28. 선고 2017두69892 판결

④ 청구인이 정보공개거부처분의 취소를 구하는 소송에서 공공기관이 **청구정보를 증거 등으로 법원에 제출하여** 법원을 통하여 그 사본을 청구인에게 교부 또는 송달되게 하여 결과적으로 청구인에게 정보를 공개하는 셈이 되었다고 하더라도, 이러한 **우회적인 방법**은 정보공개법이 예정하고 있지 아니한 방법으로서 정보공개법에 의한 공개라고 볼 수는 없으므로, 당해 정보의 비공개결정의 취소를 구할 **소의 이익은 소멸되지 않는다.** 대법원 2016. 12. 15. 선고 2012두11409 판결

☑ 정답찾기

① 정보공개법 제9조 제1항 제6호는 공공기관이 보유·관리하고 있는 개인정보의 공개 과정에서의 개인정보를 보호하기 위한 규정으로서 「개인정보 보호법」 제6조에서 말하는 '개인정보 보호에 관하여 다른 법률에 특별한 규정이 있는 경우'에 해당한다. 따라서 공공기관이 보유·관리하고 있는 개인정보의 공개에 관하여는 구 **정보공개법** 제9조 제1항제6호가 「개인정보 보호법」에 **우선하여** 적용된다. 대법원 2021. 11. 11. 선고 2015두53770 판결

04 행정작용법 정답 ③

☑ 오답해설

① 건축허가취소처분을 받은 건축물 소유자는 그 건축물이 완공된 후에도 여전히 위 취소처분의 취소를 구할 법률상 이익을 가진다고 보아야 한다. 대법원 2015. 11. 12. 선고 2015두47195 판결

② 권한 없는 행정기관이 한 당연무효인 행정처분을 취소할 수 있는 권한은 당해 행정처분을 한 처분청에게 속하고, 당해 행정처분을 할 수 있는 적법한 권한을 가지는 행정청에게 그 취소권이 귀속되는 것이 아니다. 대법원 1984. 10. 10. 선고 84누463 판결

④ 행정처분을 한 처분청은 그 처분의 성립에 하자가 있는 경우 이를 취소할 별도의 법적 근거가 없다고 하더라도 직권으로 이를 취소할 수 있다(주 : 판례는 '수익적 처분'을 직권취소하는 경우에도 별도의 법적 근거가 필요 없는 것으로 보고 있음). 대법원 2002. 5. 28. 선고 2001두9653 판결

☑ 정답찾기

③ 기속력은 확정된 청구인용판결에만 발생한다. 따라서 취소소송의 기각판결이 확정된 후에도 그 판결에는 기속력이 발생하지 않으므로 처분청은 당해 처분을 직권으로 취소할 수 있다.

05 행정작용법 정답 ②

☑ 오답해설

① 행정절차법 제40조의2(확약)

> ② 확약은 문서로 하여야 한다.

③ 중소기업 정보화지원사업에 따른 지원금 출연을 위하여 중소기업청장이 체결하는 협약은 공법상 대등한 당사자 사이의 의사표시의 합치로 성립하는 공법상 계약에 해당하므로 (중략) 협약의 해지 및 그에 따른 환수통보는 공법상 계약에 따라 행정청이 대등한 당사자의 지위에서 하는 의사표시로 보아야 하고, 이를 행정청이 우월한 지위에서 행하는 공권력의 행사로서 행정처분에 해당한다고 볼 수는 없다. 대법원 2015. 8. 27. 선고 2015두41449 판결

④ 행정기본법 제20조(자동적 처분)

> 행정청은 법률로 정하는 바에 따라 완전히 자동화된 시스템(인공지능 기술을 적용한 시스템을 포함한다)으로 처분을 할 수 있다. 다만, 처분에 재량이 있는 경우는 그러하지 아니하다.

☑ 정답찾기

② 요양기관이 속임수나 그 밖의 부당한 방법으로 보험자에게 요양급여비용을 부담하게 한 때에 구 국민건강보험법 제85조 제1항 제1호에 의해 받게 되는 요양기관 업무정지처분은 의료인 개인의 자격에 대한 제재가 아니라 요양기관의 업무 자체에 대한 것으로서 대물적 처분의 성격을 갖는다. 따라서 속임수나 그 밖의 부당한 방법으로 보험자에게 요양급여비용을 부담하게 한 요양기관이 폐업한 때에는 그 요양기관은 업무를 할 수 없는 상태일 뿐만 아니라 그 처분대상도 없어졌으므로 그 요양기관 및 폐업 후 그 요양기관의 개설자가 새로 개설한 요양기관에 대하여 업무정지처분을 할 수는 없다. 대법원 2022. 1. 27. 선고 2020두39365 판결

06 실효성 확보수단 정답 ④

☑ 오답해설

① 질서위반행위규제법 제2조(정의)

> 이 법에서 사용하는 용어의 뜻은 다음과 같다.
> 3. "당사자"란 질서위반행위를 한 자연인 또는 법인(법인이 아닌 사단 또는 재단으로서 대표자 또는 관리인이 있는 것을 포함한다. 이하 같다)을 말한다.

② 질서위반행위규제법 제3조(법 적용의 시간적 범위)

> ③ 행정청의 과태료 처분이나 법원의 과태료 재판이 확정된 후 법률이 변경되어 그 행위가 질서위반행위에 해당하지 아니하게 된 때에는 변경된 법률에 특별한 규정이 없는 한 과태료의 징수 또는 집행을 면제한다.

③ 질서위반행위규제법 제24조의2(상속재산 등에 대한 집행)

> ① 과태료는 당사자가 과태료 부과처분에 대하여 이의를 제기하지 아니한 채 제20조 제1항에 따른 기한이 종료한 후 사망한 경우에는 그 상속재산에 대하여 집행할 수 있다.

☑ 정답찾기

④ 질서위반행위규제법 제19조(과태료 부과의 제척기간)

> ① 행정청은 질서위반행위가 종료된 날(다수인이 질서위반행위에 가담한 경우에는 최종행위가 종료된 날을 말한다)부터 5년이 경과한 경우에는 해당 질서위반행위에 대하여 과태료를 부과할 수 없다.

07 행정쟁송법 정답 ①

☑ 오답해설

ㄴ. (지방자치단체가 보조금 지급결정을 하면서 일정 기한 내에 보조금을 반환하도록 하는 교부조건을 부가한 사안에서) 보조사업자의 지방자치단체에 대한 보조금 반환의무는 행정처분인 위 보조금 지급결정에 부가된 부관상 의무이고, 이러한 부관상 의무는 보조사업자가 지방자치단체에 부담하는 공법상 의무이므로, 보조사업자에 대한 지방자치단체의 보조금반환청구는 공법상 권리관계의 일방 당사자를 상대로 하여 공법상 의무이행을 구하는 청구로서 당사자소송의 대상이 된다. 대법원 2011. 6. 9. 선고 2011다2951 판결

ㄹ. 납세의무자에 대한 국가의 부가가치세 환급세액 지급의무에 대응하는 국가에 대한 납세의무자의 부가가치세 환급세액 지급청구는 민사소송이 아니라 행정소송법상 당사자소송의 절차에 따라야 한다. 대법원 2013. 3. 21. 선고 2011다95564 전원합의체 판결

☑ 정답찾기

ㄱ. 종합유선방송위원회는 그 설치의 법적 근거, 법에 의하여 부여된 직무, 위원의 임명절차 등을 종합하여 볼 때 국가기관이고, 그 사무국 직원들의 근로관계는 사법상의 계약관계이므로, 사무국 직원들은 국가를 상대로 민사소송으로 그 계약에 따른 임금과 퇴직금의 지급을 청구할 수 있다. 대법원 2001. 12. 24. 선고 2001다54038 판결

ㄷ. 국가나 지방자치단체에 근무하는 청원경찰은 국가공무원법이나 지방공무원법상의 공무원은 아니지만, 그 근무관계를 사법상의 고용계약관계로 보기는 어려우므로 그에 대한 징계처분의 시정을 구하는 소는 행정소송의 대상이지 민사소송의 대상이 아니다. 대법원 1993. 7. 13. 선고 92다47564 판결

08 행정작용법   정답 ④

☑ 오답해설

① 소관청이 토지대장상의 **소유자명의변경신청을 거부한** 행위는 이를 **항고소송의 대상이 되는 행정처분이라고 할 수 없다.** 대법원 2012. 1. 12. 선고 2010두12354 판결

② 건축물대장 소관청의 **용도변경신청 거부행위**는 국민의 권리관계에 영향을 미치는 것으로서 항고소송의 대상이 되는 행정처분에 해당한다. 대법원 2009. 1. 30. 선고 2007두7277 판결

③ 사실상 영업이 양도·양수되었지만 아직 승계신고 및 그 **수리처분이 있기 이전에는** 여전히 종전의 영업자인 양도인이 영업허가자이고, 양수인은 영업허가자가 되지 못한다 할 것이어서 행정제재처분의 사유가 있는지 여부 및 그 사유가 있다고 하여 행하는 행정제재처분은 영업허가자인 양도인을 기준으로 판단하여 그 **양도인에 대하여** 행하여야 할 것이고, 한편 양도인이 그의 의사에 따라 양수인에게 영업을 양도하면서 양수인으로 하여금 영업을 하도록 허락하였다면 그 양수인의 영업 중 발생한 위반행위에 대한 행정적인 책임은 영업허가자인 **양도인에게** 귀속된다고 보아야 할 것이다. 대법원 1995. 2. 24. 선고 94누9146 판결

☑ 정답찾기

④ 인가권자인 국토해양부장관 또는 시·도지사는 조합 등의 **설립인가** 신청에 대하여 **자동차관리사업**의 건전한 발전과 질서 확립이라는 사업자단체 설립의 공익적 목적에 부합하는지 등을 함께 검토하여 설립인가 여부를 결정할 **재량**을 가진다. 대법원 2015. 5. 29. 선고 2013두635 판결

09 행정정보   정답 ③

☑ 오답해설

① 개인정보 보호법 제2조(정의)

> 이 법에서 사용하는 용어의 뜻은 다음과 같다.
> 1. '개인정보'란 **살아 있는 개인**에 관한 정보로서 다음 각 목의 어느 하나에 해당하는 정보를 말한다.
> 다. 가목 또는 나목을 제1호의2에 따라 **가명처리함으로써** 원래의 상태로 복원하기 위한 추가 정보의 사용·결합 없이는 특정 개인을 알아볼 수 없는 정보(이하 '**가명정보**'라 한다)

② 개인정보 보호법 제3조(개인정보 보호 원칙)

> ⑦ 개인정보처리자는 개인정보를 익명 또는 가명으로 처리하여도 개인정보 수집목적을 달성할 수 있는 경우 익명처리가 가능한 경우에는 **익명**에 의하여, 익명처리로 목적을 달성할 수 없는 경우에는 **가명**에 의하여 처리될 수 있도록 하여야 한다.

④ 개인정보 보호법 제39조(손해배상책임)

> ① 정보주체는 개인정보처리자가 이 법을 위반한 행위로 손해를 입으면 개인정보처리자에게 손해배상을 청구할 수 있다. 이 경우 그 **개인정보처리자는** 고의 또는 과실이 없음을 입증하지 아니하면 책임을 면할 수 없다.

☑ 정답찾기

③ 구 정보통신망법 제64조의3 제1항 제6호에서 정한 자에 대하여 과징금을 부과함으로써 박탈하고자 하는 이득은, 문제된 **위반행위로 인해 증가한 매출액에 따른 이득이 아니라**, 오히려 정보통신서비스 제공자가 적절한 보호조치를 취하지 않은 개인정보를 자신의 영업을 위해 보유함으로써 얻은 이득이라 보아야 한다. 이에 따라 위 과징금 부과를 위한 관련 매출액을 산정할 때 '위반행위로 인하여 직접 또는 간접적으로 영향을 받는 서비스'의 범위는, 유출사고가 발생한 개인정보를 **보유·관리하고 있는 서비스의 범위를 기준으로** 판단해야 한다. 대법원 2023. 10. 12. 선고 2022두68923 판결

10 행정법통론   정답 ③

☑ 오답해설

① 기존의 법에 의하여 형성되어 이미 굳어진 개인의 법적 지위를 사후 입법을 통하여 박탈하는 것 등을 내용으로 하는 **진정소급입법**은 개인의 신뢰보호와 법적안정성을 내용으로 하는 법치국가원리에 의하여 특단의 사정이 없는 한 헌법적으로 허용되지 아니하는 것이 원칙이며, 진정소급입법이 **허용되는 예외**적인 경우로는 일반적으로 국민이 소급입법을 예상할 수 있었거나 법적상태가 불확실하고 혼란스러웠거나 하여 **보호할만한 신뢰의 이익이 적은** 경우와 소급입법에 의한 **당사자의 손실이 없거나 아주 경미한** 경우, 그리고 신뢰보호의 요청에 우선하는 **심히 중대한 공익상의 사유**가 소급입법을 정당화하는 경우 등을 들 수 있다. 헌법재판소 1998. 9. 30. 선고 97헌바38 결정

② 통치행위의 개념을 인정한다고 하더라도 과도한 사법심사의 자제가 기본권을 보장하고 법치주의 이념을 구현하여야 할 법원의 책무를 태만히 하거나 포기하는 것이 되지 않도록 그 인정을 지극히 신중하게 하여야 하며, 그 판단은 오로지 사법부만에 의하여 이루어져야 한다. 대법원 2004. 3. 26. 선고 2003도7878 판결

④ **조세환급금**은 조세채무가 처음부터 존재하지 않거나 그 후 소멸하였음에도 불구하고 국가가 법률상 원인 없이 수령하거나 보유하고 있는 **부당이득**에 해당하고, **환급가산금**은 그 부당이득에 대한 법정이자로서의 성질을 가진다. 대법원 2009. 9. 10. 선고 2009다11808 판결

☑ 정답찾기

③ 변상금부과처분이 **당연무효**인 경우에 이 변상금부과처분에 의하여 납부자가 납부하거나 징수당한 오납금은 지방자치단체가 법률상 원인 없이 취득한 **부당이득**에 해당하고, 이러한 오납금에 대한 납부자의 부당이득반환청구권은 **처음부터 법률상 원인이 없이 납부 또는 징수된 것이므로 납부 또는 징수시에 발생하여 확정되며, 그때부터 소멸시효가 진행한다.** 대법원 2005. 1. 27. 선고 2004다50143 판결

11 행정쟁송법   정답 ②

오답해설

① 사단법인 **대한의사협회**는 의료법에 의하여 <u>의사들을 회원으로 하여</u> 설립된 사단법인으로서, 국민건강보험법상 요양급여행위, 요양급여 비용의 청구 및 지급과 관련하여 직접적인 법률관계를 갖지 않고 있으므로, 보건복지부 고시인 '건강보험요양급여행위 및 그 상대가치점수 개정'으로 인하여 자신의 법률상 이익을 침해당하였다고 할 수 없는 결과 위 고시의 취소를 구할 <u>원고적격이 없다</u>. 대법원 2006. 5. 25. 선고 2003두11988 판결

③ 개발제한구역 안에서의 공장설립을 승인한 처분이 위법하다는 이유로 <u>쟁송취소되었다</u>고 하더라도 그 승인처분에 기초한 <u>공장건축허가처분</u>이 잔존하는 이상, 인근 주민들은 여전히 <u>공장건축허가처분</u>의 취소를 구할 법률상 이익이 있다. 대법원 2018. 7. 12. 선고 2015두3485 판결

④ **상수원보호구역** 설정을 통해 지역주민들이 가지는 이익은 상수원의 확보와 수질보호라는 공공의 이익이 달성됨에 따라 반사적으로 얻게 되는 이익에 불과하므로 지역주민들에 불과한 원고들에게는 위 상수원보호구역변경처분의 취소를 구할 법률상 이익이 없다. 대법원 1995. 9. 26. 선고 94누14544 판결

정답찾기

② 당해 처분의 근거 법규 및 관련 법규에 의하여 보호되는 법률상 이익은 당해 처분의 근거 법규 또는 관련 법규에서 명시적으로 당해 이익을 보호하는 **명문의 규정이 없더라도** 근거 법규 및 관련 법규의 합리적 **해석상** 그 법규에서 행정청을 제약하는 이유가 순수한 공익의 보호만이 아닌 개별적·직접적·구체적 이익을 보호하는 취지가 포함되어 있다고 해석되는 경우까지를 말한다. 대법원 2024. 3. 12. 선고 2021두58998 판결

12 행정쟁송법   정답 ②

오답해설

① 행정소송법은 공법상 당사자소송을 민사소송으로 변경할 수 있는지에 관하여 <u>명문의 규정</u>을 두고 있지 않다. 그러나 <u>공법상 당사자소송</u>에서 민사소송으로의 소 변경이 금지된다고 볼 수 없다. (중략) 공법상 **당사자소송**에 대하여도 청구의 기초가 바뀌지 아니하는 한도 안에서 **민사소송으로 소 변경이 가능하다**고 해석하는 것이 타당하다. 대법원 2023. 6. 29. 선고 2022두44262 판결

③ 지방소방공무원의 **초과근무수당** 지급청구권은 법령의 규정에 의하여 직접 그 존부나 범위가 정하여지고 법령에 규정된 수당의 지급요건에 해당하는 경우에는 **곧바로 발생한다**고 할 것이므로, 지방소방공무원이 자신이 소속된 지방자치단체를 상대로 초과근무수당의 지급을 구하는 청구에 관한 소송은 **당사자소송의 절차**에 따라야 한다. 대법원 2013. 3. 28. 선고 2012다102629 판결

④ 행정소송법 제40조(재판관할)

> 제9조의 규정(주 : 취소소송의 재판관할)은 당사자소송의 경우에 준용한다. 다만, 국가 또는 공공단체가 피고인 경우에는 **관계행정청의 소재지를 피고의 소재지로 본다.**

정답찾기

② 행정소송법은 당사자소송의 원고적격에 관한 규정을 두고 있지 않다. 그 결과 민사소송법이 준용되어, 당사자소송으로 확인소송을 제기함에 있어서는 **보충성(확인의 이익)**이 요구된다.

13 행정작용법   정답 ①

오답해설

② 공법상 계약의 한쪽 당사자가 다른 당사자를 상대로 효력을 다투거나 이행을 청구하는 소송은 공법상의 법률관계에 관한 분쟁이므로 분쟁의 실질이 공법상 권리·의무의 존부·범위에 관한 다툼이 아니라 손해배상액의 구체적인 산정방법·금액에 국한되는 등의 특별한 사정이 없는 한 공법상 **당사자소송**으로 제기하여야 한다. 대법원 2021. 2. 4. 선고 2019다277133 판결

③ **민간투자사업 실시협약**의 성격을 공법상 계약으로 보아, 당사자소송으로 위 협약에 따른 재정지원금의 지급을 구하는 소를 적법한 소로 전제하여 본안 판단을 한 사례. 대법원 2019. 1. 31. 선고 2017두46455 판결

④ 공기업·준정부기관이 법령 또는 계약에 근거하여 선택적으로 입찰참가자격 제한 조치를 할 수 있는 경우, 계약상대방에 대한 입찰참가자격 제한 조치가 **법령에 근거한 행정처분**인지 아니면 **계약에 근거한 권리행사**인지는 원칙적으로 의사표시의 해석 문제이다. 대법원 2018. 10. 25. 선고 2016두33537 판결

정답찾기

① 행정청이 자신과 상대방 사이의 법률관계를 일방적인 **의사표시로 종료시켰다**고 하더라도 곧바로 그 의사표시가 행정청으로서 공권력을 행사하여 행하는 행정**처분이라고 단정할 수는 없고**, 관계 법령이 상대방의 법률관계에 관하여 구체적으로 어떻게 규정하고 있는지에 따라 그 의사표시가 항고소송의 대상이 되는 행정처분에 해당하는 것인지 아니면 공법상 계약관계의 일방 당사자로서 대등한 지위에서 행하는 의사표시인지 여부를 개별적으로 판단하여야 한다. 대법원 2015. 8. 27. 선고 2015두41449 판결

14 행정절차법   정답 ④

오답해설

① 행정절차법 제42조(예고방법)

> ② 행정청은 **대통령령을** 입법예고하는 경우 **국회 소관 상임위원회에** 이를 제출하여야 한다.

② 공무원 인사관계 법령에 의한 처분에 관한 사항이라 하더라도 전부에 대하여 행정절차법의 적용이 배제되는 것이 아니라, **성질상** 행정절차를 거치기 곤란하거나 불필요하다고 인정되는 처분이나 행정절차에 **준하는** 절차를 거치도록 하고 있는 처분의 경우에만 행정절차법의 적용이 배제되는 것으로 보아야 하고, 이러한 법리는 '공무원 인사관계 법령에 의한 처분'에 해당하는 **별정직 공무원**에 대한 직권면직 처분의 경우에도 마찬가지로 적용된다(주 : 별정직 공무원에 대한 직권면직처분에 대해서는 행정절차법이 **적용된다**는 의미). 대법원 2013. 1. 16. 선고 2011두30687 판결

③ 불이익처분의 직접 상대방인 **당사자 또는 행정청이 참여하게 한 이해관계인**이 아닌 제3자에 대하여는 사전통지 및 의견제출에 관한 행정절차법 제21조, 제22조가 적용되지 않는다. 대법원 2009. 4. 23. 선고 2008두686 판결

정답찾기

④ 행정기관의 처분에 의하여 불이익을 입게 되는 국가를 일반 국민과 달리 취급할 이유가 없다. 따라서 **국가에 대해 행정처분을** 할 때에도 사전 통지, 의견청취, 이유 제시와 관련한 **행정절차법이 그대로 적용된다**고 보아야 한다. 대법원 2023. 9. 21. 선고 2023두39724 판결

15 행정쟁송법　　　　　　　　　정답 ①

☑ 오답해설

② 행정처분의 효력정지나 <u>집행정지를 구하는 신청사건에서는 행정처분 자체의 적법 여부는 원칙적으로 판단의 대상이 아니고</u>, (중략) 다만, <u>집행정지는 행정처분의 집행부정지원칙의 예외로서 인정되는 것</u>이고, 또 본안에서 원고가 승소할 수 있는 가능성을 전제로 한 권리보호수단이라는 점에 비추어 보면, <u>집행정지사건 자체에 의하여도 신청인의 **본안청구가 적법한 것이어야 한다**</u>는 것을 집행정지의 요건에 포함시키는 것이 옳다. 대법원 2010. 11. 26.자 2010무137 결정

③ <u>효력기간이 정해져 있는 제재적 행정처분에 대한 취소소송에서 법원이 본안소송의 판결 선고 시까지 집행정지결정을 하면</u>, 처분에서 정해 둔 효력기간(집행정지결정 당시 이미 일부 집행되었다면 그 나머지 기간)은 판결 선고 시까지 진행하지 않다가 판결이 선고되면 그때 집행정지결정의 효력이 소멸함과 동시에 처분의 효력이 **당연히 부활**하여 처분에서 정한 효력기간이 다시 진행한다. 대법원 2022. 2. 11. 선고 2021두40720 판결

④ 행정소송법 제23조(집행정지)

> ⑤ 제2항의 규정에 의한 <u>집행정지의 결정 또는 기각의 결정에 대하여는 즉시항고</u>할 수 있다. 이 경우 <u>집행정지의 결정에 대한 즉시항고에는 결정의 집행을 정지하는 효력이 없다.</u>

☑ 정답찾기

① 행정소송법 제23조(집행정지)

> ② 취소소송이 제기된 경우에 처분등이나 그 집행 또는 절차의 속행으로 인하여 생길 **회복하기 어려운 손해**를 예방하기 위하여 긴급한 필요가 있다고 인정할 때에는 본안이 계속되고 있는 법원은 당사자의 신청 또는 직권에 의하여 처분등의 효력이나 그 집행 또는 절차의 속행의 전부 또는 일부의 정지를 결정할 수 있다.

16 행정구제법　　　　　　　　　정답 ③

☑ 오답해설

① 행정처분의 담당공무원이 보통 일반의 공무원을 표준으로 하여 볼 때 **객관적 주의의무**를 결하여 그 행정처분이 **객관적 정당성**을 상실하였다고 인정될 정도에 이른 경우에 국가배상법 제2조 소정의 국가배상책임의 요건을 충족하였다고 봄이 상당할 것이다. 대법원 2000. 5. 12. 선고 99다70600 판결

② **공무원에 대한 전보인사**가 법령이 정한 기준과 원칙에 위배되거나 인사권을 다소 부적절하게 행사한 것으로 볼 여지가 있다 하더라도 그러한 사유만으로 <u>그 전보인사가 당연히 불법행위를 구성한다고 볼 수는 없다.</u> 대법원 2009. 5. 28. 선고 2006다16215 판결

④ 법률이 행정청에 대하여 **행정입법을 할 재량**을 부여하였다 하더라도, 그 재량을 부여한 취지와 목적에 비추어 행정청이 행정입법의 권한을 행사하지 아니한 것이 현저하게 합리성을 잃어 사회적 타당성이 없는 경우에는 그 부작위가 객관적 정당성을 상실하였다고 볼 수 있고, 객관적 정당성을 상실하였다고 볼 수 있는 경우에는 특별한 사정이 없으면 국가배상법 제2조 제1항에서 정한 <u>공무원의 과실도 인정된다.</u> 대법원 2024. 12. 19. 선고 2022다289051 전원합의체 판결

☑ 정답찾기

③ 행형법 시행령 제144조의 규정에 반하여 교도소장이 아닌 관구교감에 의해 징벌처분이 고지되었다는 사유만으로는 위 징벌처분이 손해의 전보책임을 국가에게 부담시켜야 할 만큼 객관적 정당성을 상실한 정도라고 볼 수 없다고 한 사례. 대법원 2004. 12. 9. 선고 2003다50184 판결

17 행정구제법　　　　　　　　　정답 ②

☑ 오답해설

ㄴ. 사업시행자가 동일한 토지소유자에 속하는 일단의 토지 일부를 취득함으로 인하여 <u>잔여지의 가격이 감소하거나 그 밖의 손실이 있을 때 등에는 잔여지를 **종래의 목적으로 사용하는 것이 가능한 경우라도** 잔여지 손실보상의 대상이 되며</u>, 잔여지를 종래의 목적에 사용하는 것이 불가능하거나 현저히 곤란한 경우이어야만 잔여지 손실보상청구를 할 수 있는 것이 아니다. 대법원 2018. 7. 20. 선고 2015두4044 판결

☑ 정답찾기

ㄱ. 어떤 보상항목이 공익사업을 위한 토지 등의 취득 및 보상에 관한 법령상 손실보상대상에 해당함에도 관할 토지수용위원회가 사실을 오인하거나 법리를 오해함으로써 **손실보상대상에 해당하지 않는다고 잘못된 내용의 재결**을 한 경우에는, 피보상자는 관할 토지수용위원회를 상대로 그 재결에 대한 취소소송을 제기할 것이 아니라, **사업시행자를 상대로** 구 공익사업을 위한 토지 등의 취득 및 보상에 관한 법률 제85조 제2항에 따른 **보상금증감소송**을 제기하여야 한다. 대법원 2018. 7. 20. 선고 2015두4044 판결

ㄷ. **잔여지 수용청구권**은 손실보상의 일환으로 토지소유자에게 부여되는 권리로서 그 요건을 구비한 때에는 잔여지를 수용하는 토지수용위원회의 재결이 없더라도 그 청구에 의하여 수용의 효과가 발생하는 **형성권적 성질**을 가지므로, 잔여지 수용청구를 받아들이지 않은 토지수용위원회의 재결에 대하여 토지소유자가 불복하여 제기하는 소송은 위 법 제85조 제2항에 규정되어 있는 '**보상금의 증감에 관한 소송**'에 해당하여 **사업시행자를 피고로** 하여야 한다. 대법원 2010. 8. 19. 선고 2008두822 판결

제 06 회

18 행정작용법 정답 ③

☑ 오답해설

① 행정절차법 제20조(처분기준의 설정·공표)

> ② 「행정기본법」 제24조에 따른 인허가의제의 경우 관련 인허가 행정청은 관련 인허가의 처분기준을 주된 인허가 행정청에 제출하여야 하고, 주된 인허가 행정청은 제출받은 관련 인허가의 처분기준을 통합하여 공표하여야 한다. 처분기준을 변경하는 경우에도 또한 같다.

② 인허가의제 제도는 관련 인허가 행정청의 권한을 제한하거나 박탈하는 효과를 가진다는 점에서 법률 또는 법률의 위임에 따른 법규명령의 근거가 있어야 한다. 대법원 2022. 9. 7. 선고 2020두40327 판결

④ 산업집적법에 따르면, 산업단지에서 제조업을 하려는 자가 관리기관과 입주계약을 체결한 때에는 시장·군수 또는 구청장의 공장설립 승인을 받은 것으로 의제된다. 그러나 공장설립 승인이 의제된다고 하여 건축법상 건축허가 또는 국토계획법상 개발행위허가를 받은 것으로 의제하는 규정은 없다. 따라서 입주계약 체결에 따라 공장설립 승인을 받은 것으로 의제되는 경우에도 그 공장건물을 건축하려면 건축법상 건축허가와 국토계획법상 개발행위허가를 받아야 한다고 보아야 한다. 대법원 2021. 6. 24. 선고 2021두33883 판결

☑ 정답찾기

③ 행정기본법 제25조(인허가의제의 효과)

> ② 인허가의제의 효과는 **주된 인허가의 해당 법률에 규정된 관련 인허가**에 한정된다.

19 실효성 확보수단 정답 ①

☑ 오답해설

② 통고처분은 상대방의 임의의 승복을 그 발효요건으로 하기 때문에 그 자체만으로는 통고이행을 강제하거나 상대방에게 아무런 권리의무를 형성하지 않으므로 행정심판이나 행정소송의 대상으로서의 **처분성을 부여할 수 없고**, 통고처분에 대하여 이의가 있으면 통고내용을 이행하지 않음으로써 고발되어 **형사재판절차에서** (이하 생략). 헌법재판소 1998. 5. 28. 선고 96헌바4 전원재판부

③ 행정상 즉시강제는 상대방의 임의이행을 기다릴 시간적 여유가 없을 때 하명 없이 바로 실력을 행사하는 것으로서, 그 본질상 급박성을 요건으로 하고 있어 법관의 영장을 기다려서는 그 목적을 달성할 수 없다고 할 것이므로, 원칙적으로 **영장주의가 적용되지 않는다**고 보아야 할 것이다. 따라서 관계행정청이 **등급분류**를 받지 아니하거나 등급분류를 받은 게임물과 다른 내용의 게임물을 발견한 경우 관계공무원으로 하여금 이를 수거·폐기하게 할 수 있도록 한 구 음반·비디오물 및 게임물에 관한 법률 규정은 영장주의에 위반되거나 헌법에 위반되지 아니한다. 헌법재판소 2002. 10. 31. 선고 2000헌가12 결정

④ **가산세는 형벌이 아니므로** 행위자의 고의 또는 과실·책임능력·책임조건 등을 고려하지 아니하고 가산세 과세요건의 충족 여부만을 확인하여 **조세의 부과 절차에 따라 과징할 수 있다.** 헌법재판소 2006. 7. 27. 선고 2004헌가13 전원재판부

☑ 정답찾기

① **과태료**는 행정상의 질서유지를 위한 **행정질서벌**에 해당할 뿐 형벌이라고 할 수 없어 **죄형법정주의의 규율대상**에 해당하지 **아니한다.** 헌법재판소 1998. 5. 28. 선고 96헌바83 결정

20 행정쟁송법 정답 ④

☑ 오답해설

ㄱ. 처분이 있음을 안 날부터 90일을 넘겨 청구한 부적법한 행정심판청구에 대한 재결이 있은 후 재결서를 송달받은 날부터 90일 이내에 원래의 처분에 대하여 취소소송을 제기하였다고 하여 취소소송이 다시 제소기간을 준수한 것으로 되는 것은 아니다. 대법원 2011. 11. 24. 선고 2011두18786 판결

ㄹ. 변경처분에 의하여 유리하게 변경된 내용의 행정제재가 위법하다 하여 그 취소를 구하는 경우 그 취소소송의 대상은 변경된 내용의 당초 처분이지 변경처분은 아니고, 제소기간의 준수 여부도 변경처분이 아닌 **변경된 내용의 당초 처분을** 기준으로 판단하여야 한다. 대법원 2007. 4. 27. 선고 2004두9302 판결

☑ 정답찾기

ㄴ. 행정처분의 무효확인을 구하는 소에는 특단의 사정이 없는 한 그 취소를 구하는 취지도 포함되어 있다고 보아야 하는 점 등에 비추어 볼 때, 동일한 행정처분에 대하여 무효확인의 소를 제기하였다가 그 후 그 처분의 취소를 구하는 소를 추가적으로 병합한 경우, 주된 청구인 **무효확인의 소가 적법한 제소기간 내에 제기**되었다면 추가로 병합된 취소청구의 소도 적법하게 제기된 것으로 봄이 상당하다. 대법원 2005. 12. 23. 선고 2005두3554 판결

ㄷ. 통상 **고시 또는 공고**에 의하여 행정처분을 하는 경우에는 그 처분의 상대방이 불특정 다수인이고, 그 처분의 효력이 불특정 다수인에게 일률적으로 적용되는 것이므로, 그에 대한 행정심판 청구기간도 그 행정처분에 이해관계를 갖는 자가 고시 또는 공고가 있었다는 사실을 **현실적으로 알았는지 여부에 관계없이 고시가 효력을 발생하는 날**인 고시 또는 공고가 있은 후 5일이 경과한 날에 행정처분이 있음을 알았다고 보아야 한다. 대법원 2000. 9. 8. 선고 99두11257 판결

ㅁ. 보충역편입처분취소처분의 효력을 다투는 소에 공익근무요원복무중단처분, 현역병입영대상편입처분 및 현역병입영통지처분의 취소를 구하는 청구를 **추가적으로 병합**한 경우, 공익근무요원복무중단처분, 현역병입영대상편입처분 및 현역병입영통지처분의 취소를 구하는 소의 소제기 기간의 준수 여부는 각 그 **청구취지의 추가·변경신청이 있은 때를** 기준으로 개별적으로 판단하여야 한다. 대법원 2004. 12. 10. 선고 2003두12257 판결

Answer

01	③	02	②	03	①	04	④	05	①
06	②	07	③	08	③	09	①	10	④
11	④	12	②	13	①	14	③	15	②
16	④	17	④	18	①	19	③	20	②

01 행정법통론
정답 ③

☑ 오답해설

① 행정기본법 제14조(법 적용의 기준)

> ③ 법령등을 위반한 행위의 성립과 이에 대한 **제재처분**은 법령등에 특별한 규정이 있는 경우를 제외하고는 법령등을 위반한 **행위 당시의** 법령등에 따른다. 다만, 법령등을 위반한 행위 후 법령등의 변경에 의하여 그 행위가 법령등을 **위반한 행위**에 해당하지 아니하거나 제재처분 기준이 **가벼워진** 경우로서 해당 법령등에 특별한 규정이 없는 경우에는 **변경된 법령등**을 적용한다.

② 행정기본법 제14조(법 적용의 기준)

> ① 새로운 법령등은 법령등에 특별한 규정이 있는 경우를 제외하고는 그 법령등의 효력 발생 전에 **완성되거나 종결된** 사실관계 또는 법률관계에 대해서는 **적용되지 아니한다.**

④ 어떠한 법률조항에 대하여 헌법재판소가 **헌법불합치결정**을 하여 그 법률조항을 합헌적으로 개정 또는 폐지하는 임무를 입법자의 형성재량에 맡긴 이상, 그 개선입법의 소급적용 여부와 소급적용의 범위는 원칙적으로 입법자의 재량에 달린 것이다. 대법원 2008. 1. 17. 선고 2007두21563 판결

☑ 정답찾기

③ **국가공무원인 교원의 보수에 관한 구체적인 내용**(보수 체계, 보수 내용, 지급 방법 등)까지 반드시 법률의 형식으로만 정해야 하는 '기본적인 사항'이라고 보기는 어렵고, 이를 행정부의 하위법령에 위임하는 것은 불가피하다. 대법원 2023. 10. 26. 선고 2020두50966 판결

02 행정작용법
정답 ②

☑ 오답해설

① 민원사무를 처리하는 행정기관이 민원 1회방문 처리제를 시행하는 절차의 일환으로 민원사항의 심의·조정 등을 위한 **민원조정위원회**를 개최하면서 민원인에게 회의일정 등을 사전에 통지하지 아니하였다 하더라도, 이러한 사정만으로 곧바로 민원사항에 대한 행정기관의 장의 거부처분에 취소사유에 이를 정도의 흠이 존재한다고 보기는 어렵다. 대법원 2015. 8. 27. 선고 2013두1560 판결

③ 후행행위인 대집행계고처분에서는 그 건물이 무허가건물이 아닌 적법한 건축물이라는 주장이나 그러한 사실인정을 하지 못한다(주: **건물철거명령과 대집행**절차 간에는 하자의 승계가 인정되지 않으므로 불가쟁력이 발생한 건물철거명령의 하자를 이유로 대집행계고처분의 위법을 주장할 수 없음). 대법원 1998. 9. 8. 선고 97누20502 판결

④ 표준지로 선정된 토지의 공시지가에 대하여 불복하기 위하여는 지가공시 및 토지 등의 평가에 관한 법률 제8조 제1항 소정의 이의절차를 거쳐 처분청을 상대로 그 공시지가결정의 취소를 구하는 행정소송을 제기하여야 하는 것이지, 그러한 절차를 밟지 아니한 채 **개별토지가격 결정**을 다투는 소송에서 그 개별토지가격 산정의 기초가 된 표준지 공시지가의 위법성을 다툴 수는 없다(주: 하자의 승계가 인정되지 않음). 대법원 1996. 12. 6. 선고 96누1832 판결

☑ 정답찾기

② 어떤 행정처분이 **실효의 법리를 위반**하여 위법한 것이라고 하더라도, 이러한 하자의 존부는 개별·구체적인 사정을 심리한 후에야 판단할 수 있는 사항이어서 객관적으로 **명백한 것이라고 할 수 없으므로,** 이는 행정처분의 **취소사유**에 해당할 뿐 **당연무효사유는 아니다.** 대법원 2021. 12. 30. 선고 2018다241458 판결

03 행정작용법
정답 ①

☑ 오답해설

② 행정기본법 시행령 제12조(처분의 재심사 신청 사유)

> 법 제37조제1항제3호에서 「"민사소송법』 제451조에 따른 재심사유에 준하는 사유가 발생한 경우 등 대통령령으로 정하는 경우"란 다음 각 호의 어느 하나에 해당하는 경우를 말한다.
> 1. 처분 업무를 직접 또는 간접적으로 처리한 공무원이 그 처분에 관한 직무상 죄를 범한 경우

③ 행정기본법 제37조(처분의 재심사)

> ② 제1항에 따른 신청은 해당 처분의 절차, 행정심판, 행정소송 및 그 밖의 쟁송에서 당사자가 **중대한 과실 없이** 제1항 각 호의 사유를 주장하지 못한 경우에만 할 수 있다.

④ 행정기본법 제37조(처분의 재심사)

> ⑧ 다음 각 호의 어느 하나에 해당하는 사항에 관하여는 이 조를 적용하지 아니한다.
> 1. 공무원 인사 관계 법령에 따른 징계 등 처분에 관한 사항

☑ 정답찾기

① 행정기본법 제37조 및 제30조

> **행정기본법 제37조(처분의 재심사)** ① 당사자는 처분(제재처분 및 **행정상 강제**는 제외한다. 이하 이 조에서 같다)이 행정심판, 행정소송 및 그 밖의 쟁송을 통하여 다툴 수 없게 된 경우(법원의 확정판결이 있는 경우는 제외한다)라도 다음 각 호의 어느 하나에 해당하는 경우에는 해당 처분을 한 행정청에 처분을 취소·철회하거나 변경하여 줄 것을 신청할 수 있다.
> **행정기본법 제30조(행정상 강제)** ① (내용 생략)
> 2. 이행강제금의 부과: (내용 생략)

04 행정쟁송법   정답 ④

☑ 오답해설

① 운전면허 행정처분처리대장상 **벌점의 배점**은 (중략) 그 배점 자체만으로는 아직 국민에 대하여 구체적으로 어떤 권리를 제한하거나 의무를 명하는 등 법률적 규제를 하는 효과를 발생하는 요건을 갖춘 것이 아니어서 그 무효확인 또는 취소를 구하는 소송의 대상이 되는 행정처분이라고 할 수 없다. 대법원 1994. 8. 12. 선고 94누2190 판결

② 교육부장관이 내신성적 산정기준의 통일을 기하기 위해 대학입시기본계획의 내용에서 내신성적 산정기준에 관한 시행지침을 마련하여 시 · 도 교육감에서 통보한 것은 행정조직 내부에서 내신성적 평가에 관한 내부적 심사기준을 시달한 것에 불과하므로 **내신성적 산정지침을 항고소송의 대상이 되는 행정처분으로 볼 수 없다.** 대법원 1994. 9. 10. 선고 94두33 판결

③ 표시 · 광고의 공정화에 관한 법률 위반을 이유로 한 **공정거래위원회의 경고**는 (중략) 청구인들의 권리의무에 직접 영향을 미치는 처분으로서 행정소송의 대상이 된다. 헌법재판소 2012. 6. 27. 선고 2010헌마508 전원재판부

☑ 정답찾기

④ 공정거래위원회의 입찰참가자격제한 요청 결정은 항고소송의 대상이 되는 처분에 해당한다고 보아야 한다. 대법원 2023. 2. 2. 선고 2020두48260 판결

05 행정절차법   정답 ①

☑ 오답해설

② 행정절차법 제23조(처분의 이유 제시)

> ① 행정청은 처분을 할 때에는 다음 각 호의 어느 하나에 해당하는 경우를 제외하고는 당사자에게 그 근거와 이유를 제시하여야 한다.
> 1. 신청 내용을 모두 그대로 인정하는 처분인 경우
> 2. 단순 · 반복적인 처분 또는 경미한 처분으로서 당사자가 그 이유를 명백히 알 수 있는 경우
> 3. 긴급히 처분을 할 필요가 있는 경우
> ② 행정청은 제1항 제2호 및 제3호의 경우에 처분 후 당사자가 요청하는 경우에는 그 근거와 이유를 제시하여야 한다(주 : 제1항 제1호의 경우에는 당사자의 요청에도 불구하고 이유제시의무가 없음).

③ '의견청취가 현저히 곤란하거나 명백히 불필요하다고 인정될 만한 상당한 이유가 있는 경우'에 해당하는지는 해당 행정**처분의 성질**에 비추어 판단하여야 하며, 처분상대방이 이미 행정청에 **위반사실을 시인**하였다거나 처분의 사전통지 이전에 의견을 진술할 **기회가 있었다**는 사정을 고려하여 판단할 것은 아니다. 대법원 2016. 10. 27. 선고 2016두41811 판결

④ '고시'의 방법으로 **불특정 다수인**을 상대로 의무를 부과하거나 권익을 제한하는 처분은 **성질상** 의견제출의 기회를 주어야 하는 상대방을 특정할 수 없으므로, 이와 같은 처분에 있어서까지 구 행정절차법 제22조 제3항에 의하여 그 상대방에게 의견제출의 기회를 주어야 한다고 해석할 것은 아니다. 대법원 2014. 10. 27. 선고 2012두7745 판결

☑ 정답찾기

① 처분기준의 설정 · 공표제도는 행정청의 자의적인 권한행사를 방지하여 행정의 투명성과 예측가능성을 보장하려는 취지이므로, 행정청은 최대한 구체적으로 처분기준을 설정 · 공표하여야 하지만, **처분의 근거가 되는 법령에 처분기준을 구체적으로 규정**하고 있는 때에는 이를 **다시 설정 · 공표할 의무는 없다.** 대법원 2016. 4. 29. 선고 2014두3631 판결

06 실효성 확보수단   정답 ②

☑ 오답해설

ㄴ. 효력기간이 정해져 있는 제재적 행정처분의 효력이 발생한 이후에도 행정청은 특별한 사정이 없는 한 상대방에 대한 별도의 처분으로써 효력기간의 시기와 종기를 다시 정할 수 있다. 이는 당초의 제재적 행정처분이 유효함을 전제로 그 구체적인 집행시기만을 변경하는 후속 변경처분이다. 대법원 2022. 2. 11. 선고 2021두40720 판결

☑ 정답찾기

ㄱ. 행정법규 위반에 대한 제재조치는 행정목적의 달성을 위하여 행정법규 위반이라는 객관적 사실에 착안하여 가하는 제재이므로, 반드시 현실적인 행위자가 아니라도 법령상 책임자로 규정된 자에게 부과되고, 특별한 사정이 없는 한 위반자에게 고의나 과실이 없더라도 부과할 수 있다. 대법원 2017. 5. 11. 선고 2014두8773 판결

ㄷ. 행정기본법 제23조(제재처분의 제척기간)

> ① 행정청은 법령등의 위반행위가 종료된 날부터 **5년**이 지나면 해당 위반행위에 대하여 **제재처분**(인허가의 정지 · 취소 · 철회, 등록 말소, 영업소 폐쇄와 정지를 갈음하는 과징금 부과를 말한다. 이하 이 조에서 같다)을 할 수 없다.
> ③ 행정청은 제1항에도 불구하고 행정심판의 재결이나 법원의 판결에 따라 제재처분이 취소 · 철회된 경우에는 재결이나 판결이 확정된 날부터 1년(합의제행정기관은 2년)이 지나기 전까지는 그 취지에 따른 새로운 제재처분을 할 수 있다.
> ④ 다른 법률에서 제1항 및 제3항의 기간보다 짧거나 긴 기간을 규정하고 있으면 그 법률에서 정하는 바에 따른다.

07 실효성 확보수단   정답 ③

오답해설

① 피고인이 행형법에 의한 징벌을 받아 그 집행을 종료하였다고 하더라도 **행형법상의 징벌**은 수형자의 교도소 내의 준수사항위반에 대하여 과하는 행정상의 질서벌의 일종으로서 형법 법령에 위반한 행위에 대한 형사책임과는 그 목적, 성격을 달리하는 것이므로 **징벌을 받은 뒤에 형사처벌을 한다고 하여 일사부재리의 원칙에 반하는 것은 아니다.** 대법원 2000. 10. 27. 선고 2000도3874 판결

② 범칙금의 납부에 확정판결에 준하는 효력이 인정됨에 따라 다시 벌받지 아니하게 되는 행위사실은 범칙금 통고의 이유에 기재된 당해 범칙행위 자체 및 그 범칙행위와 **동일성이 인정되는 범칙행위**에 한정된다고 해석함이 상당하다. 대법원 2002. 11. 22. 선고 2001도849 판결

④ 질서위반행위규제법 제11조(법인의 처리 등)

> ① **법인의 대표자, 법인 또는 개인의 대리인·사용인 및 그 밖의 종업원**이 업무에 관하여 법인 또는 그 개인에게 부과된 법률상의 의무를 위반한 때에는 **법인 또는 그 개인에게 과태료를 부과한다.**

정답찾기

③ 질서위반행위규제법 제5조(다른 법률과의 관계)

> 과태료의 부과·징수, 재판 및 집행 등의 절차에 관한 <u>다른 법률의 규정 중 이 법의 규정에 저촉되는 것은 이 법으로 정하는 바에 따른다.</u>

08 행정작용법   정답 ③

오답해설

① 입법부가 법률로써 행정부에게 특정한 사항을 위임했음에도 불구하고 행정부가 정당한 이유 없이 이를 이행하지 않는다면 권력분립의 원칙과 법치국가 내지 법치행정의 원칙에 위배되는 것으로서 <u>위법함과 동시에 위헌적인 것이 되는바,</u> (중략) 구 군법무관임용법 제5조 제3항과 군법무관임용 등에 관한 법률 제6조가 군법무관의 보수의 구체적 내용을 시행령에 위임했음에도 불구하고 행정부가 정당한 이유 없이 시행령을 제정하지 않은 것은 **불법행위**에 해당한다(주: 대통령령을 제정하지 아니한 입법부작위가 국가배상책임을 구성하는 것으로 본 사례). 대법원 2007. 11. 29. 선고 2006다3561 판결

② 국토계획법 및 국토의 계획 및 이용에 관한 법률 시행령이 정한 이행강제금의 부과기준은 단지 상한을 정한 것에 불과한 것이 아니라, 위반행위 유형별로 계산된 특정 금액을 규정한 것이므로 행정청에 이와 다른 이행강제금액을 결정할 <u>재량권이 없다고</u> 보아야 한다. 대법원 2014. 11. 27. 선고 2013두8653 판결

④ 헌법 제107조 제2항은 위헌·위법한 법규명령에 대한 사법심사방법으로 구체적 규범통제를 정하고 있는 바, 재판 과정에서 대법원이 어떠한 법규명령에 대한 위헌·위법성을 확인하였다 하더라도, <u>구체적 규범통제의 성격상 그 법규명령은 당해 사건에 한하여 그 적용이 배제될 뿐 일반적으로 효력을 상실하게 되는 것은 아니다.</u>

정답찾기

③ 삼권분립의 원칙, 법치행정의 원칙을 당연한 전제로 하고 있는 우리 헌법 하에서 행정권의 행정입법 등 법집행의무는 헌법적 의무라고 보아야 할 것이다. 그런데 이는 <u>행정입법의 제정이 법률의 집행에 필수불가결한 경우로서 행정입법을 제정하지 아니하는 것이 곧 행정권에 의한 입법권 침해의 결과를 초래하는 경우를 말하는 것이므로,</u> 만일 하위 행정입법의 제정 없이 **상위 법령의 규정만으로도 집행이 이루어질 수 있는 경우**라면 <u>하위 행정입법을 하여야 할 헌법적 작위의무는 인정되지 아니한다.</u> 헌법재판소 2005. 12. 22. 선고 2004헌마66 결정

09 행정쟁송법   정답 ①

오답해설

② 행정소송법 제30조(취소판결등의 기속력)

> ② 판결에 의하여 <u>취소되는 처분</u>이 당사자의 **신청을 거부하는 것**을 내용으로 하는 경우에는 그 처분을 행한 행정청은 **판결의 취지**에 따라 다시 이전의 신청에 대한 **처분**을 하여야 한다.

③ 사정판결은 당사자의 명백한 주장이 없는 경우에도 기록에 나타난 여러 사정을 기초로 **직권으로 할 수 있다.** 대법원 2006. 9. 22. 선고 2005두2506 판결

④ 확정판결의 당사자인 처분행정청이 그 행정소송의 사실심 변론종결 이전의 사유를 내세워 다시 **확정판결과 저촉되는 행정처분**을 하는 것은 허용되지 않는 것으로서 이러한 행정처분은 그 하자가 중대하고도 명백한 것이어서 **당연무효**라 할 것이다. 대법원 1990. 12. 11. 선고 90누3560 판결

정답찾기

① 소송판결의 기판력은 그 판결에서 확정한 소송요건의 흠결에 관하여 미치는 것이지만, 당사자가 그러한 **소송요건의 흠결을 보완**하여 다시 소를 제기한 경우에는 그 **기판력의 제한을 받지 않는다.** 대법원 2003. 4. 8. 선고 2002다70181 판결

10 행정작용법   정답 ④

오답해설

① <u>기본행위인 학교법인의 임원선임행위가 불성립 또는 무효인 경우</u>에는 비록 그에 대한 감독청의 취임승인이 있었다 하여도 이로써 **무효인 그 선임행위가 유효한 것으로 될 수는 없다.** 대법원 1987. 8. 18. 선고 86누152 판결

② 구 주택건설촉진법 제33조에 의한 **주택건설사업계획의 승인**은 상대방에게 권리나 이익을 부여하는 효과를 수반하는 이른바 수익적 행정처분으로서 법령에 행정처분의 요건에 관하여 일의적으로 규정되어 있지 아니한 이상 행정청의 <u>재량행위</u>에 속한다. 대법원 2007. 5. 10. 선고 2005두13315 판결

③ **국민건강보험** 직장가입자 또는 지역**가입자 자격 변동**은 법령이 정하는 사유가 생기면 별도 처분 등의 개입 없이 사유가 발생한 날부터 변동의 효력이 당연히 발생하므로, 국민건강보험공단이 갑 등에 대하여 가입자 자격이 변동되었다는 취지의 '**직장가입자 자격상실 및 자격변동 안내**' 통보를 하였거나, 그로 인하여 사업장이 국민건강보험법상의 적용대상사업장에서 제외되었다는 취지의 '사업장 직권탈퇴에 따른 가입자 자격상실 안내' 통보를 하였더라도, 이는 갑 등의 가입자 자격의 변동 여부 및 시기를 확인하는 의미에서 한 사실상 통지행위에 불과할 뿐, (중략) 위 각 통보의 처분성이 인정되지 않는다. 대법원 2019. 2. 14. 선고 2016두41729 판결

✅ 정답찾기

④ **국토이용관리법상 토지거래허가**가 규제지역 내의 모든 국민에게 전반적으로 토지거래의 자유를 금지하고 일정한 요건을 갖춘 경우에만 금지를 해제하여 계약체결의 자유를 회복시켜 주는 성질의 것이라고 보는 것은 위 법의 입법취지를 넘어선 지나친 해석이라고 할 것이고, 규제지역 내에서도 **토지거래의 자유가 인정**되나 다만 위 허가를 허가 전의 **유동적 무효** 상태에 있는 법률행위의 **효력을 완성시켜 주는 인가**적 성질을 띤 것이라고 보는 것이 타당하다. 대법원 1991. 12. 24. 선고 90다12243 판결

---

11 실효성 확보수단   정답 ④

✅ 오답해설

① 공법인인 대한주택공사가 법령에 의하여 대집행권한을 위탁받아 공무인 대집행을 실시하기 위하여 지출한 비용을 행정대집행법 절차에 따라 **징수할 수 있음**에도 민사소송절차에 의하여 그 비용의 상환을 청구한 경우, 그 청구는 소의 이익이 없어 부적법하다. 대법원 2011. 9. 8. 선고 2010다48240 판결

② 구 공공용지의 취득 및 손실보상에 관한 특례법에 따른 토지 등의 **협의취득**은 공공사업에 필요한 토지 등을 그 소유자와의 협의에 의하여 취득하는 것으로서 공공기관이 사경제주체로서 행하는 **사법상 매매 내지 사법상 계약**의 실질을 가지는 것이므로, 그 협의취득시 건물소유자가 매매대상 건물에 대한 철거의무를 부담하겠다는 취지의 약정을 하였다고 하더라도 이러한 철거의무는 공법상의 의무가 될 수 없고, 이 경우에도 행정대집행법을 준용하여 대집행을 허용하는 별도의 규정이 없는 한 **위와 같은** 철거의무는 행정대집행법에 의한 **대집행의 대상이 되지 않는다.** 대법원 2006. 10. 13. 선고 2006두7096 판결

③ 부작위의무 위반행위에 대하여 대체적 작위의무로 **전환하는 규정을 두고 있지 아니**하므로 위 금지규정으로부터 그 위반결과의 시정을 명하는 **원상복구명령을 할 수 있는 권한**이 도출되는 것은 아니다. 결국 행정청의 원고에 대한 원상복구명령은 **권한 없는 자의 처분으로 무효**라고 할 것이고, 위 원상복구명령이 당연무효인 이상 후행처분인 계고처분의 효력에 당연히 영향을 미쳐 그 **계고처분 역시 무효**로 된다. 대법원 1996. 6. 28. 선고 96누4374 판결

✅ 정답찾기

④ 공유재산의 점유자가 그 공유재산에 관하여 대부계약 외 달리 정당한 권원이 있다는 자료가 없는 경우 그 **대부계약이 적법하게 해지된** 이상 그 점유자의 공유재산에 대한 점유는 정당한 이유 없는 점유라 할 것이고, 따라서 지방자치단체의 장은 지방재정법 제85조에 의하여 행정대집행의 방법으로 그 지상물을 철거시킬 수 있다. 대법원 2001. 10. 12. 선고 2001두4078 판결

---

12 행정쟁송법   정답 ②

✅ 오답해설

① **감사원의 변상판정처분**에 대하여서는 행정소송을 제기할 수 없고, 재결에 해당하는 재심의 판정에 대하여서만 감사원을 피고로 하여 행정소송을 제기할 수 있다. 대법원 1984. 4. 10. 선고 84누91 판결

③ '**행정청**'이라 함은 국가 또는 공공단체의 기관으로서 국가나 공공단체의 **의견**을 결정하여 **외부에 표시할 수 있는 권한**, 즉 처분권한을 가진 기관을 말하고, 대외적으로 의사를 표시할 수 있는 기관이 아닌 내부기관은 실질적인 의사가 그 기관에 의하여 결정되더라도 피고적격을 갖지 못한다. 대법원 2014. 5. 16. 선고 2014두274 판결

④ 인·허가 등의 수익적 행정처분을 신청한 수인이 서로 경쟁관계에 있어서 일방에 대한 허가 등의 처분이 타방에 대한 불허가 등으로 귀결될 수밖에 없는 때(이른바 **경원관계**에 있는 경우) 허가 등의 처분을 받지 못한 자는 비록 경원자에 대하여 이루어진 허가 등 처분의 상대방이 아니라 하더라도 당해 처분의 취소를 구할 당사자적격이 있다. 대법원 1992. 5. 8. 선고 91누13274 판결

✅ 정답찾기

② 원고가 **고의 또는 중대한 과실** 없이 행정소송으로 제기하여야 할 사건을 민사소송으로 잘못 제기한 경우, 수소법원으로서는 만약 그 행정소송에 대한 **관할도 동시에 가지고 있다면** 이를 **행정소송으로 심리·판단**하여야 하고, 그 행정소송에 대한 **관할을 가지고 있지 아니**하다면 관할법원에 **이송**하여야 한다. 다만 해당 소송이 이미 행정소송으로서의 전심절차 및 제소기간을 도과하였거나 행정소송의 대상이 되는 처분 등이 존재하지도 아니한 상태에 있는 등 **행정소송으로서의 소송요건을 결하고 있음이 명백**하여 행정소송으로 제기되었더라도 어차피 부적법하게 되는 경우에는 이송할 것이 아니라 **각하하여야 한다.** 대법원 2020. 10. 15. 선고 2020다222382 판결

---

13 행정법통론   정답 ①

✅ 오답해설

② 개인의 귀책사유라 함은 행정청의 견해표명의 하자가 상대방 등 관계자의 **사실은폐**나 기타 사위의 방법에 의한 신청행위 등 **부정행위**에 기인한 것이거나 그러한 부정행위가 없더라도 하자가 있음을 알았거나 중대한 과실로 알지 못한 경우 등을 의미한다. 대법원 2008. 1. 17. 선고 2006두10931 판결

③ 평등의 원칙은 본질적으로 같은 것을 자의적으로 다르게 취급함을 금지하는 것이고, **위법한 행정처분**이 수차례에 걸쳐 반복적으로 행하여졌다 하더라도 그러한 처분이 위법한 것인 때에는 행정청에 대하여 **자기구속력을 갖게 된다고 할 수 없다.** 대법원 2009. 6. 25. 선고 2008두13132 판결

④ 지방자치단체장이 사업자에게 주택사업계획승인을 하면서 그 주택사업과는 **아무런 관련이 없는** 토지를 기부채납하도록 하는 부관을 주택사업계획승인에 붙인 경우, 그 부관은 부당결부금지의 원칙에 위반되어 위법하다. 대법원 1997. 3. 11. 선고 96다49650 판결

✅ 정답찾기

① **운전면허 취소사유**에 해당하는 음주운전을 적발한 경찰관의 소속 경찰서장이 사무착오로 위반자에게 **운전면허정지처분**을 한 상태에서 위반자의 주소지 관할 지방경찰청장이 위반자에게 운전면허취소처분을 한 것은 선행처분에 대한 당사자의 신뢰 및 법적 안정성을 저해하는 것으로서 허용될 수 없다. 대법원 2000. 2. 25. 선고 99두10520 판결

14 행정구제법   정답 ③

오답해설

ㄴ. 공무원이 고의 또는 과실로 그에게 부과된 직무상 의무를 위반하였을 경우라고 하더라도 국가는 그러한 직무상의 의무 위반과 피해자가 입은 손해 사이에 **상당인과관계**가 인정되는 범위 내에서만 배상책임을 지는 것이고, 이 경우 상당인과관계가 인정되기 위하여는 공무원에게 부과된 직무상 의무의 내용이 단순히 **공공 일반의 이익**을 위한 것이거나 **행정기관 내부의 질서를 규율**하기 위한 것이 **아니고** 전적으로 또는 부수적으로 사회구성원 **개인의 안전과 이익**을 보호하기 위하여 설정된 것이어야 한다. 대법원 2010. 9. 9. 선고 2008다77795 판결

ㄹ. 국가배상법 제5조 소정의 공공의 영조물이란 **공유나 사유임을 불문하고** 행정주체에 의하여 특정공공의 목적에 공여된 유체물 또는 물적 설비를 의미하므로 **사실상 군민의 통행에 제공**되고 있던 도로 옆의 암벽으로부터 떨어진 낙석에 맞아 소외인이 사망하는 사고가 발생하였다고 하여도 동 사고지점 도로가 피고 군에 의하여 **노선인정 기타 공용개시가 없었으면** 이를 영조물이라 할 수 없다. 대법원 1981. 7. 7. 선고 80다2478 판결

정답찾기

ㄱ. 다른 법령에 따라 지급받은 급여와의 조정에 관한 조항을 두고 있지 아니한 보훈보상대상자 지원에 관한 법률과 달리, **군인연금법** 제41조 제1항은 "다른 법령에 따라 국가나 지방자치단체의 부담으로 이 법에 따른 급여와 **같은 종류의 급여**를 받은 사람에게는 그 급여금에 상당하는 금액에 대하여는 이 법에 따른 급여를 지급하지 아니한다."라고 명시적으로 규정하고 있다. 나아가 군인연금법이 정하고 있는 급여 중 **사망보상금은 일실손해의 보전을 위한 것으로 불법행위로 인한 소극적 손해배상과 같은 종류의 급여**라고 봄이 타당하다. 따라서 피고에게 군인연금법에 따라 원고가 받은 손해배상금 상당금액에 대하여는 **사망보상금을 지급할 의무가 존재하지 아니한다.** 대법원 2018. 7. 20. 선고 2018두36691 판결

ㄷ. 국가배상법 제3조 제5항이 생명, 신체의 침해에 따른 위자료의 지급을 규정하고 있을 뿐이라 하더라도, 이는 생명, 신체 외의 다른 권리의 침해에 따른 위자료의 지급의무를 배제하는 것이라고 볼 수 없다. **장애인의 접근권**이 침해된 경우에도 그로 인하여 장애인이 입게 되는 **정신적 손해**에 대한 국가의 위자료 지급의무가 배제되지 않는다. 대법원 2024. 12. 19. 선고 2022다289051 전원합의체 판결

ㅁ. 지방자치단체장 간의 **기관위임**의 경우에 위임받은 하위 지방자치단체장은 상위 지방자치단체 산하 행정기관의 지위에서 그 사무를 처리하는 것이므로 **사무귀속의 주체가 달라진다고 할 수 없고**, 따라서 하위 지방자치단체장을 보조하는 하위 지방자치단체 소속 공무원이 위임사무처리에 있어 고의 또는 과실로 타인에게 손해를 가하였더라도 **상위 지방자치단체는 여전히 그 사무귀속 주체로서 손해배상 책임을 진다.** 대법원 1996. 11. 8. 선고 96다21331 판결

15 행정구제법   정답 ②

오답해설

① **도시계획시설의 지정**으로 말미암아 당해 토지의 이용가능성이 배제되거나 또는 토지소유자가 토지를 종래 허용된 용도대로도 사용할 수 없기 때문에 이로 말미암아 현저한 재산적 손실이 발생하는 경우에는, 원칙적으로 **사회적 제약의 범위를 넘는 수용적 효과**를 인정하여 국가나 지방자치단체는 이에 대한 **보상을 해야 한다.** 헌법재판소 1999. 10. 21. 선고 97헌바26 전원재판부

③ 헌법이 규정한 '**정당한 보상**'이란 원칙적으로 피수용재산의 객관적인 재산가치를 완전하게 보상하는 것이어야 한다는 **완전보상**을 뜻하는 것으로서 보상금액 뿐만 아니라 보상의 시기나 방법 등에 있어서도 어떠한 제한을 두어서는 아니 된다는 것을 의미한다고 할 것이다. 헌법재판소 1990. 6. 25. 선고 89헌마107 결정

④ 공익사업의 시행자는 해당 공익사업을 위한 공사에 착수하기 이전에 토지소유자와 관계인에게 보상액 전액을 지급하여야 한다. 공익사업의 시행자가 토지소유자와 관계인에게 **보상액을 지급하지 않고 승낙도 받지 않은 채 공사에 착수함**으로써 토지소유자와 관계인이 손해를 입은 경우, 토지소유자와 관계인에 대하여 **불법행위가 성립**할 수 있고, 사업시행자는 그로 인한 손해를 배상할 책임을 진다. 대법원 2021. 11. 11. 선고 2018다204022 판결

정답찾기

② **도축장 사용정지·제한명령**은 공익목적을 위하여 이미 형성된 구체적 재산권을 박탈하거나 제한하는 **헌법 제23조 제3항의 수용·사용 또는 제한에 해당하는 것이 아니라**, 도축장 소유자들이 수인하여야 할 **사회적 제약**으로서 헌법 제23조 제1항의 재산권의 내용과 한계에 해당한다. 헌법재판소 2015. 10. 21. 선고 2012헌바367 결정

16 종합 사례   정답 ④

오답해설

① 일반적으로 법률이 헌법에 위반된다는 사정이 헌법재판소의 위헌결정이 있기 전에도 객관적으로 **명백한 것이라고 할 수는 없으므로** 특별한 사정이 없는 한 이러한 하자는 위 행정처분의 **취소사유**에 해당할 뿐 당연무효사유는 아니라고 봄이 상당하다. 대법원 1994. 10. 28. 선고 93다41860 판결

② 갑에 대한 과세처분에 불가쟁력이 발생한 경우 그 처분의 기초가 된 A법률에 대하여는 위헌결정의 소급효가 미치지 않게 된다. 따라서 갑에 대한 처분은 더 이상 취소할 수 없게 되고 그 결과 공정력에 의해 민사법원으로서는 처분의 효력을 부인할 수 없게 되므로, 결국 갑이 제기한 과오납 조세에 대한 부당이득반환청구의 소는 기각될 것이다.

> 위헌인 법률에 근거한 행정처분이 당연무효인지의 여부는 위헌결정의 소급효와는 별개의 문제로서, 위헌결정의 소급효가 인정된다고 하여 위헌인 법률에 근거한 행정처분이 당연무효가 된다고는 할 수 없고 오히려 이미 취소소송의 제기기간을 경과하여 확정력이 발생한 행정처분에는 위헌결정의 소급효가 미치지 않는다. 대법원 1994. 10. 28. 선고 92누9463 판결

③ 헌법재판소의 위헌결정의 효력은 위헌제청을 한 **당해 사건**, 위헌결 정이 있기 전에 이와 동종의 위헌 여부에 관하여 헌법재판소에 위헌 여부심판제청을 하였거나 법원에 위헌여부심판제청신청을 한 경우 의 당해 사건(**동종사건**)과 따로 위헌제청신청은 아니하였지만 당해 법률 또는 법률의 조항이 재판의 전제가 되어 법원에 계속 중인 사 건(**병행사건**)뿐만 아니라 위헌결정 이후에 위와 같은 이유로 제소된 일반사건에도 미친다. 대법원 1993. 1. 15. 선고 91누5747 판결

☑ **정답찾기**

④ 헌법재판소가 이 사건 법률조항을 위헌으로 결정하여 당해사건에서 위헌법률에 근거하여 행한 세무공무원의 직무집행 행위인 국세가산 금 환급처분이 결과적으로 위법한 것으로 된다 하더라도, 세무공무 원이 국세가산금을 청구인에게 환급해 줄 당시에는 법률을 집행하 는 세무공무원으로서 법률이 헌법에 위반되는지 여부를 심사할 권 한이 없고, 이 사건 법률조항에 따라 계산된 국세가산금 환급액을 지 급하기만 할 뿐이어서 당해 세무공무원에게 **고의 또는 과실이 있다 할 수 없으므로**, 국가의 청구인에 대한 손해배상책임은 성립되지 않 는다. 헌법재판소 2008. 4. 24. 선고 2006헌바72 전원재판부

---

17 행정쟁송법　　　　　　　　　　　　　정답 ④

☑ **오답해설**

ㄱ. 추가 또는 변경된 사유가 당초의 처분시 그 사유를 명기하지 않았을 **뿐 처분시에 이미 존재하고 있었고 당사자도 그 사실을 알고 있었다** 하여 당초의 처분사유와 동일성이 있는 것이라 할 수 없다. 대법원 2003. 12. 11. 선고 2001두8827 판결

ㄷ. 행정청에 대한 **거부처분의 효력을 정지**하더라도 거부처분이 없었던 것과 같은 상태, 즉 거부처분이 있기 전의 신청시의 상태로 되돌아 가는 데에 불과하고 행정청에게 신청에 따른 처분을 하여야 할 의무 가 생기는 것이 아니므로, 거부처분의 효력정지는 그 거부처분으로 인하여 신청인에게 생길 손해를 방지하는 데 아무런 보탬이 되지 아 니하여 그 효력정지를 구할 이익이 없다. 대법원 1995. 6. 21.자 95두26 판결

☑ **정답찾기**

ㄴ. 행정소송규칙 제17조(부작위위법확인소송의 소송비용부담)

> 법원은 부작위위법확인소송 계속 중 행정청이 당사자의 신청에 대하 여 **상당한 기간이 지난 후 처분등을 함에 따라 소를 각하하는 경우에** 는 소송비용의 전부 또는 일부를 피고가 부담하게 할 수 있다.

ㄹ. 행정처분의 근거 법률에 의하여 보호되는 직접적이고 구체적인 이 익이 있는 경우에는 행정소송법 제35조에 규정된 '무효확인을 구할 법률상 이익'이 있다고 보아야 하고, 이와 별도로 무효확인소송의 **보충성이 요구되는 것은 아니므로** 행정처분의 무효를 전제로 한 **이행소송 등과 같은 직접적인 구제수단이 있는지 여부를 따질 필요 가 없다**고 해석함이 상당하다. 대법원 2008. 3. 20. 선고 2007두6342 전 원합의체 판결

---

18 행정정보　　　　　　　　　　　　　정답 ①

☑ **오답해설**

② 정보공개법 제5조(정보공개 청구권자)

> ① **모든 국민은** 정보의 공개를 청구할 권리를 가진다.

③ 청구인이 공공기관에 대하여 정보공개를 청구하였다가 거부처분을 받은 이상, 그 자체로 공개거부처분의 취소를 구할 법률상 이익이 인정되고, 그 외에 추가로 어떤 법률상 이익이 있을 것을 요하지 않 는다. 대법원 2022. 5. 26. 선고 2022두34562 판결

④ 학교환경위생구역 내 금지행위(숙박시설) 해제결정에 관한 **학교환 경위생정화위원회의 회의록**에 기재된 발언내용에 대한 해당 발언자 의 인적사항 부분에 관한 정보는 공공기관의 정보공개에 관한 법률 제9조 제1항 제5호 소정의 **비공개대상**에 해당한다. 대법원 2003. 8. 22. 선고 2002두12946 판결

☑ **정답찾기**

① 공개청구의 대상이 되는 정보가 이미 공개되어 있다거나 다른 방법 으로 손쉽게 알 수 있다는 사정만으로 소의 이익이 없다거나 비공개 결정이 정당화될 수 없다. 대법원 2022. 5. 26. 선고 2022두34562 판결

---

19 행정쟁송법　　　　　　　　　　　　정답 ③

☑ **오답해설**

① 행정심판법 제58조(행정심판의 고지)

> ② 행정청은 이해관계인이 요구하면 다음 각 호의 사항을 지체 없이 알려 주어야 한다. 이 경우 서면으로 알려 줄 것을 요구받으면 서면 으로 알려 주어야 한다.
> 1. 해당 처분이 행정심판의 대상이 되는 처분인지
> 2. 행정심판의 대상이 되는 경우 소관 위원회 및 심판청구 기간

② 행정심판법 제54조(전자정보처리조직을 이용한 송달 등)

> ① 피청구인 또는 위원회는 제52조제1항(주 : 전자정보처리조직을 통 한 심판청구)에 따라 행정심판을 청구하거나 심판참가를 한 자에게 전자정보처리조직과 그와 연계된 정보통신망을 이용하여 재결서나 이 법에 따른 각종 서류를 송달할 수 있다. 다만, 청구인이나 참가 인이 동의하지 아니하는 경우에는 그러하지 아니하다.

④ 토지수용위원회의 수용재결에 대한 이의절차는 실질적으로 **행정심판** 의 성질을 갖는 것이므로 토지수용법에 특별한 규정이 있는 것을 제 외하고는 행정심판법의 규정이 적용된다. 대법원 1992. 6. 9. 선고 92누 565 판결

☑ **정답찾기**

③ 고지절차에 관한 규정은 행정처분의 상대방이 그 처분에 대한 행정 심판의 절차를 밟는데 있어 편의를 제공하려는데 있으며 처분청이 위 규정에 따른 **고지의무를 이행하지 아니하였다**고 하더라도 경우 에 따라서는 행정심판의 제기기간이 연장될 수 있는 것에 그치고 이 로 인하여 심판의 대상이 되는 행정처분에 어떤 **하자가 수반된다고 할 수 없다**. 대법원 1987. 11. 24. 선고 87누529 판결

20 행정작용법

✎ 오답해설

① 자연환경 보호 등을 목적으로 하는 **도시관리계획결정**은 식생이 양호한 수림의 훼손 등과 같이 장래 발생할 불확실한 상황과 파급효과에 대한 예측 등을 반영한 행정청의 재량적 판단으로서, 그 내용이 현저히 합리성을 결여하거나 형평이나 비례의 원칙에 뚜렷하게 반하는 등의 사정이 없는 한 폭넓게 존중해야 한다. 대법원 2023. 11. 16. 선고 2022두61816 판결

③ 조합의 사업시행계획도 원칙적으로 재건축결의에서 결정된 내용에 따라 작성되어야 하지만, 조합이 사업시행계획을 재건축결의에서 결정된 내용과 달리 작성한 경우 이러한 하자는 기본행위인 사업시행계획 작성행위의 하자이고, 이에 대한 보충행위인 행정청의 인가처분이 그 근거 조항인 위 법 제28조의 적법요건을 갖추고 있는 이상은 그 인가처분 자체에 하자가 있는 것이라 할 수 없다. 대법원 2008. 1. 10. 선고 2007두16691 판결

④ 행정청이 상대방에게 장차 어떤 처분을 하겠다고 확약 또는 공적인 의사표명을 하였다고 하더라도, 그 자체에서 상대방으로 하여금 언제까지 처분의 발령을 신청을 하도록 유효기간을 두었는데도 그 기간 내에 상대방의 신청이 없었다거나 확약 또는 공적인 의사표명이 있은 후에 **사실적·법률적 상태가 변경**되었다면, 그와 같은 확약 또는 공적인 의사표명은 행정청의 별다른 의사표시를 기다리지 않고 **실효**된다. 대법원 1996. 8. 20. 선고 95누10877 판결

✎ 정답찾기

② **장기미집행 도시계획시설결정의 실효제도**는 도시계획시설부지로 하여금 도시계획시설결정으로 인한 사회적 제약으로부터 벗어나게 하는 것으로서 결과적으로 개인의 재산권이 보다 보호되는 측면이 있는 것은 사실이나, 이와 같은 보호는 입법자가 새로운 제도를 마련함에 따라 얻게 되는 법률에 기한 권리일 뿐 **헌법상** 재산권으로부터 당연히 도출되는 권리는 **아니다**. 헌법재판소 2005. 9. 29. 선고 2002헌바84 등 전원재판부

Answer

01	②	02	②	03	④	04	①	05	③
06	①	07	①	08	④	09	④	10	②
11	③	12	④	13	①	14	②	15	③
16	③	17	④	18	③	19	②	20	①

01 행정작용법
정답 ②

☑ 오답해설

① 법률유보의 원칙은 '법률에 의한' 규율만을 뜻하는 것이 아니라 '법률에 근거한' 규율을 요청하는 것이므로 기본권 제한의 형식이 반드시 법률의 형식일 필요는 없고 법률에 근거를 두면서 헌법 제75조가 요구하는 위임의 구체성과 명확성을 구비하기만 하면 **위임입법에 의하여도 기본권 제한을 할 수 있다** 할 것이다. 헌법재판소 2005. 2. 24. 선고 2003헌마289 결정

③ 하자의 치유는 행정행위의 성질이나 **법치주의의 관점**에서 볼 때 원칙적으로 허용될 수 없는 것이고, 예외적으로 행정행위의 무용한 반복을 피하고 당사자의 법적 안정성을 위해 이를 허용하는 때에도 국민의 권리나 이익을 침해하지 않는 범위에서 구체적 사정에 따라 합목적적으로 인정하여야 한다. 대법원 2002. 7. 9. 선고 2001두10684 판결

④ 어떠한 사안이 국회가 형식적 법률로 스스로 규정하여야 하는 **본질적 사항**에 해당되는지는, 구체적 사례에서 관련된 이익 내지 가치의 중요성, 규제 또는 침해의 정도와 방법 등을 고려하여 개별적으로 결정하여야 하지만, 규율대상이 국민의 **기본권 및 기본적 의무**와 관련한 중요성을 가질수록 그리고 그에 관한 공개적 토론의 필요성 또는 상충하는 이익 사이의 조정 필요성이 클수록, 그것이 국회의 법률에 의해 직접 규율될 필요성은 더 증대된다. 대법원 2015. 8. 20. 선고 2012두23808 판결

☑ 정답찾기

② **토지 등 소유자**가 도시환경정비사업을 시행하는 경우 **사업시행인가** 신청시 필요한 토지 등 소유자의 동의는 개발사업의 주체 및 정비구역 내 토지등소유자를 상대로 수용권을 행사하고 각종 행정처분을 발할 수 있는 행정주체로서의 지위를 가지는 사업시행자를 지정하는 문제로서 그 **동의요건**을 정하는 것은 국민의 권리와 의무의 형성에 관한 기본적이고 본질적인 사항이므로 국회가 스스로 행하여야 하는 사항에 속하는 것임에도 불구하고 사업시행인가 신청에 필요한 동의정족수를 토지등소유자가 자치적으로 정하여 운영하는 규약에 정하도록 한 것은 법률유보원칙에 위반된다. 헌법재판소 2012. 4. 24. 선고 2010헌바1 결정

02 실효성 확보수단
정답 ②

☑ 오답해설

① 납세자 등이 대답하거나 수인할 의무가 없고 납세자의 영업의 자유 등을 침해하거나 세무조사권이 남용될 염려가 없는 조사행위까지 재조사가 금지되는 '세무조사'에 해당한다고 볼 것은 아니다. 대법원 2017. 3. 16. 선고 2014두8360 판결

③ 행정조사기본법 제20조(자발적인 협조에 따라 실시하는 행정조사)

> ② 제1항에 따른 행정조사에 대하여 조사대상자가 조사에 응할 것인지에 대한 응답을 하지 아니하는 경우에는 법령등에 특별한 규정이 없는 한 그 조사를 거부한 것으로 본다.

④ **세무조사결정**은 납세의무자의 권리·의무에 직접 영향을 미치는 공권력의 행사에 따른 행정작용으로서 항고소송의 대상이 된다. 대법원 2011. 3. 10. 선고 2009두23617 판결

☑ 정답찾기

② **마약류 불법거래 방지**에 관한 특례법에 따른 조치의 일환으로 **특정한 수출입물품**을 개봉하여 검사하고 그 내용물의 점유를 취득한 행위는 위에서 본 수출입물품에 대한 적정한 통관 등을 목적으로 조사를 하는 경우와는 달리, **범죄수사인 압수 또는 수색에 해당하여 사전 또는 사후에 영장을 받아야 한다.** 대법원 2017. 7. 18. 선고 2014도8719 판결

03 행정구제법
정답 ④

☑ 오답해설

① 국가배상법이 정한 배상청구의 요건인 '공무원의 직무'에는 권력적 작용만이 아니라 행정지도와 같은 **비권력적 작용도 포함**되며 단지 **행정주체가 사경제주체로서 하는 활동만** 제외된다. 대법원 1998. 7. 10. 선고 96다38971 판결

② 국가배상법 제5조 제1항 소정의 '**공공의 영조물**'이라 함은 국가 또는 지방자치단체에 의하여 특정 공공의 목적에 공여된 유체물 내지 물적 설비를 지칭하며, 특정 공공의 목적에 공여된 물이라 함은 일반공중의 자유로운 사용에 직접적으로 제공되는 공공용물에 한하지 아니하고, 행정주체 자신의 사용에 제공되는 **공용물도 포함**하며 국가 또는 지방자치단체가 **소유권**, 임차권 그밖의 권한에 기하여 관리하고 있는 경우뿐만 아니라 **사실상의 관리**를 하고 있는 경우도 **포함한다.** 대법원 1995. 1. 24. 선고 94다45302 판결

③ 국가배상법 제2조 제1항 단서가 적용되는 공무원의 직무상 불법행위로 인하여 직무집행과 관련하여 피해를 입은 군인 등에 대하여 위 불법행위에 관련된 일반국민이 공동불법행위책임, 사용자책임, 자동차운행자책임 등에 의하여 그 손해를 자신의 귀책부분을 넘어서 배상한 경우에도, **국가 등은** 피해 군인 등에 대한 국가배상책임을 면할 뿐만 아니라, 나아가 민간인에 대한 국가의 귀책비율에 따른 **구상의무도 부담하지 않는다**고 하여야 할 것이다. 위와 같은 경우에는 공동불법행위자 등이 부진정연대채무자로서 각자 피해자의 손해 전부를 배상할 의무를 부담하는 공동불법행위의 일반적인 경우와 달리 예외적으로 **민간인은** 피해 군인 등에 대하여 그 손해 중 국가 등이 민간인에 대한 구상의무를 부담한다면 그 내부적인 관계에서 부담하여야 할 부분을 제외한 나머지 **자신의 부담부분에 한하여** 손해배상의무를 부담하고, 한편 국가 등에 대하여는 그 귀책부분의 **구상을 청구할 수 없다.** 대법원 2001. 2. 15. 선고 96다42420 전원합의체 판결

✅ 정답찾기

④ 영조물의 설치 또는 관리상의 하자로 인한 사고라 함은 <u>영조물의 설치 또는 관리상의 하자만이 손해발생의 원인이 되는 경우만을 말하는 것이 아니고</u>, 다른 자연적 사실이나 제3자의 행위 또는 <u>피해자의 행위와 경합</u>하여 손해가 발생하더라도 영조물의 설치 또는 관리상의 <u>하자가 공동원인의 하나가 되는 이상</u> 그 손해는 영조물의 설치 또는 관리상의 하자에 의하여 발생한 것이라고 해석함이 상당하다. 대법원 1994. 11. 22. 선고 94다32924 판결

04 행정작용법 정답 ①

🔲 오답해설

② 행정기본법 제17조(부관)

> ④ 부관은 다음 각 호의 요건에 적합하여야 한다.
> 1. 해당 처분의 목적에 위배되지 아니할 것
> 2. 해당 처분과 실질적인 관련이 있을 것
> 3. 해당 처분의 <u>목적을 달성하기 위하여 필요한 최소한의 범위</u>일 것

③ 부담은 행정청이 행정처분을 하면서 <u>일방적으로 부가할 수도 있지만</u> 부담을 부가하기 이전에 상대방과 협의하여 <u>부담의 내용을 협약의 형식으로 미리 정한 다음</u> 행정처분을 하면서 이를 부가할 수도 있다. 대법원 2009. 2. 12. 선고 2005다65500 판결

④ 허가에 붙은 기한이 그 허가된 사업의 성질상 <u>부당하게 짧은</u> 경우에는 이를 그 허가 자체의 존속기간이 아니라 그 <u>허가조건의 존속기간</u>으로 보아 그 기한이 도래함으로써 그 조건의 개정을 고려한다는 뜻으로 해석할 수는 있지만, 그와 같은 경우라 하더라도 그 허가기간이 연장되기 위하여는 그 종기가 도래하기 전에 그 허가기간의 연장에 관한 신청이 있어야 하며, 만일 그러한 연장신청이 없는 상태에서 허가기간이 만료하였다면 그 허가의 효력은 상실된다. 대법원 2007. 10. 11. 선고 2005두12404 판결

✅ 정답찾기

① <u>도로점용허가의 점용기간은</u> 행정행위의 <u>본질적인 요소</u>에 해당한다고 볼 것이어서 <u>부관인 점용기간을 정함에 있어서 위법사유가 있다면</u> 이로써 도로점용허가 처분 <u>전부가 위법</u>하게 된다. 대법원 1985. 7. 9. 선고 84누604 판결

05 행정쟁송법 정답 ③

🔲 오답해설

① <u>폐기물처리업의 허가를 받은 원고들이</u> 피고의 시장으로부터 원고들이 진주시에서 발생하는 음식물류 폐기물의 수집·운반, 가로 청소, <u>재활용품의 수집·운반 업무를 대행할 것을 위탁받고</u>, 각각 피고와 위 대행 업무에 관해 체결한 도급계약 및 위 계약체결 후 그 계약내용 중 일부를 변경하기로 한 변경계약을 <u>사법상 계약</u>으로 본 사례. 대법원 2018. 2. 13. 선고 2014두11328 판결

② 예산회계법(현 국가를 당사자로 하는 계약에 관한 법률)에 따라 체결되는 계약은 <u>사법상의 계약</u>이라고 할 것이고 동법상 <u>입찰보증금</u>은 사법상의 손해배상 예정으로서의 성질을 갖는 것이라고 할 것이므로 입찰보증금의 국고귀속조치는 국가가 사법상의 재산권의 주체로서 행위하는 것이지 공권력을 행사하는 것이거나 공권력작용과 일체성을 가진 것이 아니라 할 것이므로 이에 관한 분쟁은 행정소송이 아닌 <u>민사소송</u>의 대상이 될 수밖에 없다. 대법원 1983. 12. 27. 선고 81누366 판결

④ 국유잡종재산(현 <u>일반재산</u>)에 관한 관리 처분의 권한을 위임받은 기관이 국유잡종재산을 <u>대부하는 행위는 국가가 사경제 주체로서 상대방과 대등한 위치에서 행하는 사법상의 계약</u>이고 (중략) 국유잡종재산에 관한 <u>대부료의 납부고지</u> 역시 사법상의 이행청구에 해당하고, 이를 행정처분이라고 할 수 없다. 대법원 2000. 2. 11. 선고 99다61675 판결

✅ 정답찾기

③ 신탁업자가 사업시행자인 재개발사업 또는 재건축사업에서 <u>신탁업자와 토지등소유자 사이에 '위탁자'의 지위</u>에 관한 분쟁이 발생하는 경우, 토지등소유자는 사업시행자인 신탁업자를 상대로 마찬가지로 공법상 당사자소송에 의하여 앞서 본 '조합원' 개념에 대응되는 '위탁자' 지위의 확인을 구하는 소를 제기할 수 있다고 보아야 한다. 대법원 2025. 2. 20. 선고 2024두52427 판결

06 행정법통론 정답 ①

🔲 오답해설

② <u>납입고지에 의한 시효중단의 효력은</u> 그 납입고지에 의한 부과처분이 취소되더라도 <u>상실되지 않는다.</u> 대법원 2000. 9. 8. 선고 98두19933 판결

③ 행정기본법 제6조(행정에 관한 기간의 계산)

> ① 행정에 관한 기간의 계산에 관하여는 이 법 또는 다른 법령등에 특별한 규정이 있는 경우를 제외하고는 「민법」을 준용한다.

④ 행정기본법 제6조(행정에 관한 기간의 계산)

> ② 법령등 또는 처분에서 국민의 권익을 제한하거나 의무를 부과하는 경우 권익이 제한되거나 의무가 지속되는 기간의 계산은 다음 각 호의 기준에 따른다. 다만, 다음 각 호의 기준에 따르는 것이 국민에게 불리한 경우에는 그러하지 아니하다.
> 1. 기간을 일, 주, 월 또는 연으로 정한 경우에는 <u>기간의 첫날을 산입한다.</u>

✅ 정답찾기

① 조세에 관한 소멸시효가 완성되면 국가의 조세부과권과 <u>납세의무자의 납세의무는 당연히 소멸한다</u> 할 것이므로 소멸시효완성 후에 부과된 부과처분은 납세의무 없는 자에 대하여 부과처분을 한 것으로서 그와 같은 하자는 중대하고 명백하여 그 처분의 효력은 <u>당연무효</u>이다. 대법원 1985. 5. 14. 선고 83누655 판결

제 08 회

07 행정작용법   정답 ①

오답해설

ㄷ. 도로점용허가를 한 도로관리청은 위와 같은 흠이 있다는 이유로 유효하게 성립한 도로점용허가 중 **특별사용의 필요가 없는 부분을 직권취소할 수 있음**이 원칙이다. (중략) 도로관리청이 도로점용허가 중 특별사용의 필요가 없는 부분을 소급적으로 직권취소하였다면, 도로관리청은 이미 징수한 점용료 중 취소된 부분의 점용면적에 해당하는 **점용료를 반환**하여야 한다. 대법원 2019. 1. 17. 선고 2016두 56721 판결

정답찾기

ㄱ. **의제된 인허가는 통상적인 인허가와 동일한 효력**을 가지므로, 적어도 '부분 인허가 의제'가 허용되는 경우에는 그 효력을 제거하기 위한 법적 수단으로 **의제된 인허가의 취소나 철회가 허용**될 수 있고, 이러한 직권 취소·철회가 가능한 이상 그 의제된 인허가에 대한 **쟁송취소 역시 허용**된다. 대법원 2018. 11. 29. 선고 2016두38792 판결

ㄴ. 행정기본법 제18조(위법 또는 부당한 처분의 취소)

> ① 행정청은 위법 또는 부당한 처분의 전부나 일부를 **소급하여 취소할** 수 있다. 다만, 당사자의 **신뢰를 보호할** 가치가 있는 등 정당한 사유가 있는 경우에는 **장래를 향하여 취소할** 수 있다.

08 실효성 확보수단   정답 ④

오답해설

① 일정한 법규 위반 사실이 행정처분의 전제사실이자 형사법규의 위반 사실이 되는 경우에 동일한 행위에 관하여 독립적으로 행정처분이나 형벌을 부과하거나 이를 **병과할 수 있다.** 법규가 예외적으로 형사소추 선행 원칙을 규정하고 있지 않은 이상 **형사판결 확정에 앞서** 일정한 위반사실을 들어 **행정처분**을 하였다고 하여 절차적 위반이 있다고 할 수 없다. 대법원 2017. 6. 19. 선고 2015두59808 판결

② 어떤 행정법규위반의 행위에 대하여 이를 단지 간접적으로 행정상의 질서에 장애를 줄 위험성이 있음에 불과한 경우로 보아 **행정질서벌인 과태료를 과할** 것인지 아니면 직접적으로 행정목적과 공익을 침해한 행위로 보아 **행정형벌을 과할** 것인지는 기본적으로 입법권자가 제반사정을 고려하여 결정할 **입법재량**에 속하는 문제이다. 헌법재판소 1998. 5. 28. 선고 96헌바83 결정

③ 행정절차법 제40조의3(위반사실 등의 공표)

> ⑦ 행정청은 **위반사실등의 공표를 하기 전에 당사자가 공표와 관련된** 의무의 이행, 원상회복, 손해배상 등의 **조치를 마친 경우에는 위반사실등의 공표를 하지 아니할** 수 있다.

정답찾기

④ 공정거래법상 부과되는 과징금은 법이 규정한 범위 내에서 그 **부과처분 당시까지 부과관청이 확인한 사실을 기초로 일의적으로 확정되어야** 할 것이고, 그렇지 아니하고 부과관청이 과징금을 부과하면서 추후에 부과금 산정 기준이 되는 **새로운 자료가 나올 경우**에는 과징금액이 **변경**될 수도 있다고 **유보한다든지**, 실제로 추후에 새로운 자료가 나왔다고 하여 **새로운 부과처분을 할 수는 없다.** 대법원 1999. 5. 28. 선고 99두1571 판결

09 행정작용법   정답 ④

오답해설

① '4대강 살리기 마스터플랜' 등은 행정기관 내부에서 사업의 **기본방향**을 제시하는 계획일 뿐 국민의 권리·의무에 직접 영향을 미치는 것이 아니어서, **행정처분에 해당하지 않는다.** 대법원 2011. 4. 21.자 2010무111 판결

② 도시계획의 수립에 있어서 도시계획법 제16조의2 소정의 **공청회를** 열지 아니하고 공공용지의취득및손실보상에관한특례법 제8조 소정의 이주대책을 수립하지 아니하였더라도 이는 **절차상의 위법으로서 취소사유**에 불과하다. 대법원 1990. 1. 23. 선고 87누947 판결

③ 도시계획구역 내 토지 등을 소유하고 있는 **주민**으로서는 입안권자에게 **도시계획입안을 요구할 수 있는 법규상 또는 조리상의 신청권이 있다.** 대법원 2004. 4. 28. 선고 2003두1806 판결

정답찾기

④ **도시계획법은 '고시'를 도시계획구역, 도시계획결정 등의 효력발생요건**으로 규정하였다고 풀이되므로, 건설부장관 또는 그의 권한의 일부를 위임받은 서울특별시장, 도지사 등 지방장관이 기안, 결재 등의 과정을 거쳐 정당하게 도시계획결정 등의 처분을 하였다고 하더라도 이를 관보에 게재하여 고시하지 아니한 이상 대외적으로는 아무런 효력도 발생하지 아니한다 할 것이다. 대법원 1985. 12. 10. 선고 85누186 판결

10 행정쟁송법   정답 ②

오답해설

① 행정소송법 제44조 및 제26조

> **행정소송법 제44조(준용규정)** ① 제14조 내지 제17조, 제22조, 제25조, 제26조, 제30조제1항, 제32조 및 제33조의 규정은 당사자소송의 경우에 준용한다.
>
> **행정소송법 제26조(직권심리)** 법원은 필요하다고 인정할 때에는 **직권으로 증거조사를 할 수 있고, 당사자가 주장하지 아니한 사실에 대하여도 판단할 수 있다.**

③ 석탄광업자가 석탄산업합리화사업단을 상대로 석탄산업법령 및 **석탄가격안정지원금** 지급요령에 의하여 지원금의 지급을 구하는 소송은 공법상의 법률관계에 관한 소송인 **공법상의 당사자소송**에 해당한다. 대법원 1997. 5. 30. 선고 95다28960 판결

④ 행정소송법 제39조(피고적격)

> 당사자소송은 **국가·공공단체 그 밖의 권리주체를** 피고로 한다.

정답찾기

② **민간투자사업 실시협약**을 체결한 당사자가 공법상 **당사자소송**에 의하여 그 **실시협약에 따른 재정지원금의 지급을 구하는 경우**에, 수소법원은 단순히 주무관청이 재정지원금액을 산정한 절차 등에 위법이 있는지 여부를 심사하는 데 그쳐서는 아니 되고, 실시협약에 따른 **적정한 재정지원금액이 얼마인지를 구체적으로 심리·판단하여야 한다.** 대법원 2019. 1. 31. 선고 2017두46455 판결

11 행정쟁송법 정답 ③

오답해설

① 행정청의 행위가 '처분'에 해당하는지가 불분명한 경우에는 그에 대한 불복방법 선택에 중대한 이해관계를 가지는 **상대방**의 인식가능성과 예측가능성을 중요하게 고려하여 규범적으로 판단하여야 한다. 대법원 2020. 4. 9. 선고 2019두61137 판결

② 거부처분의 처분성을 인정하기 위한 전제요건이 되는 **신청권의 존부**는 구체적 사건에서 신청인이 누구인가를 고려하지 않고 관계 법규의 해석에 의하여 **일반 국민**에게 그러한 신청권을 인정하고 있는가를 살펴 **추상적**으로 결정되는 것이고, 신청인이 그 신청에 따른 **단순한 응답을 받을 권리**를 넘어서 신청의 인용이라는 만족적 결과를 얻을 권리를 의미하는 것은 아니다. 대법원 2009. 9. 10. 선고 2007두20638 판결

④ 행정심판청구가 **부적법하지 않음에도 각하한** 재결은 심판청구인의 실체심리를 받을 권리를 박탈한 것으로서 원처분에 없는 고유한 하자가 있는 경우에 해당하고, 따라서 위 재결은 취소소송의 대상이 된다. 대법원 2001. 7. 27. 선고 99두2970 판결

정답찾기

③ 증액경정처분이 있는 경우, 당초 신고나 결정은 증액경정처분에 **흡수됨**으로써 독립한 존재가치를 잃게 된다고 보아야 하므로, 원칙적으로는 당초 신고나 결정에 대한 불복기간의 경과 여부 등에 관계없이 **증액경정처분**만이 항고소송의 심판대상이 되고, 납세의무자는 그 항고소송에서 당초 신고나 결정에 대한 위법사유도 함께 주장할 수 있다. 대법원 2009. 5. 14. 선고 2006두17390 판결

12 행정작용법 정답 ④

오답해설

① **공무원 임용을 위한 면접**전형에서 임용신청자의 능력이나 적격성 등에 관한 판단은 면접위원의 고도의 교양과 학식, 경험에 기초한 자율적 판단에 의존하는 것으로서 오로지 **면접위원의 자유재량**에 속하고, 그와 같은 판단이 현저하게 재량권을 일탈·남용하지 않은 한 이를 위법하다고 할 수 없다. 대법원 2008. 12. 24. 선고 2008두8970 판결

② 구 여객자동차 운수사업법 제51조 제3항에 따라 **국토해양부장관 또는 시·도지사**는 여객자동차 운수사업자가 '거짓이나 부정한 방법으로 지급받은 보조금'에 대하여 반환할 것을 명하여야 하고, (중략) 위 **환수처분**은 국토해양부장관 또는 시·도지사가 지급받은 보조금을 반환할 것을 명하여야 하는 **기속행위**라고 본 원심판단을 정당하다고 한 사례. 대법원 2013. 12. 12. 선고 2011두3388 판결

③ 육아휴직 중인 여성 교육공무원이 출산휴가 요건을 갖추어 복직신청을 하는 경우는 물론 그 이전에 미리 출산을 이유로 복직신청을 하는 경우에도 임용권자는 출산휴가 개시 시점에 휴직사유가 없어졌다고 보아 **복직명령과 동시에 출산휴가를 허가하여야** 한다. 대법원 2014. 6. 12. 선고 2012두4852 판결

④ 구 국민건강보험법 제52조 제1항은 '공단은 사위 기타 부당한 방법으로 보험급여를 받은 자 또는 보험급여비용을 받은 요양기관에 대하여 그 급여 또는 급여비용에 상당하는 금액의 **전부 또는 일부를** 징수한다.'라고 규정하여 그 문언상 일부 징수가 가능함을 명시하고 있다. (중략) 구 국민건강보험법 제52조 제1항에 따른 부당이득징수는 **재량행위**라고 보는 것이 옳다. 대법원 2020. 10. 15. 선고 2019두61243 판결

13 행정정보 정답 ①

오답해설

② 정보공개법 제9조(비공개 대상 정보)

> ① 공공기관이 보유·관리하는 정보는 공개 대상이 된다. 다만, 다음 각 호의 어느 하나에 해당하는 정보는 공개하지 아니할 수 있다.
> 1. 다른 법률 또는 법률에서 위임한 명령(국회규칙·대법원규칙·헌법재판소규칙·중앙선거관리위원회규칙·**대통령령** 및 조례로 한정한다)에 따라 비밀이나 비공개 사항으로 규정된 정보

③ 공공기관의 정보공개에 관한 법률상 공개청구의 대상이 되는 정보란 공공기관이 직무상 작성 또는 취득하여 **현재 보유·관리**하고 있는 문서에 한정되는 것이기는 하나, 그 문서가 반드시 **원본일 필요는 없다**. 대법원 2006. 5. 25. 선고 2006두3049 판결

④ 정보공개법 제4조(적용 범위)

> ② 지방자치단체는 그 소관 사무에 관하여 **법령의 범위**에서 정보공개에 관한 조례를 정할 수 있다.

정답찾기

① 법원이 행정기관의 정보공개거부처분의 위법 여부를 심리한 결과 공개를 거부한 정보에 비공개대상 정보에 해당하는 부분과 공개가 가능한 부분이 혼합되어 있고 공개청구의 취지에 어긋나지 아니하는 범위 안에서 두 부분을 분리할 수 있음을 인정할 수 있을 때에는 **청구취지의 변경이 없더라도** 공개가 가능한 정보에 관한 부분만의 **일부취소를 명할 수 있다**. 대법원 2004. 12. 9. 선고 2003두12707 판결

14 행정절차법 정답 ②

오답해설

ㄴ. 지방병무청장이 병역법 규정에 따라 산업기능요원에 대하여 한 **산업기능요원 편입취소처분**은 (중략) 행정절차법상의 '처분의 사전통지'와 '의견제출 기회의 부여'등의 절차를 거쳐야 한다. 대법원 2002. 9. 6. 선고 2002두554 판결

ㄷ. 교육부장관이 어떤 후보자를 총장 임용에 **부적격하다고 판단**하여 배제하고 다른 후보자를 임용제청하는 경우라면 배제한 후보자에게 연구윤리 위반, 선거부정, 그 밖의 비위행위 등과 같은 **부적격사유가 있다는 점을 구체적으로 제시할 의무**가 있다. 대법원 2018. 6. 15. 선고 2016두57564 판결

제 08 회

☑ 정답찾기

ㄱ. 행정절차법 제29조(청문 주재자의 제척·기피·회피)

> ② 청문 주재자에게 공정한 청문 진행을 할 수 없는 사정이 있는 경우 당사자등은 행정청에 기피신청을 할 수 있다. 이 경우 행정청은 청문을 정지하고 그 신청이 이유가 있다고 인정할 때에는 해당 청문 주재자를 지체 없이 교체하여야 한다.

ㄹ. 행정절차법 제11조(대표자)

> ① 다수의 당사자등이 공동으로 행정절차에 관한 행위를 할 때에는 대표자를 선정할 수 있다.
> ⑥ 다수의 대표자가 있는 경우 그중 1인에 대한 행정청의 행위는 모든 당사자등에게 효력이 있다. 다만, 행정청의 통지는 대표자 모두에게 하여야 그 효력이 있다.

---

15 행정법통론 　　　　　　　　　　　　정답 ③

☑ 오답해설

① 부가가치세법상의 **사업자등록**은 과세관청으로 하여금 부가가치세의 납세의무자를 파악하고 그 과세자료를 확보케 하려는 데 입법취지가 있는 것으로서, 이는 단순한 사업사실의 신고로서 사업자가 소관 세무서장에게 소정의 사업자등록신청서를 **제출함으로써 성립**되는 것이고, 사업자등록증의 교부는 이와 같은 등록사실을 증명하는 증서의 교부행위에 불과한 것이다. 대법원 2000. 12. 22. 선고 99두6903 판결

② 인·허가의제 효과를 수반하는 건축신고는 일반적인 건축신고와는 달리, 특별한 사정이 없는 한 행정청이 그 **실체적 요건**에 관한 심사를 한 후 수리하여야 하는 이른바 '**수리를 요하는 신고**'로 보는 것이 옳다. 대법원 2011. 1. 20. 선고 2010두14954 전원합의체 판결

④ **산지일시사용신고**를 받은 군수 등은 신고서 또는 첨부서류에 흠이 있거나 거짓 또는 그 밖의 부정한 방법으로 신고를 한 것이 아닌 한, 그 신고내용이 법령에서 정하고 있는 신고의 기준, 조건, 대상시설, 행위의 범위, 설치지역 및 설치조건 등을 충족하는 경우에는 그 신고를 수리하여야 하고, 법령에서 정한 사유 외의 다른 사유를 들어 신고 수리를 거부할 수는 없다. 대법원 2022. 11. 30. 선고 2022두50588 판결

☑ 정답찾기

③ 체육시설업은 등록체육시설업과 신고체육시설업으로 나누어지고, 당구장업과 같은 **신고체육시설업**을 하고자 하는 자는 (중략) 적법한 요건을 갖춘 신고의 경우에는 행정청의 수리처분 등 별단의 조치를 기다릴 필요 없이 그 **접수시에 신고로서의 효력이 발생**하는 것이므로 그 수리가 거부되었다고 하여 **무신고 영업**이 되는 것은 아니다. 대법원 1998. 4. 24. 선고 97도3121 판결

---

16 행정구제법 　　　　　　　　　　　　정답 ③

☑ 오답해설

① 토지보상법 제79조(그 밖의 토지에 관한 비용보상 등)

> ② 공익사업이 시행되는 지역 밖에 있는 토지등이 공익사업의 시행으로 인하여 본래의 기능을 다할 수 없게 되는 경우에는 국토교통부령으로 정하는 바에 따라 그 손실을 보상하여야 한다.

② 토지보상법 제78조(이주대책의 수립 등)

> ④ 이주대책의 내용에는 이주정착지에 대한 도로, 급수시설, 배수시설, 그 밖의 공공시설 등 통상적인 수준의 생활기본시설이 포함되어야 하며, 이에 필요한 비용은 **사업시행자**가 부담한다. 다만, 행정청이 아닌 사업시행자가 이주대책을 수립·실시하는 경우에 지방자치단체는 비용의 일부를 보조할 수 있다.

④ 토지보상법 제67조(보상액의 가격시점 등)

> ① 보상액의 산정은 협의에 의한 경우에는 **협의 성립 당시의 가격**을, 재결에 의한 경우에는 수용 또는 사용의 **재결 당시의 가격**을 기준으로 한다.

☑ 정답찾기

③ 토지보상법 제67조(보상액의 가격시점 등)

> ② 보상액을 산정할 경우에 **해당 공익사업으로 인하여 토지등의 가격이 변동되었을 때에는 이를 고려하지 아니한다.**

---

17 행정작용법 　　　　　　　　　　　　정답 ④

☑ 오답해설

① 행정처분의 외부적 성립은 행정의사가 외부에 표시되어 행정청이 자유롭게 취소·철회할 수 없는 구속을 받게 되는 시점을 확정하는 의미를 가지므로, 어떠한 처분의 외부적 성립 여부는 행정청에 의해 행정의사가 **공식적인 방법으로 외부에 표시**되었는지를 기준으로 판단하여야 한다. 대법원 2017. 7. 11. 선고 2016두35120 판결

② 행정처분의 효력발생요건으로서의 **도달**이란 처분상대방이 처분서의 내용을 현실적으로 알았을 필요까지는 없고 처분상대방이 **알 수 있는 상태**에 놓임으로써 충분하며, 처분서가 처분상대방의 주민등록상 주소지로 송달되어 처분상대방의 사무원 등 또는 그 밖에 우편물 수령권한을 위임받은 사람이 **수령하면** 처분상대방이 알 수 있는 상태가 되었다고 할 것이다. 대법원 2017. 3. 9. 선고 2016두60577 판결

③ 내용증명우편이나 등기우편과는 달리, **보통우편**의 방법으로 발송되었다는 사실만으로는 그 우편물이 상당한 기간 내에 도달하였다고 **추정할 수 없고**, 송달의 효력을 주장하는 측에서 증거에 의하여 이를 입증하여야 한다. 대법원 2009. 12. 10. 선고 2007두20140 판결

☑ 정답찾기

④ 납세고지서의 송달을 받아야 할 자가 부과처분 제척기간이 임박하자 그 수령을 회피하기 위하여 일부러 송달을 받을 장소를 비워 두어 세무공무원이 송달을 받을 자와 보충송달을 받을 자를 만나지 못하여 부득이 사업장에 납세고지서를 두고 왔다고 하더라도 이로써 신의성실의 원칙을 들어 그 납세고지서가 **송달되었다고 볼 수는 없다.** 대법원 2004. 4. 9. 선고 2003두13908 판결

18 행정쟁송법   정답 ③

☑ **오답해설**

ㄱ. 행정소송법 제10조(관련청구소송의 이송 및 병합)

> ① 취소소송과 다음 각호의 1에 해당하는 소송(이하 '관련청구소송'이
> 라 한다)이 각각 다른 법원에 계속되고 있는 경우에 관련청구소송
> 이 계속된 법원이 상당하다고 인정하는 때에는 당사자의 **신청 또는**
> **직권**에 의하여 이를 **취소소송이 계속된 법원으로** 이송할 수 있다.
>   1. 당해 처분등과 관련되는 **손해배상·부당이득반환·원상회복** 등
>   청구소송
>   2. 당해 처분등과 관련되는 **취소소송**

ㄹ. 행정소송법 제25조(행정심판기록의 제출명령)

> ① 법원은 **당사자의 신청**이 있는 때에는 결정으로써 재결을 행한 행정
> 청에 대하여 **행정심판에 관한 기록의 제출**을 명할 수 있다.
> ② 제1항의 규정에 의한 제출명령을 받은 행정청은 지체없이 당해 행
> 정심판에 관한 기록을 법원에 제출하여야 한다.

☑ **정답찾기**

ㄴ. 행정소송법 제16조(제3자의 소송참가)

> ① 법원은 **소송의 결과**에 따라 권리 또는 이익의 침해를 받을 제3자가
> 있는 경우에는 **당사자 또는 제3자의 신청 또는 직권**에 의하여 결정
> 으로써 그 제3자를 소송에 참가시킬 수 있다.
> ③ 제1항의 규정에 의한 신청을 한 제3자는 그 **신청을 각하한 결정**에
> 대하여 **즉시항고**할 수 있다.

ㄷ. 행정소송법 제22조(처분변경으로 인한 소의 변경)

> ① 법원은 **행정청이 소송의 대상인 처분을** 소가 제기된 후 변경한 때
> 에는 원고의 신청에 의하여 결정으로써 청구의 취지 또는 원인의
> 변경을 허가할 수 있다.
> ② 제1항의 규정에 의한 신청은 **처분의 변경이 있음을 안 날로부터**
> **60일 이내**에 하여야 한다.

19 실효성 확보수단   정답 ②

☑ **오답해설**

① 행정기본법 제30조(행정상 강제)

> ③ 형사, 행형 및 **보안처분** 관계 법령에 따라 행하는 사항이나 **외국인**
> **의** 출입국·난민인정·귀화·국적회복에 관한 사항에 관하여는
> 이 절을 적용하지 아니한다.

③ 피수용자 등이 기업자에 대하여 부담하는 수용대상 토지의 인도의
무에 관한 구 토지수용법 제63조, 제64조, 제77조 규정에서의 '인도'
에는 명도도 포함되는 것으로 보아야 하고, 이러한 **명도의무**는 그것
을 강제적으로 실현하면서 직접적인 실력행사가 필요한 것이지 **대체**
적 작위의무라고 볼 수 없으므로 특별한 사정이 없는 한 행정대집행
법에 의한 **대집행의 대상**이 될 수 있는 것이 아니다. 대법원 2005. 8.
19. 선고 2004다2809 판결

④ 한국자산공사가 당해 부동산을 인터넷을 통하여 **재공매(입찰)하기**
로 한 결정 자체는 내부적인 의사결정에 불과하여 항고소송의 대상
이 되는 행정처분이라고 볼 수 없다. 대법원 2007. 7. 27. 선고 2006두
8464 판결

☑ **정답찾기**

② 도시 및 주거환경정비법에 규정된 **청산금의 징수**에 관하여는 지방
세체납처분의 예에 의한 징수 또는 징수 위탁과 같은 간이하고 경제
적인 특별구제절차가 마련되어 있으므로, 시장·군수가 사업시행자
의 청산금 징수 위탁에 응하지 아니하였다는 등의 특별한 사정이 없
는 한 시장·군수가 아닌 사업시행자가 이와 별개로 공법상 **당사자**
소송의 방법으로 청산금 청구를 할 수는 없다. 대법원 2017. 4. 28. 선
고 2016두39498 판결

20 행정쟁송법   정답 ①

☑ **오답해설**

② 행정기본법 제36조(처분에 대한 이의신청)

> ⑧ 다음 각 호의 어느 하나에 해당하는 사항에 관하여는 이 조를 **적용**
> **하지 아니한다.**
>   3. 「노동위원회법」 제2조의2에 따라 **노동위원회의 의견을 거쳐 행**
>   하는 사항

③ 이의신청을 제기해야 할 사람이 처분청에 표제를 '행정심판청구서'
로 한 서류를 제출한 경우라 할지라도 서류의 **내용에 이의신청** 요건
에 맞는 불복취지와 사유가 충분히 기재되어 있다면 표제에도 불구
하고 이를 **처분에 대한 이의신청**으로 볼 수 있다. 대법원 2012. 3. 29.
선고 2011두26886 판결

④ 행정심판법 제5조(행정심판의 종류)

> 행정심판의 종류는 다음 각 호와 같다.
>   3. **의무이행심판** : 당사자의 신청에 대한 행정청의 **위법 또는 부당한**
>   거부처분이나 부작위에 대하여 **일정한 처분을 하도록** 하는 행정심판

☑ **정답찾기**

① 행정기본법상 이의신청은 처분의 상대방인 '당사자'만이 할 수 있다.

> **행정기본법 제36조(처분에 대한 이의신청)** ① 행정청의 처분(「행정심
> 판법」 제3조에 따라 같은 법에 따른 행정심판의 대상이 되는 처분을
> 말한다. 이하 이 조에서 같다)에 이의가 있는 **당사자**는 처분을 받은
> 날부터 30일 이내에 해당 **행정청**에 이의신청을 할 수 있다.
> **행정기본법 제2조(정의)** 이 법에서 사용하는 용어의 뜻은 다음과 같다.
>   3. "**당사자**"란 처분의 상대방을 말한다.

제
08
회

Answer

01	①	02	①	03	③	04	②	05	④
06	②	07	③	08	②	09	③	10	①
11	④	12	④	13	③	14	③	15	②
16	①	17	③	18	④	19	②	20	④

---

01 행정쟁송법   정답 ①

☑ 오답해설

② 진정에 대한 국가인권위원회의 각하 및 기각결정은 피해자인 진정인의 권리행사에 중대한 지장을 초래하는 것으로서 항고소송의 대상이 되는 행정처분에 해당한다. 헌법재판소 2015. 3. 26. 선고 2013헌마214 결정

③ 교육부장관이 대학에서 추천한 복수의 총장 후보자들 전부 또는 일부를 임용제청에서 제외하는 행위는 제외된 후보자들에 대한 불이익처분으로서 항고소송의 대상이 되는 처분에 해당한다. 대법원 2018. 6. 15. 선고 2016두57564 판결

④ 과세관청의 원천징수의무자인 법인에 대한 소득금액변동통지는 항고소송의 대상이 되는 조세행정처분이다. 대법원 2006. 4. 20. 선고 2002두1878 판결

☑ 정답찾기

① 진실·화해를 위한 과거사정리 기본법 제26조에 따른 진실·화해를 위한 과거사정리위원회의 진실규명결정은 국민의 권리의무에 직접적으로 영향을 미치는 행위로서 항고소송의 대상이 되는 행정처분이다. 대법원 2013. 1. 16. 선고 2010두22856 판결

---

02 행정작용법   정답 ①

☑ 오답해설

② 헌법 제40조와 헌법 제75조, 제95조의 의미를 살펴보면, 국회입법에 의한 수권이 입법기관이 아닌 행정기관에게 법률 등으로 구체적인 범위를 정하여 위임한 사항에 관하여는 당해 행정기관에게 법 정립의 권한을 갖게 되고, 입법자가 규율의 형식도 선택할 수 있다 할 것이므로, 헌법이 인정하고 있는 위임입법의 형식은 예시적인 것으로 보아야 할 것이고, 그것은 법률이 행정규칙에 위임하더라도 그 행정규칙은 위임된 사항만을 규율할 수 있으므로, 국회입법의 원칙과 상치되지도 않는다. 헌법재판소 2006. 12. 28. 선고 2005헌바59 결정

③ 행정규칙은 법규명령과 같은 엄격한 제정 및 개정절차를 요하지 아니하므로, 재산권 등과 같은 기본권을 제한하는 작용을 하는 법률이 입법위임을 할 때에는 대통령령, 총리령, 부령 등 법규명령에 위임함이 바람직하고, 고시와 같은 형식으로 입법위임을 할 때에는 적어도 행정규제기본법 제4조 제2항 단서에서 정한 바와 같이 법령이 전문적·기술적 사항이나 경미한 사항으로서 업무의 성질상 위임이 불가피한 사항에 한정된다 할 것이고, 그러한 사항이라 하더라도 포괄위임금지의 원칙상 법률의 위임은 반드시 구체적·개별적으로 한정된 사항에 대하여 행하여져야 한다. 헌법재판소 2016. 2. 25. 선고 2015헌바191 결정

---

④ 행정청의 위법한 처분 등의 취소 또는 변경을 구하는 취소소송의 대상이 될 수 있는 것은 구체적인 권리의무에 관한 분쟁이어야 하고 일반적, 추상적인 법령이나 규칙 등은 그 자체로서 국민의 구체적인 권리의무에 직접적 변동을 초래케 하는 것이 아니므로 그 대상이 될 수 없다. 대법원 1992. 3. 10. 선고 91누12639 판결

☑ 정답찾기

① 구 여객자동차 운수사업법 시행규칙 제31조 제2항 제1호, 제2호, 제6호는 구 여객자동차 운수사업법 제11조 제4항의 위임에 따라 시외버스 운송사업의 사업계획변경에 관한 절차, 인가기준 등을 구체적으로 규정한 것으로서, 대외적인 구속력이 있는 법규명령이라고 할 것이고, 그것을 행정청 내부의 사무처리준칙을 규정한 행정규칙에 불과하다고 할 수는 없다. 대법원 2006. 6. 27. 선고 2003두4355 판결

---

03 행정작용법   정답 ③

☑ 오답해설

① 권한의 범위를 넘어서는 권한유월의 행위는 무권한 행위로서 원칙적으로 무효라고 할 것이나, 행정청의 공무원에 대한 의원면직처분은 공무원의 사직의사를 수리하는 소극적 행정행위에 불과하고, 당해 공무원의 사직의사를 확인하는 확인적 행정행위의 성격이 강하며 재량의 여지가 거의 없기 때문에 의원면직처분에서의 행정청의 권한유월 행위를 다른 일반적인 행정행위에서의 그것과 반드시 같이 보아야 할 것은 아니다. 대법원 2007. 7. 26. 선고 2005두15748 판결

② 도시·군계획시설결정과 실시계획인가는 도시·군계획시설사업을 위하여 이루어지는 단계적 행정절차에서 별도의 요건과 절차에 따라 별개의 법률효과를 발생시키는 독립적인 행정처분이다. 그러므로 선행처분인 도시·군계획시설결정에 하자가 있더라도 그것이 당연무효가 아닌 한 원칙적으로 후행처분인 실시계획인가에 승계되지 않는다. 대법원 2017. 7. 18. 선고 2016두49938 판결

④ 예비타당성조사를 실시하지 아니한 하자는 원칙적으로 예산 자체의 하자일 뿐, 그로써 곧바로 각 처분의 하자가 된다고 할 수 없어, 예산이 각 처분 등으로써 이루어지는 '4대강 살리기 사업' 중 한강 부분을 위한 재정 지출을 내용으로 하고 있고 예산의 편성에 절차상 하자가 있다는 사정만으로 각 처분에 취소사유에 이를 정도의 하자가 존재한다고 보기 어렵다고 한 사례. 대법원 2015. 12. 10. 선고 2011두32515 판결

☑ 정답찾기

③ 행정처분에 있어 수개의 처분사유 중 일부가 적법하지 않다고 하더라도 다른 처분사유로써 그 처분의 정당성이 인정되는 경우에는 그 처분을 위법하다고 할 수 없다. 대법원 2013. 10. 24. 선고 2013두963 판결

04 행정법통론　　　　　정답 ②

☑ 오답해설

① 비례의 원칙은 법치국가 원리에서 당연히 파생되는 헌법상의 기본 원리로서, **모든** 국가작용에 적용된다. 행정목적을 달성하기 위한 수단은 목적달성에 유효·적절하고, 가능한 한 최소침해를 가져오는 것이어야 하며, 아울러 그 수단의 도입에 따른 침해가 의도하는 공익을 능가하여서는 안 된다. 대법원 2019. 7. 11. 선고 2017두38874 판결

③ 보세운송면허세의 부과근거이던 지방세법시행령이 1973.10.1 제정되어 1977.9.20에 폐지될때까지 <u>4년</u> 동안 그 면허세를 부과할 수 있는 정을 <u>알면서도</u> 피고가 수출확대라는 공익상 필요에서 한 건도 이를 부과한 일이 없었다면 납세자인 원고는 그것을 믿을 수 밖에 없고 그로써 <u>비과세의 관행</u>이 이루어졌다고 보아도 무방하다. 대법원 1980. 6. 10. 선고 80누6 전원합의체 판결

④ **국회에서 일정한 법률안을 심의하거나 의결**한 적이 있다고 하더라도, 그것이 법률로 확정되지 아니한 이상 국가가 이해관계자들에게 <u>위 법률안에 관련된 사항을 약속하였다고 볼 수 없으며, 이러한 사정만으로 어떠한 신뢰를 부여하였다고 볼 수도 없다.</u> 대법원 2008. 5. 29. 선고 2004다33469 판결

☑ 정답찾기

② 행정기본법은 제9조부터 제13조까지 '행정법의 일반원칙'을 규정하고 있는데, 제9조부터 순서대로, <u>평등의 원칙, 비례의 원칙, 성실의무 및 권한남용금지의 원칙(신의성실의 원칙), 신뢰보호의 원칙, 부당결부금지의 원칙</u>만을 규정하고 있을 뿐, '행정의 자기구속의 원칙'에 대해서는 명문의 규정을 두고 있지 않다.

05 행정쟁송법　　　　　정답 ④

☑ 오답해설

① 행정소송법 제13조(피고적격)

> ① 취소소송은 다른 법률에 특별한 규정이 없는 한 그 처분등을 행한 행정청을 피고로 한다. 다만, <u>처분등이 있은 뒤에 그 처분등에 관계되는 권한이 다른 행정청에 승계된 때에는 **이를 승계한 행정청을** 피고로 한다.</u>

② 국가공무원법 제16조(행정소송과의 관계)

> ① 제75조에 따른 처분, 그 밖에 본인의 의사에 반한 불리한 처분이나 부작위에 관한 행정소송은 소청심사위원회의 심사·결정을 거치지 아니하면 제기할 수 없다.
> ② 제1항에 따른 행정소송을 제기할 때에는 **대통령의 처분 또는 부작위의 경우에는 소속 장관**(대통령령으로 정하는 기관의 장을 포함한다. 이하 같다)을, 중앙선거관리위원회위원장의 처분 또는 부작위의 경우에는 **중앙선거관리위원회사무총장을** 각각 <u>피고로 한다.</u>

③ 대리기관이 <u>대리관계를 표시하고</u> 피대리 행정청을 대리하여 행정처분을 한 때에는 **피대리 행정청**이 피고로 되어야 한다. 대법원 2018. 10. 25. 선고 2018두43095 판결

정답찾기

④ 행정처분을 행할 적법한 권한 있는 상급행정청으로부터 **내부위임을** 받은 데 불과한 하급행정청이 **권한 없이 행정처분을** 한 경우에도 실제로 그 처분을 행한 **하급행정청을 피고로 하여야** 할 것이지 그 처분을 행할 적법한 권한 있는 상급행정청을 피고로 할 것은 아니다. 대법원 1994. 8. 12. 선고 94누2763 판결

06 실효성 확보수단　　　　　정답 ②

☑ 오답해설

① 지방자치단체가 그 고유의 **자치사무를** 처리하는 경우에는 지방자치단체는 국가기관의 일부가 아니라 국가기관과는 별도의 독립한 **공법인**이므로, 지방자치단체 소속 공무원이 지방자치단체 고유의 자치사무를 수행하던 중 도로법의 규정에 의한 위반행위를 한 경우에는 지방자치단체는 도로법의 양벌규정에 따라 **처벌대상이 되는 법인에 해당한다.** 대법원 2005. 11. 10. 선고 2004도2657 판결

③ 양벌규정에 의한 영업주의 처벌은 금지위반행위자인 **종업원의 처벌에 종속하는 것이 아니라** 독립하여 그 자신의 종업원에 대한 **선임감독상의 과실로 인하여 처벌**되는 것이므로 종업원의 범죄성립이나 처벌이 영업주 처벌의 **전제조건이 될 필요는 없다.** 대법원 2006. 2. 24. 선고 2005도7673 판결

④ 질서위반행위규제법 제8조(위법성의 착오)

> 자신의 행위가 **위법하지 아니한 것으로 오인**하고 행한 질서위반행위는 그 **오인에 정당한 이유가 있는 때에 한하여** 과태료를 부과하지 아니한다.

☑ 정답찾기

② 질서위반행위규제법 제44조 및 제45조

> 질서위반행위규제법 제44조(약식재판) 법원은 상당하다고 인정하는 때에는 제31조제1항에 따른 **심문 없이 과태료 재판을 할 수 있다.**
> 질서위반행위규제법 제45조(이의신청) ① **당사자와 검사는** 제44조에 따른 약식재판의 고지를 받은 날부터 **7일** 이내에 이의신청을 할 수 있다.

07 행정구제법　　　　　정답 ③

☑ 오답해설

ㄱ. 우리 헌법상 수용의 주체를 국가로 한정한 바 없으므로 **민간기업도 수용의 주체가** 될 수 있고, (중략) 민간기업에게 산업단지개발사업에 필요한 토지 등을 수용할 수 있도록 규정한 산업입지 및 개발에 관한 법률 제22조 제1항은 헌법에 위반된다고 할 수 없다. 헌법재판소 2009. 9. 24. 선고 2007헌바114 결정

ㄹ. 공익사업을 위한 토지 등의 취득 및 보상에 관한 법률 시행규칙에 따른 사업폐지 등에 대한 보상청구권은 (중략) **행정소송**절차에 의하여야 한다. 대법원 2012. 10. 11. 선고 2010나23210 판결

☑ 정답찾기

ㄴ. 구 감염병예방법 제71조에 의한 예방접종 피해에 대한 국가의 보상책임은 무과실책임이지만, 질병, 장애 또는 사망이 예방접종으로 인하여 발생하였다는 점이 인정되어야 한다. 대법원 2014. 5. 16. 선고 2014두274 판결

ㄷ. **개성공단 전면중단 조치**는 개성공단에서의 영업활동을 중단시키는 것을 목적으로 하고, 개성공단 내에 존재하는 토지나 건물, 설비, 생산물품 등에 직접 공용부담을 가하여 개별적, 구체적으로 이용을 제한하고자 하는 것이 아니다. (중략) **사회적 제약**이 구체화된 것일 뿐이므로, 공익목적을 위해 개별적, 구체적으로 이미 형성된 구체적 재산권을 제한하는 <u>공용 제한과는 구별</u>된다. 따라서 헌법 제23조 제3항이 규정한 정당한 보상이 지급되지 않았더라도, 이 사건 중단조치가 위 헌법규정을 위반하여 청구인들의 재산권을 **침해한 것으로 볼 수 없다**. 헌법재판소 2022. 1. 27. 선고 2016헌마364 전원재판부 결정

08 행정쟁송법   정답 ②

☑ 오답해설

① 공기업 · 준정부기관이 법령 또는 계약에 근거하여 선택적으로 입찰참가자격 제한 조치를 할 수 있는 경우, 계약상대방에 대한 <u>입찰참가자격 제한 조치</u>가 **법령에 근거한 행정처분**인지 아니면 **계약에 근거한 권리행사**인지는 원칙적으로 <u>의사표시의 해석</u> 문제이다(주: 공기업 · 준정부기관이 법령에 따라 한 입찰참가자격 제한 조치는 항고소송의 대상이 되는 행정처분에 해당함). 대법원 2018. 10. 25. 선고 2016두33537 판결

③ (한국철도시설공단이 갑 주식회사에 대하여 시설공사 입찰참가 당시 허위 실적증명서를 제출하였다는 이유로 향후 2년간 공사낙찰적격심사 시 종합취득점수의 10/100을 **감점**한다는 내용의 통보를 한 사안에서) 위 통보는 **사법상의 효력**을 가지는 통지행위에 불과하여 행정소송의 대상이 되는 행정처분이라고 할 수 없다고 한 사례. 대법원 2014. 12. 24. 선고 2010두6700 판결

④ 재개발조합과 **조합장 또는 조합임원 사이의 선임 · 해임 등을 둘러싼 법률관계**는 사법상의 법률관계로서 그 조합장 또는 조합임원의 지위를 다투는 소송은 **민사소송**에 의하여야 할 것이다. 대법원 2009. 9. 24.자 2009마168,169 결정

☑ 정답찾기

② 수도법에 의하여 지방자치단체인 수도사업자가 수도물의 공급을 받는 자에 대하여 하는 **수도료의 부과 · 징수**와 이에 따른 수도료의 납부관계는 **공법상의 권리의무관계**라 할 것이므로 이에 관한 소송은 행정소송절차에 의하여야 한다. 대법원 1977. 2. 23. 선고 76다2517 판결

09 행정절차법   정답 ③

☑ 오답해설

① 행정절차법 제8조(행정응원)

⑤ 행정응원을 위하여 <u>파견된 직원</u>은 <u>응원을 요청한 행정청의 지휘 · 감독</u>을 받는다. 다만, 해당 직원의 복무에 관하여 다른 법령등에 특별한 규정이 있는 경우에는 그에 따른다.

② 행정절차법 제21조(처분의 사전 통지)

② 행정청은 청문을 하려면 <u>청문이 시작되는 날부터 10일 전까지</u> 제1항 각 호의 사항을 당사자등에게 통지하여야 한다.

④ 행정절차법 제38조의2(온라인공청회)

② 제1항에도 불구하고 <u>다음 각 호의 어느 하나에 해당하는 경우</u>에는 **온라인공청회를 단독으로 개최할 수 있다.**
2. 제38조에 따른 공청회가 행정청이 책임질 수 없는 사유로 개최되지 못하거나 개최는 되었으나 정상적으로 진행되지 못하고 **무산된 횟수가 3회 이상인 경우**

☑ 정답찾기

③ **퇴직연금의 환수결정**은 당사자에게 의무를 과하는 처분이기는 하나, 관련 **법령에 따라 당연히 환수금액이 정하여지는 것**이므로, 퇴직연금의 환수결정에 앞서 당사자에게 의견진술의 기회를 주지 아니하여도 행정절차법 제22조 제3항이나 신의칙에 어긋나지 아니한다. 대법원 2000. 11. 28. 선고 99두5443 판결

10 행정작용법   정답 ①

☑ 오답해설

② 국가가 수익자인 수요기관을 위하여 국민을 계약상대자로 하여 체결하는 <u>요청조달계약</u>에는 다른 법률에 특별한 규정이 없는 한 당연히 **국가계약법이 적용**된다. 대법원 2017. 6. 29. 선고 2014두14389 판결

③ 지방전문직공무원 채용계약에서 정한 채용기간이 만료한 경우 <u>채용계약</u>을 갱신하거나 채용기간을 연장할 것인지 여부는 지방자치단체장의 **재량**에 맡겨져 있는 것으로 보아야 할 것이다. 대법원 1993. 9. 14. 선고 92누4611 판결

④ **광주광역시문화예술회관장의 단원 위촉**은 광주광역시문화예술회관장이 행정청으로서 공권력을 행사하여 행하는 행정처분이 아니라 공법상의 근무관계의 설정을 목적으로 하여 광주광역시와 단원이 되고자 하는 자 사이에 대등한 지위에서 의사가 합치되어 성립하는 공법상 근로계약에 해당한다고 보아야 할 것이므로, 광주광역시립합창단원으로서 위촉기간이 만료되는 자들의 재위촉 신청에 대하여 광주광역시문화예술회관장이 실기와 근무성적에 대한 평정을 실시하여 재위촉을 하지 아니한 것을 항고소송의 대상이 되는 불합격처분이라고 할 수는 없다. 대법원 2001. 12. 11. 선고 2001두7794 판결

☑ 정답찾기

① 행정기본법 제27조(공법상 계약의 체결)

① 행정청은 법령등을 위반하지 아니하는 범위에서 행정목적을 달성하기 위하여 필요한 경우에는 공법상 법률관계에 관한 계약(이하 '공법상 계약'이라 한다)을 체결할 수 있다. 이 경우 계약의 목적 및 내용을 명확하게 적은 **계약서를 작성하여야 한다.**

11 행정작용법   정답 ④

오답해설

① 구 청소년보호법에 따른 **청소년유해매체물 결정 및 고시처분**은 당해 유해매체물의 소유자 등 특정인만을 대상으로 한 행정처분이 아니라 일반 불특정 다수인을 상대방으로 하여 일률적으로 표시의무, 포장의무, 청소년에 대한 판매·대여 등의 금지의무 등 각종 의무를 발생시키는 행정처분이다. 대법원 2007. 6. 14. 선고 2004두619 판결

② 처분상대방에게 법령에서 정한 **임의적 감경사유**가 있는 경우에, 행정청이 감경사유까지 고려하고도 감경하지 않은 채 개별처분기준에서 정한 상한으로 처분을 한 경우에는 재량권을 일탈·남용하였다고 단정할 수는 없으나, 행정청이 **감경사유를 전혀 고려하지 않았거나 감경사유에 해당하지 않는다고 오인**하여 개별처분기준에서 정한 상한으로 처분을 한 경우에는 마땅히 고려대상에 포함하여야 할 사항을 누락하였거나 고려대상에 관한 사실을 오인한 경우에 해당하여 재량권을 일탈·남용한 것이라고 보아야 한다. 대법원 2020. 6. 25. 선고 2019두52980 판결

③ 건축허가권자는 건축허가신청이 건축법 등 관계 법규에서 정하는 어떠한 제한에 배치되지 않는 이상 당연히 같은 법조에서 정하는 건축허가를 하여야 하고, **중대한 공익상의 필요**가 없음에도 불구하고, 요건을 갖춘 자에 대한 허가를 관계 법령에서 정하는 제한사유 이외의 사유를 들어 거부할 수는 없다. 대법원 2006. 11. 9. 선고 2006두1227 판결

정답찾기

④ 건축허가는 대물적 성질을 갖는 것이어서 행정청으로서는 허가를 할 때에 건축주 또는 토지 소유자가 누구인지 등 **인적** 요소에 관하여는 **형식적 심사**만 한다. 대법원 2017. 3. 15. 선고 2014두41190 판결

12 행정구제법   정답 ④

오답해설

① 어떠한 행정처분이 후에 **항고소송에서 취소되었다고 할지라도** 그 기판력에 의하여 당해 행정처분이 곧바로 공무원의 고의 또는 과실로 인한 것으로서 **불법행위를 구성한다고 단정할 수는 없는 것이다.** 대법원 2000. 5. 12. 선고 99다70600 판결

② 일반적으로 공무원이 직무를 집행함에 있어서 **관계법규를 알지 못하거나 필요한 지식을 갖추지 못하여** 법규의 해석을 그르쳐 잘못된 행정처분을 하였다면 그가 법률전문가가 아닌 행정직 공무원이라고 하여 과실이 없다고 할 수 없다. 대법원 1995. 10. 13. 선고 95다32747 판결

③ 공무원의 **부작위로 인한 국가배상책임**을 인정하기 위하여는 공무원의 작위로 인한 국가배상책임을 인정하는 경우와 마찬가지로 '공무원이 그 직무를 집행함에 당하여 고의 또는 과실로 법령에 위반하여 타인에게 손해를 가한 때'라고 하는 국가배상법 **제2조 제1항의 요건이 충족**되어야 할 것이다. 대법원 1998. 10. 13. 선고 98다18520 판결

정답찾기

④ 구 공무원연금법에 따라 각종 급여를 지급하는 제도는 공무원의 생활안정과 복리향상에 이바지하기 위한 것이라는 점에서 국가배상법 제2조 제1항 단서에 따라 손해배상금을 지급하는 제도와 그 취지 및 목적을 달리하므로, 경찰공무원인 피해자가 구 **공무원연금법의 규정에 따라 공무상 요양비**를 지급받는 것은 국가배상법 제2조 제1항 단서에서 정한 '다른 법령의 규정'에 따라 보상을 지급받는 것에 해당하지 않는다. 대법원 2019. 5. 30. 선고 2017다16174 판결

13 행정쟁송법   정답 ①

오답해설

② 부작위위법확인의 소에 있어 당사자가 행정청에 대하여 어떠한 행정행위를 하여 줄 것을 요구할 수 있는 **법규상 또는 조리상 권리를 갖고 있지 아니한** 경우에는 원고적격이 없거나 항고소송의 대상인 위법한 부작위가 있다고 볼 수 없어 그 부작위위법확인의 소는 **부적법**하다. 대법원 1999. 12. 7. 선고 97누17568 판결

③ 행정소송법 제3조(행정소송의 종류)

> 행정소송은 다음의 네 가지로 구분한다.
> 3. **민중소송** : 국가 또는 공공단체의 기관이 법률에 위반되는 행위를 한 때에 **직접 자기의 법률상 이익과 관계없이 그 시정을 구하기 위하여 제기하는 소송**

④ 행정소송법 제45조(소의 제기)

> 민중소송 및 기관소송은 **법률이 정한 경우에 법률에 정한 자에 한하여** 제기할 수 있다.

정답찾기

① 이미 **취소소송의 제기기간을 경과**하여 확정력이 발생한 행정처분에는 **위헌결정의 소급효가 미치지 않는다**고 보아야 할 것이므로, 어느 행정처분에 대하여 그 행정처분의 근거가 된 법률이 위헌이라는 이유로 무효확인청구의 소가 제기된 경우에는 다른 특별한 사정이 없는 한 법원으로서는 그 법률이 위헌인지 여부에 대하여는 **판단할 필요 없이 위 무효확인청구를 기각**하여야 할 것이다. 대법원 1994. 10. 28. 선고 92누9463 판결

14 행정법통론   정답 ③

오답해설

① 신청인의 행정청에 대한 신청의 의사표시는 명시적이고 확정적인 것이어야 한다고 할 것이므로 신청인이 신청에 앞서 행정청의 허가업무 담당자에게 신청서의 내용에 대한 **검토를 요청**한 것만으로는 다른 특별한 사정이 없는 한 명시적이고 확정적인 신청의 의사표시가 있었다고 하기 어렵다. 대법원 2004. 9. 24. 선고 2003두13236 판결

② **부동산투기나 이주대책 요구 등을 방지**할 목적으로 **주민등록전입신고를 거부**하는 것은 주민등록법의 입법 목적과 취지 등에 비추어 허용될 수 없다. 대법원 2009. 6. 18. 선고 2008두10997 전원합의체 판결

④ 의료법 시행규칙에 **의원개설 신고서**를 수리한 행정관청이 소정의 **신고필증을 교부**하도록 되어있다 하여도 이는 신고**사실의 확인행위**로서 신고필증을 교부하도록 규정한 것에 불과하고 그와 같은 **신고필증의 교부**가 없다 하여 개설신고의 효력을 부정할 수 없다. 대법원 1985. 4. 23. 선고 84도2953 판결

정답찾기

③ 정보통신매체를 이용하여 학습비를 받고 불특정 다수인에게 **원격평생교육**을 실시하기 위해 구 평생교육법 제22조 등에서 정한 형식적 요건을 모두 갖추어 신고한 경우, 행정청은 실체적 사유를 들어 신고 수리를 거부할 수 없다. 대법원 2011. 7. 28. 선고 2005두11784 판결

제 09 회

15 실효성 확보수단　　　　　　　　　정답 ②

🗹 오답해설

ㄴ. 효력기간이 정해져 있는 제재적 행정처분의 효력이 발생한 이후에
도 행정청은 특별한 사정이 없는 한 상대방에 대한 **별도의 처분으로
써 효력기간의 시기와 종기를 다시 정할 수 있다.** 이는 당초의 제재
적 행정처분이 **유효함을 전제로** 그 구체적인 집행시기만을 변경하
는 후속 변경처분이다. 대법원 2022. 2. 11. 선고 2021두40720 판결

🗹 정답찾기

ㄱ. 행정기본법 제23조(제재처분의 제척기간)

> ① 행정청은 법령등의 위반행위가 종료된 날부터 **5년**이 지나면 해당
> 위반행위에 대하여 **제재처분**(인허가의 정지·취소·철회, 등록 말
> 소, 영업소 폐쇄와 정지를 갈음하는 과징금 부과를 말한다. 이하 이
> 조에서 같다)을 할 수 없다.
> ② 다음 각 호의 어느 하나에 해당하는 경우에는 제1항을 적용하지 아
> 니한다.
> 　3. 정당한 사유 없이 행정청의 조사·출입·검사를 기피·방해·
> 　　거부하여 제척기간이 지난 경우

ㄷ. **시정명령**은 법 위반의 행위가 있음을 확인하거나 재발방지 등을 위
한 조치를 취하는 것이 아니라, 당해 위반행위로 인하여 현실로 존
재하는 **위법한 결과를 바로잡는 것**을 내용으로 하는 것이므로, 비록
법 위반행위가 있었더라도 하도급대금 채무의 불발생 또는 변제, 상
계, 정산 등 사유 여하를 불문하고 **위반행위의 결과가 더 이상 존재
하지 아니한다면,** 그 결과의 시정을 명하는 내용의 시정명령을 할 여
지는 없다고 보아야 한다. 대법원 2002. 11. 26. 선고 2001두3099 판결

16 행정쟁송법　　　　　　　　　　　정답 ①

🗹 오답해설

ㄷ. 의원으로서의 인근생활시설로 용도변경된 건물과 가까운 곳에서 치
과의원을 경영하는 자는 그 용도변경처분의 취소를 구할 원고적격
을 가지지 않는다고 한 사례. 대법원 1990. 5. 22. 선고 90누813 판결

ㄹ. 개발제한구역 중 일부 취락을 개발제한구역에서 해제하는 내용의
도시관리계획변경결정에 대하여, **개발제한구역 해제대상에서 누락
된 토지의 소유자**는 위 결정의 취소를 구할 법률상 이익이 없다. 대
법원 2008. 7. 10. 선고 2007두10242 판결

🗹 정답찾기

ㄱ. 지방법무사회의 사무원 채용승인 거부처분 또는 채용승인 취소처분
에 대해서는 처분 상대방인 법무사뿐만 아니라 그 때문에 **사무원이
될 수 없게 된 사람**도 이를 다툴 원고적격이 인정되어야 한다. 대법
원 2020. 4. 9. 선고 2015다34444 판결

ㄴ. 분양전환승인 중 **분양전환가격을 승인**하는 부분은 단순히 분양계약
의 효력을 보충하여 그 효력을 완성시켜주는 강학상 '인가'에 해당
한다고 볼 수 없고, **임차인들에게는** 분양계약을 체결한 이후 분양대
금이 강행규정인 임대주택법령에서 정한 산정기준에 의한 분양전환
가격을 초과하였음을 이유로 부당이득반환을 구하는 민사소송을 제
기하는 것과 별개로, 분양계약을 체결하기 전 또는 체결한 이후라도
항고소송을 통하여 분양전환승인의 효력을 다툴 **법률상 이익(원고적
격)이 있다**고 보아야 한다. 대법원 2020. 7. 23. 선고 2015두48129 판결

ㅁ. 국적법상 **귀화불허가처분**이나 출입국관리법상 **체류자격변경 불허
가처분, 강제퇴거명령** 등을 다투는 외국인은 대한민국에 적법하게
입국하여 상당한 기간을 체류한 사람이므로, 이미 대한민국과의 실
질적 관련성 내지 대한민국에서 법적으로 보호가치 있는 이해관계
를 형성한 경우이어서, 해당 처분의 취소를 구할 법률상 이익이 인정
된다. 대법원 2018. 5. 15. 선고 2014두42506 판결

17 행정쟁송법　　　　　　　　　　　정답 ③

🗹 오답해설

① 거부처분에 대한 취소의 확정판결이 있음에도 행정청이 아무런 재
처분을 하지 아니하거나, **재처분을 하였다 하더라도** 그것이 종전 거
부처분에 대한 취소의 확정판결의 **기속력에 반하는 등으로 당연무효**
라면 이는 아무런 재처분을 하지 아니한 때와 마찬가지라 할 것이므
로 이러한 경우에는 행정소송법상 간접강제신청에 필요한 요건을
갖춘 것으로 보아야 한다. 대법원 2002. 12. 11.자 2002무22 결정

② 행정소송법은 기판력에 관한 명문의 규정을 두고 있지 않다. 따라서
행정소송법 제8조 제2항에 따라 **민사소송법 제216조의 기판력에 관
한 규정이 준용**된다.

④ 처분 등을 취소하는 확정판결의 **기속력**은 주로 판결의 실효성 확보
를 위하여 인정되는 효력으로서 판결의 **주문뿐만 아니라** 그 전제가
되는 처분 등의 구체적 위법사유에 관한 **이유 중의 판단**에 대하여도
인정된다. 대법원 2001. 3. 23. 선고 99두5238 판결

🗹 정답찾기

③ 확정판결의 당사자인 처분 행정청은 종전 처분 후에 발생한 새로운
사유를 내세워 다시 처분을 할 수 있고, **새로운 처분의 처분사유가
종전 처분의 처분사유와 기본적 사실관계에서 동일하지 않은 다른
사유에 해당하는 이상, 처분사유가 종전 처분 당시 이미 존재하고 있
었고 당사자가 이를 알고 있었더라도** 이를 내세워 새로이 처분을 하
는 것은 확정판결의 **기속력에 저촉되지 않는다.** 대법원 2016. 3. 24.
선고 2015두48235 판결

18 실효성 확보수단　　　　　　　　　정답 ④

🗹 오답해설

① 행정기본법 제31조(이행강제금의 부과)

> ⑥ 행정청은 이행강제금을 부과받은 자가 납부기한까지 이행강제금을
> 내지 아니하면 국세강제징수의 예 또는 「지방행정제재·부과금의
> 징수 등에 관한 법률」에 따라 징수한다.

② 건축법상 **이행강제금**은 일정한 기한까지 의무를 이행하지 않을 때
에는 일정한 금전적 부담을 과할 뜻을 미리 계고함으로써 의무자에
게 심리적 압박을 주어 **장래에** 그 의무를 이행하게 하려는 행정상
간접적인 강제집행 수단의 하나로서 **과거의** 일정한 법률위반 행위
에 대한 제재로서의 **형벌**이 아니라 장래의 의무이행의 확보를 위한
강제수단일 뿐이어서 범죄에 대하여 국가가 형벌권을 실행한다고
하는 과벌에 해당하지 아니하므로 헌법 제13조 제1항이 금지하는
이중처벌금지의 원칙이 적용될 여지가 없다. 헌법재판소 2011. 10. 25.
선고 2009헌바140 결정

③ 사용자가 이행하여야 할 행정법상 **의무의 내용을 초과**하는 것을 '불이행 내용'으로 기재한 이행강제금 부과 예고서에 의하여 이행강제금 부과 예고를 한 다음 이를 이행하지 않았다는 이유로 이행강제금을 부과하였다면, 초과한 정도가 근소하다는 등의 특별한 사정이 없는 한 **이행강제금 부과 예고**는 이행강제금 제도의 취지에 반하는 것으로서 **위법**하고, 이에 터 잡은 **이행강제금 부과처분 역시 위법**하다. 대법원 2015. 6. 24. 선고 2011두2170 판결

☑ 정답찾기
④ **공정거래법상 기업결합 제한위반행위자에 대한 이행강제금**이 부과되기 전에 시정조치를 이행하거나 부작위 의무를 명하는 시정조치 불이행을 중단한 경우 **과거의 시정조치 불이행기간에 대하여 이행강제금을 부과할 수 있다**. 대법원 2019. 12. 12 선고 2018두63563 판결

19 행정작용법 　　　　　　　　　　정답 ②

☑ 오답해설
① 주택재건축**사업시행의 인가**는 상대방에게 권리나 이익을 부여하는 효과를 가진 이른바 **수익적 행정처분**으로서 법령에 행정처분의 요건에 관하여 일의적으로 규정되어 있지 아니한 이상 **행정청의 재량행위**에 속하므로, 처분청으로서는 법령상의 제한에 근거한 것이 아니라 하더라도 공익상 필요 등에 의하여 필요한 범위 내에서 여러 조건(부담)을 부과할 수 있다. 대법원 2007. 7. 12. 선고 2007두6663 판결
③ 구 도시 및 주거환경정비법상 조합설립추진위원회 **구성승인처분을 다투는 소송 계속 중 조합설립인가처분**이 이루어진 경우 조합설립추진위원회 구성승인처분에 대하여 취소 또는 무효확인을 구할 **법률상 이익이 없다**. 대법원 2013. 1. 31. 선고 2011두11112 판결
④ 도시 및 주거환경정비법 제28조 제4항 본문이 **사업시행인가 신청시의 동의요건을 조합의 정관에 포괄적으로 위임**하고 있다고 하더라도 헌법 제75조가 정하는 포괄위임입법금지의 원칙이 적용되지 아니하므로 이에 **위배된다고 할 수 없다**. 대법원 2007. 10. 12. 선고 2006두14476 판결

☑ 정답찾기
② 분양신청기간 내에 **분양신청을 하지 않거나 분양신청을 철회**함으로 인해 조합원의 지위를 상실한 토지 등 소유자도 그때 분양신청을 함으로써 건축물 등을 분양받을 수 있으므로 사업시행계획의 무효확인 또는 취소를 구할 법률상 이익이 있다. 대법원 2014. 2. 27. 선고 2011두25173 판결

20 종합 사례 　　　　　　　　　　정답 ④

☑ 오답해설
① 청구인이 공공기관에 대하여 정보공개를 청구하였다가 거부처분을 받은 이상, 그 자체로 공개거부처분의 취소를 구할 법률상 이익이 인정되고, 그 외에 추가로 어떤 법률상 이익이 있을 것을 요하지 않는다. 대법원 2022. 5. 26. 선고 2022두34562 판결
② 정보공개법 시행령 제2조(공공기관의 범위)

> 「공공기관의 정보공개에 관한 법률」 제2조 제3호 마목에서 "대통령령으로 정하는 기관"이란 다음 각 호의 기관 또는 단체를 말한다.
> 1. 「유아교육법」, 「초·중등교육법」, 「고등교육법」에 따른 **각급 학교** 또는 그 밖의 다른 법률에 따라 설치된 학교(주 : 국·공립학교와 사립학교 모두 정보공개법상 공공기관에 해당함)

③ **공공기관**으로서는 (중략) 어느 부분이 어떠한 법익 또는 기본권과 충돌되어 같은 법 제9조제1항 몇 호에서 정하고 있는 **비공개사유에** 해당하는지를 주장·입증하여야만 할 것이며, 그에 이르지 아니한 채 개괄적인 사유만을 들어 공개를 거부하는 것은 허용되지 아니한다. 대법원 2003. 12. 11. 선고 2001두8827 판결

☑ 정답찾기
④ 처분의 성질이나 그 밖의 불가피한 사유로 위원회가 직접 처분을 할 수 없는 경우에는 직접 처분을 할 수 없다(행정심판법 제50조 제1항 단서). **정보공개명령재결**이 있는 경우 설령 피청구인인 행정청이 위 명령에 따르지 않고 정보를 공개하지 않는다 하더라도 위원회는 공개청구의 대상이 된 정보를 보유·관리하고 있지 않기 때문에 처분의 성질상 직접 처분(정보공개처분)을 할 수 없다.

제 09 회

Answer

01	①	02	④	03	④	04	①	05	②
06	③	07	③	08	①	09	④	10	①
11	②	12	②	13	②	14	④	15	③
16	①	17	③	18	②	19	④	20	③

01 행정쟁송법   정답 ①

☑ 오답해설

② (조달청이 사법상 계약의 성격을 갖는 물품구매계약 추가특수조건 규정에 따라 갑 회사에 대하여 6개월의 **나라장터 종합쇼핑몰 거래정지 조치를** 한 사안) 이 사건 거래정지 조치는 비록 추가특수조건이라는 사법상 계약에 근거한 것이기는 하지만 행정청인 조달청이 행하는 구체적 사실에 관한 법집행으로서의 공권력의 행사로서 그 상대방인 원고의 권리·의무에 직접 영향을 미치므로 항고소송의 대상에 해당한다고 봄이 타당하다. 대법원 2018. 11. 29. 선고 2015두52395 판결

③ **과학기술기본법령상 사업 협약의 해지 통보**는 단순히 대등 당사자의 지위에서 형성된 공법상계약을 계약당사자의 지위에서 종료시키는 의사표시에 불과한 것이 아니라 행정청이 우월적 지위에서 연구개발비의 회수 및 관련자에 대한 국가연구개발사업 참여제한 등의 법률상 효과를 발생시키는 행정처분에 해당한다(재단법인 한국연구재단이 **두뇌한국(BK21) 사업협약 해지통보**를 한 것을 처분으로 본 사례). 대법원 2014. 12. 11. 선고 2012두28704 판결

④ 상대방의 권리를 제한하는 행위라 하더라도 **행정청 또는 그 소속기관이나 권한을 위임받은 공공기관의 행위가 아닌 한** 이를 행정처분이라고 할 수 없다. 대법원 2008. 1. 31. 선고 2005두8269 판결

☑ 정답찾기

① 근로복지공단이 사업주에 대하여 하는 '개별 사업장의 **사업종류 변경결정**'은 행정청이 행하는 구체적 사실에 관한 법집행으로서의 공권력의 행사인 '**처분**'에 해당한다. 대법원 2020. 4. 9. 선고 2019두61137 판결

02 행정정보   정답 ④

☑ 오답해설

① 형사소송법 제59조의2는 형사재판확정기록의 공개 여부나 공개 범위, 불복절차 등에 대하여 구 공공기관의 정보공개에 관한 법률과 달리 규정하고 있는 것으로 정보공개법 제4조 제1항에서 정한 '정보의 공개에 관하여 다른 법률에 특별한 규정이 있는 경우'에 해당한다. 따라서 **형사재판확정기록의 공개에** 관하여는 정보공개법에 의한 공개청구가 허용되지 아니한다. 대법원 2016. 12. 15. 선고 2013두20882 판결

② 공공기관의 정보공개에 관한 법률은 정보공개 청구권자가 공개를 청구하는 정보와 어떤 관련성을 가질 것을 요구하거나 정보공개청구의 목적에 특별한 제한을 두고 있지 아니하므로 정보공개 청구권자의 권리구제 가능성 등은 정보의 공개 여부 결정에 아무런 영향을 미치지 못한다. 대법원 2017. 9. 7. 선고 2017두44558 판결

③ 정보공개법 제10조(정보공개의 청구방법)

> ① 정보의 공개를 청구하는 자는 해당 정보를 보유하거나 관리하고 있는 공공기관에 다음 각 호의 사항을 적은 **정보공개 청구서를 제출**하거나 **말로써** 정보의 공개를 청구할 수 있다.

☑ 정답찾기

④ **검찰보존사무규칙**은 비록 법무부령으로 되어 있으나, 그 중 **불기소 사건기록** 등의 열람·등사에 대하여 제한하고 있는 부분은 **위임 근거가 없어** 행정기관 내부의 사무처리준칙으로서 행정규칙에 불과하므로, 위 규칙에 의한 열람·등사의 제한을 구 정보공개법 제7조 제1항 제1호의 '다른 법률 또는 법률에 의한 명령에 의하여 **비공개사항으로 규정된 경우**'에 해당한다고 볼 수 없다. 대법원 2004. 9. 23. 선고 2003두1370 판결

03 행정법통론   정답 ④

☑ 오답해설

① 행정기본법 제14조(법 적용의 기준)

> ② 당사자의 **신청에 따른 처분**은 법령등에 특별한 규정이 있거나 처분 당시의 법령등을 적용하기 곤란한 특별한 사정이 있는 경우를 제외하고는 **처분 당시의 법령등에 따른다.**

② 법령공포법 제13조(시행일)

> 대통령령, 총리령 및 부령은 특별한 규정이 없으면 **공포한 날부터 20일이 경과함으로써 효력을 발생한다.**

③ 법령이 변경된 경우 신 법령이 피적용자에게 유리하여 이를 적용하도록 하는 경과규정을 두는 등의 특별한 규정이 없는 한 헌법 제13조 등의 규정에 비추어 볼 때 그 변경 전에 발생한 사항에 대하여는 변경 후의 신 법령이 아니라 변경 전의 구 법령이 적용되어야 한다. 대법원 2002. 12. 10. 선고 2001두3228 판결

☑ 정답찾기

④ 합헌적 법률해석을 포함하는 법령의 해석·적용 권한은 대법원을 최고법원으로 하는 법원에 전속하는 것이며, 헌법재판소가 법률의 위헌 여부를 판단하기 위하여 불가피하게 법원의 최종적인 법률해석에 앞서 법령을 해석하거나 그 적용 범위를 판단하더라도 헌법재판소의 법률해석에 대법원이나 각급 법원이 구속되는 것은 아니다. 대법원 2009. 2. 12. 선고 2004두10289 판결

04 행정작용법   정답 ①

✔ 오답해설

② 불가변력은 당해 행정행위에만 인정되는 것이므로, 비록 동종의 행정행위라 하더라도 그 대상을 달리할 때에는 불가변력은 인정될 여지가 없다. 대법원 1974. 12. 10. 선고 73누129 판결

③ 소방시설 등의 설치 또는 유지·관리에 대한 명령을 정당한 사유 없이 위반한 자는 같은 법 제48조의2 제1호에 의하여 행정형벌에 처해지는데, 위 명령이 행정처분으로서 하자가 있어 무효인 경우에는 명령에 따른 의무위반이 생기지 아니하므로 행정형벌을 부과할 수 없다. 대법원 2011. 11. 10. 선고 2011도11109 판결

④ 불가쟁력은 행정행위의 상대방 또는 이해관계인에 대해서만 미치고 처분청을 구속하지는 않으므로, 처분청은 불가쟁력이 발생한 후에도 당해 행정행위를 직권으로 취소 또는 철회할 수 있다.

✔ 정답찾기

① 국가배상청구소송의 선결문제는 처분의 효력 유무가 아닌 처분의 '위법' 여부가 되므로, 수소법원인 민사법원은 처분에 취소사유에 해당하는 하자가 있는 경우, 즉 당해 처분이 위법한 경우 이를 이유로 배상청구를 인용할 수 있다.

05 실효성 확보수단   정답 ②

✔ 오답해설

① 행정조사기본법 제4조(행정조사의 기본원칙)

> ④ 행정조사는 법령등의 위반에 대한 처벌보다는 **법령등을 준수하도록 유도**하는 데 중점을 두어야 한다.

③ 행정기본법 시행령 제7조(과징금의 납부기한 연기 및 분할 납부)

> ③ 행정청은 법 제29조 각 호 외의 부분 단서에 따라 과징금 납부기한이 연기되거나 과징금의 분할 납부가 허용된 과징금 납부 의무자가 다음 각 호의 어느 하나에 해당하는 경우에는 그 즉시 과징금을 한꺼번에 징수할 수 있다.
> 1. 분할 납부하기로 한 과징금을 그 납부기한까지 내지 않은 경우

④ 질서위반행위규제법 제38조(항고)

> ① 당사자와 검사는 과태료 재판에 대하여 즉시항고를 할 수 있다. 이 경우 항고는 집행정지의 효력이 있다.

✔ 정답찾기

② 행정기본법 제23조(제재처분의 제척기간)

> ① 행정청은 법령등의 위반행위가 종료된 날부터 **5년**이 지나면 해당 위반행위에 대하여 **제재처분**(인허가의 정지·취소·철회, 등록 말소, 영업소 폐쇄와 정지를 갈음하는 과징금 부과를 말한다. 이하 이 조에서 같다)을 할 수 없다.

06 행정작용법   정답 ③

✔ 오답해설

ㄱ. 행정기본법 제25조(인허가의제의 효과)

> ① 제24조제3항·제4항에 따라 협의가 된 사항에 대해서는 주된 인허가를 받았을 때 관련 인허가를 받은 것으로 본다.

ㄹ. 행정기본법 제24조(인허가의제의 기준)

> ⑤ 제3항에 따라 협의를 요청받은 관련 인허가 행정청은 해당 법령을 위반하여 협의에 응해서는 아니 된다. 다만, 관련 인허가에 필요한 심의, 의견 청취 등 절차에 관하여는 법률에 인허가의제 시에도 해당 절차를 거친다는 명시적인 규정이 있는 경우에만 이를 거친다.

✔ 정답찾기

ㄴ. 행정기본법 제24조(인허가의제의 기준)

> ④ 관련 인허가 행정청은 제3항에 따른 협의를 요청받으면 그 요청을 받은 날부터 20일 이내에 의견을 제출하여야 한다. 이 경우 전단에서 정한 기간 내에 협의 여부에 관하여 의견을 제출하지 아니하면 협의가 된 것으로 본다.

ㄷ. 행정기본법 제26조(인허가의제의 사후관리 등)

> ① 인허가의제의 경우 관련 인허가 행정청은 관련 인허가를 직접 한 것으로 보아 관계 법령에 따른 관리·감독 등 필요한 조치를 하여야 한다.

07 행정구제법   정답 ③

✔ 오답해설

① 수용 대상 토지의 보상액을 산정함에 있어 해당 공익사업의 시행을 직접 목적으로 하는 계획의 승인, 고시로 인한 가격변동은 이를 고려함이 없이 재결 당시의 가격을 기준으로 하여 적정가격을 정하여야 하나, 해당 공익사업과는 관계없는 다른 사업의 시행으로 인한 개발이익은 이를 포함한 가격으로 평가하여야 하고, 개발이익이 해당 공익사업의 사업인정고시일 후에 발생한 경우에도 마찬가지이다. 대법원 2014. 2. 27. 선고 2013두21182 판결

② 토지보상법상 이의신청은 임의적 절차이므로, 수용재결에 불복하는 당사자는 이의신청 절차를 거침이 없이 곧바로 행정소송을 제기할 수 있다.

④ 토지보상법 제83조(이의의 신청)

> ③ 제1항 및 제2항에 따른 이의의 신청은 재결서의 정본을 받은 날부터 30일 이내에 하여야 한다.

✔ 정답찾기

③ 이주대책의 실시 여부는 입법자의 **입법정책적 재량**의 영역에 속하므로 공익사업을 위한 토지 등의 취득 및 보상에 관한 법률 시행령 제40조 제3항 제3호가 이주대책의 대상자에서 **세입자를 제외하고 있는 것이 세입자의 재산권을 침해하는 것이라 볼 수 없다.** 헌법재판소 2006. 2. 23. 선고 2004헌마19 결정

제 **10** 회

08 행정쟁송법　　　　　　　　　　　　정답 ①

☑ 오답해설

② 어떤 행정처분을 위법하다고 판단하여 취소하는 판결이 확정되면 행정청은 취소판결의 기속력에 따라 그 판결에서 확인된 위법사유를 배제한 상태에서 다시 처분을 하거나 그 밖에 위법한 결과를 제거하는 조치를 할 의무가 있다. 대법원 2019. 10. 17. 선고 2018두104 판결

③ 행정소송법 제32조(소송비용의 부담)

> 취소청구가 제28조(주 : 사정판결)의 규정에 의하여 기각되거나 행정청이 처분등을 취소 또는 변경함으로 인하여 청구가 각하 또는 기각된 경우에는 소송비용은 피고의 부담으로 한다.

④ 행정소송법 제29조(취소판결등의 효력)

> ① 처분등을 취소하는 확정판결은 제3자에 대하여도 효력이 있다.

☑ 정답찾기

① 행정처분을 취소한다는 확정판결이 있으면 그 취소판결의 형성력에 의하여 당해 행정처분의 취소나 취소통지 등의 별도의 절차를 요하지 아니하고 당연히 취소의 효과가 발생한다. 대법원 1991. 10. 11. 선고 90누5443 판결

09 행정작용법　　　　　　　　　　　　정답 ④

☑ 오답해설

① 난민 인정에 관한 신청을 받은 행정청은 원칙적으로 법령이 정한 난민 요건에 해당하는지를 심사하여 난민 인정 여부를 결정할 수 있을 뿐이고, 이와 무관한 다른 사유만을 들어 난민 인정을 거부할 수는 없다. 대법원 2017. 12. 5. 선고 2016두42913 판결

② 행정행위를 기속행위와 재량행위로 구분하는 경우 양자에 대한 사법심사는, 기속행위의 경우 그 법규에 대한 원칙적인 기속성으로 인하여 법원이 사실인정과 관련 법규의 해석·적용을 통하여 일정한 결론을 도출한 후 그 결론에 비추어 행정청이 한 판단의 적법 여부를 독자의 입장에서 판정하는 방식에 의하게 된다. 대법원 2005. 7. 14. 선고 2004두6181 판결

③ 무허가건물을 무허가건물관리대장에서 삭제하는 행위는 다른 특별한 사정이 없는 한 항고소송의 대상이 되는 행정처분이 아니다. 대법원 2009. 3. 12. 선고 2008두11525 판결

☑ 정답찾기

④ 공익법인의 기본재산에 대한 감독관청의 처분허가는 그 성질상 특정 상대에 대한 처분행위의 허가가 아니고 처분의 상대가 누구이든 이에 대한 처분행위를 보충하여 유효하게 하는 행위라 할 것이므로 (중략) 위 처분허가에 부관을 붙인 경우 그 처분허가의 법률적 성질이 형성적 행정행위로서의 인가에 해당한다고 하여 조건으로서의 부관의 부과가 허용되지 아니한다고 볼 수는 없다. 대법원 2005. 9. 28. 선고 2004다50044 판결

10 행정절차법　　　　　　　　　　　　정답 ①

☑ 오답해설

② 행정절차법 제23조(처분의 이유 제시)

> ① 행정청은 처분을 할 때에는 다음 각 호의 어느 하나에 해당하는 경우를 제외하고는 당사자에게 그 근거와 이유를 제시하여야 한다.
>   1. 신청 내용을 모두 그대로 인정하는 처분인 경우
>   2. 단순·반복적인 처분 또는 경미한 처분으로서 당사자가 그 이유를 명백히 알 수 있는 경우
>   3. 긴급히 처분을 할 필요가 있는 경우
> ② 행정청은 제1항 제2호 및 제3호의 경우에 처분 후 당사자가 요청하는 경우에는 그 근거와 이유를 제시하여야 한다.

③ 진급예정자 명단에 포함된 자의 진급선발을 취소하는 처분은 행정절차법의 적용이 제외되는 경우에 해당한다고 할 수 없으며, (중략) 의견제출의 기회를 부여하지 아니한 채 진급선발을 취소하는 처분을 한 것은 절차상 하자가 있어 위법하다. 대법원 2007. 9. 21. 선고 2006두20631 판결

④ 영업시간 제한 등 처분의 대상인 대규모점포 중 개설자의 직영매장 이외에 개설자에게서 임차하여 운영하는 임대매장이 병존하는 경우에도, 전체 매장에 대하여 법령상 대규모점포 등의 유지·관리 책임을 지는 개설자만이 처분상대방이 되고, 임대매장의 임차인이 별도로 처분상대방이 되는 것은 아니다. 대법원 2015. 11. 19. 선고 2015두295 전원합의체 판결

☑ 정답찾기

① 건축법상의 공사중지명령에 대한 사전통지를 하고 의견제출의 기회를 준다면 많은 액수의 손실보상금을 기대하여 공사를 강행할 우려가 있다는 사정은 사전통지 및 의견제출절차의 예외사유에 해당하지 아니한다. 대법원 2004. 5. 28. 선고 2004두1254 판결

11 행정작용법　　　　　　　　　　　　정답 ②

☑ 오답해설

① 조세 부과의 근거가 되었던 법률규정이 위헌으로 선언된 경우, 비록 그에 기한 과세처분이 위헌결정 전에 이루어졌고, 과세처분에 대한 제소기간이 이미 경과하여 조세채권이 확정되었으며, 조세채권의 집행을 위한 체납처분의 근거규정 자체에 대하여는 따로 위헌결정이 내려진 바 없다고 하더라도, 위와 같은 위헌결정 이후에 조세채권의 집행을 위한 새로운 체납처분에 착수하거나 이를 속행하는 것은 더 이상 허용되지 않고, 나아가 이러한 위헌결정의 효력에 위배하여 이루어진 체납처분은 그 사유만으로 하자가 중대하고 객관적으로 명백하여 당연무효이다. 대법원 2012. 2. 16. 선고 2010두10907 판결

③ 개별공시지가결정에 위법이 있는 경우에는 그 자체를 행정소송의 대상이 되는 행정처분으로 보아 그 위법 여부를 다툴 수 있음은 물론 이를 기초로 한 과세처분 등 행정처분의 취소를 구하는 행정소송에서도 선행처분인 개별공시지가결정의 위법을 독립된 위법사유로 주장할 수 있다. 대법원 1994. 1. 25. 선고 93누8542 판결

④ 행정청이 청문서 도달기간을 다소 어겼다 하더라도 영업자가 이에 대하여 이의하지 아니한 채 스스로 청문일에 출석하여 그 의견을 진술하고 변명하는 등 방어의 기회를 충분히 가졌다면 청문서 도달기간을 준수하지 아니한 하자는 치유되었다고 봄이 상당하다. 대법원 1992. 10. 23. 선고 92누2844 판결

✅ 정답찾기

② 납세고지서의 송달이 부적법하면 그 부과처분은 효력이 발생할 수 없고, 또한 송달이 부적법하여 송달의 효력이 발생하지 아니하는 이상 상대방이 객관적으로 위 부과처분의 존재를 인식할 수 있었다 하더라도 그와 같은 사실로써 송달의 하자가 치유된다고 볼 수 없다. 대법원 1988. 3. 22. 선고 87누986 판결

12 　행정법통론 　　　　　　　　　　　정답 ②

📝 오답해설

① **외국에의 국군의 파견결정**은 (중략) 국내 및 국제정치관계 등 제반 상황을 고려하여 미래를 예측하고 목표를 설정하는 등 고도의 정치적 결단이 요구되는 사안이므로 사법심사의 대상이 되지 아니한다. 헌법재판소 2004. 4. 29. 선고 2003헌마814 결정

③ **신행정수도건설**이나 **수도이전의 문제**가 정치적 성격을 가지고 있는 것은 인정할 수 있지만, 그 자체로 고도의 정치적 결단을 요하여 사법심사의 대상으로 하기에는 부적절한 문제라고까지는 할 수 없다. 다만, 이 사건 법률의 위헌여부를 판단하기 위한 선결문제로서 신행정수도건설이나 수도이전의 문제를 국민투표에 붙일지 여부에 관한 **대통령의 의사결정**이 사법심사의 대상이 될 경우 위 의사결정은 고도의 정치적 결단을 요하는 문제여서 사법심사를 자제함이 바람직하다고는 할 수 있다. 그러나 대통령의 위 의사결정이 국민의 **기본권 침해와 직접 관련**되는 경우에는 헌법재판소의 심판대상이 될 수 있고, 이에 따라 위 의사결정과 관련된 법률도 헌법재판소의 심판대상이 될 수 있다. 헌법재판소 2004. 10. 21. 선고 2004헌마554·566 결정

④ 국가긴급권은 평상시의 헌법질서에 따른 권력행사방법만으로는 대처할 수 없는 중대한 위기상황에 대비하여 헌법이 중대한 예외로서 인정한 비상수단이므로, 헌법이 정한 국가긴급권의 발동요건·사후통제 및 국가긴급권에 내재하는 본질적 한계는 엄격히 준수되어야 한다. (중략) 비록 이 사건 **계엄 선포**가 고도의 정치적 결단을 요하는 행위라 하더라도 **탄핵심판**절차에서 그 헌법 및 법률 위반 여부를 심사할 수 있다고 봄이 상당하다. 헌법재판소 2025. 4. 4.자 2024헌나8 결정

✅ 정답찾기

② **개성공단 전면중단 조치**가 고도의 정치적 결단을 요하는 문제이기는 하나, 조치 결과 개성공단 투자기업인 청구인들에게 기본권 제한이 발생하였고, 국민의 기본권 제한과 직접 관련된 공권력의 행사는 고도의 정치적 고려가 필요한 행위라도 헌법과 법률에 따라 결정하고 집행하도록 견제하는 것이 헌법재판소 본연의 임무이므로, 그 한도에서 헌법소원심판의 대상이 될 수 있다. 헌법재판소 2022. 1. 27. 선고 2016헌마364 전원재판부 결정

13 　행정쟁송법 　　　　　　　　　　　정답 ②

📝 오답해설

① 행정소송법 제24조(집행정지의 취소)

> ① 집행정지의 결정이 확정된 후 집행정지가 **공공복리**에 중대한 영향을 미치거나 그 **정지사유가 없어진 때**에는 당사자의 신청 또는 직권에 의하여 결정으로써 집행정지의 결정을 취소할 수 있다.

③ 처분상대방이 집행정지결정을 받지 못했으나 본안소송에서 해당 **제재처분이 위법하다는 것이 확인**되어 취소하는 판결이 확정되면, 처분청은 그 제재처분으로 처분상대방에게 초래된 **불이익한 결과를 제거**하기 위하여 필요한 조치를 취하여야 한다. 대법원 2020. 9. 3. 선고 2020두34070 판결

④ 본안소송에서의 **처분의 취소가능성**이 없음에도 불구하고 처분의 효력정지나 집행정지를 인정한다는 것은 제도의 취지에 반하므로 집행정지사건 자체에 의하여도 신청인의 **본안청구가 이유 없음이 명백**할 때에는 행정처분의 효력정지나 **집행정지를 명할 수 없다**. 대법원 1992. 8. 7.자 92두30 결정

✅ 정답찾기

② 효력정지결정의 효력이 소멸하여 보조금 교부결정 취소처분의 효력이 되살아난 경우, 특별한 사정이 없는 한 행정청으로서는 보조금법 제31조 제1항에 따라 취소처분에 의하여 취소된 부분의 보조사업에 대하여 효력정지기간 동안 교부된 보조금의 **반환을 명하여야 한다**. 대법원 2017. 7. 11. 선고 2013두25498 판결

14 　행정정보 　　　　　　　　　　　정답 ④

✅ 정답찾기

ㄱ. 개인정보 보호법 제21조(개인정보의 파기)

> ① 개인정보처리자는 보유기간의 경과, 개인정보의 처리 목적 달성, 가명정보의 처리 기간 경과 등 그 개인정보가 불필요하게 되었을 때에는 지체 없이 그 개인정보를 파기하여야 한다. 다만, 다른 법령에 따라 보존하여야 하는 경우에는 그러하지 아니하다.

ㄴ. **개인정보 보호법 제39조 제1항**은 정보주체가 개인정보처리자의 개인정보 보호법 위반행위로 입은 손해의 배상을 청구하는 경우에 개인정보처리자의 고의나 과실을 증명하는 것이 곤란한 점을 감안하여 그 증명책임을 개인정보처리자에게 전환하는 것일 뿐이고, **개인정보처리자가 개인정보 보호법을 위반한 행위를 하였다는 사실 자체**는 정보주체가 주장·증명하여야 한다. 대법원 2024. 5. 17. 선고 2018다262103 판결

ㄷ. 구 정보통신망법 제64조의3 제1항 제6호에서 정한 자에 대하여 과징금을 부과함으로써 박탈하고자 하는 이득은, 문제된 **위반행위로 인해 증가한 매출액**에 따른 이득이 **아니라**, 오히려 정보통신서비스 제공자가 적절한 보호조치를 취하지 않은 개인정보를 자신의 영업을 위해 보유함으로써 얻은 이득이라 보아야 한다. 이에 따라 위 과징금 부과를 위한 관련 매출액을 산정할 때 '위반행위로 인하여 직접 또는 간접적으로 영향을 받는 서비스'의 범위는, 유출사고가 발생한 개인정보를 보유·관리하고 있는 서비스의 범위를 기준으로 판단해야 한다. 대법원 2023. 10. 12. 선고 2022두68923 판결

제
10
회

15 행정구제법　　　　정답 ③

오답해설

① **통장**이 전입신고서에 확인인을 찍는 행위는 공무를 위탁받아 실질적으로 공무를 수행하는 것이라고 보아야 하므로, 통장은 그 업무범위 내에서는 국가배상법 제2조 소정의 공무원에 해당한다. 대법원 1991. 7. 9. 선고 91다5570 판결

② 국가배상법 제2조 제1항의 '직무를 집행함에 당하여'라 함은 직접 공무원의 직무집행행위이거나 그와 밀접한 관련이 있는 행위를 포함하고, 이를 판단함에 있어서는 행위 자체의 **외관을 객관적으로 관찰**하여 공무원의 직무행위로 보여질 때에는 비록 그것이 **실질적으로 직무행위가 아니거나** 또는 행위자로서는 **주관적으로** 공무집행의 의사가 없었다고 하더라도 그 행위는 공무원이 '직무를 집행함에 당하여' 한 것으로 보아야 한다. 대법원 2005. 1. 14. 선고 2004다26805 판결

④ 국가가 일정한 사항에 관하여 헌법에 의하여 부과되는 **구체적인 입법의무**를 부담하고 있음에도 불구하고 그 입법에 필요한 상당한 기간이 경과하도록 고의 또는 과실로 이러한 입법의무를 이행하지 아니하는 등 극히 예외적인 사정이 인정되는 사안에 한정하여 국가배상법 소정의 배상책임이 인정될 수 있으며, 위와 같은 구체적인 입법의무 자체가 인정되지 않는 경우에는 애당초 부작위로 인한 불법행위가 성립할 여지가 없다. 대법원 2008. 5. 29. 선고 2004다33469 판결

정답찾기

③ 국민의 생명, 신체, 재산 등에 대하여 **절박하고 중대한 위험**상태가 발생하였거나 발생할 우려가 있어서 국민의 생명, 신체, 재산 등을 보호하는 것을 본래적 사명으로 하는 국가가 초법규적, 일차적으로 그 위험 배제에 나서지 아니하면 국민의 생명, 신체, 재산 등을 **보호할 수 없는 경우**에는 **형식적 의미의 법령에 근거가 없더라도** 국가나 관련 공무원에 대하여 그러한 **위험을 배제할 작위의무를 인정**할 수 있다. 대법원 1998. 10. 13. 선고 98다18520 판결

16 행정쟁송법　　　　정답 ①

오답해설

ㄷ. 행정청이 점용허가를 받지 않고 도로를 점용한 사람에 대하여 **도로법 제94조**에 의한 변상금 부과처분을 하였다가 처분에 대한 취소소송이 제기된 후 해당 도로가 도로법의 적용을 받는 도로에 해당하지 않을 경우를 대비하여 처분의 근거 법령을 도로의 소유자가 국가인 부분은 구 **국유재산법 제51조**와 그 시행령 등으로, 소유자가 서울특별시 종로구인 부분은 구 공유재산 및 물품관리법 제81조와 그 시행령 등으로 **변경**하여 주장한 사안에서, (중략) 위와 같이 **근거 법령을 변경**하는 것은 종전 도로법 제94조에 의한 변상금 부과처분과 **동일성을 인정할 수 없는 별개의 처분을 하는 것**과 다름 없어 허용될 수 없으므로, 이와 달리 판단한 원심판결에 법리를 오해한 위법이 있다고 한 사례. 대법원 2011. 5. 26. 선고 2010두28106 판결

ㄹ. 행정처분이나 그 이후 행정청으로부터 행정심판 제기기간에 관하여 법정 심판청구기간보다 긴 기간으로 잘못 통지받은 경우에 보호할 **신뢰 이익**은 그 통지받은 기간 내에 행정심판을 제기한 경우에 한하는 것이지 **행정소송**을 제기한 경우에까지 **확대된다고 할 수 없다.** 대법원 2001. 5. 8. 선고 2000두6916 판결

정답찾기

ㄱ. 행정처분에 대한 **무효확인과 취소청구**는 서로 양립할 수 없는 청구로서 **주위적 · 예비적** 청구로서만 병합이 가능하고 선택적 청구로서의 병합이나 단순 병합은 허용되지 아니한다. 대법원 1999. 8. 20. 선고 97누6889 판결

ㄴ. 행정소송에 있어서 **처분청의 처분권한 유무**는 직권조사사항이 **아니다.** 대법원 1997. 6. 19. 선고 95누8669 전원합의체 판결

ㄷ. 당사자적격, 권리보호이익 등 **소송요건**은 **직권조사사항**으로서 당사자가 **주장하지 아니하더라도** 법원이 직권으로 조사하여 판단하여야 하고, 사실심 변론종결 이후에 소송요건이 흠결되거나 그 흠결이 치유된 경우 **상고심**에서도 **이를 참작**하여야 한다. 대법원 2017. 8. 18. 선고 2016두52064 판결

17 행정쟁송법　　　　정답 ③

오답해설

① 행정심판법 제3조(행정심판의 대상)

> ② **대통령의 처분 또는 부작위에 대하여는 다른 법률에서 행정심판을 청구할 수 있도록 정한 경우 외에는 행정심판을 청구할 수 없다.**

② 행정심판법 제6조(행정심판위원회의 설치)

> ① 다음 각 호의 행정청 또는 그 소속 행정청의 처분 또는 부작위에 대한 행정심판의 청구에 대하여는 **다음 각 호의 행정청에 두는 행정심판위원회에서 심리 · 재결한다.**
> 2. **국회사무총장 · 법원행정처장 · 헌법재판소사무처장** 및 중앙선거관리위원회사무총장

④ 행정심판청구는 **엄격한 형식을 요하지 아니하는 서면행위**이므로 행정청의 위법 · 부당한 처분으로 인하여 권리나 이익을 침해당한 사람이 당해 행정청에 그 처분의 취소나 변경을 구하는 취지의 서면을 제출하였다면 서면의 표제나 형식 여하에 불구하고 행정심판청구로 봄이 옳다. 대법원 1999. 6. 22. 선고 99두2772 판결

정답찾기

③ 양도소득세 및 방위세부과처분이 국세청장에 대한 불복심사청구에 의하여 그 불복사유가 이유있다고 인정되어 취소되었음에도 처분청이 **동일한 사실**에 관하여 부과처분을 되풀이 한 것이라면 설령 그 부과처분이 감사원의 시정요구에 의한 것이라 하더라도 **위법하다.** 대법원 1986. 5. 27. 선고 86누127 판결

18 종합 사례　　　　정답 ②

오답해설

① 행정기본법 제23조(제재처분의 제척기간)

> ① 행정청은 법령등의 위반행위가 종료된 날부터 **5년**이 지나면 해당 위반행위에 대하여 **제재처분**(인허가의 정지 · 취소 · 철회, 등록 말소, 영업소 폐쇄와 정지를 갈음하는 과징금 부과를 말한다. 이하 이 조에서 같다)을 할 수 없다.
> ② 다음 각 호의 어느 하나에 해당하는 경우에는 제1항을 적용하지 아니한다.
> 　1. 거짓이나 그 밖의 **부정한 방법**으로 인허가를 받거나 신고를 한 경우

③ 행정법규 위반에 대한 제재조치는 행정목적의 달성을 위하여 행정법규 위반이라는 객관적 사실에 착안하여 가하는 제재이므로, 반드시 현실적인 행위자가 아니라도 **법령상 책임자로 규정된** 자에게 부과되고, 특별한 사정이 없는 한 위반자에게 **고의나 과실이 없더라도** 부과할 수 있다. 대법원 2017. 5. 11. 선고 2014두8773 판결

④ 행정기본법 제18조(위법 또는 부당한 처분의 취소)

> ② 행정청은 제1항에 따라 당사자에게 권리나 이익을 부여하는 처분을 취소하려는 경우에는 취소로 인하여 **당사자가 입게 될 불이익을 취소로 달성되는 공익과 비교·형량하여야** 한다. 다만, 다음 각 호의 어느 하나에 해당하는 경우에는 <u>그러하지 아니하다.</u>
> 1. <u>거짓이나 그 밖의 **부정한 방법**으로 처분을 받은 경우</u>

✅ **정답찾기**

② 행정기본법 제23조 및 85누231 판결

> [1] **행정기본법 제23조(제재처분의 제척기간)** ③ 행정청은 제1항에도 불구하고 행정심판의 재결이나 법원의 판결에 따라 제재처분이 취소·철회된 경우에는 재결이나 판결이 확정된 날부터 **1년**(합의제 행정기관은 **2년**)이 지나기 전까지는 **그 취지에 따른 새로운 제재처분을 할 수 있다.**
> [2] 절차 내지 형식의 위법을 이유로 과세처분을 취소하는 판결이 확정된 경우에 그 확정판결의 기판력(주 : 기속력을 의미함. 이하 같음)은 확정판결에 적시된 절차 내지 형식의 위법사유에 한하여 미친다고 할 것이므로 과세처분권자가 그 확정판결에 적시된 **위법사유를 보완**하여 행한 새로운 과세처분은 확정판결에 의하여 **취소된** 종전의 과세처분과는 **별개의 처분으로서** 확정판결의 기판력에 저촉되는 것은 아니다. 대법원 1986. 11. 11. 선고 85누231 판결

---

19 실효성 확보수단 　　　　　　정답 ④

✏️ **오답해설**

① 행정대집행법 제2조(대집행과 그 비용징수)

> <u>법률(법률의 위임에 의한 명령, 지방자치단체의 조례를 포함한다. 이하 같다)에 의하여 직접명령되었거나 또는 법률에 의거한 행정청의 명령에 의한 행위로서 타인이 대신하여 행할 수 있는 행위를 의무자가 이행하지 아니하는 경우 다른 수단으로써 그 이행을 확보하기 곤란하고 또한 그 불이행을 방치함이 심히 공익을 해할 것으로 인정될 때에는 당해 행정청은 스스로 의무자가 하여야 할 행위를 하거나 또는 제삼자로 하여금 이를 하게 하여 그 비용을 의무자로부터 징수할 수 있다.</u>

② 관계 법령에 위반하여 장례식장 영업을 하고 있는 자의 **장례식장 사용중지의무**는 비대체적 부작위 의무이므로 행정대집행법 제2조의 규정에 의한 대집행의 대상이 아니다. 대법원 2005. 9. 28. 선고 2005두7464 판결

③ 행정기본법 제32조 및 제31조(이상 '즉시강제'가 아닌 '직접강제'에 해당하는 내용임)

> **행정기본법 제32조(직접강제)** ③ **직접강제의 계고 및 통지에 관하여는** 제31조 제3항 및 제4항을 준용한다.

> **행정기본법 제31조(이행강제금의 부과)** ③ 행정청은 이행강제금을 부과하기 전에 미리 의무자에게 적절한 이행기간을 정하여 그 기한까지 행정상 의무를 이행하지 아니하면 이행강제금을 부과한다는 뜻을 문서로 계고하여야 한다.

✅ **정답찾기**

④ 구 건축법상 이행강제금을 부과받은 사람이 이행강제금사건의 제1심 결정 후 항고심결정이 있기 전에 사망한 경우, 항고심결정은 **당연무효**이고, 이미 사망한 사람의 이름으로 제기된 재항고는 보정할 수 없는 흠결이 있는 것으로서 **부적법**하다. 대법원 2006. 12. 8.자 2006마470 결정

---

20 행정작용법 　　　　　　정답 ③

✏️ **오답해설**

① 헌법 제64조 및 93누7341 판결

> [1] **헌법 제64조** ④ 제2항과 제3항의 처분(주 : 국회의원에 대한 징계의결)에 대하여는 법원에 제소할 수 없다.
> [2] **지방의회의 의원징계의결**은 그로 인해 의원의 권리에 직접 법률효과를 미치는 행정처분의 일종으로서 행정소송의 대상이 된다. 대법원 1993. 11. 26. 선고 93누7341 판결

② 마약류 관련 수형자에 대하여 **마약류반응검사를 위하여 소변**을 받아 제출하게 한 것은 권력적 사실행위로서 헌법재판소법 제68조 제1항의 공권력의 행사에 해당한다. 헌법재판소 2006. 7. 27. 선고 2005헌마277 결정

④ **감액처분**은 감액된 징수금 부분에 관해서만 법적 효과가 미치는 것으로서 당초 징수결정과 별개 독립의 징수금 결정처분이 아니라 그 실질은 처음 징수결정의 변경이고, 그에 의하여 징수금의 **일부취소**라는 징수의무자에게 유리한 결과를 가져오는 처분이므로 징수의무자에게는 <u>그 취소를 구할 소의 이익이 없다.</u> 이에 따라 감액처분으로도 아직 취소되지 않고 남아 있는 부분이 위법하다 하여 다투고자 하는 경우, 감액처분을 항고소송의 대상으로 할 수는 없고, 당초 징수결정 중 감액처분에 의하여 **취소되지 않고 남은 부분**을 항고소송의 대상으로 할 수 있을 뿐이며, 그 결과 **제소기간의 준수 여부**도 감액처분이 아닌 **당초 처분**을 기준으로 판단해야 한다. 대법원 2012. 9. 27. 선고 2011두27247 판결

✅ **정답찾기**

③ 공정거래위원회가 부당한 공동행위를 행한 사업자로서 구 독점규제 및 공정거래에 관한 법률 제22조의2에서 정한 자진신고자나 조사협조자에 대하여 **과징금 부과처분(선행처분)**을 한 뒤, 동법 시행령 제35조 제3항에 따라 다시 자진신고자 등에 대한 사건을 분리하여 **자진신고 등을 이유로 한 과징금 감면처분(후행처분)**을 하였다면, **후행처분**은 자진신고 감면까지 포함하여 처분 상대방이 실제로 납부하여야 할 최종적인 과징금액을 결정하는 **종국적** 처분이고, **선행처분**은 이러한 종국적 처분을 예정하고 있는 일종의 **잠정적** 처분으로서 후행처분이 있을 경우 선행처분은 후행처분에 **흡수되어 소멸**한다. 따라서 위와 같은 경우에 **선행처분의 취소**를 구하는 소는 이미 효력을 잃은 처분의 취소를 구하는 것으로 **부적법**하다. 대법원 2015. 2. 12. 선고 2013두987 판결

01 행정작용법   정답 ③

☑ 오답해설

① 사회복지법인의 정관변경을 허가할 것인지의 여부는 주무관청의 정책적 판단에 따른 재량에 맡겨져 있다고 할 것이고, 주무관청이 정관변경허가를 함에 있어서는 비례의 원칙 및 평등의 원칙에 적합하고 행정처분의 본질적 효력을 해하지 않는 한도 내에서 **부관을 붙일 수 있다.** 대법원 2002. 9. 24. 선고 2000두5661 판결

② 토지소유자가 토지형질변경행위허가에 붙은 기부채납의 부관에 따라 토지를 국가나 지방자치단체에 기부채납(증여)한 경우, **기부채납의 부관이 당연무효이거나 취소되지 아니한 이상** 토지소유자는 위 부관으로 인하여 증여계약의 중요부분에 착오가 있음을 이유로 **증여계약을 취소할 수 없다.** 대법원 1999. 5. 25. 선고 98다53134 판결

④ 위 고시에 정한 허가기준에 따라 **보존음료수 제조업 허가에 붙여진** 전량수출 또는 주한 외국인에 대한 판매에 한한다는 내용의 조건은 이른바 법정부관으로서 행정청의 의사에 기하여 붙여지는 본래의 의미에서의 행정행위의 부관은 아니다. 따라서 이와 같은 **법정부관에 대하여는** 행정행위에 부관을 붙일 수 있는 한계에 관한 일반적인 원칙이 적용되지는 않지만, 위 고시가 헌법상 보장된 기본권을 침해하는 것으로서 헌법에 위반될 때에는 그 효력이 없는 것으로 볼 수밖에 없다. 대법원 1995. 11. 14. 선고 92도496 판결

☑ 정답찾기

③ **사도개설허가에서 정해진 공사기간** 내에 사도로 준공검사를 받지 못한 경우, 이 공사기간을 사도개설허가 **자체의 존속기간(유효기간)으로 볼 수 없다**는 이유로 사도개설허가가 당연히 실효되는 것은 아니라고 한 사례. 대법원 2004. 11. 25. 선고 2004두7023 판결

02 혼합   정답 ①

☑ 오답해설

② 헌법 제107조

> ② **명령·규칙**(주 : 법규명령 및 **자치법규**) 또는 처분이 헌법이나 법률에 위반되는 여부가 재판의 전제가 된 경우에는 대법원은 이를 최종적으로 심사할 권한을 가진다(주 : 따라서 대법원 아닌 각급법원도 법규명령의 위헌·위법 여부가 재판의 전제가 된 경우 그 위헌·위법 여부를 심사할 수 있음).

③ **형량명령의 법리**는 산업입지 및 개발에 관한 법률상 산업단지개발계획 변경권자가 산업단지 입주업체 등의 신청에 따라 산업단지개발계획을 변경할 것인지를 결정하는 경우에도 **마찬가지로 적용**된다. 대법원 2021. 7. 29. 선고 2021두33593 판결

④ 재량권 행사의 준칙인 행정규칙이 그 정한 바에 따라 되풀이 시행되어 **행정관행**이 이루어지게 되면 평등의 원칙이나 신뢰보호의 원칙에 따라 행정기관은 그 상대방에 대한 관계에서 **그 규칙에 따라야 할 자기구속을 받게 되므로,** 이러한 경우에는 특별한 사정이 없는 한 그를 위반하는 처분은 평등의 원칙이나 신뢰보호의 원칙에 위배되어 재량권을 일탈·남용한 위법한 처분이 된다(주 : 재량준칙의 공표만으로는 상대방이 보호가치 있는 신뢰를 갖게 되었다고 볼 수 없음). 대법원 2009. 12. 24. 선고 2009두7967 판결

☑ 정답찾기

① **민원사무처리법**의 각 규정에서 민원사항의 신청에 대한 행정기관의 절차적인 접수의무를 규정하고 있다고 하더라도 그로써 바로 민원인에게 그 민원에서 요구하는 행정기관의 행위에 대한 **실체적인 신청권**까지 인정되는 것이라고 볼 수는 **없다.** 대법원 1999. 8. 24. 선고 97누7004 판결

03 실효성 확보수단   정답 ③

☑ 오답해설

① '심판대상조항 중 법인의 종업원 관련 부분'은 **종업원** 등의 범죄행위에 관하여 비난할 근거가 되는 법인의 의사결정 및 행위구조, 즉 종업원 등이 저지른 행위의 결과에 대한 **법인의 독자적인 책임**에 관하여 전혀 규정하지 않은 채, 단순히 법인이 고용한 종업원 등이 업무에 관하여 범죄행위를 하였다는 이유만으로 법인에 대하여 형사처벌을 과하고 있는바, 이는 다른 사람의 범죄에 대하여 그 책임 유무를 묻지 않고 형벌을 부과하는 것으로서, 헌법상 법치국가의 원리 및 죄형법정주의로부터 도출되는 **책임주의원칙에 반한다.** 헌법재판소 2013. 10. 24. 선고 2013헌가18 전원재판부

② 경찰서장이 범칙행위에 대하여 **통고처분을 한 이상,** 범칙자의 위와 같은 절차적 지위를 보장하기 위하여 통고처분에서 정한 **범칙금 납부기간까지는** 원칙적으로 경찰서장은 **즉결심판을 청구할 수 없고,** 검사도 동일한 범칙행위에 대하여 **공소를 제기할 수 없다**고 보아야 한다. 대법원 2020. 4. 29. 선고 2017도13409 판결

④ 질서위반행위규제법 제6조(질서위반행위 법정주의)

> **법률에 따르지 아니하고는** 어떤 행위도 질서위반행위로 과태료를 부과하지 아니한다.

☑ 정답찾기

③ 질서위반행위규제법 제13조(수개의 질서위반행위의 처리)

> ① **하나의 행위가 2 이상의 질서위반행위에 해당하는 경우에는 각 질서위반행위에 대하여 정한 과태료 중 가장 중한** 과태료를 부과한다.
> ② 제1항의 경우를 제외하고 2 이상의 질서위반행위가 **경합하는 경우에는 각 질서위반행위에 대하여 정한 과태료를 각각 부과한다.** 다만, 다른 법령(지방자치단체의 조례를 포함한다. 이하 같다)에 특별한 규정이 있는 경우에는 그 법령으로 정하는 바에 따른다.

04 행정쟁송법　　　　　　　　　　　　　　정답 ①

☑ 오답해설

② 취소 확정판결의 '기속력'은 취소 청구가 인용된 판결에서 인정되는 것으로서 당사자인 행정청과 그 밖의 관계행정청에게 확정판결의 취지에 따라 행동하여야 할 의무를 지우는 작용을 한다. 대법원 2016. 3. 24. 선고 2015두48235 판결

③ 행정청이 관련 법령에 근거하여 행한 공사중지명령의 상대방이 명령의 취소를 구한 소송에서 패소함으로써 그 명령이 적법한 것으로 이미 확정되었다면, 이후 이러한 공사중지명령의 상대방은 그 명령의 해제신청을 거부한 처분의 취소를 구하는 소송에서 그 명령의 적법성을 다툴 수 없다. 그와 같은 공사중지명령에 대하여 그 명령의 상대방이 해제를 구하기 위해서는 명령의 내용 자체로 또는 성질상으로 명령 이후에 원인사유가 해소되었음이 인정되어야 한다. 대법원 2014. 11. 27. 선고 2014두37665 판결

④ 자동차운수사업면허조건 등을 위반한 사업자에 대하여 행정청이 행정제재수단으로 사업 정지를 명할 것인지, 과징금을 부과할 것인지, 과징금을 부과키로 한다면 그 금액은 얼마로 할 것인지에 관하여 재량권이 부여되었다 할 것이므로 과징금부과처분이 법이 정한 한도액을 초과하여 위법할 경우 법원으로서는 그 전부를 취소할 수밖에 없고, 그 한도액을 초과한 부분이나 법원이 적정하다고 인정되는 부분을 초과한 부분만을 취소할 수 없다. 대법원 1998. 4. 10. 선고 98두2270 판결

☑ 정답찾기

① 행정소송법 제38조 제1항에서는 처분 등을 취소하는 확정판결의 기속력 및 행정청의 재처분 의무에 관한 행정소송법 제30조를 무효확인소송에도 준용하고 있으므로 무효확인판결 자체만으로도 실효성을 확보할 수 있다. 대법원 2008. 3. 20. 선고 2007두6342 전원합의체 판결

05 행정작용법　　　　　　　　　　　　　　정답 ④

☑ 오답해설

① 건축주가 토지 소유자로부터 토지사용승낙서를 받아 그 토지 위에 건축물을 건축하는 대물적 성질의 건축허가를 받았다가 착공에 앞서 건축주의 귀책사유로 해당 토지를 사용할 권리를 상실한 경우, 건축허가의 존재로 말미암아 토지에 대한 소유권 행사에 지장을 받을 수 있는 토지 소유자로서는 건축허가의 철회를 신청할 수 있다고 보아야 한다. 따라서 토지 소유자의 위와 같은 신청을 거부한 행위는 항고소송의 대상이 된다. 대법원 2017. 3. 15. 선고 2014두41190 판결

② 원래 행정처분을 한 처분청은 그 처분에 하자가 있는 경우에는 원칙적으로 별도의 법적 근거가 없더라도 스스로 이를 직권으로 취소할 수 있지만, 그와 같이 직권취소를 할 수 있다는 사정만으로 이해관계인에게 처분청에 대하여 그 취소를 요구할 신청권이 부여된 것으로 볼 수는 없다. 대법원 2006. 6. 30. 선고 2004두701 판결

③ 점용료 부과처분에 취소사유에 해당하는 흠이 있는 경우 도로관리청으로서는 당초 처분 자체를 취소하고 흠을 보완하여 새로운 부과처분을 하거나, 흠 있는 부분에 해당하는 점용료를 감액하는 처분을 할 수 있다. (중략) 그런데 앞서 본 바와 같은 흠 있는 부분에 해당하는 점용료를 감액하는 처분은 당초 처분 자체를 일부 취소하는 변경처분에 해당하고, 그 실질은 종래의 위법한 부분을 제거하는 것으로서 흠의 치유와는 차이가 있다. 대법원 2019. 1. 17. 선고 2016두56721 판결

☑ 정답찾기

④ 행정기본법 제19조(적법한 처분의 철회)

> ① 행정청은 적법한 처분이 다음 각 호의 어느 하나에 해당하는 경우에는 그 처분의 전부 또는 일부를 장래를 향하여 철회할 수 있다.
> 3. 중대한 공익을 위하여 필요한 경우

06 행정쟁송법　　　　　　　　　　　　　　정답 ②

☑ 오답해설

ㄴ. 행정심판법 제43조(재결의 구분)

> ⑤ 위원회는 의무이행심판의 청구가 이유가 있다고 인정하면 지체 없이 신청에 따른 처분을 하거나 처분을 할 것을 피청구인에게 명한다 (주 : 취소심판이 아닌, 의무이행심판의 인용재결의 내용임).

☑ 정답찾기

ㄱ. 행정심판법 제29조(청구의 변경)

> ② 행정심판이 청구된 후에 피청구인이 새로운 처분을 하거나 심판청구의 대상인 처분을 변경한 경우에는 청구인은 새로운 처분이나 변경된 처분에 맞추어 청구의 취지나 이유를 변경할 수 있다.

ㄷ. 행정심판법 제50조의2(위원회의 간접강제)

> ① 위원회는 피청구인이 제49조제2항(제49조제4항에서 준용하는 경우를 포함한다)(거부처분에 대한 취소 또는 무효확인재결) 또는 제3항(의무이행심판의 처분명령재결)에 따른 처분을 하지 아니하면 청구인의 신청에 의하여 결정으로 상당한 기간을 정하고 피청구인이 그 기간 내에 이행하지 아니하는 경우에는 그 지연기간에 따라 일정한 배상을 하도록 명하거나 즉시 배상을 할 것을 명할 수 있다.

📌 **오답해설**

① 정보공개법 시행령 제3조(외국인의 정보공개 청구)

> 법 제5조제2항에 따라 정보공개를 청구할 수 있는 외국인은 다음 각 호의 어느 하나에 해당하는 자로 한다.
> 1. 국내에 일정한 주소를 두고 거주하거나 학술·연구를 위하여 일시적으로 체류하는 사람

③ 정보공개법 제18조(이의신청)

> ② 국가기관등은 제1항에 따른 이의신청이 있는 경우에는 심의회를 개최하여야 한다. 다만, 다음 각 호의 어느 하나에 해당하는 경우에는 심의회를 개최하지 아니할 수 있으며 개최하지 아니하는 사유를 청구인에게 문서로 통지하여야 한다.
> 1. 심의회의 심의를 이미 거친 사항
> 2. 단순·반복적인 청구
> 3. 법령에 따라 비밀로 규정된 정보에 대한 청구

④ 정보공개법 제8조의2(공개대상 정보의 원문공개)

> 공공기관 중 중앙행정기관 및 대통령령으로 정하는 기관은 전자적 형태로 보유·관리하는 정보 중 공개대상으로 분류된 정보를 국민의 정보공개 청구가 없더라도 정보통신망을 활용한 정보공개시스템 등을 통하여 공개하여야 한다.

📌 **정답찾기**

② 정보공개법 제19조(행정심판)

> ② 청구인은 제18조에 따른 이의신청 절차를 거치지 아니하고 행정심판을 청구할 수 있다.

📌 **오답해설**

② 주민등록의 신고는 행정청에 도달하기만 하면 신고로서의 효력이 발생하는 것이 아니라 행정청이 수리한 경우에 비로소 신고의 효력이 발생한다. 대법원 2009. 6. 18. 선고 2008두10997 전원합의체 판결

③ 보완의 대상이 되는 흠은 보완이 가능한 경우이어야 함은 물론이고, 그 내용 또한 형식적·절차적인 요건이거나, 실질적인 요건에 관한 흠이 있는 경우라도 그것이 민원인의 단순한 착오나 일시적인 사정 등에 기한 경우 등이라야 한다. 대법원 2004. 10. 15. 선고 2003두6573 판결

④ 착공신고 반려행위는 항고소송의 대상이 된다. 대법원 2011. 6. 10. 선고 2010두7321 판결

📌 **정답찾기**

① '부지 확보' 요건을 완비하지 못한 상태에서 건축신고 수리처분이 이루어졌음에도 그 처분 당시 건축주가 장래에도 토지형질변경허가를 받지 않거나 받지 못할 것이 명백하였다면, 그 건축신고 수리처분은 '부지 확보'라는 수리요건이 갖추어지지 않았음이 확정된 상태에서 이루어진 처분으로서 적법하다고 볼 수 없다. 대법원 2023. 9. 21. 선고 2022두31143 판결

📌 **오답해설**

① 오늘날 법률유보원칙은 단순히 행정작용이 법률에 근거를 두기만 하면 충분한 것이 아니라, 국가공동체와 그 구성원에게 기본적이고도 중요한 의미를 갖는 영역, 특히 국민의 기본권실현과 관련된 영역에 있어서는 국민의 대표자인 입법자가 그 본질적 사항에 대해서 스스로 결정하여야 한다는 요구까지 내포하고 있다(의회유보원칙). 헌법재판소 1999. 5. 27. 선고 98헌바70 결정

② 법외노조 통보는 적법하게 설립된 노동조합의 법적 지위를 박탈하는 중대한 침익적 처분으로서 원칙적으로 국민의 대표자인 입법자가 스스로 형식적 법률로써 규정하여야 할 사항이고, 행정입법으로 이를 규정하기 위하여는 반드시 법률의 명시적이고 구체적인 위임이 있어야 한다. 그런데 노동조합 및 노동관계조정법 시행령 제9조 제2항은 법률의 위임 없이 법률이 정하지 아니한 법외노조 통보에 관하여 규정함으로써 헌법상 노동3권을 본질적으로 제한하고 있으므로 그 자체로 무효이다. 대법원 2020. 9. 3. 선고 2016두32992 전원합의체 판결

③ 단순한 부작위의무의 위반, 즉 관계 법령에 정하고 있는 절대적 금지나 허가를 유보한 상대적 금지를 위반한 경우에는 당해 법령에서 그 위반자에 대하여 위반에 의하여 생긴 유형적 결과의 시정을 명하는 행정처분의 권한을 인정하는 규정을 두고 있지 아니한 이상, 법치주의의 원리에 비추어 볼 때 위와 같은 부작위의무로부터 그 의무를 위반함으로써 생긴 결과를 시정하기 위한 작위의무를 당연히 끌어낼 수는 없으며, 또 위 금지규정(특히 허가를 유보한 상대적 금지규정)으로부터 작위의무, 즉 위반결과의 시정을 명하는 권한이 당연히 추론되는 것도 아니다. 대법원 1996. 6. 28. 선고 96누4374 판결

📌 **정답찾기**

④ 침익적 행정처분은 상대방의 권익을 제한하거나 상대방에게 의무를 부과하는 것이므로 헌법상 요구되는 명확성의 원칙에 따라 그 근거가 되는 행정법규를 더욱 엄격하게 해석·적용해야 하고, 행정처분의 상대방에게 지나치게 불리한 방향으로 확대해석이나 유추해석을 해서는 아니 되며, 그 입법 취지와 목적 등을 고려한 목적론적 해석이 전적으로 배제되는 것은 아니라고 하더라도 그 해석이 문언의 통상적인 의미를 벗어나서는 아니 된다. 대법원 2025. 11. 13. 선고 2025두33253 판결

10 실효성 확보수단   정답 ③

☑ 오답해설

① 행정조사기본법 제12조(시료채취)

> ① 조사원이 조사목적의 달성을 위하여 시료채취를 하는 경우에는 그 시료의 소유자 및 관리자의 정상적인 경제활동을 방해하지 아니하는 범위 안에서 최소한도로 하여야 한다.
> ② 행정기관의 장은 제1항에 따른 시료채취로 조사대상자에게 손실을 입힌 때에는 대통령령으로 정하는 절차와 방법에 따라 그 손실을 보상하여야 한다.

② 행정조사기본법 제11조(현장조사)

> ② 제1항에 따른 현장조사는 해가 뜨기 전이나 해가 진 뒤에는 할 수 없다. 다만, 다음 각 호의 어느 하나에 해당하는 경우에는 그러하지 아니하다.
> 2. 사무실 또는 사업장 등의 업무시간에 행정조사를 실시하는 경우

④ 행정조사기본법 제7조(조사의 주기)

> 행정조사는 법령등 또는 행정조사운영계획으로 정하는 바에 따라 정기적으로 실시함을 원칙으로 한다. 다만, 다음 각 호 중 어느 하나에 해당하는 경우에는 수시조사를 할 수 있다.
> 4. 법령등의 위반에 대한 신고를 받거나 민원이 접수된 경우

☑ 정답찾기

③ 행정조사기본법 제5조 단서에서 정한 '조사대상자의 자발적인 협조를 얻어 실시하는 행정조사'는 개별 법령 등에서 행정조사를 규정하고 있는 경우에도 실시할 수 있다. 대법원 2016. 10. 27. 선고 2016두41811 판결

11 행정쟁송법   정답 ①

☑ 오답해설

② 공정거래위원회의 고발조치는 사직 당국에 대하여 형벌권 행사를 요구하는 행정기관 상호간의 행위에 불과하여 항고소송의 대상이 되는 행정처분이라 할 수 없으며, 더욱이 공정거래위원회의 고발의결은 행정청 내부의 의사결정에 불과할 뿐 최종적인 처분은 아닌 것이므로 이 역시 항고소송의 대상이 되는 행정처분이 되지 못한다. 대법원 1995. 5. 12. 선고 94누13794 판결

③ 자동차운전면허대장상 일정한 사항의 등재행위는 행정소송의 대상이 되는 독립한 행정처분으로 볼 수 없고, 운전경력증명서상의 기재행위 역시 당해 운전면허 취득자에 대한 자동차운전면허대장상의 기재사항을 옮겨 적는 것에 불과할 뿐이므로 운전경력증명서에 한 등재의 말소를 구하는 소는 부적법하다 할 것이다. 대법원 1991. 9. 24. 선고 91누1400 판결

④ 과세관청이 사업자등록을 관리하는 과정에서 위장사업자의 사업자 명의를 직권으로 실사업자의 명의로 정정하는 행위는 당해 사업사실 중 주체에 관한 정정기재일 뿐 그에 의하여 사업자로서의 지위에 변동을 가져오는 것이 아니므로 항고소송의 대상이 되는 행정처분으로 볼 수 없다. 대법원 2011. 1. 27. 선고 2008두2200 판결

☑ 정답찾기

① 각 군 참모총장이 수당지급대상자 결정절차에 대하여 수당지급대상자를 추천하거나 신청자 중 일부를 추천하지 아니하는 행위는 행정기관 상호간의 내부적인 의사결정과정의 하나일 뿐 그 자체만으로는 직접적으로 국민의 권리·의무가 설정, 변경, 박탈되거나 그 범위가 확정되는 등 기존의 권리상태에 어떤 변동을 가져오는 것이 아니므로 이를 항고소송의 대상이 되는 처분이라고 할 수는 없다. 대법원 2009. 12. 10. 선고 2009두14231 판결

12 행정절차법   정답 ④

☑ 오답해설

① 행정절차법 제27조(의견제출)

> ① 당사자등은 처분 전에 그 처분의 관할 행정청에 서면이나 말로 또는 정보통신망을 이용하여 의견제출을 할 수 있다.
> ④ 당사자등이 정당한 이유 없이 의견제출기한까지 의견제출을 하지 아니한 경우에는 의견이 없는 것으로 본다.

② 행정절차법 제46조(행정예고)

> ③ 행정예고기간은 예고 내용의 성격 등을 고려하여 정하되, 20일 이상으로 한다.
> ④ 제3항에도 불구하고 행정목적을 달성하기 위하여 긴급한 필요가 있는 경우에는 행정예고기간을 단축할 수 있다. 이 경우 단축된 행정예고기간은 10일 이상으로 한다.

③ 행정절차법 제8조(행정응원)

> ⑥ 행정응원에 드는 비용은 응원을 요청한 행정청이 부담하며, 그 부담금액 및 부담방법은 응원을 요청한 행정청과 응원을 하는 행정청이 협의하여 결정한다.

☑ 정답찾기

④ 공정거래위원회의 시정조치 및 과징금납부명령에 행정절차법 소정의 의견청취절차 생략사유가 존재한다고 하더라도, 공정거래위원회는 행정절차법을 적용하여 의견청취절차를 생략할 수는 없다. 대법원 2001. 5. 8. 선고 2000두10212 판결

13 행정구제법 　　　　　　　　　　정답 ④

✅ 오답해설

① 공익사업을 위한 토지 등의 취득 및 보상에 관한 법률에 따르면, 사업시행자만이 재결을 신청할 수 있고 토지소유자와 관계인은 사업시행자에게 재결신청을 청구하도록 규정하고 있으므로, 토지소유자나 관계인의 재결신청 청구에도 사업시행자가 재결신청을 하지 않을 때 토지소유자나 관계인은 사업시행자를 상대로 **거부처분 취소소송 또는 부작위 위법확인소송**의 방법으로 다투어야 한다. 대법원 2019. 8. 29. 선고 2018두57865 판결

② 토지소유자가 사업시행자로부터 토지보상법에 따른 잔여지 또는 잔여 건축물 가격감소 등으로 인한 손실보상을 받기 위해서는 **토지보상법에 규정된 재결절차를 거친 다음** 그 재결에 대하여 불복할 때 비로소 **토지보상법 제83조 내지 제85조에 따라 권리구제를 받을 수 있을 뿐**이며, 특별한 사정이 없는 한 이러한 재결절차를 거치지 않은 채 곧바로 사업시행자를 상대로 손실보상을 청구하는 것은 **허용되지 않는다.** 대법원 2014. 9. 25. 선고 2012두24092 판결

③ 토지보상법 제88조(처분효력의 부정지)

> 제83조에 따른 이의의 신청이나 제85조에 따른 행정소송의 제기는 사업의 진행 및 토지의 수용 또는 사용을 정지시키지 아니한다.

✅ 정답찾기

④ 수용재결에 불복하여 취소소송을 제기하는 때에는 이의신청을 거친 경우에도 수용재결을 한 중앙토지수용위원회 또는 지방토지수용위원회를 피고로 하여 **수용재결의 취소**를 구하여야 하고, 다만 이의신청에 대한 재결 자체에 **고유한 위법**이 있음을 이유로 하는 경우에는 그 이의재결을 한 중앙토지수용위원회를 피고로 하여 **이의재결의 취소를 구할 수 있다**고 보아야 한다. 대법원 2010. 1. 28. 선고 2008두1504 판결

14 행정작용법 　　　　　　　　　　정답 ②

✅ 오답해설

① 경찰공무원에 대한 징계위원회의 심의과정에 감경사유에 해당하는 공적 사항이 제시되지 아니한 경우에는 그 징계양정이 **결과적으로 적정한지와 상관없이** 이는 관계 법령이 정한 징계절차를 지키지 않은 것으로서 위법하다. 대법원 2012. 10. 11. 선고 2012두13245 판결

③ 행정처분 자체의 효력이 쟁송기간 경과 후에도 존속 중인 경우, 특히 그 처분이 위헌법률에 근거하여 내려진 것이고 그 행정처분의 목적달성을 위하여서는 후행 행정처분이 필요한데 후행행정처분은 아직 이루어지지 않은 경우, 그 행정처분을 무효로 하더라도 법적 안정성을 크게 해치지 않는 반면에 그 하자가 중대하여 그 구제가 필요한 경우에 대하여서는 그 예외를 인정하여 이를 **당연무효사유로 보아서 쟁송기간 경과 후에라도** 무효확인을 구할 수 있는 것이라고 봐야할 것이다. 헌법재판소 1994. 6. 30. 선고 92헌바23 결정

④ 행정소송법 제11조(선결문제)

> ① 처분등의 효력 유무 또는 존재 여부가 민사소송의 선결문제로 되어 당해 민사소송의 수소법원이 이를 심리·판단하는 경우에는 제17조, 제25조, 제26조 및 제33조의 규정을 준용한다.
> ② 제1항의 경우 당해 수소법원은 그 처분등을 행한 행정청에게 그 선결문제로 된 사실을 통지하여야 한다.

✅ 정답찾기

② 석유사업법의 내용을 종합하면 석유판매업(주유소)허가는 소위 **대물적 허가**의 성질을 갖는 것이어서 그 사업의 양도도 가능하고 이 경우 양수인은 양도인의 지위를 승계하게 됨에 따라 양도인의 위 허가에 따른 권리의무가 양수인에게 이전되는 것이므로 만약 양도인에게 그 허가를 취소할 위법사유가 있다면 허가관청은 이를 이유로 **양수인에게 응분의 제재조치를 취할 수 있다** 할 것이고, 양수인이 그 양수후 허가관청으로부터 **석유판매업허가를 다시 받았다 하더라도** 이는 석유판매업의 양수도를 전제로 한 것이어서 **이로써 양도인의 지위승계가 부정되는 것은 아니므로 양도인의 귀책사유는 양수인에게 그 효력이 미친다.** 대법원 1986. 7. 22. 선고 86누203 판결

15 행정구제법 　　　　　　　　　　정답 ③

✅ 오답해설

ㄱ. 군인연금법이 정하고 있는 급여 중 **사망보상금**은 일실손해의 보전을 위한 것으로 불법행위로 인한 **소극적 손해배상**과 같은 종류의 급여이므로, 군복무 중 사망한 망인의 유족이 국가배상을 받은 경우 피고는 사망보상금에서 소극적 손해배상금 상당액을 공제할 수 있을 뿐, 이를 넘어 **정신적 손해배상금 상당액까지 공제할 수는 없다.** 대법원 2022. 3. 31. 선고 2019두36711 판결

ㄹ. 국가배상법 제6조 제1항 소정의 '공무원의 봉급·급여 기타의 비용'이란 공무원의 인건비만을 가리키는 것이 아니라 당해사무에 필요한 **일체의 경비**를 의미한다고 할 것이고, 적어도 **대외적으로 그러한 경비를 지출하는 자는 경비의 실질적·궁극적 부담자가 아니더라도 그러한 경비를 부담하는 자에 포함된다.** 대법원 1994. 12. 9. 선고 94다38137 판결

✅ 정답찾기

ㄴ. 권한을 위임받은 기관 소속의 공무원이 위임사무 처리에 있어 고의 또는 과실로 타인에게 손해를 가하였거나 위임사무로 설치·관리하는 영조물의 하자로 타인에게 손해를 발생하게 한 경우에는 권한을 위임한 관청이 소속된 지방자치단체가 국가배상법 **제2조 또는 제5조에 의한** 배상책임을 부담한다. 대법원 1999. 6. 25. 선고 99다11120 판결

ㄷ. 국가배상법 제5조 소정의 영조물의 설치·관리상의 하자로 인한 책임은 **무과실책임**이고 나아가 민법 제758조 소정의 공작물의 점유자의 책임과는 달리 면책사유도 규정되어 있지 않으므로, 국가 또는 지방자치단체는 영조물의 설치·관리상의 하자로 인하여 타인에게 손해를 가한 경우에 그 손해의 방지에 필요한 주의를 해태하지 아니하였다 하여 면책을 주장할 수 없다. 대법원 1994. 11. 22. 선고 94다32924 판결

16 실효성 확보수단   정답 ③

☑ 오답해설

① 시정명령을 받은 의무자가 그 시정명령의 취지에 부합하는 의무를 이행하기 위한 **정당한 방법으로** 행정청에 신청 또는 신고를 하였으나 행정청이 **위법하게** 이를 거부 또는 반려함으로써 결국 그 처분이 취소되기에 이르렀다면, 특별한 사정이 없는 한 그 시정명령의 불이행을 이유로 **이행강제금을 부과할 수는 없다.** 대법원 2018. 1. 25. 선고 2015두35116 판결

② 납부독촉에도 불구하고 이행강제금을 납부하지 않으면 체납절차에 의하여 이행강제금을 징수할 수 있고, 이때 이행강제금 납부의 **최초 독촉**은 징수처분으로서 항고소송의 대상이 되는 **행정처분**이 될 수 있다. 대법원 2009. 12. 24. 선고 2009두14507 판결

④ **농지법**은 농지 처분명령에 대한 이행강제금 부과처분에 불복하는 자가 그 처분을 고지받은 날부터 30일 이내에 부과권자에게 이의를 제기할 수 있고, 이의를 받은 부과권자는 지체 없이 관할 법원에 그 사실을 통보하여야 하며, 그 통보를 받은 관할 법원은 **비송사건절차법에 따른 과태료 재판에 준하여 재판**을 하도록 정하고 있다. 따라서 농지법에 따른 이행강제금 부과처분에 불복하는 경우에는 비송사건절차법에 따른 재판절차가 적용되어야 하고, 행정소송법상 **항고소송의 대상은 될 수 없다.** 대법원 2019. 4. 11. 선고 2018두42955 판결

☑ 정답찾기

③ 개발제한구역의 지정 및 관리에 관한 특별조치법상 이행강제금의 부과·징수를 위한 계고는 시정명령을 불이행한 경우에 취할 수 있는 절차라 할 것이고, 따라서 이행강제금을 부과·징수할 때마다 그에 앞서 시정명령 절차를 다시 거쳐야 할 필요는 없다. 대법원 2013. 12. 12. 선고 2012두19137 판결

17 행정쟁송법   정답 ②

☑ 오답해설

① 소송의 원고나 피고가 될 수 있는 능력인 **당사자능력**이 없는 행정청은 당사자소송의 원고가 될 수 없다.

③ 구 공익사업을 위한 토지 등의 취득 및 보상에 관한 법률 제91조에 규정된 **환매권의 존부에 관한 확인을 구하는 소송** 및 같은 조 제4항에 따라 환매금액의 증감을 구하는 소송은 **민사소송**에 해당한다. 대법원 2013. 2. 28. 선고 2010두22368 판결

④ 처분을 다투는 소송이 아닌 당사자소송에는 취소소송의 제소기간에 관한 행정소송법 규정이 준용되지 아니한다.

☑ 정답찾기

② 공법상 계약에는 공정력이 인정되지 않으므로, **위법한 공법상 계약**은 그 하자의 중대명백성을 따질 것 없이 원칙적으로 **모두 무효**이다. 또한 공법상 계약에 대한 다툼은 당사자소송의 대상이 된다.

> 공법상 계약의 한쪽 당사자가 다른 당사자를 상대로 효력을 다투거나 이행을 청구하는 소송은 공법상의 법률관계에 관한 분쟁이므로 분쟁의 실질이 공법상 권리·의무의 존부·범위에 관한 다툼이 아니라 손해배상액의 구체적인 산정방법·금액에 국한되는 등의 특별한 사정이 없는 한 공법상 당사자소송으로 제기하여야 한다. 대법원 2021. 2. 4. 선고 2019다277133 판결

18 행정작용법   정답 ①

☑ 오답해설

② 과세예고 통지 후 **과세전적부심사** 청구나 그에 대한 결정이 있기도 전에 과세처분을 하는 것은 (중략) 납세자의 절차적 권리를 침해하는 것으로서 절차상 하자가 중대하고도 명백하여 **무효**이다. 대법원 2016. 12. 27. 선고 2016두49228 판결

③ 구 환경영향평가법상 환경영향평가를 실시하여야 할 사업에 대하여 **환경영향평가를 거치지 아니하였음에도** 승인 등 처분을 한 경우, 그 처분의 하자가 행정처분의 당연**무효**사유에 해당한다. 대법원 2006. 6. 30. 선고 2005두14363 판결

④ 구 **폐기물처리시설** 설치촉진 및 주변지역 지원 등에 관한 법률에 정한 **입지선정위원회**가 그 구성방법 및 절차에 관한 같은 법 **시행령의 규정에 위배**하여 군수와 주민대표가 선정·추천한 전문가를 포함시키지 않은 채 임의로 구성되어 의결을 한 경우, 그에 터잡아 이루어진 폐기물처리시설 입지결정처분의 하자는 중대한 것이고 객관적으로도 명백하므로 **무효**사유에 해당한다. 대법원 2007. 4. 12. 선고 2006두20150 판결

☑ 정답찾기

① 일반적으로 법률이 헌법에 위반된다는 사정이 헌법재판소의 위헌결정이 있기 전에도 객관적으로 **명백한 것이라고 할 수는 없으므로** 특별한 사정이 없는 한 이러한 하자는 위 행정처분의 **취소사유에 해당할 뿐 당연무효사유는** 아니라고 봄이 상당하다. 대법원 1994. 10. 28. 선고 93다41860 판결

19 행정쟁송법   정답 ④

☑ 오답해설

ㄱ. **민사책임과 형사책임**은 지도이념과 증명책임, 증명의 정도 등에서 서로 다른 원리가 적용되므로, 징계사유인 성희롱 관련 **형사재판**에서 성희롱 행위가 있었다는 점을 합리적 의심을 배제할 정도로 **확신하기 어렵다**는 이유로 공소사실에 관하여 **무죄**가 선고되었다고 하여 그러한 사정만으로 행정소송에서 **징계사유의 존재를 부정할 것은 아니다.** 대법원 2018. 4. 12. 선고 2017두74702 판결

ㄹ. 행정소송법 제10조(관련청구소송의 이송 및 병합)

> ② **취소소송에는** 사실심의 변론종결시까지 **관련청구소송을 병합하거나 피고외의 자를 상대로 한 관련청구소송을 취소소송이 계속된 법원에 병합하여 제기할 수 있다**(주 : 관련청구소송의 병합은 **취소소송이 계속된 법원에 손해배상청구소송 등 관련청구소송을 병합**할 수 있을 뿐, 그 반대의 경우에는 병합이 허용되지 않음).

☑ 정답찾기

ㄴ. 명의신탁등기 과징금과 장기미등기 과징금은 위반행위의 태양, 부과 요건, 근거 조항을 달리하므로, 각 과징금 부과처분의 사유는 상호 간에 **기본적 사실관계의 동일성**이 있다고 할 수 없다. 그러므로 그중 어느 하나의 처분사유에 의한 과징금 부과처분에 대하여 당해 처분사유가 아닌 **다른 처분사유가 존재한다는** 이유로 적법하다고 판단하는 것은 특별한 사정이 없는 한 행정소송법상 **직권심사주의의 한계를 넘는 것**으로서 허용될 수 없다. 대법원 2017. 5. 17. 선고 2016두53050 판결

ㄷ. 원고가 고의 또는 중대한 과실 없이 <u>당사자소송으로 제기하여야 할 것을 항고소송으로 잘못 제기한 경우</u>에, 당사자소송으로서의 소송요건을 결하고 있음이 명백하여 당사자소송으로 제기되었더라도 어차피 부적법하게 되는 경우가 아닌 이상, <u>법원으로서는 원고로 하여금 당사자소송으로 소 변경을 하도록 하여</u> 심리·판단하여야 한다. 대법원 2016. 5. 24. 선고 2013두14863 판결

ㄹ. 행정소송법 제17조(행정청의 소송참가)

> ① 법원은 <u>다른 행정청을 소송에 참가시킬 필요가 있다고 인정할 때에는 당사자 또는 당해 행정청의 신청 또는 직권</u>에 의하여 결정으로써 <u>그 행정청을 소송에 참가시킬 수 있다.</u>

---

20 행정법통론   정답 ②

📝 **오답해설**

① 헌법상 평등원칙은 본질적으로 같은 것을 자의적으로 다르게 취급함을 금지하는 것으로서, <u>일체의 차별적 대우를 부정하는 절대적 평등을 뜻하는 것이 아니라</u> 입법을 하고 법을 적용할 때에 <u>합리적인 근거가 없는 차별</u>을 하여서는 아니 된다는 <u>상대적 평등</u>을 뜻하므로, 합리적 근거가 있는 차별 또는 불평등은 평등의 원칙에 반하지 아니한다. 대법원 2018. 10. 25. 선고 2018두44302 판결

③ 행정청이 <u>지구단위계획을 수립하면서 그 권장용도를 판매·위락·숙박시설로 결정하여 고시한 행위</u>를 당해 지구 내에서는 <u>공익과 무관하게 언제든지 숙박시설에 대한 건축허가가 가능하리라는 공적 견해를 표명한 것이라고 평가할 수는 없다.</u> 대법원 2005. 11. 25. 선고 2004두6822 등 판결

④ 특수공익법인인 <u>국민건강보험공단</u>은 <u>공권력을 행사하는 주체이자 기본권 보장의 수범자로서의 지위</u>를 갖는다. 그 결과 사적 단체 또는 사인의 경우 차별처우가 사회공동체의 건전한 상식과 법감정에 비추어 볼 때 도저히 용인될 수 없는 경우에 한해 사회질서에 위반되는 행위로서 위법한 행위로 평가되는 것과 달리, <u>국민건강보험공단은 평등원칙에 따라 국민의 기본권을 보호 내지 실현할 책임과 의무를 부담하므로, 그 차별처우의 위법성이 보다 폭넓게 인정</u>될 수 있다. 대법원 2024. 7. 18. 선고 2023두36800 전원합의체 판결

✅ **정답찾기**

② 원고가 <u>행정서사업 허가를 받은 때로부터 20년이 다되어 피고가 그 허가를 취소한 것이기는 하나 피고가 취소사유를 알고서도 그렇게 장기간 취소권을 행사하지 않은 것이 아니고</u> (중략) 피고의 처분이 <u>실권의 법리에 저촉된 것이라고 볼 수 있는 것도 아니다.</u> 대법원 1988. 4. 27. 선고 87누915 판결

Answer

01	②	02	②	03	④	04	①	05	③
06	①	07	④	08	①	09	③	10	③
11	②	12	④	13	①	14	④	15	③
16	④	17	②	18	③	19	②	20	①

01　행정정보　　　　　　　　　　　　　　정답 ②

☑ 오답해설

① 정보공개법 제11조의2(반복 청구 등의 처리)

> ① 공공기관은 정보공개를 청구하여 <u>정보공개 여부에 대한 결정의 통지를 받은 자가 정당한 사유 없이 해당 정보의 공개를 다시 청구</u>하는 경우 또는 정보공개 청구가 민원처리법에 따른 민원으로 처리되었으나 다시 같은 청구를 하는 경우에는 관련 사정을 종합적으로 고려하여 <u>해당 청구를 **종결** 처리할 수 있다.</u>

③ 정보공개법 제9조(비공개 대상 정보)

> ① (생략)
> 6. 해당 정보에 포함되어 있는 성명·주민등록번호 등 「개인정보 보호법」 제2조 제1호에 따른 개인정보로서 공개될 경우 **사생활의 비밀 또는 자유를 침해할 우려가 있다**고 인정되는 정보. 다만, 다음 각 목에 열거한 사항은 제외한다.
> 　라. <u>직무를 수행한 **공무원의 성명·직위**</u>

④ <u>정보의 부분 공개가 허용되는 경우</u>란 그 정보의 공개방법 및 절차에 비추어 당해 정보에서 비공개대상정보에 관련된 기술 등을 **제외 혹은 삭제**하고 나머지 정보만을 공개하는 것이 가능하고 나머지 부분의 정보만으로도 공개의 가치가 있는 경우를 의미한다. 대법원 2009. 12. 10. 선고 2009두12785 판결

☑ 정답찾기

② 정보공개법 제9조 제1항 제7호 소정의 '법인 등의 **경영·영업상 비밀**'은 부정경쟁방지법 제2조 제2호 소정의 '영업비밀'에 한하지 않고, '타인에게 알려지지 아니함이 유리한 사업활동에 관한 **일체의 정보**' 또는 '<u>사업활동에 관한 **일체의 비밀사항**</u>'으로 해석함이 상당하다. 대법원 2008. 10. 23. 선고 2007두1798 판결

02　행정구제법　　　　　　　　　　　　　정답 ②

☑ 오답해설

① 국가배상법 제2조 소정의 '**공무원**'이라 함은 국가공무원법이나 지방공무원법에 의하여 공무원으로서의 신분을 가진 자에 국한하지 않고, **널리 공무를 위탁받아 실질적으로 공무에 종사하고 있는 일체의 자**를 가리키는 것으로서, 공무의 위탁이 **일시적이고 한정적인 사항**에 관한 활동을 위한 것이어도 달리 볼 것은 아니다. 대법원 2001. 1. 5. 선고 98다39060 판결

③ **경과실**이 있는 공무원이 피해자에 대하여 손해배상책임을 부담하지 아니함에도 피해자에게 손해를 배상하였다면 그것은 채무자 아닌 사람이 타인의 채무를 변제한 경우에 해당하고, 이는 민법 제469조의 '제3자의 변제' 또는 민법 제744조의 '도의관념에 적합한 비채변제'에 해당하여 <u>피해자는 공무원에 대하여 이를 **반환할 의무가 없고**,</u> 그에 따라 피해자의 국가에 대한 손해배상청구권이 소멸하여 국가는 자신의 출연 없이 채무를 면하게 되므로, 피해자에게 손해를 직접 배상한 경과실이 있는 공무원은 특별한 사정이 없는 한 **국가에 대하여** 국가의 피해자에 대한 손해배상책임의 범위 내에서 공무원이 변제한 금액에 관하여 **구상권을 취득한다.** 대법원 2014. 8. 20. 선고 2012다54478 판결

④ 공무원이 고의 또는 과실로 그에게 부과된 직무상 의무를 위반하였을 경우라고 하더라도 국가는 그러한 <u>직무상의 의무 위반과 피해자가 입은 손해 사이에 **상당인과관계**가 인정되는 범위 내에서만 배상책임을 지는 것</u>이고, 이 경우 상당인과관계가 인정되기 위하여는 공무원에게 부과된 직무상 의무의 내용이 단순히 **공공 일반의 이익**을 위한 것이거나 **행정기관 내부의 질서를 규율**하기 위한 것이 **아니고** 전적으로 또는 부수적으로 사회구성원 **개인의 안전과 이익을 보호**하기 위하여 설정된 것이어야 한다. 대법원 2010. 9. 9. 선고 2008다77795 판결

☑ 정답찾기

② 군인·군무원 등 국가배상법 제2조 제1항에 열거된 자가 전투, 훈련 기타 직무집행과 관련하는 등으로 공상을 입은 경우라고 하더라도 군인연금법 또는 국가유공자예우등에관한법률에 의하여 재해보상금·유족연금·상이연금 등 **별도의 보상을 받을 수 없는 경우**에는 <u>국가배상법 제2조 제1항 단서의 **적용 대상에서 제외**하여야 한다.</u> 대법원 1997. 2. 14. 선고 96다28066 판결

03　행정쟁송법　　　　　　　　　　　　　정답 ④

☑ 오답해설

① 환경영향평가 **대상지역 밖의 주민**이라 할지라도 공유수면매립면허처분 등으로 인하여 그 처분 전과 비교하여 수인한도를 넘는 환경피해를 받거나 받을 우려가 있는 경우에는, 공유수면매립면허처분 등으로 인하여 환경상 이익에 대한 침해 또는 침해우려가 있다는 것을 **입증함으로써** 그 처분 등의 무효확인을 구할 원고적격을 인정받을 수 있다. 대법원 2006. 3. 16. 선고 2006두330 전원합의체 판결

② (교육감이 사립학교 직원 갑 등이 소속된 학교법인의 이사장 및 학교장에게 소속 직원들의 유사경력 호봉환산이 과다하게 반영되었다는 이유로 호봉이 과다하게 산정된 직원들의 **호봉정정에 따른 급여를 5년의 범위 내에서 환수**하도록 하고 미이행 시 해당 직원들에 대한 재정결함 보조금(인건비) 지원을 중단하겠다는 내용의 시정명령을 한 사안에서) <u>**사립학교 직원들**인 갑 등에게 각 소속 학교법인들에 대한 위 각 명령을 다툴 개별적·직접적·구체적 이해관계가 있다고 한 사례.</u> 대법원 2023. 1. 12. 선고 2022두56630 판결

③ 원고들이 불합격처분의 취소를 구하는 이 사건 소송계속 중 **당해 연도의 입학시기가 지났더라도** 당해 연도의 합격자로 인정되면 다음 연도의 입학시기에 입학할 수도 있다고 할 것이고, (중략) 원고들로 서는 피고의 불합격처분의 적법 여부를 다툴만한 **법률상의 이익이** 있다. 대법원 1990. 8. 28. 선고 89누8255 판결

☑ 정답찾기

④ **감액처분**은 감액된 징수금 부분에 관해서만 법적 효과가 미치는 것 으로서 당초 징수결정과 별개 독립의 징수금 결정처분이 아니라 그 실질은 처음 징수결정의 변경이고, 그에 의하여 징수금의 **일부취소** 라는 징수의무자에게 유리한 결과를 가져오는 처분이므로 징수의무 자에게는 **그 취소를 구할 소의 이익이 없다**. 이에 따라 감액처분으로 도 아직 취소되지 않고 남아 있는 부분이 위법하다 하여 다투고자 하는 경우, 감액처분을 항고소송의 대상으로 할 수는 없고, 당초 징 수결정 중 감액처분에 의하여 **취소되지 않고 남은 부분**을 항고소송 의 대상으로 할 수 있을 뿐이며, 그 결과 **제소기간의 준수 여부**도 감 액처분이 아닌 **당초 처분**을 기준으로 판단해야 한다. 대법원 2012. 9. 27. 선고 2011두27247 판결

04 실효성 확보수단 정답 ①

☑ 오답해설

② 질서위반행위규제법 제9조(책임연령)

> **14세가 되지 아니한 자의 질서위반행위는 과태료를 부과하지 아니한다.** 다만, 다른 법률에 특별한 규정이 있는 경우에는 그러하지 아니하다.

③ 질서위반행위규제법 제16조(사전통지 및 의견 제출 등)

> ① 행정청이 질서위반행위에 대하여 과태료를 부과하고자 하는 때에 는 미리 당사자(제11조 제2항에 따른 고용주등을 포함한다. 이하 같 다)에게 대통령령으로 정하는 사항을 통지하고, **10일 이상의 기간** 을 정하여 의견을 제출할 기회를 주어야 한다.

④ **질서위반행위규제법**은 과태료의 부과대상인 질서위반행위에 대하 여도 책임주의 원칙을 채택하였으므로, 질서위반행위를 한 자가 자 신의 **책임 없는 사유**로 위반행위에 이르렀다고 주장하는 경우 법원 으로서는 그 내용을 살펴 행위자에게 **고의나 과실**이 있는지를 따져 보아야 한다. 대법원 2011. 7. 14.자 2011마364 결정

☑ 정답찾기

① 질서위반행위규제법 제12조(다수인의 질서위반행위 가담)

> ③ 신분에 의하여 과태료를 감경 또는 가중하거나 과태료를 부과하지 아니하는 때에는 그 신분의 효과는 신분이 없는 자에게는 **미치지 아니한다.**

05 행정작용법 정답 ③

☑ 오답해설

① **지방의회의원**에 대하여 **유급보좌인력**을 두는 것은 지방의회의원의 신분·지위 및 그 처우에 관한 현행 법령상의 제도에 중대한 변경을 초래하는 것으로서, 이는 개별 지방의회의 조례로써 규정할 사항이 아니라 국회의 법률로써 규정하여야 할 입법사항이다. 대법원 2013. 1. 16. 선고 2012추84 판결

② 법률조항의 위임에 따라 대통령령으로 규정한 내용이 헌법에 위반 될 경우라도 그 대통령령의 규정이 위헌으로 되는 것은 별론으로 하 고, 그로 인하여 정당하고 적법하게 입법권을 위임한 **수권법률조항** 까지도 **위헌으로 되는 것은 아니라**고 할 것이다. 헌법재판소 2019. 2. 28. 선고 2017헌바245 전원재판부 결정

④ **조례에 대한 법률의 위임**은 법규명령에 대한 법률의 위임과 같이 반드시 구체적으로 범위를 정하여 할 필요가 없다. 법률이 주민의 권 리의무에 관한 사항에 관하여 구체적으로 범위를 정하지 않은 채 조 례로 정하도록 포괄적으로 위임한 경우에도 지방자치단체는 법령에 위반되지 않는 범위 내에서 주민의 권리의무에 관한 사항을 조례로 제정할 수 있다. 대법원 2017. 12. 5. 선고 2016추5162 판결

☑ 정답찾기

③ **감사원규칙**은 **법규명령**이므로, 그 규칙은 헌법 제107조 제2항에 따 라 **구체적 규범통제**의 대상이 된다.

> **행정기본법 제2조(정의)** 이 법에서 사용하는 용어의 뜻은 다음과 같다.
> 1. '법령등'이란 다음 각 목의 것을 말한다.
>   가. **법령**: 다음의 어느 하나에 해당하는 것
>   1) 법률 및 대통령령·총리령·부령
>   2) 국회규칙·대법원규칙·헌법재판소규칙·중앙선거관리위 원회규칙 및 **감사원규칙**

06 행정법통론 정답 ①

☑ 오답해설

② 당초 **정구장시설**을 설치한다는 도시계획결정을 하였다가 정구장 대 신 청소년 수련시설을 설치한다는 도시계획 변경결정 및 지적승인 을 한 경우, **당초의 도시계획결정만으로는** 도시계획사업의 시행자 지정을 받게 된다는 공적인 견해를 표명하였다고 할 수 없다. 대법원 2000. 11. 10. 선고 2000두727 판결

③ 폐기물처리업 사업계획에 대하여 적정통보를 한 것만으로 그 사업 부지 토지에 대한 **국토이용계획변경**신청을 승인하여 주겠다는 취지 의 공적인 견해표명을 한 것으로 볼 수 **없다**고 한 사례. 대법원 2005. 4. 28. 선고 2004두8828 판결

④ 취득세 등이 면제되는 구 지방세법에 정한 '**기술진흥단체**'인지 여부 에 관한 질의에 대하여 건설교통부장관과 내무부장관이 비과세 의 견으로 회신한 경우, 공적인 견해표명에 해당한다. 대법원 2008. 6. 12. 선고 2008두1115 판결

☑ 정답찾기

① 종교법인이 도시계획구역 내 생산녹지로 답인 토지에 대하여 **종교회관 건립**을 이용목적으로 하는 토지거래계약의 허가를 받으면서 담당공무원이 관련 법규상 허용된다 하여 이를 신뢰하고 건축준비를 하였으나 그 후 당해 지방자치단체장이 다른 사유를 들어 토지형질변경허가신청을 불허가한 것은 신뢰보호원칙에 반한다. 대법원 1997. 9. 12. 선고 96누18380 판결

07 행정정보   정답 ④

☑ 오답해설

ㄱ. 임직원, 파견근로자, 시간제근로자 등 개인정보처리자의 **지휘·감독을 받아** 개인정보를 처리하는 자인 **개인정보취급자**가 개인정보처리자의 업무 수행을 위하여 개인정보를 이전받는 경우 위와 같은 개인정보취급자는 '개인정보처리자로부터 개인정보를 **제공받은 자**'에 **해당하지 않는다.** 대법원 2025. 2. 13. 선고 2020도14713 판결

ㄷ. 개인정보 보호법 제51조(단체소송의 대상 등)

> 다음 각 호의 어느 하나에 해당하는 단체는 개인정보처리자가 제49조에 따른 집단분쟁조정을 거부하거나 집단분쟁조정의 결과를 수락하지 아니한 경우에는 법원에 권리침해 행위의 금지·중지를 구하는 소송(이하 '단체소송'이라 한다)을 제기할 수 있다.
> 1. 「소비자기본법」 제29조에 따라 공정거래위원회에 등록한 소비자단체로서 다음 각 목의 요건을 모두 갖춘 단체
>   가. 정관에 따라 상시적으로 정보주체의 권익증진을 주된 목적으로 하는 단체일 것
>   나. 단체의 정회원수가 1천명 이상일 것
>   다. 「소비자기본법」 제29조에 따른 등록 후 3년이 경과하였을 것

☑ 정답찾기

ㄴ. 개인정보자기결정권의 보호대상이 되는 **개인정보**는 개인의 신체, 신념, 사회적 지위, 신분 등과 같이 인격주체성을 특징짓는 사항으로서 개인의 **동일성을 식별**할 수 있게 하는 일체의 정보를 의미하며, 반드시 개인의 내밀한 영역에 속하는 정보에 국한되지 않고 공적 생활에서 형성되었거나 이미 공개된 개인정보까지도 포함한다. 대법원 2016. 3. 10. 선고 2012다105482 판결

ㄹ. 개인정보 보호법 제39조(손해배상책임)

> ③ 개인정보처리자의 고의 또는 중대한 과실로 인하여 개인정보가 분실·도난·유출·위조·변조 또는 훼손된 경우로서 정보주체에게 손해가 발생한 때에는 법원은 그 손해액의 5배를 넘지 아니하는 범위에서 손해배상액을 정할 수 있다. 다만, 개인정보처리자가 고의 또는 중대한 과실이 없음을 증명한 경우에는 그러하지 아니하다.

08 행정작용법   정답 ①

☑ 오답해설

② 도시계획의 결정·변경 등에 관한 **권한을 가진 행정청**은 이미 도시계획이 결정·고시된 지역에 대하여도 다른 내용의 도시계획을 결정·고시할 수 있고, 이때에 후행 도시계획에 선행 도시계획과 서로 양립할 수 없는 내용이 포함되어 있다면, 특별한 사정이 없는 한 **선행 도시계획**은 후행 도시계획과 같은 내용으로 **변경된다.** 대법원 2000. 9. 8. 선고 99두11257 판결

③ 국토이용계획은 장기성, 종합성이 요구되는 행정계획이어서 원칙적으로는 그 계획이 일단 확정된 후에 어떤 사정의 변동이 있다고 하여 그러한 사유만으로는 지역주민이나 일반 이해관계인에게 일일이 그 계획의 변경을 신청할 권리를 인정하여 줄 수는 없는 것이다. 대법원 2003. 9. 23. 선고 2001두10936 판결

④ 2012년도와 2013년도 **대학교육역량강화사업 기본계획**은 헌법소원의 대상이 되는 공권력 행사에 해당하지 아니한다. 헌법재판소 2016. 10. 27. 선고 2013헌마576 결정

☑ 정답찾기

① (이미 고시된 **실시계획**에 포함된 상세계획으로 관리되는 토지 위의 건물의 용도를 상세계획 승인권자의 변경승인 없이 임의로 판매시설에서 상세계획에 반하는 일반목욕장으로 변경한 사안에서) 그 영업신고를 수리하지 않고 영업소를 폐쇄한 처분은 적법하다고 한 사례. 대법원 2008. 3. 27. 선고 2006두3742 판결

09 행정쟁송법   정답 ③

☑ 오답해설

① 국가를 당사자로 하는 계약에 관한 법률 또는 지방자치단체를 당사자로 하는 계약에 관한 **법률에 근거**하여 국가 또는 지방자치단체 등이 행하는 **입찰참가자격제한조치**는 공권력의 행사로서 처분성이 인정된다. 대법원 2018. 11. 29. 선고 2018두49390 판결

② 도로개설 등 공사로 인한 무허가건물의 강제철거와 관련하여 이루어지는 시나 구 등 지방자치단체의 철거건물 소유자에 대한 **시영아파트분양권** 부여 및 세입자에 대한 지원대책 등의 업무는 지방자치단체의 공권력 행사 기타 공행정작용과 관련된 활동으로 볼 것이지 단순한 사경제주체로서 하는 활동이라고는 볼 수 없다. 대법원 1991. 7. 26. 선고 91다14819 판결

④ 텔레비전방송수신료의 징수업무를 위탁받아 자신의 고유업무와 관련된 고지행위와 결합하여 수신료를 징수할 권한이 있는지 여부를 다투는 이 사건 쟁송은 민사소송이 아니라 공법상의 법률관계를 대상으로 하는 것으로서 **당사자소송**에 의하여야 한다. 대법원 2008. 7. 24. 선고 2007다25261 판결

☑ 정답찾기

③ 농지개량조합과 그 직원과의 관계는 사법상의 근로계약관계가 아닌 공법상의 특별권력관계이고, 그 조합의 직원에 대한 징계처분의 취소를 구하는 소송은 행정소송사항에 속한다. 대법원 1995. 6. 9. 선고 94누10870 판결

10 행정작용법   정답 ③

☑ 오답해설

① 두 개 이상의 행정처분이 연속적으로 행하여지는 경우 선행처분과 후행처분이 서로 **결합하여 1개**의 법률효과를 완성하는 때에는 선행처분에 하자가 있으면 그 하자는 후행처분에 **승계**되므로 선행처분에 불가쟁력이 생겨 그 효력을 다툴 수 없게 된 경우에도 선행처분의 하자를 이유로 후행처분의 효력을 다툴 수 있다. 대법원 1994. 1. 25. 선고 93누8542 판결

② 선행처분인 **업무정지처분**은 일정 기간 중개업무를 하지 못하도록 하는 처분인 반면, 후행처분인 이 사건 처분은 위와 같은 업무정지처분에 따른 업무정지기간 중에 중개업무를 하였다는 별개의 처분사유를 근거로 **중개사무소의 개설등록을 취소**하는 처분이다. 비록 이 사건 처분이 업무정지처분을 전제로 하지만, 양 처분은 그 내용과 효과를 달리하는 독립된 행정처분으로서, 서로 결합하여 1개의 법률효과를 완성하는 때에 해당한다고 볼 수 없다. 대법원 2019. 1. 31. 선고 2017두40372 판결

④ 대집행의 **계고**, 대집행**영장에 의한 통지**, 대집행의 **실행**, 대집행에 요한 **비용의 납부명령** 등은 (중략) 서로 결합하여 하나의 법률효과를 발생시키는 것이므로, 후행처분인 대집행영장발부통보처분의 취소를 청구하는 소송에서 청구원인으로 선행처분인 계고처분이 위법한 것이기 때문에 그 계고처분을 전제로 행하여진 대집행영장발부통보처분도 위법한 것이라는 주장을 할 수 있다. 대법원 1996. 2. 9. 선고 95누12507 판결

☑ 정답찾기

③ 건설부장관이 토지수용법상 **사업인정의 고시** 절차를 누락한 경우 이는 절차상의 위법으로서 수용재결 단계 전의 사업인정 단계에서 다툴 수 있는 취소사유에 해당하기는 하나, 더 나아가 그 사업인정 자체를 무효로 할 중대하고 명백한 하자라고 보기는 어렵고, 따라서 이러한 위법을 들어 **수용재결**처분의 취소를 구하거나 무효확인을 구할 수는 없다. 대법원 2000. 10. 13. 선고 2000두5142 판결

11 실효성 확보수단   정답 ②

☑ 오답해설

① 행정기본법 제28조(과징금의 기준)

> ② 과징금의 근거가 되는 법률에는 과징금에 관한 다음 각 호의 사항을 명확하게 규정하여야 한다.
> 1. 부과·징수 주체, 2. 부과 사유, 3. 상한액, 4. 가산금을 징수하려는 경우 그 사항, 5. 과징금 또는 가산금 체납 시 강제징수를 하려는 경우 그 사항(주 : '하한액'은 포함되지 않음)

③ 양벌규정에 의한 영업주의 처벌은 금지위반행위자인 **종업원의 처벌에 종속하는 것이 아니라** 독립하여 그 자신의 종업원에 대한 **선임감독상의 과실**로 인하여 **처벌**되는 것이므로 종업원의 범죄성립이나 처벌이 영업주 처벌의 **전제조건이 될 필요는 없다**(주 : 따라서 종업원을 처벌하지 않고 영업주만 따로 처벌하는 것도 가능함). 대법원 2006. 2. 24. 선고 2005도7673 판결

④ 직접강제가 아닌 행정상 '즉시강제'에 해당하는 내용이다.

> **행정기본법 제30조(행정상 강제)**
> ① (생략)
> 5. **즉시강제** : 현재의 급박한 행정상의 장해를 제거하기 위한 경우로서 다음 각 목의 어느 하나에 해당하는 경우에 행정청이 곧바로 국민의 신체 또는 재산에 실력을 행사하여 행정목적을 달성하는 것
> 가. 행정청이 미리 행정상 의무 이행을 명할 시간적 여유가 없는 경우
> 나. 그 성질상 행정상 의무의 이행을 명하는 것만으로는 행정목적 달성이 곤란한 경우

☑ 정답찾기

② 화물자동차 운수사업법 시행령상 '위반행위의 횟수에 따른 가중처분 기준'이 적용되려면 실제 선행 위반행위가 있고 그에 대하여 유효한 제재처분이 이루어졌음에도 그 제재처분일로부터 1년 이내에 다시 같은 내용의 위반행위가 적발된 경우이면 족하다고 보아야 한다. 선행 위반행위에 대한 선행 제재처분이 반드시 구 시행령 [별표 1] 제재처분기준 제2호에 명시된 처분내용대로 이루어진 경우이어야 할 필요는 없으며, 선행 제재처분에 처분의 종류를 잘못 선택하거나 처분양정에서 재량권을 일탈·남용한 하자가 있었던 경우라고 해서 달리 볼 것은 아니다. 대법원 2020. 5. 28. 선고 2017두73693 판결

12 행정절차법   정답 ④

☑ 오답해설

① 행정절차법 제43조(예고기간)

> 입법예고기간은 예고할 때 정하되, 특별한 사정이 없으면 **40일(자치법규는 20일) 이상**으로 한다.

② 행정절차법 제27조(의견제출)

> ① **당사자등**(주 : 처분의 직접 상대방 및 행정청이 직권으로 또는 신청에 따라 행정절차에 참여하게 한 이해관계인)은 **처분 전에 그 처분의 관할 행정청에 서면이나 말로 또는 정보통신망을 이용하여 의견제출을 할 수 있다.**

③ 대통령의 **한국방송공사 사장의 해임** 절차에 관하여 방송법이나 관련 법령에도 별도의 규정을 두지 않고 있고, 행정절차법의 입법 목적과 행정절차법 제3조 제2항 제9호와 관련 시행령의 규정 내용 등에 비추어 보면, 이 사건 해임처분이 행정절차법과 그 시행령에서 열거적으로 규정한 예외 사유에 해당한다고 볼 수 없으므로 이 사건 해임처분에도 행정절차법이 적용된다고 할 것이다. 대법원 2012. 2. 23. 선고 2011두5001 판결

☑ 정답찾기

④ 행정청이 행정절차법 제20조 제1항의 처분기준 사전공표 의무를 위반하여 **미리 공표하지 아니한 기준을 적용하여 처분**을 하였다고 하더라도, 그러한 사정만으로 곧바로 해당 처분에 **취소사유에 이를 정도의 흠이 존재한다고 볼 수는 없다.** 대법원 2020. 12. 24. 선고 2018두45633 판결

13 행정쟁송법   정답 ①

☑ 오답해설

② 친일반민족행위자 재산조사위원회의 **재산조사개시결정**은 조사대상자의 권리·의무에 직접 영향을 미치는 독립한 **행정처분으로서 항고소송의 대상**이 된다고 봄이 상당하다. 대법원 2009. 10. 15. 선고 2009두6513 판결

③ 이른바 복효적 행정행위, 특히 **제3자효를 수반하는 행정행위**에 대한 행정심판청구에 있어서 그 청구를 인용하는 내용의 재결로 인하여 비로소 권리이익을 침해받게 되는 자는 그 인용재결에 대하여 다툴 필요가 있고, 그 인용재결은 원처분과 내용을 달리하는 것이므로 그 **인용재결의 취소를 구하는 것**은 원처분에는 없는 재결에 고유한 하자를 주장하는 셈이어서 당연히 항고소송의 대상이 된다고 할 것이고, 더구나 이 사건 재결과 같이 그 인용재결청인 피고 스스로가 직접 이 사건 사업계획승인처분을 취소하는 형성적 재결을 한 경우에는 그 재결 외에 그에 따른 행정청의 별도의 처분이 있지 않기 때문에 재결 자체를 쟁송의 대상으로 할 수밖에 없다고 할 것이다. 대법원 1997. 12. 23. 선고 96누10911 판결

④ 공법인인 총포·화약안전기술협회가 자신의 공행정활동에 필요한 재원을 마련하기 위하여 회비납부의무자에 대하여 한 '**회비납부통지**'는 납부의무자의 구체적인 부담금액을 산정·고지하는 '부담금 부과처분'으로서 항고소송의 대상이 된다. 대법원 2021. 12. 30. 선고 2018다241458 판결

☑ 정답찾기

① 지방자치단체장이 국유 잡종재산을 **대부**하여 달라는 신청을 거부한 것은 항고소송의 대상이 되는 행정처분이 아니므로 행정소송으로 그 취소를 구할 수 없다. 대법원 1998. 9. 22. 선고 98두7602 판결

14 행정구제법   정답 ④

☑ 오답해설

① 토지보상법 제85조(행정소송의 제기)

> ② 제1항에 따라 제기하려는 행정소송이 **보상금의 증감에 관한 소송인 경우** 그 소송을 제기하는 자가 토지소유자 또는 관계인일 때에는 **사업시행자를**, 사업시행자일 때에는 **토지소유자 또는 관계인을** 각각 **피고로 한다.**

② 하나의 재결에서 피보상자별로 여러 가지의 토지, 물건, 권리 또는 영업의 손실에 관하여 심리·판단이 이루어졌을 때, 피보상자 또는 사업시행자가 반드시 그 재결 전부에 관하여 불복하여야 하는 것은 아니며, 여러 보상항목들 중 **일부에 관해서만 불복**하는 경우에는 그 부분에 관해서만 개별적으로 불복의 사유를 주장하여 **행정소송을 제기할 수 있다**. 이러한 보상금 증감 소송에서 법원의 심판범위는 하나의 재결 내에서 소송당사자가 구체적으로 불복신청을 한 보상항목들로 제한된다. 대법원 2018. 5. 15. 선고 2017두41221 판결

③ 토지보상법 제84조(이의신청에 대한 재결)

> ① 중앙토지수용위원회는 제83조에 따른 이의신청을 받은 경우 제34조에 따른 **재결이 위법하거나 부당하다**고 인정할 때에는 그 **재결의 전부 또는 일부를 취소**하거나 **보상액을 변경할 수 있다.**

☑ 정답찾기

④ 시혜적으로 시행되는 이주대책 수립 등의 경우에 대상자(이하 '**시혜적인 이주대책대상자**'라 한다)의 범위나 그들에 대한 이주대책 수립 등의 내용을 어떻게 정할 것인지에 관하여는 **사업시행자에게 폭넓은 재량**이 있다. 그리고 이주대책의 내용으로서 사업시행자가 이주정착지에 대한 도로·급수시설·배수시설 그 밖의 공공시설 등 통상적인 수준의 생활기본시설을 설치하고 비용을 부담하도록 강제한 공익사업법 제78조 제4항은 법이 정한 이주대책대상자를 대상으로 하여 특별히 규정된 것이므로, 이를 넘어서 그 규정이 시혜적인 이주대책대상자에게까지 적용된다고 볼 수 없다. 대법원 2015. 7. 23. 선고 2012두22911 판결

15 행정쟁송법   정답 ③

☑ 오답해설

ㄱ. 피고가 이 사건 거부처분을 하면서 처음 제시하였던 사유는 '원고의 사업계획이 **건설폐기물법상 허가기준**을 충족하지 못한다'는 것이었던 반면, 원심 소송절차에서 추가로 주장한 거부처분사유는 '원고의 사업계획이 **국토계획법상 개발행위허가기준**을 충족하지 못한다'는 것이었다. 원고의 사업계획이 전자의 허가기준을 충족하지 않는다는 판단과 후자의 허가기준을 충족하지 않는다는 판단은 단지 처분의 근거법령을 사소하게 변경하는 것에 그치는 것이 아니라 평가의 측면과 단계를 전혀 달리하는 문제로서 **기본적 사실관계의 동일성이 인정되지 않는다**. 대법원 2024. 11. 28. 선고 2023두61349 판결

☑ 정답찾기

ㄴ. 행정소송규칙 제9조(처분사유의 추가·변경)

> 행정청은 **사실심 변론을 종결할 때까지** 당초의 처분사유와 **기본적 사실관계가 동일한 범위 내에서** 처분사유를 추가 또는 변경할 수 있다.

ㄷ. 처분청이 처분 당시 적시한 **구체적 사실을 변경하지 아니하는 범위** 내에서 단지 처분의 근거 법령만을 추가·변경하는 것은 **새로운 처분사유의 추가라고 볼 수 없으므로** 이와 같은 경우에는 처분청이 처분 당시 적시한 구체적 사실에 대하여 처분 후 추가·변경한 법령을 적용하여 처분의 적법 여부를 판단하여도 무방하다. 대법원 2011. 5. 26. 선고 2010두28106 판결

16 　행정작용법　　　　　　　　　　　　정답 ④

☑ 오답해설

① 도시 및 주거환경정비법에 따른 **이전고시**는 (중략) 소유권을 분양받을 자에게 이전하고 가격의 차액에 상당하는 금액을 청산하거나 대지 또는 건축물을 정하지 않고 금전적으로 청산하는 <u>공법상 처분이다.</u> 대법원 2016. 12. 29. 선고 2013다73551 판결

② <u>교도소장이 수형자를 '**접견내용 녹음·녹화 및 접견 시 교도관 참여 대상자**'로 지정한 행위는 항고소송의 대상이 되는 '처분'에 해당한다.</u> 대법원 2014. 2. 13. 선고 2013두20899 판결

③ 행정청이 위법 건축물에 대한 시정명령을 하고 나서 위반자가 이를 이행하지 아니하여 전기·전화의 공급자에게 그 위법 건축물에 대한 <u>전기·전화공급을 하지 말아 줄 것을 **요청**한 행위는 권고적 성격의 행위에 불과한 것으로서 전기·전화공급자나 특정인의 법률상 지위에 직접적인 변동을 가져오는 것은 아니므로 이를 항고소송의 대상이 되는 행정처분이라고 볼 수 없다.</u> 대법원 1996. 3. 22. 선고 96누433 판결

☑ 정답찾기

④ **어업권면허에 선행하는 우선순위결정**은 행정청이 우선권자로 결정된 자의 신청이 있으면 어업권면허처분을 하겠다는 것을 약속하는 행위로서 강학상 **확약**에 불과하고 행정**처분은 아니므로**, 우선순위결정에 공정력이나 불가쟁력과 같은 효력은 인정되지 않는다(주: 확약은 처분이 아니므로, 처분이 위법하더라도 권한 있는 기관에 의하여 취소되기 전까지는 유효한 것으로 통용되는 효력인 공정력이 인정되지 않음). 대법원 1995. 1. 20. 선고 94누6529 판결

17 　행정작용법　　　　　　　　　　　　정답 ②

☑ 오답해설

ㄴ. 건축주의 건축계획이 건축법상 건축허가기준을 충족하더라도 국토계획법상 개발행위 허가기준을 충족하지 못한 경우에는 해당 건축물의 건축은 법질서상 허용되지 않는 것이므로, 건축행정청은 건축법상 건축허가를 발급하면서 국토계획법상 개발행위(건축물의 건축) 허가가 의제되지 않은 것으로 처리하여서는 안 되고, 건축법상 **건축허가의 발급을 거부**하여야 한다. 대법원 2020. 7. 23. 선고 2019두31839 판결

ㄷ. 개인택시 운송사업을 양수한 사람은 양도인의 운송사업자로서의 지위를 승계하는 것이므로, 관할관청은 개인택시 운송사업의 양도·양수에 대한 인가를 한 후에도 그 양도·양수 이전에 있었던 양도인에 대한 운송사업면허 취소사유를 들어 **양수인의 사업면허를 취소**할 수 있고, 가사 양도·양수 당시에는 양도인에 대한 운송사업면허 취소사유가 현실적으로 발생하지 않은 경우라도 그 **원인되는 사실이 이미 존재**하였다면, 관할관청으로서는 <u>그 후 발생한 운송사업면허 취소사유에 기하여 양수인의 사업면허를 **취소할 수 있는 것**이다.</u> 대법원 2010. 4. 8. 선고 2009두17018 판결

☑ 정답찾기

ㄱ. **가축분뇨법**에 따른 처리방법 변경허가는 허가권자의 재량행위에 해당한다. 대법원 2021. 6. 30 선고 2021두35681 판결

ㄹ. 이 사건 조항에서 <u>사업장폐기물사업자의 사업장을 인수한 자가 사업장폐기물배출자의 **공법상의무를 승계**하는 대상으로 정한 '그 사업장폐기물'</u>은 해당 경매 목적물인 사업장에서 발생된 사업장폐기물을 의미하고, 여기에는 인수 당시에 <u>해당 경매 목적물인 사업장이 아닌 **다른 장소**에 방치된 사업장폐기물도 포함</u>된다. 다만, 인수자가 인수 당시에 경매 목적물인 사업장이 아닌 **다른 장소**에 방치된 사업장폐기물이 존재한다는 사실을 **알지 못하였고** 그와 같이 알지 못한 데 **정당한 사유**가 있었다는 등 특별한 사정이 있는 경우에는, 인수자에게 해당 사업장폐기물에 관한 공법상 의무까지 **승계된다고 볼 수 없다**. 그 구체적인 이유는 다음과 같다. (이하 생략) 대법원 2026. 1. 15. 선고 2023두62830 판결

18 　행정법통론　　　　　　　　　　　　정답 ③

☑ 오답해설

① 비록 <u>서훈취소가 대통령이 국가원수로서 행하는 행위라고 하더라도 법원이 사법심사를 자제하여야 할 고도의 정치성을 띤 행위라고 볼 수는 없다.</u> 대법원 2015. 4. 23. 선고 2012두26920 판결

② 지방자치단체가 제정한 조례가 '1994년 관세 및 무역에 관한 일반협정'(General Agreement on Tariffs and Trade 1994)이나 '정부조달에 관한 협정'(Agreement on Government Procurement)에 위반되는 경우, <u>그 조례는 무효이다.</u> 대법원 2005. 9. 9. 선고 2004추10 판결

④ 구 건축법 제9조 제1항에 의하여 <u>신고를 함으로써 건축허가를 받은 것으로 간주되는 경우에는</u> 건축을 하고자 하는 자가 적법한 요건을 갖춘 **건축신고만** 하면 행정청의 수리행위 등 별다른 조치를 기다릴 필요 없이 건축을 할 수 있다. 대법원 1999. 10. 22. 선고 98두18435 판결

☑ 정답찾기

③ <u>석탄산업법시행령 소정의 **재해위로금 청구권**은 개인의 공권으로서 그 공익적 성격에 비추어 당사자의 합의에 의하여 이를 미리 **포기할 수 없다**.</u> 대법원 1998. 12. 23. 선고 97누5046 판결

19 　종합 사례　　　　　　　　　　　　정답 ②

☑ 오답해설

① 행정처분의 <u>무효확인을 구하는 소에는 특단의 사정이 없는 한 그 취소를 구하는 취지도 포함되어 있다고 보아야 하는 점 등에 비추어 볼 때, 동일한 행정처분에 대하여 무효확인의 소를 제기하였다가 그 후 그 처분의 취소를 구하는 소를 추가적으로 병합한 경우, 주된 청구인 무효확인의 소가 적법한 제소기간 내에 제기되었다면 추가로 병합된 취소청구의 소도 적법하게 제기된 것으로 봄이 상당하다.</u> 대법원 2005. 12. 23. 선고 2005두3554 판결

③ 행정소송법 제38조 제1항이 무효확인판결에 관하여 취소판결에 관한 규정을 준용함에 있어서 같은 법 제30조 제2항(주: 거부처분 취소판결의 기속력)을 준용한다고 규정하면서도 같은 법 제34조(주: 간접강제)는 이를 준용한다는 규정을 두지 않고 있으므로, 행정처분에 대하여 <u>무효확인 판결이 내려진 경우에는 그 행정처분이 거부처분인 경우에도 행정청에 판결의 취지에 따른 재처분의무가 인정될 뿐 그에 대하여 간접강제까지 허용되는 것은 아니라고 할 것이다.</u> 대법원 1998. 12. 24.자 98무37 판결

④ 행정처분의 당연무효를 구하는 소송에 있어서 그 **무효를 구하는 사람**에게 그 행정처분에 존재하는 <u>하자가 중대하고 명백하다</u>는 것을 주장 입증할 책임이 있다. 대법원 1984. 2. 28. 선고 82누154 판결

✅ 정답찾기

② <u>행정처분의 **무효확인**을 구하는 **청구**</u>에는 특별한 사정이 없는 한 그 처분의 **취소를 구하는 취지까지도 포함**되어 있다고 볼 수는 있으나 위와 같은 경우에 <u>취소청구를 인용하려면 먼저 **취소를 구하는 항고소송으로서의 제소요건을 구비**</u>한 경우에 한한다(주 : 따라서 갑의 무효확인소송의 제기가 취소소송의 제소기간 내에 이루어진 이상, 법원은 취소판결을 선고하여야 함). 대법원 1986. 9. 23. 선고 85누838 판결

20 행정쟁송법　　　　　　　　　　정답 ①

✅ 오답해설

② 행정심판법 제15조(선정대표자)

> ④ 선정대표자가 선정되면 <u>다른 청구인들은 그 **선정대표자를 통해서만**</u> <u>그 사건에 관한 행위를 할 수 있다.</u>

③ 행정처분의 <u>취소를 구하는 항고소송</u>에서 처분청은 당초 처분의 근거로 삼은 사유와 **기본적 사실관계가 동일성이** 있다고 인정되는 한도 내에서만 다른 사유를 추가 또는 변경할 수 있고, (중략) 이러한 법리는 행정심판 단계에서도 그대로 적용된다. 대법원 2014. 5. 16. 선고 2013두26118 판결

④ 행정심판법 제44조(**사정재결**)

> ① 위원회는 심판청구가 이유가 있다고 인정하는 경우에도 이를 인용하는 것이 공공복리에 크게 위배된다고 인정하면 그 심판청구를 기각하는 재결을 할 수 있다. 이 경우 위원회는 재결의 주문에서 그 <u>처분 또는 **부작위**가 위법하거나 부당하다는 것을 구체적으로 밝혀야 한다</u>(주 : 부작위에 대한 의무이행심판에 있어서는 사정재결이 인정됨).

✅ 정답찾기

① 행정심판법 제17조(피청구인의 적격 및 경정)

> ② 청구인이 <u>피청구인을 잘못 지정한 경우</u>에는 위원회는 **직권으로 또는** <u>당사자의 신청에 의하여 결정으로써 피청구인을 경정할 수 있다.</u>

01 행정작용법 정답 ③

🗹 오답해설

① 행정기본법 제24조(인허가의제의 기준)

> ② 인허가의제를 받으려면 주된 인허가를 신청할 때 관련 인허가에 필요한 서류를 함께 제출하여야 한다. 다만, 불가피한 사유로 함께 제출할 수 없는 경우에는 **주된** 인허가 행정청이 별도로 정하는 기한까지 제출할 수 있다.

② 관련 인허가 의제 제도는 사업시행자의 이익을 위하여 만들어진 것이므로, 사업시행자가 반드시 관련 **인허가 의제 처리를 신청할 의무가 있는 것은 아니다.** 대법원 2020. 7. 23. 선고 2019두31839 판결

④ **건축불허가처분**을 하면서 그 처분사유로 건축불허가사유뿐만 아니라 형질변경불허가사유나 농지전용불허가사유를 들고 있다고 하여 그 건축불허가처분 외에 별개로 **형질변경불허가처분**이나 농지전용불허가처분이 **존재하는 것이 아니므로,** 그 건축불허가처분을 받은 사람은 그 **건축불허가처분**에 관한 쟁송에서 건축법상의 건축불허가사유뿐만 아니라 같은 도시계획법상의 형질변경불허가사유나 농지법상의 농지전용불허가사유에 관하여도 다툴 수 있는 것이지, 그 건축불허가처분에 관한 쟁송과는 별개로 형질변경불허가처분이나 농지전용불허가처분에 관한 쟁송을 제기하여 이를 다투어야 하는 것은 아니며, 그러한 쟁송을 제기하지 아니하였어도 형질변경불허가사유나 농지전용불허가사유에 관하여 불가쟁력이 생기지 아니한다. 대법원 2001. 1. 16. 선고 99두10988 판결

🗹 정답찾기

③ 건축주가 건축물을 건축하기 위해서는 건축법상 **건축허가**와 국토계획법상 **개발행위(건축물의 건축) 허가**를 각각 별도로 신청하여야 하는 것이 아니라, 건축법상 건축허가절차에서 관련 인허가 의제 제도를 통해 두 허가의 발급 여부가 동시에 심사·결정되도록 하여야 한다. 대법원 2020. 7. 23. 선고 2019두31839 판결

02 실효성 확보수단 정답 ③

🗹 오답해설

① 대집행계고처분을 하기 위하여는 법령에 의하여 직접 명령되거나 법령에 근거한 행정청의 명령에 의한 의무자의 대체적 작위의무 위반행위가 있어야 한다. 대법원 1996. 6. 28. 선고 96누4374 판결

② 이행강제금은 **대체적 작위의무의 위반에 대하여도 부과될 수 있다.** 또한 행정청은 개별사건에 있어서 위반내용, 위반자의 시정의지 등을 감안하여 **대집행과 이행강제금을 선택적으로 활용할 수 있으며,** 이처럼 그 합리적인 재량에 의해 선택하여 활용하는 이상 **중첩적인 제재에 해당한다고 볼 수 없다.** 헌법재판소 2004. 2. 26. 선고 2001헌바80 결정

④ 행정기본법 제32조(직접강제)

> ① 직접강제는 행정대집행이나 이행강제금 부과의 방법으로는 행정상 의무 이행을 확보할 수 없거나 그 실현이 불가능한 경우에 실시하여야 한다.

🗹 정답찾기

③ 구 토지수용법의 규정에 따라 피수용자 등이 기업자에 대하여 부담하는 수용대상 토지의 인도 또는 그 지장물의 명도의무 등이 비록 공법상의 법률관계라고 하더라도, 그 권리를 피보전권리로 하는 **명도단행가처분**은 그 권리에 끼칠 현저한 손해를 피하거나 급박한 위험을 방지하기 위하여 또는 그 밖의 필요한 이유가 있을 경우에는 **허용될 수 있다.** 대법원 2005. 8. 19. 선고 2004다2809 판결

03 행정법통론 정답 ①

🗹 오답해설

② 과세관청이 비과세대상에 해당하는 것으로 **잘못 알고 일단 비과세 결정을 하였으나** 그 후 과세표준과 세액의 탈루 또는 **오류가 있는** 것을 발견한 때에는, 이를 조사하여 결정할 수 있다. 대법원 1991. 10. 22. 선고 90누9360 전원합의체 판결

③ 한 사람이 여러 종류의 자동차운전면허를 취득하는 경우뿐 아니라 이를 취소 또는 정지함에 있어서도 서로 별개의 것으로 취급하는 것이 원칙이라 할 것이고 그 취소나 정지의 사유가 특정의 면허에 관한 것이 아니고 **다른 면허와 공통된** 것이거나 **운전면허를 받은 사람**에 관한 경우에는 여러 운전면허 **전부를 취소 또는 정지할 수도 있다.** 대법원 1992. 9. 22. 선고 91누8289 판결

④ **제1종 보통면허**로 운전할 수 있는 승합자동차를 음주운전한 경우, 제1종 보통면허뿐만 아니라 **제1종 대형면허까지 취소할 수 있다는** 사례. 대법원 1997. 3. 11. 선고 96누15176 판결

🗹 정답찾기

① 국세기본법에 규정된 **비과세관행**이 성립하려면, 상당한 기간에 걸쳐 과세를 하지 아니한 객관적 사실이 존재할 뿐만 아니라, 과세관청 자신이 그 사항에 관하여 과세할 수 있음을 **알면서도** 어떤 특별한 사정 때문에 과세하지 않는다는 의사가 있어야 하며, 위와 같은 공적 견해나 의사는 명시적 또는 **묵시적으로** 표시되어야 하지만 묵시적 표시가 있다고 하기 위하여는 단순한 과세누락과는 달리 과세관청이 상당기간의 불과세 상태에 대하여 과세하지 않겠다는 의사표시를 한 것으로 볼 수 있는 사정이 있어야 한다. 대법원 2003. 9. 5. 선고 2001두7855 판결

04 행정쟁송법 정답 ④

오답해설

① 당해 처분의 근거 법규 및 관련 법규에 의하여 보호되는 **법률상 이익**은 (중략) 당해 처분의 근거 법규 또는 관련 법규에서 명시적으로 당해 이익을 보호하는 **명문의 규정이 없더라도** 근거 법규 및 관련 법규의 합리적 **해석상** 그 법규에서 행정청을 제약하는 이유가 순수한 공익의 보호만이 아닌 개별적·직접적·구체적 이익을 보호하는 취지가 포함되어 있다고 해석되는 경우까지를 말한다. 대법원 2024. 3. 12. 선고 2021두58998 판결

② 법령이 특정한 행정기관 등으로 하여금 다른 행정기관을 상대로 제재적 조치를 취할 수 있도록 하면서, 그에 따르지 않으면 그 행정기관에 대하여 과태료를 부과하거나 형사처벌을 할 수 있도록 정하는 경우가 있다. 이러한 경우에는 단순히 국가기관이나 행정기관의 내부적 문제라거나 권한 분장에 관한 분쟁으로만 볼 수 없다. 행정기관의 제재적 조치의 내용에 따라 '구체적 사실에 대한 법집행으로서 공권력의 행사'에 해당할 수 있고, 그러한 조치의 상대방인 행정기관이 입게 될 불이익도 명확하다. (중략) 따라서 이러한 권리구제나 권리보호의 필요성이 인정된다면 예외적으로 그 제재적 조치의 상대방인 행정기관 등에게 항고소송 원고로서의 **당사자능력과 원고적격을 인정할 수 있다**. 대법원 2018. 8. 1. 선고 2014두35379 판결

③ 경업자에 대한 행정처분이 **경업자에게 불리한 내용**이라면 그와 경쟁관계에 있는 **기존의 업자에게는 특별한 사정이 없는 한 유리**할 것이므로 **기존의 업자**가 그 행정처분의 무효확인 또는 취소를 구할 이익은 없다고 보아야 한다. 대법원 2020. 4. 9 선고 2019두49953 판결

정답찾기

④ 인·허가 등의 수익적 행정처분을 신청한 수인이 서로 경쟁관계에 있어서 일방에 대한 허가 등의 처분이 타방에 대한 불허가 등으로 귀결될 수밖에 없는 때(이른바 **경원관계**에 있는 경우) 허가 등의 처분을 받지 못한 자는 비록 경원자에 대하여 이루어진 허가 등 처분의 **상대방이 아니라 하더라도** 당해 처분의 취소를 구할 당사자적격이 있다. 대법원 1992. 5. 8. 선고 91누13274 판결

05 행정구제법 정답 ②

오답해설

① 토지보상법 제23조(사업인정의 실효)

> ① 사업시행자가 제22조제1항에 따른 사업인정의 고시가 된 날부터 **1년 이내**에 제28조제1항에 따른 재결신청을 하지 아니한 경우에는 사업인정고시가 된 날부터 **1년**이 되는 날의 다음 날에 **사업인정은 그 효력을 상실한다.**

③ 재결에 대하여 불복절차를 취하지 아니함으로써 그 재결에 대하여 더 이상 **다툴 수 없게 된 경우**에는 기업자는 그 재결이 당연무효이거나 취소되지 않는 한, 이미 보상금을 지급받은 자에 대하여 **민사소송**으로 그 보상금을 부당이득이라 하여 반환을 구할 수 **없다**. 대법원 2001. 4. 27. 선고 2000다50237 판결

④ 토지보상법 제50조(재결사항)

> ② 토지수용위원회는 사업시행자, 토지소유자 또는 관계인이 신청한 범위에서 재결하여야 한다. 다만, 제1항 제2호의 손실보상의 경우에는 증액재결을 할 수 있다.

정답찾기

② 토지보상법 제74조(잔여지 등의 매수 및 수용 청구)

> ① 동일한 소유자에게 속하는 일단의 토지의 일부가 협의에 의하여 매수되거나 수용됨으로 인하여 잔여지를 종래의 목적에 사용하는 것이 현저히 곤란할 때에는 해당 토지소유자는 사업시행자에게 잔여지를 매수하여 줄 것을 청구할 수 있으며, 사업인정 이후에는 관할 토지수용위원회에 수용을 청구할 수 있다. 이 경우 수용의 청구는 매수에 관한 협의가 성립되지 아니한 경우에만 할 수 있으며, 사업 완료일까지 하여야 한다(주 : 잔여지 매수 등 청구는 잔여지를 종래의 목적에 사용하는 것이 현저히 곤란할 때 할 수 있는 것임).

06 행정쟁송법 정답 ③

오답해설

ㄱ. 근로자가 부당해고 구제신청을 할 당시 이미 정년에 이르거나 근로계약기간 만료, 폐업 등의 사유로 근로계약관계가 종료하여 근로자의 지위에서 벗어난 경우에는 노동위원회의 구제명령을 받을 이익이 소멸했다고 보는 것이 타당하다. 그와 같이 구제명령을 받을 이익이 소멸했다면, 재심판정을 취소하더라도 노동위원회로서는 다시 구제명령을 할 수 없으므로, 근로자로서는 다른 특별한 사정이 없는 한 재심판정의 취소를 구할 소의 이익이 없다. 대법원 2025. 10. 16. 선고 2025두33276 판결

> [비교판례] 근로자가 부당해고 구제신청을 하여 해고의 효력을 다투던 중 정년에 이르거나 근로계약기간이 만료하는 등의 사유로 원직에 복직하는 것이 불가능하게 된 경우에도 해고기간 중의 임금 상당액을 지급받을 필요가 있다면 임금 상당액 지급의 구제명령을 받을 이익이 유지되므로 구제신청을 기각한 중앙노동위원회의 재심판정을 다툴 소의 이익이 있다. 대법원 2020. 2. 20. 선고 2019두52386 전원합의체 판결

정답찾기

ㄴ. 항고소송에 있어서 원고는 **전심절차에서 주장하지 아니한** 공격방어방법을 소송절차에서 주장할 수 있고 법원은 이를 심리하여 행정처분의 적법 여부를 판단할 수 있는 것이므로, 원고가 전심절차에서 주장하지 아니한 처분의 위법사유를 소송절차에서 새롭게 주장하였다고 하여 다시 그 처분에 대하여 **별도의 전심절차를 거쳐야 하는 것은 아니다**. 대법원 1996. 6. 14. 선고 96누754 판결

ㄷ. 민사소송인 이 사건 소가 서울행정법원에 제기되었는데도 피고는 제1심법원에서 관할위반이라고 항변하지 아니하고 **본안에 대하여 변론**을 한 사실을 알 수 있는바, (중략) 행정소송법 제8조 제2항, 민사소송법 제30조에 의하여 제1심법원에 **변론관할**이 생겼다고 봄이 상당하다. 대법원 2013. 2. 28. 선고 2010두22368 판결

제13회

07 행정작용법　　　　　　　정답 ①

☑ 오답해설

② 헌법 제38조, 제59조에서 채택하고 있는 **조세법률주의의 원칙**은 과세요건과 징수절차 등 조세권행사의 요건과 절차는 국민의 대표기관인 국회가 제정한 법률로써 규정하여야 한다는 것이나, 과세요건과 징수절차에 관한 사항을 명령·규칙 등 하위법령에 위임하여 규정하게 할 수 없는 것은 아니다. 대법원 1994. 9. 30.자 94부18 결정

③ 법원이 구체적 규범통제를 통해 위헌·위법으로 선언할 심판대상은, 해당 규정의 전부가 불가분적으로 결합되어 있어 일부를 무효로 하는 경우 나머지 부분이 유지될 수 없는 결과를 가져오는 특별한 사정이 없는 한, 원칙적으로 해당 규정 중 **재판의 전제성이 인정되는 조항에 한정**된다. 대법원 2019. 6. 13. 선고 2017두33985 판결

④ 행정소송법 제6조(명령·규칙의 위헌판결등 공고)

> ① 행정소송에 대한 대법원판결에 의하여 명령·규칙이 헌법 또는 법률에 위반된다는 것이 확정된 경우에는 대법원은 지체없이 그 사유를 **행정안전부장관에게 통보하여야** 한다.

☑ 정답찾기

① 법률이 행정청에 대하여 행정입법을 할 재량을 부여하였다 하더라도, 그 재량을 부여한 취지와 목적에 비추어 행정청이 행정입법의 **권한을 행사하지 아니한 것이 현저하게 합리성을 잃어** 사회적 타당성이 없는 경우에는 그 **부작위가 객관적 정당성을 상실**하였다고 볼 수 있고, 객관적 정당성을 상실하였다고 볼 수 있는 경우에는 특별한 사정이 없으면 국가배상법 제2조 제1항에서 정한 공무원의 **과실도 인정**된다. 대법원 2024. 12. 19. 선고 2022다289051 전원합의체 판결

08 행정쟁송법　　　　　　　정답 ①

☑ 오답해설

② **감사원의 징계 요구와 재심의결정**은 항고소송의 대상이 되는 행정처분이라고 할 수 없다. 대법원 2016. 12. 27. 선고 2014두5637 판결

③ **국세환급금결정**이나 그 결정을 구하는 신청에 대한 **환급거부결정** 등은 항고소송의 대상이 되는 처분이라고 볼 수 없다. 대법원 1994. 12. 2. 선고 92누14250 판결

④ 과세관청의 원천징수의무자인 법인에 대한 **소득금액변동통지**는 항고소송의 대상이 되는 **조세행정처분**이다. 대법원 2006. 4. 20. 선고 2002두1878 판결

☑ 정답찾기

① 지방노동위원회의 결정에 대해서는 **재결주의**가 적용되어 중앙노동위원회의 재심판정만이 항고소송의 대상이 된다.

> **근로기준법 제31조(구제명령 등의 확정)**
> ① 「노동위원회법」에 따른 **지방노동위원회의 구제명령이나 기각결정**에 불복하는 사용자나 근로자는 구제명령서나 기각결정서를 통지받은 날부터 10일 이내에 중앙노동위원회에 **재심**을 신청할 수 있다.
> ② 제1항에 따른 중앙노동위원회의 **재심판정**에 대하여 사용자나 근로자는 재심판정서를 송달받은 날부터 15일 이내에 「행정소송법」의 규정에 따라 **소를 제기할 수 있다.**

09 행정정보　　　　　　　정답 ②

☑ 오답해설

① 교육공무원승진규정 제26조에서 **근무성적평정의 결과를** 공개하지 아니한다고 규정하고 있다고 하더라도 위 **교육공무원승진규정**은 법률이 위임한 명령에 해당하지 아니하므로 위 규정을 근거로 정보공개청구를 거부하는 것은 잘못이다. 대법원 2006. 10. 26. 선고 2006두11910 판결

③ 사법시험 제2차 시험의 **답안지** 열람은 시험문항에 대한 **채점위원별 채점 결과**의 열람과 달리 사법시험업무의 수행에 현저한 지장을 초래한다고 볼 수 없다. 대법원 2003. 3. 14. 선고 2000두6114 판결

④ (재소자가 교도관의 가혹행위를 이유로 형사고소 및 민사소송을 제기하면서 그 증명자료 확보를 위해 '근무보고서'와 '징벌위원회 회의록' 등의 정보공개를 요청하였으나 교도소장이 이를 거부한 사안에서) 근무보고서는 **비공개대상정보**에 해당한다고 볼 수 없고, 징벌위원회 회의록 중 **비공개 심사·의결 부분**은 비공개사유에 해당하지만 **징벌절차 진행 부분**은 비공개사유에 해당하지 않는다고 보아 분리 공개가 허용된다고 한 사례. 대법원 2009. 12. 10. 선고 2009두12785 판결

☑ 정답찾기

② 정보공개법 제9조 제1항 제5호에서의 '감사·감독·검사·시험·규제·입찰계약·기술개발·인사관리·의사결정과정 또는 내부검토과정에 있는 사항'은 **비공개대상정보를 예시적으로** 열거한 것이라고 할 것이므로 **의사결정과정에 제공된 회의관련 자료나 의사결정과정이 기록된 회의록** 등은 의사가 결정되거나 의사가 집행된 경우에는 더 이상 의사결정과정에 있는 사항 그 자체라고는 할 수 없으나, 의사결정과정에 있는 사항에 **준하는 사항으로서 비공개대상정보에 포함될 수 있다.** 대법원 2003. 8. 22. 선고 2002두12946 판결

10 행정법통론　　　　　　　정답 ④

☑ 오답해설

① 사인의 공법상 행위는 명문으로 금지되거나 성질상 불가능한 경우가 아닌 한 그에 따른 **행정행위가 행하여질 때까지** 자유로이 철회하거나 보정할 수 있다. 대법원 2014. 7. 10. 선고 2013두7025 판결

② 체육시설의 설치·이용에 관한 법률에 따른 골프연습장의 신고요건을 갖춘 자라 할지라도 골프연습장을 설치하려는 건물이 **건축법상 무허가 건물**이라면 적법한 신고를 할 수 없다. 대법원 1993. 4. 27. 선고 93누1374 판결

③ 정신과**의원을 개설**하려는 자가 법령에 규정되어 있는 요건을 갖추어 개설신고를 한 때에, 행정청은 원칙적으로 이를 수리하여 신고필증을 교부하여야 하고, 법령에서 정한 요건 **이외의 사유를 들어** 의원급 의료기관 개설신고의 **수리를 거부할 수는 없다.** 대법원 2018. 10. 25. 선고 2018두44302 판결

☑ 정답찾기

④ 구 체육시설의 설치·이용에 관한 법률 제18조에 의한 **골프장이용료 변경신고서**는 그 신고 자체가 위법하거나 그 신고에 무효사유가 없는 한 이것이 도지사에게 제출하여 접수된 때에 신고가 있었다고 볼 것이고, 도지사의 **수리행위가 있어야만** 신고가 있었다고 볼 것은 아니다. 대법원 1993. 7. 6.자 93마635 판결

11 행정작용법 　　정답 ④

오답해설

① 건축허가는 **대물적** 성질을 갖는 것이어서 허가대상 건축물에 대한 권리변동에 수반하여 자유로이 양도할 수 있는 것이고, 그에 따라 건축허가의 효과는 허가대상 건축물에 대한 **권리변동에 수반하여 이전**되며 별도의 승인처분에 의하여 이전되는 것이 아니다. 대법원 2010. 5. 13. 선고 2010두2296 판결

② 관할관청의 개인택시 운송사업면허의 양도·양수에 대한 인가에는 양도인과 양수인 간의 양도행위를 보충하여 그 법률효과를 완성시키는 의미에서의 인가처분뿐만 아니라 양수인에 대해 양도인이 가지고 있던 면허와 동일한 내용의 면허를 부여하는 처분이 포함되어 있다. 대법원 1994. 8. 23. 선고 94누4882 판결

③ 여객자동차운수사업법에 따른 개인택시운송사업 면허는 특정인에게 권리나 이익을 부여하는 재량행위이고, 행정청이 면허 발급 여부를 심사함에 있어 이미 설정된 면허기준의 해석상 당해 신청이 면허발급의 우선순위에 해당함이 명백함에도 불구하고 이를 제외시켜 면허거부처분을 하였다면 특별한 사정이 없는 한 그 거부처분은 재량권을 남용한 위법한 처분이다. 대법원 2002. 1. 22. 선고 2001두8414 판결

정답찾기

④ 재량행위에 대한 법원의 심사는 합법성 심사, 즉 재량권의 일탈 또는 남용이 있는지 여부만을 대상으로 할 뿐이고, 이와 달리 적법한 재량의 한계 내에서 한 행정청의 판단이 합목적성을 준수하였는지 여부, 이른바 합목적성 심사는 권력분립의 원칙상 법원의 심사 대상이 되지 아니한다.

> **재량행위**의 경우 행정청의 재량에 기한 공익판단의 여지를 감안하여 법원은 독자의 **결론을 도출함이 없이** 당해 행위에 재량권의 일탈·남용이 있는지 여부만을 심사하게 된다. 대법원 2005. 7. 14. 선고 2004두6181 판결

12 행정절차법 　　정답 ④

오답해설

① 행정절차법의 적용이 제외되는 '**외국인의 출입국에 관한 사항**'이란 해당 행정작용의 **성질상** 행정절차를 거치기 곤란하거나 거칠 필요가 없다고 인정되는 사항이나 행정절차에 **준하는** 절차를 거친 사항으로서 행정절차법 시행령으로 정하는 **사항만**을 가리킨다. '**외국인의 출입국에 관한 사항**'이라고 하여 행정절차를 거칠 필요가 당연히 부정되는 것은 아니다. 대법원 2019. 7. 11. 선고 2017두38874 판결

② 행정절차법 제31조(청문의 진행)

> ③ 당사자등이 **의견서**를 제출한 경우에는 **그 내용을 출석하여 진술한 것으로 본다.**

③ 행정절차법 시행령 제13조 제2호는 법원의 재판 등에 따라 처분의 전제가 되는 사실이 객관적으로 증명되면 행정청이 반드시 일정한 처분을 해야 하는 경우 등 의견청취가 행정청의 **처분 여부나 그 수위 결정에 영향을 미치지 못하는** 경우를 의미한다고 보아야 한다. 처분의 전제가 되는 '일부' 사실만 증명된 경우이거나 의견청취에 따라 행정청의 **처분 여부나 처분 수위가 달라질 수 있는** 경우라면 위 예외사유에 해당하지 않는다. 대법원 2020. 7. 23. 선고 2017두66602 판결

④ 행정절차법 제20조가 정하고 있는 처분기준의 설정·공표 의무는 '**공통의 처분절차**'로서 침익적 처분과 수익적 처분 모두에 대해서 적용된다.

13 행정작용법 　　정답 ③

오답해설

ㄱ. 표준지로 선정된 토지의 표준지공시지가를 다투기 위해서는 처분청인 국토교통부장관에게 이의를 신청하거나 국토교통부장관을 상대로 공시지가결정의 취소를 구하는 행정심판이나 행정소송을 제기해야 한다. 그러한 절차를 밟지 않은 채 토지 등에 관한 **재산세 등 부과처분의 취소를 구하는** 소송에서 **표준지공시지가결정의 위법성을 다투는 것은** 원칙적으로 **허용되지 않는다**. 대법원 2022. 5. 13. 선고 2018두50147 판결

정답찾기

ㄴ. 신청에 의한 처분의 경우에는 신청에 대하여 일단 거부처분이 행해지면 그 거부처분이 적법한 절차에 의하여 취소되지 않는 한, 사유를 추가하여 **거부처분을 반복**하는 것은 존재하지도 않는 신청에 대한 거부처분으로서 당연**무효**이다. 대법원 1999. 12. 28. 선고 98두1895 판결

ㄷ. 도시관리계획결정·고시와 그 도면에 특정 토지가 도시관리계획에 **포함되지 않음이 명백**한데도 도시관리계획을 집행하기 위한 후속 계획이나 처분에서 그 토지가 도시관리계획에 포함된 것처럼 표시되어 있는 경우가 있다. 이것은 실질적으로 도시관리계획결정을 변경하는 것에 해당하여 구 국토의 계획 및 이용에 관한 법률에서 정한 도시관리계획 변경절차를 거치지 않는 한 당연**무효**이다. 대법원 2019. 7. 11. 선고 2018두47783 판결

14 행정작용법 　　정답 ②

오답해설

① 수익적 행정처분에 존재하는 하자나 취소해야 할 필요성에 관한 증명책임은 기존 이익과 권리를 침해하는 처분을 한 **행정청**에 있다. 대법원 2014. 11. 27. 선고 2014두9226 판결

③ 영유아보육법 제30조 제5항 제3호에 따른 **평가인증의 취소**는 평가인증 당시에 존재하였던 하자가 아니라 그 이후에 새로이 발생한 사유로 평가인증의 효력을 소멸시키는 경우에 해당하므로, 법적 성격은 평가인증의 '**철회**'에 해당한다. (중략) 평가인증을 철회하는 처분을 하면서도, 평가인증의 효력을 과거로 **소급**하여 상실시키기 위해서는, 특별한 사정이 없는 한 영유아보육법 제30조 제5항과는 **별도의 법적 근거**가 필요하다. 대법원 2018. 6. 28. 선고 2015두58195 판결

④ 변상금 부과처분에 대한 **취소소송이 진행 중이라도** 그 부과권자로서는 **위법한 처분을 스스로 취소**하고 그 하자를 보완하여 다시 적법한 부과처분을 할 수도 있다. 대법원 2006. 2. 10. 선고 2003두5686 판결

정답찾기

② 직권취소는 그 자체가 하나의 독립한 처분이므로, 행정절차법상 이유제시 등 절차규정이 적용된다.

15 종합 사례　　　정답 ②

☑ 오답해설

① **대한변호사협회**는 변호사 등록에 관한 한 공법인으로서 공권력 행사의 주체이다. (중략) 대한변호사협회가 등록사무의 수행과 관련하여 정립한 규범을 단순히 내부 기준이라거나 사법적인 성질을 지니는 것이라 볼 수는 없고, 변호사 등록을 하려는 자와의 관계에서 **대외적 구속력을 가지는** 공권력 행사에 해당한다고 할 것이다. 헌법재판소 2019. 11. 28. 선고 2017헌마759 전원재판부 결정

③ 국가배상법은 국가배상책임의 주체로 국가와 지방자치단체만을 정하고 있으므로, 공무를 수탁 받은 공공단체는 국가배상법이 아닌 **민법**에 따른 배상책임을 진다.

> **국가배상법 제2조(배상책임)** ① 국가나 지방자치단체는 공무원 또는 공무를 위탁받은 사인이 직무를 집행하면서 고의 또는 과실로 법령을 위반하여 타인에게 손해를 입히거나, 「자동차손해배상 보장법」에 따라 손해배상의 책임이 있을 때에는 이 법에 따라 그 손해를 배상하여야 한다.

④ 원고가 변호사등록이 위법하게 지연된 기간에 변호사자격이 없는 일반 근로자로서 타인에게 고용되어 일함으로써 급여소득을 얻었다면 그 급여소득액은 손해배상의 대상이 되는 일실수입액에서 공제(**손익상계**)하여야 한다. 대법원 2021. 1. 28. 선고 2019다260197 판결

> **국가배상법 제3조의2(공제액)** ① 제2조 제1항을 적용할 때 피해자가 손해를 입은 동시에 이익을 얻은 경우에는 손해배상액에서 그 이익에 상당하는 금액을 빼야 한다.

☑ 정답찾기

② 공법인이 국가로부터 위탁받은 공행정사무를 집행하는 과정에서 공법인의 임직원이나 피용인이 고의 또는 과실로 법령을 위반하여 타인에게 손해를 입힌 경우에는, **공법인**은 위탁받은 공행정사무에 관한 **행정주체**의 지위에서 배상책임을 부담하여야 하지만, 공법인의 **임직원이나 피용인**은 실질적인 의미에서 공무를 수행한 사람으로서 국가배상법 제2조에서 정한 **공무원**에 해당하므로 **고의 또는 중과실**이 있는 경우에만 배상책임을 부담하고 **경과실**이 있는 경우에는 배상책임을 면한다(대한변호사협회는 을 및 등록심사위원회 위원들이 속한 행정주체의 지위에서 갑에게 변호사등록이 위법하게 지연됨으로 인하여 얻지 못한 수입 상당액의 손해를 배상할 의무가 있는 반면, 을은 경과실 공무원의 면책 법리에 따라 갑에 대한 배상책임을 부담하지 않는다고 한 사례). 대법원 2021. 1. 28. 선고 2019다260197 판결

16 실효성 확보수단　　　정답 ④

☑ 오답해설

① 행정조사기본법 제3조(적용범위)

> ② 다음 각 호의 어느 하나에 해당하는 사항에 대하여는 이 법을 적용하지 아니한다.
> 5. 조세·형사·행형 및 보안처분에 관한 사항
> ③ 제2항에도 불구하고 제4조(행정조사의 기본원칙), 제5조(행정조사의 근거) 및 제28조(정보통신수단을 통한 행정조사)는 제2항 각 호의 사항에 대하여 적용한다.

② 구 독점규제 및 공정거래에 관한 법률 제24조의2에 의한 부당내부거래에 대한 **과징금**은 **행정상의 제재금**으로서의 기본적 성격에 **부당이득환수적 요소도 부가되어 있는** 것이라 할 것이고, 이를 두고 헌법 제13조 제1항에서 금지하는 **국가형벌권** 행사로서의 '처벌'에 해당한다고는 할 수 **없으므로**, 공정거래법에서 형사처벌과 아울러 과징금의 병과를 예정하고 있더라도 **이중처벌금지원칙에 위반된다고 볼 수 없다**. 헌법재판소 2003. 7. 24. 선고 2001헌가25 결정

③ 지방국세청장 또는 세무서장이 조세범 처벌절차법에 따라 **통고처분**을 거치지 아니하고 즉시 **고발**하였다면 이로써 조세범칙사건에 대한 조사 및 처분 절차는 종료되고 형사사건 절차로 이행되어 지방국세청장 또는 세무서장으로서는 동일한 조세범칙행위에 대하여 더 이상 **통고처분**을 할 권한이 없다. 대법원 2016. 9. 28. 선고 2014도10748 판결

☑ 정답찾기

④ 과태료재판의 경우, 법원으로서는 **기록상 현출**되어 있는 사항에 관하여 직권으로 증거조사를 하고 이를 기초로 하여 판단할 수 있는 것이나, 그 경우 행정청의 과태료부과처분사유와 **기본적 사실관계에서 동일성**이 인정되는 한도 내에서만 과태료를 부과할 수 있다. 대법원 2012. 10. 19.자 2012마1163 결정

17 행정작용법　　　정답 ①

☑ 오답해설

② 도시 및 주거환경정비법상 주택재건축정비사업조합이 같은 법 제48조에 따라 수립한 관리처분계획에 대하여 관할 행정청의 인가·고시까지 있게 되면 관리처분계획은 행정처분으로서 효력이 발생하게 되므로, 총회결의의 하자를 이유로 하여 행정처분의 효력을 다투는 **항고소송의 방법으로 관리처분계획**의 취소 또는 무효확인을 구하여야 하고, 그와 별도로 행정처분에 이르는 절차적 요건 중 하나에 불과한 총회결의 부분만을 따로 떼어내어 효력 유무를 다투는 확인의 소를 제기하는 것은 특별한 사정이 없는 한 허용되지 않는다. 대법원 2009. 9. 17. 선고 2007다2428 판결

③ 토지 등 소유자들이 직접 시행하는 도시환경정비사업에서 토지 등 소유자에 대한 **사업시행인가처분**은 단순히 사업시행계획에 대한 보충행위로서의 성질을 가지는 것이 아니라 구 도시정비법상 정비사업을 시행할 수 있는 권한을 가지는 행정주체로서의 지위를 부여하는 일종의 **설권적 처분**의 성격을 가진다. 대법원 2013. 6. 13. 선고 2011두19994 판결

④ 조합설립추진위원회 구성승인은 조합의 설립을 위한 주체인 추진위원회의 구성행위를 보충하여 효력을 부여하는 처분이다. 대법원 2014. 2. 27. 선고 2011두2248 판결

☑ 정답찾기

① 기본행위인 사업시행계획에는 하자가 없는데 보충행위인 인가처분에 고유한 하자가 있다면 그 인가처분의 무효확인이나 취소를 구하여야 할 것이지만, 인가처분에는 고유한 하자가 없는데 **사업시행계획에 하자**가 있다면 사업시행계획의 무효확인이나 취소를 구하여야 할 것이지 사업시행계획의 무효를 주장하면서 곧바로 그에 대한 인가처분의 무효확인이나 취소를 구하여서는 아니 된다. 대법원 2021. 2. 10. 선고 2020두48031 판결

18 행정작용법   정답 ③

오답해설

① 어떤 처분의 당초 처분사유와 <u>기본적 사실관계의 동일성이 인정되지 않는</u> 다른 사유가 있다면, 그 처분에 대한 취소소송에서 <u>처분사유 추가·변경은 허용되지 않지만</u>, 처분청이 그 처분에 대한 <u>취소판결 확정 후 그 다른 사유를 근거로 별도의 처분을 하는 것은 허용된다.</u> 대법원 2020. 12. 24. 선고 2019두55675 판결

② '기판력'이란 기판력 있는 전소 판결의 소송물과 동일한 후소를 허용하지 않음과 동시에, <u>후소의 소송물이 전소의 소송물과 동일하지는 않더라도 전소의 소송물에 관한 판단이 후소의 선결문제가 되거나 모순관계에 있을 때에는 후소에서 전소 판결의 판단과 다른 주장을 하는 것을 허용하지 않는 작용을</u> 한다. 대법원 2016. 3. 24. 선고 2015두48235 판결

④ 도시 및 주거환경정비법상 주택재개발사업조합의 <u>조합설립인가처분이 법원의 재판에 의하여 취소된 경우 그 조합설립인가처분은 소급하여 효력을 상실</u>하고, 이에 따라 당해 주택재개발사업조합 역시 조합설립인가처분 당시로 <u>소급하여</u> 도시정비법상 주택재개발사업을 시행할 수 있는 행정주체인 공법인으로서의 <u>지위를 상실</u>하므로, 당해 주택재개발사업조합이 <u>조합설립인가처분 취소</u> 전에 도시정비법상 적법한 행정주체 또는 사업시행자로서 **한 결의 등 처분**은 달리 특별한 사정이 없는 한 소급하여 효력을 상실한다. 대법원 2012. 3. 29. 선고 2008다95885 판결

정답찾기

③ 행정소송법 제38조 제1항이 <u>무효확인판결에 관하여</u> 취소판결에 관한 규정을 준용함에 있어서 같은 법 제30조 제2항(주: 거부처분 취소판결의 **기속력**)을 <u>준용한다고 규정</u>하면서도 같은 법 제34조(주: **간접강제**)는 이를 준용한다는 규정을 두지 않고 있으므로, 행정처분에 대하여 <u>무효확인 판결이 내려진 경우</u>에는 그 행정처분이 거부처분인 경우에도 행정청에 판결의 취지에 따른 <u>재처분의무가 인정될 뿐</u> 그에 대하여 **간접강제까지 허용되는 것은 아니라고 할 것이다.** 대법원 1998. 12. 24.자 98무37 판결

19 행정구제법   정답 ①

오답해설

② 집중호우로 제방도로가 유실되면서 그 곳을 걸어가던 보행자가 강물에 휩쓸려 익사한 경우, 사고 당일의 집중호우가 **50년** 빈도의 최대강우량에 해당한다는 사실만으로 불가항력에 기인한 것으로 볼 수 없다. 대법원 2000. 5. 26. 선고 99다53247 판결

③ 하천의 관리청이 관계 규정에 따라 설정한 계획홍수위를 변경시켜야 할 사정이 생기는 등 특별한 사정이 없는 한, 이미 존재하는 <u>하천의 제방이 계획홍수위를 넘고 있다면</u> 그 하천은 용도에 따라 통상 갖추어야 할 안전성을 갖추고 있다고 보아야 하고, 그와 같은 하천이 그 후 새로운 하천시설을 설치할 때 기준으로 삼기 위하여 제정한 '하천시설기준'이 정한 여유고를 확보하지 못하고 있다는 사정만으로 바로 안전성이 결여된 하자가 있다고 볼 수는 없다. 대법원 2003. 10. 23. 선고 2001다48057 판결

④ (고등학교 3학년 학생이 교사의 단속을 피해 **담배를 피우기 위하여 3층 건물 화장실 밖의 난간**을 지나다가 실족하여 사망한 사안에서) 학교 관리자에게 그와 같은 이례적인 사고가 있을 것을 예상하여 복도나 화장실 창문에 난간으로의 출입을 막기 위하여 출입금지장치나 추락위험을 알리는 경고표지판을 설치할 <u>의무가 있다고 볼 수는 없으므로</u>, 학교시설의 설치·관리상의 하자가 없다. 대법원 1997. 5. 16. 선고 96다54102 판결

정답찾기

① **가변차로**에 설치된 두 개의 신호등에서 <u>서로 모순되는 신호</u>가 들어오는 오작동이 발생하였고 그 고장이 현재의 기술 수준상 부득이한 것이라고 가정하더라도 그와 같은 사정만으로 손해발생의 예견가능성이나 회피가능성이 없어 영조물의 하자를 인정할 수 없는 경우라고 단정할 수 없다. 대법원 2001. 7. 27. 선고 2000다56822 판결

20 행정쟁송법   정답 ②

오답해설

ㄴ. 행정심판법 제21조(심판참가의 요구)

> ① 위원회는 필요하다고 인정하면 그 행정심판 결과에 이해관계가 있는 제3자나 행정청에 그 사건 심판에 <u>참가할 것을 요구할 수 있다</u>(주: 위원회가 <u>직권으로 심판참가를 시킬 수는 없음</u>).

정답찾기

ㄱ. 행정심판법 제39조(직권심리)

> 위원회는 필요하면 당사자가 **주장하지 아니한 사실**에 대하여도 심리할 수 있다.

ㄷ. 행정심판법 제15조(선정대표자)

> ③ <u>선정대표자는 다른 청구인들을 위하여 그 사건에 관한 모든 행위를</u> 할 수 있다. 다만, 심판청구를 **취하하려면** 다른 청구인들의 동의를 받아야 하며, 이 경우 동의받은 사실을 서면으로 소명하여야 한다.

Answer

01	④	02	①	03	③	04	④	05	②
06	①	07	③	08	③	09	②	10	④
11	②	12	②	13	④	14	①	15	②
16	①	17	④	18	②	19	②	20	③

01 행정절차법 정답 ④

☑ 오답해설

① 행정절차법 제35조(청문의 종결)

> ② 청문 주재자는 당사자등의 전부 또는 일부가 **정당한 사유 없이 청문기일에 출석하지 아니하거나** 제31조 제3항에 따른 **의견서를 제출하지 아니한 경우**에는 이들에게 다시 의견진술 및 증거제출의 기회를 주지 아니하고 청문을 **마칠 수 있다.**

② 국민건강보험공단의 자격변경(**직장가입자의 피부양자를 지역가입자로 변경**)처분은 갑의 피부양자 자격을 소급하여 박탈하는 내용을 포함하므로, 국민건강보험공단은 위 처분에 앞서 갑에게 행정절차법 제21조 제1항에 따라 사전통지를 하거나 의견 제출의 기회를 주어야 하고, 이를 하지 않은 것은 절차상 하자에 해당한다. 대법원 2024. 7. 18. 선고 2023두36800 전원합의체 판결

③ 행정절차법 제28조(청문 주재자)

> ② 행정청은 다음 각 호의 어느 하나에 해당하는 처분을 하려는 경우에는 청문 주재자를 **2명 이상으로** 선정할 수 있다. 이 경우 선정된 청문 주재자 중 1명이 청문 주재자를 대표한다.
> 2. **다수 국민에게 불편이나 부담을 주는 처분**

☑ 정답찾기

④ 도로법이 **도로구역**을 결정하거나 변경할 경우 이를 고시에 의하도록 하면서, 그 도면을 일반인이 열람할 수 있도록 한 점 등을 종합하여 보면, 도로구역을 변경한 이 사건 처분은 행정절차법 제21조 제1항의 사전통지나 제22조 제3항의 의견청취의 대상이 되는 처분은 아니라고 할 것이다. 대법원 2008. 6. 12. 선고 2007두1767 판결

02 행정쟁송법 정답 ①

☑ 오답해설

② 처분성이 인정되는 **국민권익위원회의 조치요구**에 불복하고자 하는 소방청장으로서는 조치요구의 취소를 구하는 항고소송을 제기하는 것이 유효·적절한 수단으로 볼 수 있으므로 **소방청장이 예외적으로 당사자능력과 원고적격을 가진다.** 대법원 2018. 8. 1. 선고 2014두35379 판결

③ 행정소송법 제14조 및 행정소송규칙 제6조

> **행정소송법 제14조(피고경정)** ① 원고가 피고를 잘못 지정한 때에는 법원은 원고의 신청에 의하여 결정으로써 피고의 경정을 허가할 수 있다.

> **행정소송규칙 제6조(피고경정)** 법 제14조제1항에 따른 피고경정은 사실심 변론을 종결할 때까지 할 수 있다.

④ 사립학교 교원에 대한 징계처분의 경우에는 **학교법인 등의 징계처분은 행정처분성이 없는 것**이고 그에 대한 소청심사청구에 따라 위원회가 한 결정이 행정처분이고 교원이나 학교법인 등은 그 결정에 대하여 행정소송으로 다투는 구조가 되므로, 행정소송에서의 심판대상은 학교법인 등의 원 징계처분이 아니라 **위원회의 결정**이 되고, 따라서 피고도 행정청인 위원회가 되는 것이다. 대법원 2013. 7. 25. 선고 2012두12297 판결

☑ 정답찾기

① 타인 사이의 항고소송에서 소송의 결과에 관하여 이해관계가 있다고 주장하면서 민사소송법 제71조에 의한 보조참가를 할 수 있는 제3자는 민사소송법상의 당사자능력 및 소송능력을 갖춘 자이어야 하므로 그러한 **당사자능력 및 소송능력이 없는 행정청으로서는 민사소송법상의 보조참가를 할 수는 없고** 다만 행정소송법 제17조 제1항에 의한 소송참가를 할 수 있을 뿐이다. 대법원 2002. 9. 24. 선고 99두1519 판결

03 혼합 정답 ③

☑ 오답해설

① **서울특별시지하철공사**의 임원과 직원의 근무관계의 성질은 **사법관계**에 속하므로, 위 지하철공사의 사장이 그 이사회의 결의를 거쳐 제정된 인사규정에 의거하여 소속직원에 대한 징계처분을 한 경우 이에 대한 불복절차는 민사소송에 의할 것이지 행정소송에 의할 수는 없다. 대법원 1989. 9. 12. 선고 89누2103 판결

② 피재근로자가 석탄산업합리화사업단에 대하여 가지는 **재해위로금의 지급청구권**은 위 규정이 정하는 지급요건이 충족되면 **당연히 발생함**과 아울러 그 금액도 확정되는 것이지 위 사업단의 지급결정 여부에 의하여 그 청구권의 발생이나 금액이 좌우되는 것이 아니므로 (중략) 위 사업단이 표시한 재해위로금 지급거부의 의사표시에 불복이 있는 경우에는 위 사업단을 상대로 그 지급거부의 의사표시에 대한 항고소송을 제기하여야 하는 것이 아니라 직접 공법상의 **당사자소송**을 제기하여야 한다. 대법원 1999. 1. 26. 선고 98두12598 판결

④ 지방자치단체가 A 주식회사를 **자원회수시설과** 부대시설의 운영·유지관리 등을 위탁할 민간사업자로 선정하고 A 주식회사와 체결한 위 시설에 관한 **위·수탁 운영 협약**은 **사법상 계약에 해당한다.** 대법원 2019. 10. 17. 선고 2018두60588 판결

☑ 정답찾기

③ 체납처분에서 **공매대금의 배분**은 행정처분에 속하는 것으로서 공매대금을 배분받은 당사자는 배분처분에 기하여 그와 같은 대금을 보유하는 것이다. 따라서 배분처분에 하자가 있어 그것이 위법하게 된다 하더라도 그 배분처분이 취소되거나 당연무효로 인정되어 **공정력이 배제되지 아니하는 한** 배분된 돈이 법률상 원인이 없는 것으로서 곧바로 **부당이득**에 해당한다고 볼 수 없다. 나아가 행정처분이 당연무효라고 하기 위하여는 그 처분에 위법사유가 있다는 것만으로는 부족하고 그 하자가 법규의 중요한 부분을 위반한 중대한 것으로서 객관적으로 명백한 것이어야 한다. 대법원 2026. 2. 12 선고 2023다285438 판결

04 실효성 확보수단   정답 ④

오답해설

① 부동산 실권리자명의 등기에 관한 법률 제5조에 의하여 부과된 과징금 채무는 대체적 급부가 가능한 의무이므로 위 과징금을 부과받은 자가 사망한 경우 그 **상속인에게 포괄승계**된다. 대법원 1999. 5. 14. 선고 99두35 판결

② 질서위반행위규제법 제20조(이의제기)

> ② 제1항에 따른 <u>이의제기가 있는 경우</u>에는 행정청의 **과태료 부과처분은 그 효력을 상실한다.**

③ 일정한 법규 위반 사실이 행정처분의 전제사실이자 형사법규의 위반 사실이 되는 경우에 동일한 행위에 관하여 독립적으로 행정처분이나 형벌을 부과하거나 이를 **병과할 수 있다.** 법규가 예외적으로 형사소추 선행 원칙을 규정하고 있지 않은 이상 **형사판결 확정에 앞서** 일정한 위반사실을 들어 **행정처분을 하였다고 하여 절차적 위반이 있다고 할 수 없다.** 대법원 2017. 6. 19. 선고 2015두59808 판결

정답찾기

④ **가산세**는 세법에서 규정하는 의무의 성실한 이행을 확보하기 위하여 세법에 따라 산출한 본세액에 가산하여 징수하는 **독립된 조세**이다. 다만 이중 **무신고 · 과소신고 · 납부불성실가산세** 등은 가산세 부과의 근거가 되는 법률 규정에서 **본세의 세액이 유효**하게 확정되어 있을 것을 **전제**로 납세의무자가 법정기한까지 과세표준과 세액을 제대로 신고하거나 납부하지 않을 것을 요건으로 하는 것이므로, 신고 · 납부할 본세의 납세의무가 인정되지 아니하는 경우 이를 따로 **부과할 수 없다.** 본세가 소송 등에 의하여 취소된 경우에도 위와 같은 유형의 가산세는 처분의 기초를 상실하여 **위법**하게 된다. 대법원 2026. 1. 8. 선고 2023두41055 판결

05 행정작용법   정답 ②

오답해설

① **5급 이상의 국가정보원직원**에 대한 의원면직처분이 임면권자인 대통령이 아닌 국가정보원장에 의해 행해진 것으로 위법하고, (중략) 그러한 하자가 중대한 것이라고 볼 수는 없으므로, 대통령의 내부결재가 있었는지에 관계없이 당연무효는 아니다. 대법원 2007. 7. 26. 선고 2005두15748 판결

③ 구 경찰공무원법 제50조 제1항에 의한 **직위해제처분**과 같은 제3항에 의한 **면직처분**은 후자가 전자의 처분을 전제로 한 것이기는 하나 각각 단계적으로 **별개의 법률효과**를 발생하는 행정처분이어서 선행 **직위해제**처분의 위법사유가 **면직처분**에는 승계되지 아니한다 할 것이므로 선행된 직위해제 처분의 위법사유를 들어 면직처분의 효력을 다툴 수는 없다. 대법원 1984. 9. 11. 선고 84누191 판결

④ 행정청이 사전에 **교통영향평가**를 거치지 아니한 채 '건축허가 전까지 교통영향평가 심의필증을 교부받을 것'을 부관으로 붙여서 한 '실시계획변경 승인 및 공사시행변경 인가 저분'에 중대하고 명백한 흠이 있다고 할 수 없어 이를 **무효로 보기** 어렵다. 대법원 2010. 2. 25. 선고 2009두102 판결

정답찾기

② 만일 국토계획법령이 정한 도시계획시설사업의 대상 토지의 소유와 동의 요건을 갖추지 못하였는데도 사업시행자로 지정하였다면, 이는 국토계획법령이 정한 법규의 중요한 부분을 위반한 것으로서 특별한 사정이 없는 한 그 하자가 중대하다고 보아야 한다(주: 무효로 본 사례임). 대법원 2017. 7. 11. 선고 2016두35120 판결

06 행정쟁송법   정답 ①

오답해설

② 제재적 행정처분이 그 처분에서 정한 제재기간의 경과로 인하여 그 효과가 소멸되었으나, **부령인 시행규칙** 또는 지방자치단체의 규칙의 형식으로 정한 처분기준에서 제재적 행정처분을 받은 것을 **가중사유나 전제요건**으로 삼아 장래의 제재적 행정처분을 하도록 정하고 있는 경우, 선행처분인 제재적 행정처분을 받은 상대방이 그 처분에서 정한 제재기간이 경과하였다 하더라도 그 처분의 취소를 구할 법률상 이익이 있다. 대법원 2006. 6. 22. 선고 2003두1684 판결

③ 건축허가가 건축법 소정의 이격거리를 두지 아니하고 건축물을 건축하도록 되어 있어 위법하다 하더라도 이미 **건축공사가 완료되었다면** 인접한 대지의 소유자로서는 위 건축허가처분의 취소를 구할 소의 이익이 없다. 대법원 1992. 4. 24. 선고 91누11131 판결

④ 불합격처분이 취소된다 하더라도 원고가 2021학년도 B대 법전원 입학시험에 다시 응시할 기회를 갖게 되는 것은 아니다. 그러나 원고가 장래에 B대 법전원 입학시험에 다시 응시할 경우 1단계 평가를 별도로 거치지 않고 곧바로 면접평가와 논술평가만을 받을 여지가 있어 이 사건 불합격처분의 취소를 통해 원고에게 **회복되는 이익**이 없다고 단정할 수 없다. 따라서 원고에게는 예외적으로 이 사건 불합격처분의 취소를 구할 법률상 이익이 인정된다. 대법원 2024. 4. 4. 선고 2022두56661 판결

정답찾기

① 학교법인 임원취임승인의 취소처분 후 그 임원의 **임기가 만료**되고 구 사립학교법 제22조 제2호 소정의 **임원결격사유기간마저 경과한** 경우 또는 위 취소처분에 대한 취소소송 제기 후 **임시이사가 교체되어** 새로운 임시이사가 선임된 경우, 위 취임승인취소처분 및 당초의 임시이사선임처분의 취소를 구할 소의 이익이 있다. 대법원 2007. 7. 19. 선고 2006두19297 판결

07 행정기본법   정답 ③

오답해설

ㄷ. 행정기본법 제37조(처분의 재심사)

> ④ 제1항에 따른 신청을 받은 행정청은 특별한 사정이 없으면 <u>신청을 받은 날부터 90일(합의제행정기관은 180일)</u> 이내에 처분의 재심사 결과(재심사 여부와 처분의 유지 · 취소 · 철회 · 변경 등에 대한 결정을 포함한다)를 신청인에게 통지하여야 한다. 다만, **부득이한 사유로** 90일(합의제행정기관은 180일) 이내에 통지할 수 없는 경우에는 그 기간을 만료일 다음 날부터 기산하여 <u>90일(합의제행정기관은 180일)</u>의 범위에서 한 차례 연장할 수 있으며, 연장 사유를 신청인에게 통지하여야 한다.

✅ 정답찾기

ㄱ. 행정기본법 제36조(처분에 대한 이의신청)

> ② 행정청은 제1항에 따른 이의신청을 받으면 그 신청을 받은 날부터 **14일 이내**에 그 이의신청에 대한 결과를 신청인에게 통지하여야 한다. 다만, 부득이한 사유로 14일 이내에 통지할 수 없는 경우에는 그 기간을 만료일 다음 날부터 기산하여 **10일의 범위에서 한 차례 연장**할 수 있으며, 연장 사유를 신청인에게 통지하여야 한다.

ㄴ. 행정기본법 제33조 및 행정기본법 시행령 제10조의2

> **행정기본법 제33조(즉시강제)** ③ 제2항에도 불구하고 집행책임자는 즉시강제를 하려는 재산의 소유자 또는 점유자를 알 수 없거나 현장에서 그 소재를 즉시 확인하기 어려운 경우에는 즉시강제를 실시한 후 집행책임자의 이름 및 그 이유와 내용을 고지할 수 있다. 다만, 다음 각 호에 해당하는 경우에는 게시판이나 인터넷 홈페이지에 게시하는 등 적절한 방법에 의한 **공고로써 고지를 갈음**할 수 있다.
> 3. 그 밖에 **대통령령으로 정하는 불가피한 사유로 고지할 수 없는 경우**
>
> **행정기본법 시행령 제10조의2(공고에 의한 즉시강제의 고지)** 법 제33조제3항제3호에서 "대통령령으로 정하는 불가피한 사유로 고지할 수 없는 경우"란 다음 각 호의 어느 하나에 해당하는 경우를 말한다.
> 2. **등기우편으로** 재산의 소유자 또는 점유자에게 법 제33조제3항 본문에 따라 고지했으나 **2회 이상 반송**되는 경우

08 행정작용법 　　　　　정답 ③

✅ 오답해설

① 행정절차법은 행정계획에 대하여 형량명령(행정절차법 제40조의4)과 행정예고(행정절차법 제46조)에 관한 규정만을 두고 있을 뿐, 행정계획의 수립·확정절차에 관한 규정은 두고 있지 않다.

② 문화재보호구역 내에 있는 토지소유자 등으로서는 위 보호구역의 지정해제를 요구할 수 있는 법규상 또는 조리상의 신청권이 있다. 대법원 2004. 4. 27. 선고 2003두8821 판결

④ 도시기본계획은 도시의 장기적 개발방향과 미래상을 제시하는 도시계획 입안의 지침이 되는 장기적·종합적인 개발계획으로서 행정청에 대한 직접적인 구속력은 없다. 따라서 추모공원의 조성계획이 서울특별시 도시기본계획에 포함되어 있지 아니하다는 이유만으로는 이 사건 도시계획시설결정이 위법하다 할 수는 없다. 대법원 2007. 4. 12. 선고 2005두1893 판결

✅ 정답찾기

③ 주민 등의 도시관리계획 입안 제안을 거부한 처분을 **이익형량에 하자가 있어 위법**하다고 판단하여 취소하는 판결이 확정되었더라도 행정청에게 그 입안 제안을 그대로 수용하는 내용의 도시관리계획을 수립할 의무가 있다고는 볼 수 없고, 행정청이 **다시 새로운 이익형량**을 하여 적극적으로 도시관리계획을 수립하였다면 취소판결의 기속력에 따른 **재처분의무를 이행한 것**이라고 보아야 한다. 다만 취소판결의 기속력 위배 여부와 계획재량의 한계 일탈 여부는 별개의 문제이므로, 행정청이 적극적으로 수립한 도시관리계획의 내용이 취소판결의 기속력에 위배되지는 않는다고 하더라도 **계획재량의 한계를 일탈한 것인지의 여부**는 별도로 심리·판단하여야 한다. 대법원 2020. 6. 25. 선고 2019두56135 판결

09 행정구제법 　　　　　정답 ②

✅ 오답해설

① 국가배상법 제2조 제1항 단서의 면책조항은 전투·훈련 또는 이에 준하는 직무집행뿐만 아니라 '**일반 직무집행**'에 관하여도 국가나 지방자치단체의 배상책임을 제한하는 것이라고 해석하여야 한다. 대법원 2011. 3. 10. 선고 2010다85942 판결

③ 자동차손해배상보장법의 입법취지에 비추어 볼 때, 같은 법 제3조는 자동차의 운행이 사적인 용무를 위한 것이건 국가 등의 공무를 위한 것이건 구별하지 아니하고 민법이나 국가배상법에 **우선하여** 적용된다고 보아야 한다. 대법원 1996. 3. 8. 선고 94다23876 판결

④ 국가배상법 제2조(배상책임)

> ③ 제1항 단서에도 불구하고 전사하거나 순직한 군인·군무원·경찰공무원 또는 예비군대원의 유족은 자신의 정신적 고통에 대한 위자료를 청구할 수 있다.

✅ 정답찾기

② 국가 등에게 일정한 기준에 따라 **상수원수의 수질을 유지하여야 할 의무**를 부과하고 있는 법령의 규정은 국민에게 양질의 수돗물이 공급되게 함으로써 국민 일반의 건강을 보호하여 공공 일반의 전체적인 이익을 도모하기 위한 것이지, 국민 개개인의 안전과 이익을 직접적으로 보호하기 위한 규정이 아니므로, 국가 또는 지방자치단체가 법령이 정하는 상수원수 수질기준 유지의무를 다하지 못하고, 법령이 정하는 고도의 정수처리방법이 아닌 일반적 정수처리방법으로 수돗물을 생산·공급하였다는 사유만으로 그 수돗물을 마신 개인에 대하여 손해배상책임을 부담하지는 않는다. 대법원 2001. 10. 23. 선고 99다36280 판결

10 행정쟁송법 　　　　　정답 ④

✅ 오답해설

① 피해자의 의사와 무관하게 **주민등록번호가 유출**된 경우에는 조리상 주민등록번호의 변경을 요구할 신청권을 인정함이 타당하고, 구청장의 주민등록번호 변경신청 거부행위는 항고소송의 대상이 되는 행정처분에 해당한다. 대법원 2017. 6. 15. 선고 2013두2945 판결

② 의료기관의 명칭표시판에 진료과목을 함께 표시하는 경우 글자 크기를 제한하고 있는 구 의료법 시행규칙 제31조는 그 자체로서 국민의 구체적인 권리의무나 법률관계에 직접적인 변동을 초래하지 아니하므로 항고소송의 대상이 되는 행정처분이라고 할 수 없다. 대법원 2007. 4. 12. 선고 2005두15168 판결

③ 선행처분의 주요 부분을 실질적으로 변경하는 내용으로 후행처분을 한 경우에 선행처분은 특별한 사정이 없는 한 효력을 상실하지만, 후행처분이 선행처분의 내용 중 일부만을 소폭 변경하는 정도에 불과한 경우에는 선행처분은 소멸하는 것이 아니라 후행처분에 의하여 변경되지 아니한 범위 내에서는 그대로 존속한다. 대법원 2020. 4. 9. 선고 2019두49953 판결

✅ 정답찾기

④ **농지처분의무통지**는 단순한 관념의 통지에 불과하다고 볼 수는 없고, 상대방인 농지소유자의 의무에 직접 관계되는 독립한 행정처분으로서 항고소송 대상이 된다. 대법원 2003. 11. 14. 선고 2001두8742 판결

11 행정법통론   정답 ②

오답해설

① 공적 견해표명이 있다고 인정하기 위해서는 적어도 담당자의 조직상 지위와 임무, 당해 언동을 하게 된 구체적인 경위 등에 비추어 그 언동의 내용을 신뢰할 수 있는 경우이어야 한다. 대법원 2021. 12. 30. 선고 2021두45671 판결

③ 시의 도시계획과장과 도시계획국장이 도시계획사업의 준공과 동시에 사업부지에 편입할 토지에 대한 완충녹지 지정을 해제함과 아울러 당초의 토지소유자들에게 환매하겠다는 약속을 했음에도, 이를 믿고 토지를 협의매한 토지소유자의 완충녹지지정해제신청을 거부한 것은, 행정상 신뢰보호의 원칙을 위반하거나 재량권을 일탈·남용한 위법한 처분이다. 대법원 2008. 10. 9. 선고 2008두6127 판결

④ 행정청이 앞서 표명한 공적인 견해에 반하는 행정처분을 함으로써 달성하려는 공익이 행정청의 공적 견해표명을 신뢰한 개인이 그 행정처분으로 인하여 입게 되는 이익의 침해를 정당화할 수 있을 정도로 강한 경우에는 신뢰보호의 원칙을 들어 그 행정처분이 위법하다고는 할 수 없다. 대법원 2005. 11. 25. 선고 2004두6822 등 판결

정답찾기

② 과세관청이 납세의무자에게 면세사업자등록증을 교부하고 수년간 면세사업자로서 한 부가가치세 예정신고 및 확정신고를 받은 행위만으로는 과세관청이 납세의무자에게 그가 영위하는 사업에 관하여 부가가치세를 과세하지 아니함을 시사하는 언동이나 공적인 견해를 표명한 것이라 할 수 없다. 대법원 2002. 9. 4. 선고 2001두9370 판결

12 행정작용법   정답 ②

오답해설

① 구 관광진흥법 제8조 제4항에 의한 지위승계신고를 수리하는 허가관청의 행위는 단순히 양도·양수인 사이에 이미 발생한 사법상 사업양도의 법률효과에 의하여 양수인이 그 영업을 승계하였다는 사실의 신고를 접수하는 행위에 그치는 것이 아니라, 영업허가자의 변경이라는 법률효과를 발생시키는 행위이다(주: 지위승계신고의 수리행위는 '처분'이라는 의미). 대법원 2012. 12. 13. 선고 2011두29144 판결

③ 수허가자의 지위를 양수받아 명의변경신고를 할 수 있는 양수인의 지위는 단순한 반사적 이익이나 사실상의 이익이 아니라 산림법령에 의하여 보호되는 직접적이고 구체적인 이익으로서 법률상 이익이라고 할 것이고, 채석허가가 유효하게 존속하고 있다는 것이 양수인의 명의변경신고의 전제가 된다는 의미에서 관할 행정청이 양도인에 대하여 채석허가를 취소하는 처분을 하였다면 이는 양수인의 지위에 대한 직접적 침해가 된다고 할 것이므로 양수인은 채석허가를 취소하는 처분의 취소를 구할 법률상 이익을 가진다. 대법원 2003. 7. 11. 선고 2001두6289 판결

④ 행정청이 구 식품위생법 규정에 의하여 영업자지위승계신고를 수리하는 처분은 종전의 영업자의 권익을 제한하는 처분이라 할 것이고 따라서 종전의 영업자는 그 처분에 대하여 직접 그 상대가 되는 자에 해당한다고 봄이 상당하므로, 행정청으로서는 위 신고를 수리하는 처분을 함에 있어서 행정절차법 규정 소정의 당사자에 해당하는 종전의 영업자에 대하여 위 규정 소정의 행정절차를 실시하고 처분을 하여야 한다. 대법원 2003. 2. 14. 선고 2001두7015 판결

정답찾기

② 종전 사업시행자가 농업인 등에 해당하지 않음에도 부정한 방법으로 사업계획승인을 받음으로써 그 승인에 대한 취소 사유가 있더라도, 행정청이 사업시행자 변경으로 인한 사업계획 변경승인 과정에서 변경되는 사업시행자가 농업인 등에 해당하는지 여부에 관하여 새로운 심사를 거쳤다면, 지위 승계 등에 관한 별도의 명문 규정이 없는 이상, 종전 사업시행자가 농업인 등이 아님에도 부정한 방법으로 사업계획승인을 취득하였다는 이유만을 들어 변경된 사업시행자에 대한 사업계획 변경승인을 취소할 수는 없다. 대법원 2018. 4. 24. 선고 2017두73310 판결

13 행정정보   정답 ④

오답해설

① 도시공원위원회의 심의 후 그 심의사항들에 대한 시장 등의 결정의 대외적 공표행위가 있기 전까지는 위 위원회의 회의관련자료 및 회의록은 비공개대상정보에 해당한다고 할 것이고, 다만 (중략) 시장 등의 결정의 대외적 공표행위가 있은 후에는 위 위원회의 회의관련자료 및 회의록은 공개대상이 된다. 대법원 2000. 5. 30. 선고 99추85 판결

② 청구인이 공공기관의 비공개 결정 또는 부분 공개 결정에 대한 이의신청을 하여 공공기관으로부터 이의신청에 대한 결과를 통지받은 후 취소소송을 제기하는 경우 그 제소기간은 이의신청에 대한 결과를 통지받은 날부터 기산한다고 봄이 타당하다. 대법원 2023. 7. 27. 선고 2022두52980 판결

③ '진행 중인 재판에 관련된 정보'에 해당한다는 사유로 정보공개를 거부하기 위하여는 반드시 그 정보가 진행 중인 재판의 소송기록 자체에 포함된 내용일 필요는 없다. 그러나 재판에 관련된 일체의 정보가 그에 해당하는 것은 아니고 진행 중인 재판의 심리 또는 재판결과에 구체적으로 영향을 미칠 위험이 있는 정보에 한정된다고 보는 것이 타당하다. 대법원 2011. 11. 24. 선고 2009두19021 판결

정답찾기

④ 학교에 대하여 교육기관정보공개법이 적용된다고 하여 더 이상 정보공개법을 적용할 수 없게 되는 것은 아니라고 할 것이다. 대법원 2013. 11. 28. 선고 2011두5049 판결

14 실효성 확보수단   정답 ①

☑ 오답해설

② 체납자 등에 대한 **공매통지**는 국가의 강제력에 의하여 진행되는 공매절차에서 체납자 등의 권리 내지 재산상 이익을 보호하기 위하여 법률로 규정한 **절차적 요건**에 해당하지만, 그 통지를 하지 아니한 채 공매처분을 하였다 하여도 그 공매처분이 **당연무효로 되는 것은 아니다.** 대법원 2012. 7. 26. 선고 2010다50625 판결

③ 장기미등기자가 이행강제금 **부과 전에** 등기신청의무를 이행하였다면 이행강제금의 부과로써 이행을 확보하고자 하는 목적은 이미 실현된 것이므로 부동산실명법에 **규정된 기간이 지나서 등기신청의무를 이행한 경우라 하더라도** 이행강제금을 **부과할 수 없다.** 대법원 2016. 6. 23. 선고 2015두36454 판결

④ 지방세의 **결손처분**은 국세의 결손처분과 마찬가지로 더 이상 납세의무가 소멸하는 사유가 아니라 체납처분을 종료하는 의미만을 가지게 되었고, **결손처분의 취소** 역시 국민의 권리와 의무에 영향을 미치는 **행정처분이 아니라** 과거에 종료되었던 체납처분 절차를 다시 시작한다는 행정절차로서의 의미만을 가지게 되었다고 할 것이다. 대법원 2019. 8. 9. 선고 2018다272407 판결

☑ 정답찾기

① 과세관청이 체납처분으로서 행하는 **공매**는 우월한 공권력의 행사로서 행정소송의 대상이 되는 공법상의 **행정처분**이며 공매에 의하여 재산을 매수한 자는 그 공매처분이 취소된 경우에 그 취소처분의 위법을 주장하여 행정소송을 제기할 **법률상 이익이 있다.** 대법원 1984. 9. 25. 선고 84누201 판결

15 행정작용법   정답 ②

☑ 오답해설

ㄱ. 상대방 있는 행정처분은 특별한 규정이 없는 한 의사표시에 관한 일반법리에 따라 상대방에게 고지되어야 효력이 발생하고, 상대방 있는 행정처분이 상대방에게 **고지되지 아니한 경우**에는 상대방이 인터넷 홈페이지 접속 등 **다른 경로를 통해** 행정처분의 내용을 **알게 되었다고 하더라도** 행정처분의 효력이 발생한다고 볼 수 없다. 대법원 2019. 8. 9. 선고 2019두38656 판결

ㄷ. 일반적으로 행정처분이나 행정심판 재결이 **불복기간의 경과로 확정될 경우** 그 확정력은, 처분으로 법률상 이익을 침해받은 자가 당해 처분이나 재결의 효력을 더 이상 다툴 수 없다는 의미일 뿐, 더 나아가 판결과 같은 **기판력이 인정되는 것은 아니어서** 그 처분의 기초가 된 사실관계나 법률적 판단이 확정되고 당사자들이나 법원이 이에 기속되어 모순되는 주장이나 판단을 할 수 없게 되는 것은 아니다. 대법원 2008. 7. 24. 선고 2006두20808 판결

☑ 정답찾기

ㄴ. 지방계약직공무원인 **옴부즈만** 채용행위를 공법상 계약에 해당하는 것으로 본 사례. 대법원 2014. 4. 24. 선고 2013두6244 판결

16 행정쟁송법   정답 ①

☑ 오답해설

② 공무원연금관리공단의 인정에 의하여 퇴직연금을 **지급받아 오던 중** 구 공무원연금**법령의 개정** 등으로 퇴직연금 중 일부 금액의 지급이 정지된 경우에는 **당연히 개정된 법령에 따라 퇴직연금이 확정되는 것이지** 같은 법 제26조 제1항에 정해진 공무원연금관리공단의 퇴직연금 결정과 통지에 의하여 비로소 그 금액이 확정되는 것이 아니므로, 공무원연금관리공단이 퇴직연금 중 일부 금액에 대하여 **지급거부의 의사표시**를 하였다고 하더라도 그 의사표시는 퇴직연금 청구권을 형성·확정하는 행정처분이 아니라 공법상의 법률관계의 한쪽 당사자로서 그 지급의무의 존부 및 범위에 관하여 나름대로의 **사실상·법률상 의견**을 밝힌 것일 뿐이어서, 이를 **행정처분이라고 볼 수는 없고,** 이 경우 미지급퇴직연금에 대한 지급청구권은 공법상 권리로서 그의 지급을 구하는 소송은 공법상의 법률관계에 관한 소송인 공법상 **당사자소송**에 해당한다. 대법원 2004. 7. 8. 선고 2004두244 판결

③ 국가 등 과세주체가 당해 확정된 조세채권의 소멸시효 중단을 위하여 납세의무자를 상대로 제기한 **조세채권존재확인의 소**는 공법상 당사자소송에 해당한다. 대법원 2020. 3. 2. 선고 2017두41771 판결

④ 사업주가 당연가입자가 되는 **고용보험 및 산재보험**에서 보험료 납부의무 부존재확인의 소는 공법상의 법률관계 자체를 다투는 소송으로서 **공법상 당사자소송**이다. 대법원 2016. 10. 13. 선고 2016다 221658 판결

☑ 정답찾기

① 명예퇴직수당은 명예퇴직수당 지급신청자 중에서 일정한 심사를 거쳐 피고가 명예퇴직수당 지급대상자로 결정한 경우에 비로소 지급될 수 있지만, 명예퇴직수당 지급대상자로 결정된 법관에 대하여 **지급할 수당액**은 명예퇴직수당규칙에 산정 기준이 **정해져 있으므로,** 위 법관이 이미 수령한 수당액이 위 규정에서 정한 정당한 명예퇴직수당액에 미치지 못한다고 주장하며 차액의 지급을 신청함에 대하여 법원행정처장이 **거부하는 의사를 표시**했더라도, 그 의사표시는 명예퇴직수당액을 형성·확정하는 행정처분이 아니라 공법상의 법률관계의 한쪽 당사자로서 지급의무의 존부 및 범위에 관하여 자신의 의견을 밝힌 것에 불과하므로 **행정처분으로 볼 수 없다.** 결국 명예퇴직한 법관이 미지급 명예퇴직수당액에 대하여 가지는 권리는 명예퇴직수당 지급대상자 결정 절차를 거쳐 **명예퇴직수당규칙에 의**하여 확정된 공법상 법률관계에 관한 권리로서, 그 지급을 구하는 소송은 행정소송법의 **당사자소송**에 해당하며, 그 법률관계의 당사자인 **국가를 상대로** 제기하여야 한다. 대법원 2016. 5. 24. 선고 2013두14863 판결

17 종합 사례   정답 ④

✅ 오답해설

① 부담과 조건의 구별이 명확하지 않을 경우 원칙적으로 상대방에게 유리한 **부담으로 추정**되며, 부담에 따른 의무를 불이행한다고 하여 주된 처분의 효력이 당연히 소멸되는 것은 아니고 다만 주된 처분의 철회사유가 됨에 그친다.

> 부담부 행정처분에 있어서 처분의 상대방이 부담(의무)을 이행하지 아니한 경우에 처분행정청으로서는 이를 들어 당해 **처분을 취소(철회)할 수 있다.** 대법원 1989. 10. 24. 선고 89누2431 판결

② 착공신고 반려행위가 이루어진 단계에서 당사자로 하여금 반려행위의 적법성을 다투어 법적 불안을 해소한 다음 건축행위에 나아가도록 함으로써 장차 있을지도 모르는 위험에서 미리 벗어날 수 있도록 길을 열어 주고, 위법한 건축물의 양산과 철거를 둘러싼 분쟁을 조기에 근본적으로 해결할 수 있게 하는 것이 법치행정의 원리에 부합한다. 그러므로 행정청의 착공신고 반려행위는 항고소송의 대상이 된다고 보는 것이 옳다. 대법원 2011. 6. 10. 선고 2010두7321 판결

③ 자기완결적 신고인 착공신고의 수리는 사실행위에 불과한 것으로서 처분성이 없으므로, 이에 대해서는 본안재결이 아닌 각하재결이 이루어졌어야 한다. 따라서 위 취소재결에는 재결 자체의 고유한 하자가 존재한다.

> 행정청이 골프장 사업계획승인을 얻은 자의 사업시설 **착공계획서를 수리한 것에 대하여 인근 주민들이 그 수리처분의 취소를 구하는 행정심판을 청구하자 재결청이 그 청구를 인용하여 수리처분을 취소하는 형성적 재결을 한 경우, 그 수리처분 취소 심판청구는 행정심판의 대상이 되지 아니하여 부적법 각하하여야 함에도 위 재결은 그 청구를 인용하여 수리처분을 취소하였으므로 재결 자체에 고유한 하자가 있다.** 대법원 2001. 5. 29. 선고 99두10292 판결

✅ 정답찾기

④ '공사기간 동안 도로에 건축자재를 적치하지 않을 것'이라는 부관은 갑에게 부작위의무(금지의무)를 부과하는 부관이다. 그런데 대집행은 대체적 작위의무의 위반이 있는 경우에만 인정되므로, 결국 A는 위 부관상 의무 불이행만을 근거로는 대집행을 할 수 없다.

18 행정작용법   정답 ②

✅ 오답해설

① 도로교통법 제10조 제1항의 취지에 비추어 볼 때, 지방경찰청장이 **횡단보도를 설치**하여 보행자의 통행방법 등을 규제하는 것은 행정청이 특정사항에 대하여 의무의 부담을 명하는 행위이고 이는 국민의 권리의무에 직접 관계가 있는 행위로서 행정처분이라고 보아야 할 것이다. 대법원 2000. 10. 27. 선고 98두8964 판결

③ 처분의 근거 법령이 행정청에 처분의 요건과 효과 판단에 일정한 재량을 부여하였는데도, 행정청이 자신에게 재량권이 없다고 오인한 나머지 처분으로 달성하려는 공익과 그로써 처분상대방이 입게 되는 불이익의 내용과 정도를 전혀 **비교형량 하지 않은 채** 처분을 하였다면, 이는 재량권 불행사로서 **그 자체로 재량권 일탈·남용으로** 해당 처분을 취소하여야 할 위법사유가 된다. 대법원 2019. 7. 11. 선고 2017두38874 판결

④ 2003두9015 판결 및 2011두13286 판결

> [1] 지적공부 소관청의 **지목변경신청 반려행위**는 국민의 권리관계에 영향을 미치는 것으로서 항고소송의 대상이 되는 행정처분에 해당한다. 대법원 2004. 4. 22. 선고 2003두9015 판결
>
> [2] 토지대장을 직권으로 말소한 행위는 국민의 권리관계에 영향을 미치는 것으로서 항고소송의 대상이 되는 행정처분에 해당한다. 대법원 2013. 10. 24. 선고 2011두13286 판결

✅ 정답찾기

② 귀화신청인이 구 국적법 제5조 각 호에서 정한 귀화요건을 갖추지 못한 경우 법무부장관은 귀화 허부에 관한 **재량권을 행사할 여지없이 귀화불허처분을** 하여야 한다. 대법원 2018. 12. 13. 선고 2016두31616 판결

19 행정쟁송법   정답 ②

✅ 오답해설

ㄴ. 당초 처분사유인 '건축법 제11조 위반(갑의 건축물은 **건축허가를 받지 않은 건축물**이라는 사실)'과 추가한 추가사유인 '건축법 제20조 제3항 위반(갑의 건축물은 **신고를 하지 않은 가설건축물**이라는 사실)'은 그 기초인 사회적 사실관계가 동일하다고 볼 수 없어 처분사유의 추가·변경이 허용되지 않는다고 한 사례. 대법원 2021. 7. 29. 선고 2021두34756 판결

✅ 정답찾기

ㄱ. 과세처분 **취소청구를 기각하는 판결이 확정되면 그 처분이 적법하다는 점에 관하여 기판력이 생기고 그 후 원고가 이를 무효라 하여 무효확인을 소구할 수 없는 것**이어서 과세처분의 취소소송에서 청구가 기각된 확정판결의 기판력은 그 과세처분의 무효확인을 구하는 소송에도 미친다. 한편, 취소소송의 피고는 처분청이므로 **행정청을 피고로 하는 취소소송에 있어서의 기판력**은 당해 처분이 귀속하는 **국가 또는 공공단체에 미친다**고 할 것이다. 원심이 같은 취지에서, 원고가 서귀포시장을 피고로 하여 제기한 이 사건 과세처분 취소청구를 기각한 판결이 확정됨으로써 이 사건 과세처분이 적법하다는 점에 관한 기판력이 생긴 이상 원고가 다시 이 사건 과세처분이 무효라 하여 그 무효확인을 구하거나 혹은 민사소송으로 그 처분이 무효임을 전제로 납부한 세금의 반환을 구할 수는 없다고 판단한 것은 정당하고, 거기에 기판력의 범위에 관한 법리를 오해한 위법이 없다. 대법원 1998. 7. 24. 선고 98다10854 판결

ㄷ. (국무회의에서 건국훈장 독립장이 수여된 망인에 대한 서훈취소를 의결하고 대통령이 결재함으로써 서훈취소가 결정된 후 국가보훈처장이 망인의 유족에게 '독립유공자 서훈취소결정 통보'를 하자 유족이 국가보훈처장을 상대로 서훈취소결정의 무효 확인 등의 소를 제기한 사안에서) 유족이 서훈취소 처분을 행한 행정청(대통령)이 아니라 국가보훈처장을 상대로 제기한 위 소는 피고를 잘못 지정한 경우에 해당한다. 대법원 2014. 9. 26. 선고 2013두2518 판결

제14회

✎ 오답해설

① 토지보상법이 사업시행자에게 이주대책의 수립·실시의무를 부과하고 있다고 하여 그 규정 자체만에 의하여 이주자에게 사업시행자가 수립한 이주대책상의 택지분양권이나 아파트 입주권 등을 받을 수 있는 구체적인 권리(수분양권)가 직접 발생하는 것이라고는 도저히 볼 수 없으며, 사업시행자가 이주대책에 관한 구체적인 계획을 수립하여 이를 해당자에게 통지 내지 공고한 후, 이주자가 수분양권을 취득하기를 희망하여 이주대책에 정한 절차에 따라 사업시행자에게 이주대책대상자 선정신청을 하고 사업시행자가 이를 받아들여 이주대책대상자로 확인·결정하여야만 비로소 구체적인 수분양권이 발생하게 된다. 대법원 1994. 5. 24. 선고 92다35783 전원합의체 판결

② 토지보상법 제85조(행정소송의 제기)

> ① 사업시행자, 토지소유자 또는 관계인은 제34조에 따른 재결에 불복할 때에는 재결서를 받은 날부터 **90일** 이내에, 이의신청을 거쳤을 때에는 이의신청에 대한 재결서를 받은 날부터 **60일** 이내에 각각 행정소송을 제기할 수 있다.

④ **개발이익**은 그 성질상 완전보상의 범위에 포함되는 피수용자의 손실이라고는 볼 수 없으므로, **개발이익**을 **배제**하고 손실보상액을 산정한다 하여 헌법이 규정한 정당보상의 원리에 어긋나는 것이라고는 판단되지 않는다. 헌법재판소 1990. 6. 25. 선고 89헌마107 결정

✓ 정답찾기

③ 토지보상법 제72조가 정한 수용청구권은 그 청구에 의하여 수용효과가 생기는 **형성권**의 성질을 지니므로, 토지소유자의 토지수용청구를 받아들이지 아니한 토지수용위원회의 재결에 대하여 토지소유자가 불복하여 제기하는 소송은 토지보상법 제85조 제2항에 규정되어 있는 '보상금의 증감에 관한 소송'에 해당하고, 피고는 토지수용위원회가 아니라 **사업시행자**로 하여야 한다. 대법원 2015. 4. 9. 선고 2014두46669 판결

Answer

01	②	02	②	03	①	04	④	05	③
06	①	07	①	08	④	09	④	10	②
11	③	12	③	13	④	14	②	15	③
16	①	17	④	18	③	19	②	20	①

01　행정쟁송법　　　　　　　　　　　　정답 ②

☑ 오답해설

① 읍 · 면장의 이장에 대한 **직권면직행위**는 행정청으로서 공권력을 행사하여 행하는 **행정처분이 아니라** 서로 대등한 지위에서 이루어진 **공법상 계약**에 따라 그 계약을 해지하는 **의사표시**로 봄이 상당하다. 대법원 2012. 10. 25. 선고 2010두18963 판결

③ **한국마사회**가 조교사 또는 기수의 면허를 부여하거나 취소하는 것은 국가 기타 행정기관으로부터 위탁받은 행정권한의 행사가 아니라 일반 **사법상의 법률관계**에서 이루어지는 단체 내부에서의 징계 내지 제재처분이다. 대법원 2008. 1. 31. 선고 2005두8269 판결

④ 도시재개발법에 의한 **재개발조합**은 조합원에 대한 법률관계에서 적어도 특수한 존립목적을 부여받은 특수한 **행정주체로서** (중략) **조합원의 자격** 인정 여부에 관하여 다툼이 있는 경우에는 그 단계에서는 아직 조합의 어떠한 처분 등이 개입될 여지는 없으므로 공법상의 당사자소송에 의하여 그 조합원 자격의 확인을 구할 수 있다. 대법원 1996. 2. 15. 선고 94다31235 판결

☑ 정답찾기

② 국토의 계획 및 이용에 관한 법률에서 정한 **토지의 소유자 · 점유자** 또는 관리인이 사업시행자의 **일시 사용**에 대하여 정당한 사유 없이 동의를 거부하는 경우, 사업시행자는 해당 토지의 소유자 등을 상대로 동의의 의사표시를 구하는 소를 제기할 수 있다. 이와 같은 토지의 일시 사용에 대한 동의의 의사표시를 할 의무는 '국토의 계획 및 이용에 관한 법률'에서 특별히 인정한 **공법상의 의무**이므로, 그 의무의 존부를 다투는 소송은 행정소송법상 **당사자소송**이라고 보아야 한다. 대법원 2019. 9. 9. 선고 2016다262550 판결

02　행정작용법　　　　　　　　　　　　정답 ②

☑ 오답해설

① 행정절차법 제14조 및 제15조

> **행정절차법 제14조(송달)** ③ 정보통신망을 이용한 송달은 송달받을 자가 동의하는 경우에만 한다. 이 경우 송달받을 자는 송달받을 전자우편주소 등을 지정하여야 한다.
>
> **행정절차법 제15조(송달의 효력 발생)** ② 제14조제3항에 따라 정보통신망을 이용하여 전자문서로 송달하는 경우에는 송달받을 자가 지정한 컴퓨터 등에 입력된 때에 도달된 것으로 본다.

③ 법무부장관이 출입국관리법 및 동법 시행령에 따라 위 **입국금지결정**을 했다고 해서 '처분'이 성립한다고 볼 수는 없고, 위 **입국금지결정**은 법무부장관의 의사가 공식적인 방법으로 **외부에 표시된 것이 아니라** 단지 그 정보를 내부전산망인 '출입국관리정보시스템'에 입력하여 관리한 것에 지나지 않으므로, 위 입국금지결정은 항고소송의 대상이 될 수 있는 '**처분**'에 해당하지 않는다. 대법원 2019. 7. 11. 선고 2017두38874 판결

④ 개발제한구역의 지정 및 관리에 관한 특별조치법 제30조 제1항에 의하여 행정청으로부터 시정명령을 받은 자가 이를 위반한 경우, 그로 인하여 개발제한구역법 제32조 제2호에 정한 **처벌**을 하기 위하여는 시정명령이 적법한 것이라야 하고, 시정명령이 **당연무효가 아니더라도 위법한 것으로 인정되는 한** 개발제한구역법 제32조 제2호 **위반죄**가 성립될 수 없다. 대법원 2017. 9. 21. 선고 2017도7321 판결

☑ 정답찾기

② **망인에 대한 서훈취소**는 유족에 대한 것이 아니므로 **유족에 대한 통지**에 의해서만 성립하여 효력이 발생한다고 볼 수 없고, 그 결정이 처분권자의 의사에 따라 상당한 방법으로 대외적으로 표시됨으로써 행정행위로서 성립하여 효력이 발생한다고 봄이 타당하다. 대법원 2014. 9. 26. 선고 2013두2518 판결

03　행정구제법　　　　　　　　　　　　정답 ①

☑ 오답해설

② '**법령을 위반하여**'라고 함은 엄격하게 형식적 의미의 법령에 명시적으로 공무원의 행위의무가 정하여져 있음에도 이를 위반하는 경우만을 의미하는 것은 아니고, 인권존중 · 권력남용금지 · 신의성실과 같이 공무원으로서 마땅히 지켜야 할 준칙이나 규범을 지키지 아니하고 위반한 경우를 비롯하여 널리 그 행위가 객관적인 정당성을 결여하고 있는 경우도 포함한다. 대법원 2015. 8. 27. 선고 2012다204587 판결

③ 가해행위가 공무원의 행위에 의한 것으로 인정되는 한 **가해공무원의 특정은 필요하지 않다.**

④ 국가배상법 제5조 제1항 소정의 '**공공의 영조물**'이라 함은 국가 또는 지방자치단체에 의하여 특정 공공의 목적에 공여된 유체물 내지 물적 설비를 지칭하며, 특정 공공의 목적에 공여된 물이라 함은 일반공중의 자유로운 사용에 직접적으로 제공되는 공공용물에 한하지 아니하고, 행정주체 자신의 사용에 제공되는 **공용물도 포함**하며 국가 또는 지방자치단체가 소유권, 임차권 그밖의 권한에 기하여 관리하고 있는 경우뿐만 아니라 **사실상의 관리**를 하고 있는 경우도 **포함한다.** 대법원 1995. 1. 24. 선고 94다45302 판결

☑ 정답찾기

① 주민등록사무를 담당하는 공무원이 **개명**으로 인한 주민등록상 성명 정정을 본적지 관할관청에 통보하지 아니한 직무상 의무위배행위와 갑과 같은 이름으로 개명허가를 받은 듯이 호적등본을 위조하여 주민등록상 성명을 위법하게 정정한 을이 갑의 부동산에 관하여 불법적으로 근저당권설정등기를 경료함으로써 갑이 입은 손해 사이에는 상당인과관계가 있다고 한 사례. 대법원 2003. 4. 25. 선고 2001다59842 판결

04 실효성 확보수단   정답 ④

☑ 오답해설

① 행정기본법 제33조(즉시강제)

> ① 즉시강제는 다른 수단으로는 행정목적을 달성할 수 없는 경우에만 허용되며, 이 경우에도 최소한으로만 실시하여야 한다.

② 한국자산공사의 공매통지는 공매사실 자체를 체납자에게 알려주는 데 불과한 것으로서, 통지의 상대방의 법적 지위나 권리·의무에 직접 영향을 주는 것이 아니라고 할 것이므로 이것 역시 행정처분에 해당한다고 할 수 없다. 대법원 2007. 7. 27. 선고 2006두8464 판결

③ 계고서라는 명칭의 1장의 문서로서 일정기간 내에 위법건축물의 자진철거를 명함과 동시에 그 소정기한 내에 자진철거를 하지 아니할 때에는 대집행할 뜻을 미리 계고한 경우라도 건축법에 의한 철거명령과 행정대집행법에 의한 계고처분은 독립하여 있는 것으로서 각 그 요건이 충족되었다고 볼 것이고, 이 경우 철거명령에서 주어진 일정기간이 자진철거에 필요한 상당한 기간이라면 그 기간 속에는 계고시에 필요한 '상당한 이행기간'도 포함되어 있다고 보아야 할 것이다. 대법원 1992. 6. 12. 선고 91누13564 판결

☑ 정답찾기

④ 행정대집행법 제6조(비용징수)

> ② 대집행에 요한 비용에 대하여서는 행정청은 사무비의 소속에 따라 국세에 다음가는 순위의 선취득권을 가진다.
> ③ 대집행에 요한 비용을 징수하였을 때에는 그 징수금은 사무비의 소속에 따라 국고 또는 지방자치단체의 수입으로 한다.

05 행정작용법   정답 ③

☑ 오답해설

ㄱ. 도시환경정비사업을 직접 시행하려는 토지 등 소유자들은 시장·군수로부터 사업시행인가를 받기 전에는 행정주체로서의 지위를 가지지 못한다. 따라서 그가 작성한 사업시행계획은 인가처분의 요건 중 하나에 불과하고 항고소송의 대상이 되는 독립된 행정처분에 해당하지 아니한다고 할 것이다. 대법원 2013. 6. 13. 선고 2011두19994 판결

☑ 정답찾기

ㄴ. 행정주체는 구체적인 행정계획을 입안·결정함에 있어서 비교적 광범위한 형성의 자유를 가지는 것이지만, 행정주체가 가지는 이와 같은 형성의 자유는 무제한적인 것이 아니라 그 행정계획에 관련되는 자들의 이익을 공익과 사익 사이에서는 물론이고 공익 상호간과 사익 상호간에도 정당하게 비교교량하여야 한다는 제한이 있다. 대법원 2007. 4. 12. 선고 2005두1893 판결

ㄷ. 행정절차법 제48조(행정지도의 원칙)

> ① 행정지도는 그 목적 달성에 필요한 최소한도에 그쳐야 하며, 행정지도의 상대방의 의사에 반하여 부당하게 강요하여서는 아니 된다.
> ② 행정기관은 행정지도의 상대방이 행정지도에 따르지 아니하였다는 것을 이유로 불이익한 조치를 하여서는 아니 된다.

06 행정법통론   정답 ①

☑ 오답해설

② 공무원이 한 사직 의사표시의 철회나 취소는 그에 터잡은 의원면직처분이 있을 때까지 할 수 있는 것이고, 일단 면직처분이 있고 난 이후에는 철회나 취소할 여지가 없다. 대법원 2001. 8. 24. 선고 99두9971 판결

③ 체육시설업은 등록체육시설업과 신고체육시설업으로 나누어지고, 당구장업과 같은 신고체육시설업을 하고자 하는 자는 (중략) 적법한 요건을 갖춘 신고의 경우에는 행정청의 수리처분 등 별단의 조처를 기다릴 필요 없이 그 접수시에 신고로서의 효력이 발생하는 것이므로 그 수리가 거부되었다고 하여 무신고 영업이 되는 것은 아니다. 대법원 1998. 4. 24. 선고 97도3121 판결

④ 체육시설의 회원을 모집하고자 하는 자의 시·도지사 등에 대한 회원모집계획서 제출은 수리를 요하는 신고에서의 신고에 해당하며, 시·도지사 등의 검토결과 통보는 수리행위로서 행정처분에 해당한다. 대법원 2009. 2. 26. 선고 2006두16243 판결

☑ 정답찾기

① 식품위생법에 따른 식품접객업(일반음식점영업)의 영업신고의 요건을 갖춘 자라고 하더라도, 그 영업신고를 한 당해 건축물이 건축법 소정의 허가를 받지 아니한 무허가 건물이라면 적법한 신고를 할 수 없다. 대법원 2009. 4. 23. 선고 2008도6829 판결

07 행정작용법   정답 ①

☑ 오답해설

② 기선선망어업의 허가를 하면서 운반선, 등선 등 부속선을 사용할 수 없도록 제한한 부관은 그 어업허가의 목적달성을 사실상 어렵게 하여 그 본질적 효력을 해하는 것일 뿐만 아니라 위 시행령의 규정에도 어긋나는 것이며, 더욱이 어업조정이나 기타 공익상 필요하다고 인정되는 사정이 없는 이상 위법한 것이다. 대법원 1990. 4. 27. 선고 89누6808 판결

③ 행정처분에 이미 부담이 부가되어 있는 상태에서 그 의무의 범위 또는 내용 등을 변경하는 부관의 사후변경은, 법률에 명문의 규정이 있거나 그 변경이 미리 유보되어 있는 경우 또는 상대방의 동의가 있는 경우에 한하여 허용되는 것이 원칙이지만, 사정변경으로 인하여 당초에 부담을 부가한 목적을 달성할 수 없게 된 경우에도 그 목적달성에 필요한 범위 내에서 예외적으로 허용된다. 대법원 1997. 5. 30. 선고 97누2627 판결

④ 지방국토관리청장이 일부 공유수면매립지에 대하여 한 국가 또는 직할시 귀속처분은 매립준공인가를 함에 있어서 매립의 면허를 받은 자의 매립지에 대한 소유권취득을 규정한 공유수면매립법 제14조의 효과 일부를 배제하는 부관(주: 법률효과의 일부배제)을 붙인 것이고, 이러한 행정행위의 부관은 위 법리와 같이 독립하여 행정소송 대상이 될 수 없다. 대법원 1993. 10. 8. 선고 93누2032 판결

☑ 정답찾기

① 부제소특약에 관한 부관은 당사자가 임의로 처분할 수 없는 공법상의 권리관계를 대상으로 하여 사인의 국가에 대한 공권인 소권을 당사자의 합의로 포기하는 것으로서 허용될 수 없다. 대법원 1998. 8. 21. 선고 98두8919 판결

08 행정절차법   정답 ④

☑ 오답해설

① 행정절차법 제17조(처분의 신청)

> ⑤ 행정청은 신청에 구비서류의 미비 등 흠이 있는 경우에는 보완에 필요한 상당한 기간을 정하여 지체 없이 신청인에게 **보완을 요구하여야** 한다.
>
> ⑥ 행정청은 신청인이 제5항에 따른 기간 내에 보완을 하지 아니하였을 때에는 그 이유를 구체적으로 밝혀 접수된 신청을 되돌려 보낼 수 있다.

② 행정절차법 제40조의3(위반사실 등의 공표)

> ⑧ 행정청은 공표된 내용이 사실과 다른 것으로 밝혀지거나 공표에 포함된 처분이 취소된 경우에는 그 내용을 정정하여, 정정한 내용을 지체 없이 해당 공표와 같은 방법으로 공표된 기간 이상 공표하여야 한다. 다만, 당사자가 **원하지 아니하면 공표하지 아니할 수 있다.**

③ 행정절차법 제3조(적용 범위)

> ② 이 법은 다음 각 호의 어느 하나에 해당하는 사항에 대하여는 적용하지 아니한다.
> 1. 국회 또는 **지방의회**의 의결을 거치거나 동의 또는 승인을 받아 행하는 사항
> 8. **심사청구**, 해양안전심판, 조세심판, 특허심판, 행정심판, 그 밖의 불복절차에 따른 사항

☑ 정답찾기

④ 행정절차법 제28조(청문 주재자)

> ③ 행정청은 청문이 시작되는 날부터 **7일** 전까지 청문 주재자에게 청문과 관련한 필요한 자료를 미리 통지하여야 한다.

09 행정쟁송법   정답 ④

☑ 오답해설

① 승진후보자 명부에 포함되어 있던 후보자를 승진임용인사발령에서 제외하는 행위는 불이익처분으로서 항고소송의 대상인 처분에 해당한다. 대법원 2018. 3. 27. 선고 2015두47492 판결

② 건설업면허증 및 건설업**면허수첩의 재교부**는 (중략) 이는 건설업의 면허를 받았다고 하는 특정사실에 대하여 형식적으로 그것을 증명하고 공적인 증거력을 부여하는 행정행위(강학상의 공증행위)이다. 대법원 1994. 10. 25. 선고 93누21231 판결

③ 국·공립학교 교원에 대한 징계처분의 경우에는 원 징계처분 자체가 행정처분이므로 그에 대하여 위원회에 소청심사를 청구하고 위원회의 결정이 있은 후 그에 불복하는 행정소송이 제기되더라도 그 심판대상은 교육감 등에 의한 원 징계처분이 되는 것이 원칙이다. 다만 위원회의 심사절차에 위법사유가 있다는 등 고유의 위법이 있는 경우에 한하여 위원회의 결정이 소송에서의 심판대상이 된다. 대법원 2013. 7. 25. 선고 2012두12297 판결

☑ 정답찾기

④ 선행처분이 후행처분에 의하여 변경되지 아니한 범위 내에서 존속하고 후행처분은 선행처분의 내용 중 일부를 변경하는 범위 내에서 효력을 가지는 경우에, (중략) 선행처분에만 존재하는 취소사유를 이유로 후행처분의 취소를 청구할 수는 없다. 대법원 2012. 12. 13. 선고 2010두20782,20799 판결

10 행정정보   정답 ②

☑ 오답해설

ㄴ. 개개의 사건에 대하여 재판사무를 담당하는 법원(**수소법원**)은 '개인정보처리자'에서 제외된다고 보는 것이 타당하다. 재판사무를 담당하는 법원(**수소법원**)이 그 재판권에 기하여 법에서 정해진 방식에 따라 행하는 공권적 통지행위로서 여러 소송서류 등을 송달하는 경우에는 '개인정보처리자'로서 개인정보를 제공한 것으로 볼 수 없다. 대법원 2024. 12. 12. 선고 2021도12868 판결

ㄷ. 개인정보 보호법 제37조의2(자동화된 결정에 대한 정보주체의 권리 등)

> ① 정보주체는 완전히 자동화된 시스템(인공지능 기술을 적용한 시스템을 포함한다)으로 개인정보를 처리하여 이루어지는 결정(「행정기본법」 제20조에 따른 행정청의 자동적 처분은 제외한다)이 자신의 권리 또는 의무에 중대한 영향을 미치는 경우에는 해당 개인정보처리자에 대하여 해당 결정을 거부할 수 있는 권리를 가진다.

☑ 정답찾기

ㄱ. 개인정보 보호법 제15조(개인정보의 수집·이용)

> ① 개인정보처리자는 다음 각 호의 어느 하나에 해당하는 경우에는 개인정보를 수집할 수 있으며 그 수집 목적의 범위에서 이용할 수 있다.
> 3. 공공기관이 법령 등에서 정하는 소관 업무의 수행을 위하여 불가피한 경우

ㄹ. 이미 공개된 개인정보를 정보주체의 동의가 있었다고 객관적으로 인정되는 범위 내에서 수집·이용·제공 등 처리를 할 때는 정보주체의 **별도의 동의는 불필요**하다고 보아야 하고, 별도의 동의를 받지 아니하였다고 하여 개인정보 보호법 제15조나 제17조를 위반한 것으로 볼 수 없다. 대법원 2016. 8. 17. 선고 2014다235080 판결

11 행정작용법   정답 ③

☑ 오답해설

① 시행령의 내용이 모법의 입법 취지와 관련 조항 **전체를 유기적·체계적으로** 살펴보아 모법의 해석상 가능한 것을 명시한 것에 지나지 아니하거나 모법 조항의 취지에 근거하여 이를 구체화하기 위한 것인 때에는 모법의 규율 범위를 벗어난 것으로 볼 수 없으므로, 모법에 이에 관하여 **직접 위임하는 규정을 두지 않았다고 하더라도** 이를 무효라고 볼 수 없다. 대법원 2016. 12. 1. 선고 2014두8650 판결

② 법원이 법률 하위의 법규명령, 규칙, 조례, 행정규칙 등이 위헌·위법인지를 심사하려면 그것이 '재판의 전제'가 되어야 한다. 여기에서 **'재판의 전제'**란 구체적 사건이 법원에 계속 중이어야 하고, 위헌·위법인지가 문제 된 경우에는 규정의 특정 조항이 해당 소송사건의 재판에 적용되는 것이어야 하며, 그 조항이 위헌·위법인지에 따라 그 사건을 담당하는 법원이 **다른 판단**을 하게 되는 경우를 말한다. 대법원 2019. 6. 13. 선고 2017두33985 판결

④ 상위법령이 **개정**됨에 그친 경우, 개정법령과 성질상 모순, 저촉되지 아니하고 개정된 상위법령의 시행에 필요한 사항을 규정하고 있는 이상 그 집행명령은 상위법령의 개정에도 불구하고 당연히 **실효되지 아니하고** 개정법령의 시행을 위한 집행명령이 제정, 발효될 때까지는 여전히 그 효력을 유지한다. 대법원 1989. 9. 12. 선고 88누6962 판결

☑ 정답찾기

③ 헌법 제107조 제2항의 규정에 따르면 행정입법의 심사는 일반적인 재판절차에 의하여 **구체적 규범통제**의 방법에 의하도록 명시하고 있으므로, 당사자는 구체적 사건의 심판을 위한 **선결문제**로서 행정입법의 위법성을 주장하여 법원에 대하여 **당해 사건에 대한 적용 여부의 판단**을 구할 수 있을 뿐 행정입법 자체의 합법성의 심사를 목적으로 하는 독립한 신청을 제기할 수는 없다. 대법원 1994. 4. 26.자 93부32 결정

12 행정쟁송법   정답 ③

☑ 오답해설

① 행정심판법 제15조(선정대표자)

> ① 여러 명의 청구인이 공동으로 심판청구를 할 때에는 청구인들 중에서 **3명 이하의 선정대표자**를 선정할 수 있다.

② 행정심판법 제7조(행정심판위원회의 구성)

> ② 행정심판위원회의 **위원장**은 그 행정심판위원회가 소속된 행정청이 되며, 위원장이 없거나 부득이한 사유로 직무를 수행할 수 없거나 위원장이 필요하다고 인정하는 경우에는 다음 각 호의 순서에 따라 위원이 위원장의 직무를 대행한다.
> ③ 제2항에도 불구하고 제6조제3항에 따라 시·도지사 소속으로 두는 행정심판위원회의 경우에는 해당 지방자치단체의 조례로 정하는 바에 따라 **공무원이 아닌 위원**을 위원장으로 정할 수 있다. 이 경우 위원장은 **비상임**으로 한다.

④ 행정심판법 제31조 및 제30조

> **행정심판법 제31조(임시처분)** ② 제1항에 따른 임시처분에 관하여는 제30조제3항부터 제7항까지를 준용한다. 이 경우 같은 조 제6항 전단 중 '중대한 손해가 생길 우려'는 '중대한 불이익이나 급박한 위험이 생길 우려'로 본다.
> **행정심판법 제30조(집행정지)** ④ 위원회는 집행정지를 결정한 후에 집행정지가 공공복리에 중대한 영향을 미치거나 그 정지사유가 없어진 경우에는 직권으로 또는 당사자의 신청에 의하여 집행정지 결정을 취소할 수 있다.

☑ 정답찾기

③ 행정심판법 50조의2(위원회의 간접강제)

> ① 위원회는 피청구인이 제49조제2항(제49조제4항에서 준용하는 경우를 포함한다)(거부처분에 대한 취소 또는 무효확인재결) 또는 제3항(의무이행심판의 처분명령재결)에 따른 처분을 하지 아니하면 청구인의 **신청에 의하여** 결정으로 상당한 기간을 정하고 피청구인이 그 기간 내에 이행하지 아니하는 경우에는 그 지연기간에 따라 일정한 배상을 하도록 명하거나 즉시 배상을 할 것을 명할 수 있다.

13 실효성 확보수단   정답 ④

☑ 오답해설

① 구 주택건설촉진법은 '제32조 제2호의 규정을 위반하여 주택을 공급한 자'를 과태료에 처하도록 규정하고 있으나, 주택공급계약이 위 법 규정에 위반하였다고 하더라도 그 **사법적 효력**까지 부인된다고 할 수는 없다. 대법원 2007. 8. 23. 선고 2005다59475 등 판결

② 질서위반행위규제법 제10조(심신장애)

> ① 심신장애로 인하여 행위의 옳고 그름을 판단할 능력이 **없거나** 그 판단에 따른 행위를 할 능력이 **없는** 자의 질서위반행위는 과태료를 부과하지 아니한다.

③ 질서위반행위규제법 제13조(수개의 질서위반행위의 처리)

> ① **하나의 행위**가 2 이상의 질서위반행위에 해당하는 경우에는 각 질서위반행위에 대하여 정한 과태료 중 **가장 중한** 과태료를 부과한다.

☑ 정답찾기

④ 질서위반행위규제법 제36조 및 제37조

> **질서위반행위규제법 제36조(재판)** ① 과태료 재판은 이유를 붙인 **결정**으로써 한다.
> **질서위반행위규제법 제37조(결정의 고지)** ① 결정은 당사자와 검사에게 고지함으로써 효력이 생긴다.

14 행정쟁송법 정답 ②

☑ 오답해설

① 과세처분취소 **청구를 기각**하는 판결이 확정되면 그 처분이 **적법하다**는 점에 관하여 기판력이 생기고 그 후 원고가 다시 이를 무효라 하여 그 무효확인을 소구할 수는 없는 것이어서, 과세처분의 취소소송에서 청구가 기각된 확정판결의 기판력은 그 과세처분의 무효확인을 구하는 소송에도 **미친다.** 대법원 1996. 6. 25. 선고 95누1880 판결

③ 간접강제결정에 기한 배상금은 확정판결의 취지에 따른 재처분의 지연에 대한 **제재나 손해배상이 아니고,** 재처분의 이행에 관한 심리적 강제수단에 불과한 것이므로, 특별한 사정이 없는 한 간접강제결정에서 정한 의무이행**기한이 경과한 후에라도** 확정판결의 취지에 따른 재처분의 이행이 있으면 처분 상대방이 더 이상 배상금을 **추심하는 것은 허용되지 않는다.** 대법원 2004. 1. 15. 선고 2002두2444 판결

④ **절차 내지 형식의 위법**을 이유로 과세처분을 취소하는 판결이 확정된 경우에 그 확정판결의 기판력(주: 기속력을 의미함. 이하 같음)은 확정판결에 적시된 절차 내지 형식의 위법사유에 한하여 미친다고 할 것이므로 과세처분권자가 그 확정판결에 적시된 **위법사유를 보완**하여 행한 새로운 과세처분은 확정판결에 의하여 **취소된 종전의 과세처분과는 별개의 처분**으로서 확정판결의 기판력에 **저촉되는 것은 아니다.** 대법원 1986. 11. 11. 선고 85누231 판결

☑ 정답찾기

② 당연**무효**의 행정처분을 소송목적물로 하는 행정소송(주: 무효등확인소송)에서는 존치시킬 효력이 있는 행정행위가 없기 때문에 행정소송법 제28조 소정의 **사정판결을 할 수 없다.** 대법원 1996. 3. 22. 선고 95누5509 판결

15 행정정보 정답 ③

☑ 오답해설

① **공개청구자**는 그가 공개를 구하는 정보를 공공기관이 보유·관리하고 있을 상당한 개연성이 있다는 점에 대하여 입증할 책임이 있으나, 공개를 구하는 정보를 공공기관이 한때 보유·관리하였으나 후에 그 정보가 담긴 문서들이 **폐기되어 존재하지 않게 된 것**이라면 그 정보를 더 이상 보유·관리하고 있지 않다는 점에 대한 증명책임은 **공공기관**에 있다. 대법원 2013. 1. 24. 선고 2010두18918 판결

② 공개청구의 대상이 되는 정보가 **이미 다른 사람에게 공개**하여 널리 알려져 있다거나 인터넷이나 관보 등을 통하여 공개하여 **인터넷검색**이나 도서관에서의 열람 등을 통하여 쉽게 알 수 있다는 사정만으로는 소의 이익이 없다거나 비공개결정이 정당화될 수는 없다. 대법원 2008. 11. 27. 선고 2005두15694 판결

④ (견책의 징계처분을 받은 갑이 사단장에게 징계위원회에 참여한 징계위원의 성명과 직위에 대한 정보공개청구를 하였으나 위 정보가 비공개사유에 해당한다는 이유로 공개를 거부한 사안에서) 비록 징계처분 취소사건에서 갑의 **청구를 기각하는 판결이 확정되었더라도** 이러한 사정만으로 위 처분의 취소를 구할 이익이 없어지지 않고, 사단장이 갑의 정보공개청구를 거부한 이상 갑으로서는 여전히 정보공개거부처분의 취소를 구할 법률상 이익이 있으므로, 이와 달리 본 원심판결에 법리오해의 잘못이 있다고 한 사례. 대법원 2022. 5. 26. 선고 2022두33439 판결

☑ 정답찾기

③ 민사소송법 제344조 제2항은 같은 조 제1항에서 정한 문서에 해당하지 아니한 문서라도 문서의 소지자는 원칙적으로 그 제출을 거부하지 못하나, 다만 '공무원 또는 공무원이었던 사람이 그 직무와 관련하여 보관하거나 가지고 있는 문서'는 예외적으로 제출을 거부할 수 있다고 규정하고 있는바, (중략) 이러한 공문서의 공개에 관하여는 **공공기관의 정보공개에 관한 법률에서 정한 절차와 방법에 의하여야** 할 것이다. 대법원 2010. 1. 19.자 2008마546 결정

16 행정법통론 정답 ①

☑ 오답해설

② **같은 정도의 비위**를 저지른 자들 사이에 있어서도 그 직무의 특성 등에 비추어, **개전의 정이 있는지 여부에 따라** 징계의 종류의 선택과 양정에 있어서 차별적으로 취급하는 것은, 사안의 성질에 따른 합리적 차별로서 이를 자의적 취급이라고 할 수 없는 것이어서 **평등원칙 내지 형평에 반하지 아니한다.** 대법원 1999. 8. 20. 선고 99두2611 판결

③ 비록 과세관청이 질의회신 등을 통하여 어떤 견해를 표명하였다고 하더라도 그것이 **중요한 사실관계와 법적인 쟁점을 제대로 드러내지 아니한 채** 질의한 데 따른 것이라면 공적인 견해표명에 의하여 정당한 기대를 가지게 할 만한 **신뢰가 부여된 경우라고 볼 수 없다.** 대법원 2013. 12. 26. 선고 2011두5940 판결

④ 귀책사유의 유무는 **상대방과 그로부터 신청행위를 위임받은 수임인 등 관계자 모두를 기준**으로 판단하여야 한다. 대법원 2002. 11. 8. 선고 2001두1512 판결

☑ 정답찾기

① **폐기물처리업**에 대하여 사전에 관할 관청으로부터 적정통보를 받고 막대한 비용을 들여 허가요건을 갖춘 다음 허가신청을 하였음에도 **다수 청소업자의 난립**으로 안정적이고 효율적인 청소업무의 수행에 지장이 있다는 이유로 한 불허가처분은 신뢰보호의 원칙 및 비례의 원칙에 반하는 것으로서 재량권을 남용한 위법한 처분이다. 대법원 1998. 5. 8. 선고 98두4061 판결

17 행정쟁송법 　　　　　　　　　　　　　　정답 ④

☑ 오답해설

ㄱ. 행정소송법 제10조(관련청구소송의 이송 및 병합)

> ① 취소소송과 다음 각호의 1에 해당하는 소송(이하 '관련청구소송'이라 한다)이 각각 다른 법원에 계속되고 있는 경우에 관련청구소송이 계속된 법원이 상당하다고 인정하는 때에는 당사자의 **신청 또는 직권**에 의하여 이를 **취소소송이 계속된 법원으로** 이송할 수 있다(주: 관련청구소송의 이송은 관련청구소송을 취소소송이 계속된 법원으로 이송시키는 것이지, 그 반대의 경우는 허용되지 않음).

ㄹ. 수소법원의 **재판관할권 유무**는 법원의 직권조사사항으로서 법원이 그 관할에 속하지 아니함을 인정한 때에는 민사소송법 제34조 제1항에 의하여 **직권으로 이송결정**을 하는 것이고, 소송당사자에게 관할위반을 이유로 하는 **이송신청권이 있는 것은 아니다.** 따라서 당사자가 관할위반을 이유로 한 이송신청을 한 경우에도 이는 단지 법원의 **직권발동을 촉구하는** 의미밖에 없다. 대법원 2018. 1. 19.자 2017마1332 결정

☑ 정답찾기

ㄴ. 법원이 **기본적 사실관계가 동일하지 않은 사유**의 실체적 당부에 관한 처분상대방의 **명시적인 동의 없이** 추가·변경된 거부처분사유를 **심리·판단하여** 이를 근거로 거부처분이 적법하다고 판단하는 것은 행정소송법상 **직권심리주의의 한계를 벗어난 것**으로 허용될 수 없다. 대법원 2024. 11. 28. 선고 2023두61349 판결

ㄷ. 행정소송법 제31조(제3자에 의한 재심청구)

> ① 처분등을 취소하는 판결에 의하여 권리 또는 이익의 침해를 받은 **제3자**는 자기에게 **책임없는 사유**로 소송에 참가하지 못함으로써 판결의 결과에 영향을 미칠 공격 또는 방어방법을 제출하지 못한 때에는 이를 이유로 확정된 종국판결에 대하여 재심의 청구를 할 수 있다.
> ② 제항의 규정에 의한 청구는 확정판결이 있음을 안 날로부터 **30일** 이내, 판결이 확정된 날로부터 **1년 이내**에 제기하여야 한다.

ㅁ. 집행정지결정을 하려면 이에 대한 본안소송이 법원에 제기되어 계속 중임을 요하고, 따라서 집행정지신청 기각결정 후 본안소송이 취하되었다면 위 기각결정에 대한 재항고는 그 실익이 없어 **각하될 수밖에 없다.** 대법원 2019. 6. 27.자 2019무622 결정

18 종합 사례 　　　　　　　　　　　　　　정답 ③

☑ 오답해설

① 행정심판법 제6조(행정심판위원회의 설치)

> ③ 다음 각 호의 행정청의 처분 또는 부작위에 대한 심판청구에 대하여는 **시·도지사 소속으로 두는** 행정심판위원회에서 심리·재결한다.
> 　2. **시·도의 관할구역에 있는 시·군·자치구의 장**, 소속 행정청 또는 시·군·자치구의 의회(의장, 위원회의 위원장, 사무국장, 사무과장 등 의회 소속 모든 행정청을 포함한다)

② 제재적 행정처분이 그 처분에서 정한 제재기간의 경과로 인하여 그 효과가 소멸되었으나, **부령인 시행규칙** 또는 지방자치단체의 규칙의 형식으로 정한 처분기준에서 제재적 행정처분을 받은 것을 **가중사유나 전제요건**으로 삼아 장래의 제재적 행정처분을 하도록 정하고 있는 경우, 선행처분인 제재적 행정처분을 받은 상대방이 그 처분에서 정한 제재기간이 경과하였다 하더라도 그 처분의 취소를 구할 법률상 이익이 있다. 대법원 2006. 6. 22. 선고 2003두1684 판결

④ 행정기본법 제23조(제재처분의 제척기간)

> ① 행정청은 법령등의 위반행위가 종료된 날부터 **5년**이 지나면 해당 위반행위에 대하여 **제재처분**(인허가의 정지·취소·철회, 등록 말소, 영업소 폐쇄와 정지를 갈음하는 과징금 부과를 말한다. 이하 이 조에서 같다)을 할 수 없다.

☑ 정답찾기

③ '의견청취가 현저히 곤란하거나 명백히 불필요하다고 인정될 만한 상당한 이유가 있는 경우'에 해당하는지는 해당 행정**처분의 성질**에 비추어 판단하여야 하며, 처분상대방이 이미 행정청에 **위반사실을 시인**하였다거나 처분의 사전통지 이전에 의견을 진술할 **기회가 있었다**는 사정을 고려하여 판단할 것은 아니다. 대법원 2016. 10. 27. 선고 2016두41811 판결

19 행정작용법 　　　　　　　　　　　　　　정답 ②

☑ 오답해설

① 납세자가 아닌 **제3자의 재산**을 대상으로 한 압류처분은 그 처분의 내용이 법률상 실현될 수 없는 것이어서 **당연무효**이다. 대법원 2012. 4. 12. 선고 2010두4612 판결

③ 세관출장소장에게 관세부과처분을 할 권한이 있다고 객관적으로 오인할 여지가 다분하다고 인정되므로 결국 적법한 권한 위임 없이 **세관출장소장**에 의하여 행하여진 관세부과처분이 그 하자가 중대하기는 하지만 객관적으로 명백하다고 할 수 없어 당연무효는 아니다. 대법원 2004. 11. 26. 선고 2003두2403 판결

④ 조세 부과의 근거가 되었던 법률규정이 위헌으로 선언된 경우, 비록 그에 기한 과세처분이 위헌결정 전에 이루어졌고, 과세처분에 대한 제소기간이 이미 경과하여 조세채권이 확정되었으며, 조세채권의 집행을 위한 체납처분의 근거규정 자체에 대하여는 따로 위헌결정이 내려진 바 없다고 하더라도, 위와 같은 **위헌결정 이후에** 조세채권의 집행을 위한 새로운 체납처분에 착수하거나 이를 속행하는 것은 더 이상 허용되지 않고, 나아가 이러한 위헌결정의 효력에 위배하여 이루어진 체납처분은 그 사유만으로 하자가 중대하고 객관적으로 명백하여 **당연무효**이다. 대법원 2012. 2. 16. 선고 2010두10907 판결

☑ 정답찾기

② 임용당시 공무원임용**결격사유**가 있었다면 비록 국가의 과실에 의하여 임용결격자임을 밝혀내지 못하였다 하더라도 그 임용행위는 **당연무효**로 보아야 한다. 대법원 1987. 4. 14. 선고 86누459 판결

20 행정구제법   정답 ①

② 토지보상법 제20조 및 2009두1051 판결

> [1] **토지보상법 제20조(사업인정)** ① 사업시행자는 제19조에 따라 토<u>지등을 수용하거나 사용하려면 대통령령으로 정하는 바에 따라 국토교통부장관의 **사업인정**을 받아야 한다.</u>
> [2] **사업인정이란 공익사업을 토지 등을 수용 또는 사용할 사업으로 결정하는 것으로서 공익사업의 시행자에게 그 후 일정한 절차를 거칠 것을 조건으로 일정한 내용의 수용권을 설정하여 주는 형성행위**이다. 대법원 2011. 1. 27. 선고 2009두1051 판결

③ <u>잔여지 수용청구의 의사표시는 관할 토지수용위원회에 하여야 하는 것</u>으로서, 관할 토지수용위원회가 사업시행자에게 잔여지 수용청구의 의사표시를 수령할 권한을 부여하였다고 인정할 만한 사정이 없는 한, <u>사업시행자에게 한 잔여지 매수청구의 의사표시를 관할 토지수용위원회에 한 잔여지 수용청구의 의사표시로 볼 수는 없다.</u> 대법원 2010. 8. 19. 선고 2008두822 판결

④ 공익사업을 위한 토지 등의 취득 및 보상에 관한 법률 제30조 제1항은 **재결신청을 청구**할 수 있는 경우를 사업시행자와 토지소유자 및 관계인 사이에 '협의가 성립하지 아니한 때'로 정하고 있을 뿐 (중략) **'협의가 성립되지 아니한 때'**에는 사업시행자가 토지소유자 등과 공익사업법 제26조에서 정한 협의절차를 거쳤으나 보상액 등에 관하여 협의가 성립하지 아니한 경우는 물론 <u>토지소유자 등이 손실보상대상에 해당한다고 주장하며 보상을 요구하는데도 사업시행자가 손실보상대상에 해당하지 아니한다며 보상대상에서 이를 제외한 채 **협의를 하지 않아** 결국 협의가 성립하지 않은 경우도 포함된다.</u> 대법원 2011. 7. 14. 선고 2011두2309 판결

① 토지보상법에 의한 **보상합의**는 공공기관이 사경제주체로서 행하는 **사법상 계약**의 실질을 가지는 것으로서, <u>당사자 간의 합의로 같은 법 소정의 손실보상의 기준에 의하지 아니한 손실보상금을 정할 수 있으며,</u> (중략) <u>손실보상금에 관한 합의 내용이 공익사업법에서 정하는 손실보상 기준에 맞지 않는다고 하더라도 합의가 적법하게 취소되는 등의 특별한 사정이 없는 한 **추가로 공익사업법상 기준에 따른 손실보상금 청구를 할 수는 없다.**</u> 대법원 2013. 8. 22. 선고 2012다3517 판결

제15회

01 실효성 확보수단 · 정답 ①

☑ 오답해설

② 구 청소년보호법 제49조 제1항, 제2항에 따른 같은 법 시행령 제40조 [별표 6]의 위반행위의 종별에 따른 과징금 처분기준은 법규명령이 기는 하나 (중략) 여러 요소를 종합적으로 고려하여 사안에 따라 적정한 과징금의 액수를 정하여야 할 것이므로 그 수액은 정액이 아니라 최고한도액이다. 대법원 2001. 3. 9. 선고 99두5207 판결

③ 공정거래위원회의 과징금 납부명령 등이 재량권 일탈·남용으로 위법한지 여부는 다른 특별한 사정이 없는 한 과징금 납부명령 등이 행하여진 '의결일' 당시의 사실상태를 기준으로 판단하여야 한다. 대법원 2019. 1. 31. 선고 2017두68110 판결

④ 행정기본법 시행령 제7조(과징금의 납부기한 연기 및 분할 납부)

> ① 과징금 납부 의무자는 법 제29조 각 호 외의 부분 단서에 따라 과징금 납부기한을 연기하거나 과징금을 분할 납부하려는 경우에는 납부기한 **10일** 전까지 과징금 납부기한의 연기나 과징금의 분할 납부를 신청하는 문서에 같은 조 각 호의 사유를 증명하는 서류를 첨부하여 행정청에 신청해야 한다.

☑ 정답찾기

① 부동산 실권리자명의 등기에 관한 법률 및 시행령 상 **명의신탁자**에 대하여 과징금을 부과할 것인지 여부는 **기속행위**에 해당한다. 대법원 2007. 7. 12. 선고 2005두17287 판결

02 행정작용법 · 정답 ④

☑ 오답해설

① 일반적으로 처분이 주체·내용·절차와 형식의 요건을 모두 갖추고 외부에 표시된 경우에는 처분의 존재가 인정된다. 대법원 2019. 7. 11. 선고 2017두38874 판결

② 행정처분에 붙은 부담인 부관이 제소기간의 도과로 확정되어 이미 불가쟁력이 생겼다면 그 하자가 중대하고 명백하여 당연 무효로 보아야 할 경우 외에는 누구나 그 효력을 부인할 수 없을 것이지만, 부담의 이행으로서 하게 된 사법상 매매 등의 법률행위는 부담을 붙인 행정처분과는 어디까지나 **별개의 법률행위**이므로 그 부담의 불가쟁력의 문제와는 별도로 법률행위가 사회질서 위반이나 강행규정에 위반되는지 여부 등을 따져보아 그 **법률행위의 유효 여부를 판단**하여야 한다. 대법원 2009. 6. 25. 선고 2006다18174 판결

③ 행정처분의 위법을 주장하여 그 처분의 취소를 구하는 소위 항고소송에 있어서는 그 처분이 적법하였다고 주장하는 피고에게 그가 주장하는 적법사유에 대한 입증책임이 있다고 하는 것이 당원 판례의 견해이고, 그 견해를 행정처분의 공정력을 부정하는 것이라고는 할 수 없다(위 입증책임과 처분의 공정력은 전연 별개의 문제이다). 대법원 1966. 10. 18. 선고 66누134 판결

☑ 정답찾기

④ 처분에 **불가쟁력**이 발생하였다 하더라도 이는 당해 처분에 대하여 오직 취소소송을 제기할 수 없게 되었다는 의미를 갖는 것에 그칠 뿐, 그 처분의 적법성이 확정되었다거나 또는 취소소송 외의 다른 소송을 제기할 수 없게 되는 것은 아니다. 따라서 불가쟁력이 발생한 행정행위일지라도 그로 인해 손해를 입은 국민은 당해 행정행위의 **위법을 주장**하며 **민사소송**으로 국가배상청구소송을 할 수 있다.

03 행정작용법 · 정답 ④

☑ 오답해설

① **수익적 행정처분**에 있어서는 법령에 특별한 근거규정이 없다고 하더라도 그 부관으로서 부담을 붙일 수 있다. 대법원 2009. 2. 12. 선고 2005다65500 판결

② 지방병무청장이 재신체검사 등을 거쳐 현역병입영대상편입처분을 보충역편입처분이나 제2국민역편입처분으로 변경하거나 보충역편입처분을 제2국민역편입처분으로 변경하는 경우, 그 후 새로운 병역처분의 성립에 하자가 있었음을 이유로 하여 이를 취소한다고 하더라도 **종전의 병역처분의 효력이 되살아난다고 할 수 없다**. 대법원 2002. 5. 28. 선고 2001두9653 판결

③ 지방자치단체장이 공장시설을 신축하는 회사에 대하여 사업승인 내지 건축허가 당시 부가하였던 조건을 이행할 때까지 신축공사를 중지하라는 명령을 한 경우, 위 회사에게는 중지명령의 원인사유가 해소되었음을 이유로 당해 **공사중지명령의 해제**를 요구할 수 있는 권리가 조리상 인정된다. 대법원 2007. 5. 11. 선고 2007두1811 판결

☑ 정답찾기

④ 구 도시 및 주거환경정비법 제20조 제3항은 조합이 **정관을 변경하고**자 하는 경우에는 총회를 개최하여 조합원 과반수 또는 3분의 2 이상의 동의를 얻어 시장·군수의 인가를 받도록 규정하고 있다. 여기서 시장 등의 인가는 그 대상이 되는 기본행위를 **보충하여 법률상 효력을 완성시키는** 행위로서 이러한 인가를 받지 못한 경우 변경된 정관은 효력이 없고, 시장 등이 변경된 정관을 인가하더라도 정관변경의 효력이 총회의 의결이 있었던 때로 **소급하여 발생한다고 할 수 없다**. 대법원 2014. 7. 10. 선고 2013도11532 판결

04 행정쟁송법   정답 ②

☑ 오답해설

① 본안 확정판결로 해당 제재처분이 적법하다는 점이 확인되었다면 제재처분의 상대방이 잠정적 집행정지를 통해 집행정지가 이루어지지 않은 경우와 비교하여 **제재를 덜 받게 되는 결과**가 초래되도록 해서는 **안 된다.** 대법원 2020. 9. 3. 선고 2020두34070 판결

③ 행정소송법 제23조(집행정지)

> ② (생략) 다만, **처분의 효력정지는 처분등의 집행 또는 절차의 속행을 정지함으로써 목적을 달성할 수 있는 경우에는 허용되지 아니한다.**

④ 과징금을 납부하기 위하여 무리하게 외부자금을 신규차입하게 되면 주거래은행과의 재무구조개선약정을 지키지 못하게 되어 사업자가 **중대한 경영상의 위기**를 맞게 될 것으로 보이는 경우, 그 과징금납부명령의 처분으로 인한 손해는 효력정지 내지 집행정지의 적극적 요건인 '회복하기 어려운 손해'에 해당한다. 대법원 2001. 10. 10.자 2001무29 결정

☑ 정답찾기

② 집행정지결정의 효력은 결정 주문에서 정한 기간까지 존속하다가 그 기간이 만료되면 **장래에 향하여** 소멸한다. (중략) 항고소송을 제기한 원고가 본안소송에서 패소확정판결을 받았더라도 집행정지결정의 효력이 소급하여 소멸하지 않는다. 대법원 2020. 9. 3 선고 2020두34070 판결

05 행정절차법   정답 ③

☑ 오답해설

① **입법예고**를 통해 법령안의 내용을 국민에게 예고한 적이 있다고 하더라도 그것이 법령으로 확정되지 아니한 이상 국가가 이해관계자들에게 위 법령안에 관련된 사항을 약속하였다고 볼 수 없으며, 이러한 사정만으로 어떠한 신뢰를 부여하였다고 볼 수도 없다. 대법원 2018. 6. 15. 선고 2017다249769 판결

② **부적격사유가 없는** 후보자들 사이에서 어떤 후보자를 상대적으로 더욱 적합하다고 판단하여 임용제청하는 경우, (중략) 교육부장관이 어떤 후보자를 총장으로 **임용제청하는 행위 자체에** 그가 총장으로 더욱 적합하다는 정성적 평가 결과가 당연히 포함되어 있는 것으로, 이로써 행정절차법상 **이유제시의무를 다한 것**이라고 보아야 한다. 여기에서 나아가 교육부장관에게 개별 심사항목이나 고려요소에 대한 평가 결과를 더 자세히 밝힐 의무까지는 없다. 대법원 2018. 6. 15. 선고 2016두57564 판결

④ 반복적으로 이루어진 조치명령 중 일부는 전자우편을 통해 피고인에게 송달되었는데, 피고인이 전자우편을 통한 송달에 이의를 제기하지 않았고, 그 결과 피고인이 위와 같이 전자우편으로 송달된 폐기물 조치명령을 이행하지 않았다는 이유로 과거에 형사처벌을 받은 적이 있는 사실을 알 수 있다. 그러나 과거에 피고인이 동일한 내용의 폐기물 조치명령을 전자우편으로 송달받고도 이의를 제기하지 않았다는 사정만으로, 피고인이 이 사건 조치명령을 휴대전화 문자메시지로 송달받는 데에 **동의**하였다고 볼 수는 **없다.** 결국, 이 사건 조치명령은 당사자의 동의가 없었음에도 전자문서로 이루어진 처분으로서 구 행정절차법 제24조 제1항을 위반한 하자가 있다. 대법원 2024. 5. 9. 선고 2023도3914 판결

☑ 정답찾기

③ 행정절차법 제19조(처리기간의 설정·공표)

> ① 행정청은 신청인의 편의를 위하여 처분의 처리기간을 종류별로 미리 정하여 공표하여야 한다.
> ② 행정청은 부득이한 사유로 제1항에 따른 처리기간 내에 처분을 처리하기 곤란한 경우에는 해당 처분의 처리기간의 범위에서 한 번만 그 기간을 연장할 수 있다.

06 행정구제법   정답 ②

☑ 오답해설

① **공유수면 매립면허의 고시**가 있다고 하여 반드시 그 사업이 시행되고 그로 인하여 손실이 발생한다고 할 수 없으므로, 매립면허 고시 이후 매립공사가 실행되어 관행어업권자에게 **실질적이고 현실적인 피해**가 발생한 경우에만 공유수면매립법에서 정하는 손실보상청구권이 발생하였다고 할 것이다. 대법원 2010. 12. 9. 선고 2007두6571 판결

③ 토지수용위원회는 행정쟁송에 의하여 사업인정이 취소되지 않는 한 그 기능상 사업인정 자체를 무의미하게 하는, 즉 사업의 시행이 불가능하게 되는 것과 같은 재결을 행할 수는 없다. 대법원 1994. 11. 11. 선고 93누19375 판결

④ 토지보상법 제83조(이의의 신청)

> ① 중앙토지수용위원회의 제34조에 따른 재결에 이의가 있는 자는 중앙토지수용위원회에 이의를 신청할 수 있다.

☑ 정답찾기

② 공익사업의 시행자가 사전보상을 하지 않은 채 공사에 착수함으로써 토지소유자와 관계인이 손해를 입은 경우, 토지소유자와 관계인이 입은 손해는 **손실보상청구권이 침해**된 데에 따른 손해이므로, 사업시행자가 배상해야 할 손해액은 원칙적으로 손실보상금이다. 대법원 2021. 11. 11. 선고 2018다204022 판결

07 행정쟁송법   정답 ①

☑ 오답해설

ㄷ. 해당 처분을 다툴 **법률상 이익**이 있는지 여부는 직권조사사항으로 이에 관한 당사자의 주장은 **직권발동**을 촉구하는 의미밖에 없으므로, 원심법원이 이에 관하여 판단하지 않았다고 하여 **판단유탈**의 상고이유로 삼을 수 **없다.** 대법원 2017. 3. 9. 선고 2013두16852 판결

☑ 정답찾기

ㄱ. 처분청이 거부처분에 대한 항고소송에서 당초 거부처분사유와 기본적 사실관계의 동일성이 인정되지 않는 다른 거부처분사유를 주장한 것에 대하여 처분상대방이 **아무런 의견을 밝히지 않고 있다면** 법원은 적절하게 **석명권을 행사하여** 처분상대방에게 처분사유 추가·변경 제한 법리의 원칙이 그대로 적용될 것을 주장하는지, 아니면 추가·변경된 거부처분사유의 실체적 당부에 관한 법원의 판단을 구하는지에 관하여 의견을 진술할 수 있도록 기회를 주어야 한다. 대법원 2024. 11. 28. 선고 2023두61349 판결

ㄴ. 원고적격은 소송요건의 하나이므로 사실심 변론종결시는 물론 **상고심에서도** 존속하여야 하고 이를 흠결하면 부적법한 소가 된다. 대법원 2007. 4. 12. 선고 2004두7924 판결

08 실효성 확보수단
정답 ①

☑ 오답해설

② 행정조사기본법 제24조(조사결과의 통지)

> 행정기관의 장은 법령등에 특별한 규정이 있는 경우를 제외하고는 행정조사의 결과를 확정한 날부터 **7일** 이내에 그 결과를 조사대상자에게 통지하여야 한다.

③ **시정명령**의 내용은 과거의 위반행위에 대한 중지는 물론 **가까운 장래에 반복될 우려가 있는** 동일한 유형의 행위의 반복금지까지 명할 수는 있는 것으로 해석함이 상당하다. 대법원 2003. 2. 20. 선고 2001두5347 전원합의체 판결

④ 산림법령상 채석허가는 **대물적** 허가의 성질을 가지는 점 등을 감안하여 보면, 수허가자가 사망한 경우 특별한 사정이 없는 한 수허가자의 상속인이 수허가자로서의 지위를 승계한다고 봄이 상당하다. (중략) 산림을 무단형질변경한 자가 사망한 경우 당해 토지의 소유권 또는 점유권을 승계한 상속인은 그 복구의무를 부담한다고 봄이 상당하고, 따라서 관할 행정청은 그 **상속인에 대하여 복구명령을 할 수 있다**고 보아야 한다. 대법원 2005. 8. 19. 선고 2003두9817 판결

☑ 정답찾기

① 질서위반행위규제법 제20조(이의제기)

> ① 행정청의 과태료 부과에 불복하는 당사자는 제17조 제1항에 따른 과태료 부과 통지를 받은 날부터 **60일** 이내에 해당 행정청에 서면으로 이의제기를 할 수 있다.

09 행정작용법
정답 ④

☑ 오답해설

① 법규명령의 위임근거가 되는 법률에 대하여 위헌결정이 선고되면 그 위임에 근거하여 제정된 법규명령도 원칙적으로 효력을 상실한다. 대법원 2001. 6. 12. 선고 2000다18547 판결

② 조례가 집행행위의 개입 없이도 **그 자체로서 직접 국민의 구체적인 권리의무**나 법적 이익에 영향을 미치는 등의 법률상 효과를 발생하는 경우 그 조례는 항고소송의 대상이 되는 행정처분에 해당하고, 이러한 **조례에 대한 무효확인소송**을 제기함에 있어서 행정소송법에 의하여 피고적격이 있는 처분등을 행한 행정청은, 행정주체인 지방자치단체 또는 지방자치단체의 내부적 의결기관으로서 지방자치단체의 의사를 외부에 표시한 권한이 없는 지방의회가 아니라, 구 지방자치법에 의하여 지방자치단체의 집행기관으로서 조례로서의 효력을 발생시키는 공포권이 있는 **지방자치단체의 장**이다. 대법원 1996. 9. 20. 선고 95누8003 판결

③ 일반적으로 **시행령**이 헌법이나 법률에 위반된다는 사정은 그 시행령의 규정을 위헌 또는 위법하여 무효라고 선언한 대법원의 판결이 선고되지 아니한 상태에서는 그 시행령 규정의 위헌 내지 위법 여부가 해석상 다툼의 여지가 없을 정도로 명백하였다고 인정되지 아니하는 이상 객관적으로 **명백한 것이라 할 수 없으므로,** 이러한 시행령에 근거한 행정처분의 하자는 **취소사유**에 해당할 뿐 무효사유가 되지 아니한다. 대법원 2007. 6. 14. 선고 2004두619 판결

☑ 정답찾기

④ 헌법 제107조

> ② 명령·규칙(주 : 법규명령 및 자치법규) 또는 처분이 헌법이나 법률에 위반되는 여부가 재판의 전제가 된 경우에는 대법원은 이를 최종적으로 심사할 권한을 가진다(주 : 따라서 대법원 아닌 각급법원도 법규명령의 위헌·위법 여부가 재판의 전제가 된 경우 그 위헌·위법 여부를 심사할 수 있음).

10 행정쟁송법
정답 ②

☑ 정답 및 해설

ㄱ. [X] **처분행정청**은 재결에 기속되어 재결의 취지에 따른 처분의무를 부담하게 되므로 이에 **불복하여 행정소송을 제기할 수 없다.** 대법원 1998. 5. 8. 선고 97누15432 판결

ㄴ. [X] 행정심판법 제50조의2(위원회의 간접강제)

> ① 위원회는 피청구인이 제49조 제2항(제49조 제4항에서 준용하는 경우를 포함한다)(주 : 거부처분에 대한 취소 또는 무효확인재결) 또는 제3항(주 : 의무이행심판의 처분명령재결)에 따른 처분을 하지 아니하면 청구인의 신청에 의하여 결정으로 상당한 기간을 정하고 피청구인이 그 기간 내에 이행하지 아니하는 경우에는 그 지연기간에 따라 일정한 배상을 하도록 명하거나 즉시 배상을 할 것을 명할 수 있다(주 : 행정심판에서 간접강제가 인정되는 경우는 거부처분에 대한 **취소재결, 무효등확인재결** 또는 거부처분이나 부작위에 대한 **처분명령재결**이 있는 경우에 한정되고, 취소심판에서의 **처분변경명령재결**에 대해서는 간접강제를 허용하는 규정을 두고 있지 않은 결과 간접강제가 인정되지 않음).

ㄷ. [X] 행정심판법 제51조(행정심판 재청구의 금지)

> 심판청구에 대한 재결이 있으면 그 재결 및 같은 처분 또는 부작위에 대하여 다시 행정심판을 청구할 수 없다.

ㄹ. [O] 행정심판법 제47조(재결의 범위)

> ① 위원회는 심판청구의 대상이 되는 처분 또는 부작위 외의 사항에 대하여는 재결하지 못한다.
> ② 위원회는 심판청구의 대상이 되는 처분보다 청구인에게 불리한 재결을 하지 못한다.

ㅁ. [O] 행정심판법 제50조의2(위원회의 간접강제)

> ⑤ 간접강제결정의 효력은 피청구인인 행정청이 소속된 국가·지방자치단체 또는 공공단체에 미치며, 결정서 정본은 제4항에 따른 소송제기와 관계없이 「민사집행법」에 따른 강제집행에 관하여는 집행권원과 같은 효력을 가진다. 이 경우 집행문은 위원장의 명에 따라 위원회가 소속된 행정청 소속 공무원이 부여한다.

11 행정작용법　　　　　　정답 ③

☑ 오답해설

① 과세관청이 과세처분에 앞서 납세의무자에게 보낸 **과세예고통지서** 등에 의하여 납세의무자가 그 처분에 대한 불복 여부의 결정 및 불복신청에 전혀 지장을 받지 않았음이 명백하다면, 이로써 납세고지서의 흠결이 보완되거나 하자가 치유된다. 대법원 1998. 6. 26. 선고 96누12634 판결

② **사업시행계획**에 관한 취소사유인 하자는 **관리처분계획**에 승계되지 아니하여 그 하자를 들어 관리처분계획의 적법 여부를 다툴 수 없다는 이유로, 관리처분계획이 적법하다고 본 원심의 결론은 정당하다고 한 사례. 대법원 2012. 8. 23. 선고 2010두13463 판결

④ 병역법상 **보충역편입처분**과 **공익근무요원소집처분**은 각각 단계적으로 별개의 법률효과를 발생하는 독립된 행정처분이므로, (중략) 보충역편입처분에 하자가 있다고 할지라도 그것이 당연무효라고 볼 만한 특단의 사정이 없는 한 그 위법을 이유로 공익근무요원소집처분의 효력을 다툴 수 없다. 대법원 2002. 12. 10. 선고 2001두5422 판결

☑ 정답찾기

③ 선행처분인 국제항공노선 **운수권배분 실효처분** 및 노선면허거부처분에 대하여 이미 불가쟁력이 생겨 그 효력을 다툴 수 없게 된 이상 그에 위법사유가 있더라도 그것이 당연무효 사유가 아닌 한 그 하자가 후행처분인 **노선면허처분**에 승계된다고 할 수 없다고 판단한 사례. 대법원 2004. 11. 26. 선고 2003두3123 판결

12 행정정보　　　　　　정답 ③

☑ 오답해설

① 정보공개법 제20조 및 행정소송규칙 제11조

> **정보공개법 제20조(행정소송)** ② 재판장은 필요하다고 인정하면 **당사자를 참여시키지 아니하고 제출된 공개 청구 정보를 비공개로 열람·심사**할 수 있다.
>
> **행정소송규칙 제11조(비공개 정보의 열람·심사)** ① 재판장은 「공공기관의 정보공개에 관한 법률」 제20조 제1항에 따른 취소소송 사건, 같은 법 제21조제2항에 따른 취소소송이나 이를 본안으로 하는 집행정지신청 사건의 심리를 위해 같은 법 제20조제2항에 따른 **비공개 열람·심사**를 하는 경우 피고에게 공개 청구된 정보의 원본 또는 사본·복제물의 제출을 명할 수 있다.

② 정보공개청구권은 법률상 보호되는 구체적인 권리이므로 청구인이 공공기관에 대하여 정보공개를 청구하였다가 **거부처분을 받은 것 자체가 법률상 이익의 침해에 해당한다.** 대법원 2004. 8. 20. 선고 2003두8302 판결

④ 정보공개법 제18조(이의신청)

> ① 청구인이 정보공개와 관련한 공공기관의 비공개 결정 또는 부분 공개 결정에 대하여 불복이 있거나 정보공개 청구 후 20일이 경과하도록 정보공개 결정이 없는 때에는 공공기관으로부터 정보공개 여부의 결정 통지를 받은 날 또는 정보공개 청구 후 20일이 경과한 날부터 **30일** 이내에 해당 공공기관에 문서로 이의신청을 할 수 있다.

☑ 정답찾기

③ 만일 공개청구자가 특정한 바와 같은 정보를 공공기관이 **보유·관리하고 있지 않은** 경우라면 특별한 사정이 없는 한 해당 정보에 대한 공개거부처분에 대하여는 **취소를 구할 법률상 이익이 없다.** 대법원 2013. 1. 24. 선고 2010두18918 판결

13 행정쟁송법　　　　　　정답 ②

☑ 오답해설

ㄴ. 기판력은 청구인용판결과 청구기각판결 모두 발생한다. 청구인용판결이 확정된 경우 소송물로 된 처분이 위법하다는 점에 대하여 기판력이 발생하고, 청구기각판결이 확정된 경우 처분이 적법하다는 점에 대하여 기판력이 발생한다.

ㄹ. 주택재건축사업조합이 새로 조합설립인가처분을 받는 것과 동일한 요건과 절차를 거쳐 **조합설립변경인가**처분을 받는 경우 당초 조합설립인가처분의 유효를 전제로 당해 주택재건축사업조합이 매도청구권 행사, 시공자 선정에 관한 총회 결의, 사업시행계획의 수립, 관리처분계획의 수립 등과 같은 **후속 행위를 하였다면** 당초 조합설립인가처분이 무효로 확인되거나 취소될 경우 그것이 유효하게 존재하는 것을 전제로 이루어진 위와 같은 후속 행위 역시 소급하여 효력을 상실하게 되므로, 특별한 사정이 없으면 위와 같은 형태의 조합설립변경인가가 있다고 하여 당초 조합설립인가처분의 무효확인을 구할 소의 이익이 소멸된다고 볼 수는 없다. 대법원 2012. 10. 25. 선고 2010두25107 판결

☑ 정답찾기

ㄱ. 행정소송법 제26조(직권심리)

> 법원은 필요하다고 인정할 때에는 **직권으로 증거조사를 할 수 있고, 당사자가 주장하지 아니한 사실에 대하여도 판단할 수 있다.**

ㄷ. **상고심에서 비로소** 주장하는 **처분의 위법성**에 관한 사유는 적법한 **상고이유가 될 수 없다.** 대법원 1995. 11. 21. 선고 94누15684 판결

ㅁ. 행정소송법 제39조는, '당사자소송은 국가·공공단체 그 밖의 권리주체를 피고로 한다.'라고 규정하고 있다. 이것은 당사자소송의 경우 항고소송과 달리 '행정청'이 아닌 '권리주체'에게 피고적격이 있음을 규정하는 것일 뿐, 피고적격이 인정되는 권리주체를 행정주체로 한정한다는 취지가 아니므로, 이 규정을 들어 사인을 피고로 하는 당사자소송을 제기할 수 없다고 볼 것은 아니다. 대법원 2019. 9. 9. 선고 2016다262550 판결

제 16 회

14 혼합 정답 ①

☑ 오답해설

② 공기업·준정부기관이 입찰을 거쳐 계약을 체결한 상대방에 대해 위 규정들에 따라 **계약조건 위반**을 이유로 입찰참가자격제한처분을 하기 위해서는 입찰공고와 **계약서에 미리** 계약조건과 그 계약조건을 위반할 경우 입찰참가자격 제한을 받을 수 있다는 사실을 모두 명시해야 한다. 대법원 2021. 11. 11. 선고 2021두43491 판결

③ 공무원의 **연가보상비청구권**은 공무원이 연가를 실시하지 아니하는 등 법령상 정해진 요건이 충족되면 **그 자체만으로** 지급기준일 또는 보수지급기관의 장이 정한 지급일에 구체적으로 발생하고 행정청의 지급결정에 의하여 비로소 발생하는 것은 아니라고 할 것이므로, 행정청이 공무원에게 연가보상비를 지급하지 아니한 행위로 인하여 공무원의 연가보상비청구권 등 법률상 지위에 아무런 영향을 미친다고 할 수는 없으므로 행정청의 연가보상비 부지급 행위는 항고소송의 대상이 되는 **처분이라고 볼 수 없다**. 대법원 1999. 7. 23. 선고 97누10857 판결

④ 공무원연금법령상 급여를 받으려고 하는 자는 우선 관계 법령에 따라 공무원연금공단에 급여지급을 신청하여 공무원연금공단이 이를 거부하거나 일부 금액만 인정하는 급여지급결정을 하는 경우 그 결정을 대상으로 **항고소송**을 제기하는 등으로 구체적 권리를 인정받아야 하고, 구체적인 권리가 발생하지 않은 상태에서 **곧바로 공무원연금공단을 상대로 한 당사자소송**으로 권리의 확인이나 급여의 지급을 소구하는 것은 **허용되지 아니한다**. 대법원 2017. 2. 9. 선고 2014두43264 판결

☑ 정답찾기

① 개발제한구역의 지정으로 인한 **개발가능성의 소멸**과 그에 따른 **지가의 하락**이나 **지가상승률의 상대적 감소**는 토지소유자가 감수해야 하는 **사회적 제약**의 범주에 속하는 것으로 보아야 한다. 자신의 토지를 장래에 건축이나 개발목적으로 사용할 수 있으리라는 **기대가능성**이나 신뢰 및 이에 따른 **지가상승의 기회**는 원칙적으로 **재산권의 보호범위**에 속하지 않는다. 구역지정 당시의 상태대로 토지를 사용·수익·처분할 수 있는 이상, 구역지정에 따른 단순한 토지이용의 제한은 원칙적으로 재산권에 내재하는 **사회적 제약**의 범주를 넘지 않는다. 헌법재판소 1998. 12. 24. 선고 89헌마214 등 전원재판부

15 행정쟁송법 정답 ④

☑ 오답해설

① (미얀마 국적의 갑이 **위명(僞名)**인 '을' 명의의 **여권**으로 대한민국에 입국한 뒤 을 명의로 난민 신청을 하였으나 법무부장관이 을 명의를 사용한 갑을 직접 면담하여 조사한 후 갑에 대하여 난민불인정 처분을 한 사안에서) 처분의 상대방은 허무인이 아니라 '을'이라는 위명을 사용한 갑이므로, 갑은 처분의 취소를 구할 법률상 이익이 있다. 대법원 2017. 3. 9. 선고 2013두16852 판결

② 행정처분의 근거 법률에 의하여 보호되는 직접적이고 구체적인 이익이 있는 경우에는 행정소송법 제35조에 규정된 '무효확인을 구할 법률상 이익'이 있다고 보아야 하고, 이와 별도로 무효확인소송의 **보충성이 요구되는 것은 아니므로** 행정처분의 무효를 전제로 한 **이행소송 등**과 같은 직접적인 구제수단이 있는지 여부를 따질 **필요가 없다**고 해석함이 상당하다. 대법원 2008. 3. 20. 선고 2007두6342 전원합의체 판결

③ 이미 제소기간이 지남으로써 **불가쟁력이 발생**하여 불복청구를 할 수 없었던 경우라면 그 이후에 행정청이 행정심판청구를 할 수 있다고 **잘못 알렸다고 하더라도** 그 때문에 처분 상대방이 적법한 제소기간 내에 취소소송을 제기할 수 있는 기회를 상실하게 된 것은 아니므로 이러한 경우에 잘못된 안내에 따라 청구된 행정심판 재결서 정본을 송달받은 날부터 다시 취소소송의 제소기간이 기산되는 것은 아니다. 불가쟁력이 발생하여 더 이상 불복청구를 할 수 없는 처분에 대하여 행정청의 잘못된 안내가 있었다고 하여 처분 상대방의 불복청구 권리가 새로이 생겨나거나 부활한다고 볼 수는 없기 때문이다. 대법원 2012. 9. 27. 선고 2011두27247 판결

☑ 정답찾기

④ 구 주택법상 입주자나 입주예정자는 **사용검사처분**의 취소를 구할 법률상 이익이 없다. 대법원 2014. 7. 24. 선고 2011두30465 판결

16 행정기본법 정답 ②

☑ 오답해설

ㄱ. 행정기본법 제36조(처분에 대한 이의신청)

> ① 행정청의 처분(「행정심판법」 제3조에 따라 같은 법에 따른 행정심판의 대상이 되는 처분을 말한다. 이하 이 조에서 같다)에 이의가 있는 당사자는 처분을 받은 날부터 30일 이내에 해당 행정청에 이의신청을 할 수 있다.

ㄴ. 행정기본법 제37조(처분의 재심사)

> ① **당사자**는 처분(제재처분 및 행정상 강제는 제외한다. 이하 이 조에서 같다)이 행정심판, 행정소송 및 그 밖의 쟁송을 통하여 다툴 수 없게 된 경우(법원의 확정판결이 있는 경우는 제외한다)라도 다음 각 호의 어느 하나에 해당하는 경우에는 해당 처분을 한 행정청에 처분을 취소·철회하거나 변경하여 줄 것을 신청할 수 있다(주: 처분의 재심사 신청은 처분의 상대방인 '당사자'만이 할 수 있음).

☑ 정답찾기

ㄷ. 행정기본법 제36조(처분에 대한 이의신청)

> ④ 이의신청에 대한 결과를 통지받은 후 행정심판 또는 행정소송을 제기하려는 자는 그 결과를 통지받은 날(제2항에 따른 통지기간 내에 결과를 통지받지 못한 경우에는 같은 항에 따른 통지기간이 만료되는 날의 다음 날을 말한다)부터 90일 이내에 행정심판 또는 행정소송을 제기할 수 있다.

17 행정작용법   정답 ④

☑ 오답해설

① 건축법에서 인허가의제 제도를 둔 취지는, 인허가의제사항과 관련하여 건축허가의 관할 행정청으로 창구를 단일화하고 절차를 간소화하며 비용과 시간을 절감함으로써 국민의 권익을 보호하려는 것이지, 인허가의제사항 관련 법률에 따른 **각각의 인허가 요건에 관한 일체의 심사를 배제하려는 것으로 보기는 어려우므로**, 도시계획시설인 주차장에 대한 건축허가신청을 받은 행정청으로서는 건축법상 허가 요건뿐 아니라 국토의 계획 및 이용에 관한 법령이 정한 도시계획시설사업에 관한 실시계획인가 **요건도 충족하는 경우에 한하여** 이를 허가해야 한다. 대법원 2015. 7. 9. 선고 2015두39590 판결

② **건축불허가처분**을 하면서 그 처분사유로 건축불허가사유뿐만 아니라 형질변경불허가사유나 농지전용불허가사유를 들고 있다고 하여 그 건축불허가처분 외에 별개로 **형질변경불허가처분**이나 농지전용불허가처분이 **존재하는 것이 아니므로**, 그 건축불허가처분을 받은 사람은 그 **건축불허가처분에 관한 쟁송에서** 건축법상의 건축불허가사유뿐만 아니라 같은 도시계획법상의 형질변경불허가사유나 농지법상의 농지전용불허가사유에 관하여도 다툴 수 있는 것이지, 그 건축불허가처분에 관한 쟁송과는 별개로 형질변경불허가처분이나 농지전용불허가처분에 관한 쟁송을 제기하여 이를 다투어야 하는 것은 아니며, 그러한 쟁송을 제기하지 아니하였어도 형질변경불허가사유나 농지전용불허가사유에 관하여 불가쟁력이 생기지 아니한다. 대법원 2001. 1. 16. 선고 99두10988 판결

③ 행정절차법 제40조의2(확약)

> ④ 행정청은 다음 각 호의 어느 하나에 해당하는 경우에는 확약에 기속되지 아니한다.
> 2. 확약이 **위법**한 경우
> ⑤ 행정청은 확약이 제4항 각 호의 어느 하나에 해당하여 확약을 이행할 수 없는 경우에는 지체 없이 당사자에게 그 사실을 통지하여야 한다.

☑ 정답찾기

④ 산재보상법상 각종 보험급여 등의 **지급결정을 변경 또는 취소하는** 처분과 처분에 터 잡아 잘못 지급된 보험급여액에 해당하는 금액을 **징수하는 처분**이 적법한지를 판단하는 경우 비교·교량할 각 사정이 동일하다고는 할 수 없으므로, 지급결정을 변경 또는 취소하는 처분이 적법하다고 하여 그에 터 잡은 징수처분도 반드시 적법하다고 판단해야 하는 것은 아니다. 대법원 2014. 7. 24. 선고 2013두27159 판결

18 실효성 확보수단   정답 ③

☑ 오답해설

① 행정대집행법 제4조(대집행의 실행 등)

> ① 행정청(제2조에 따라 대집행을 실행하는 제3자를 포함한다)은 **해가 뜨기 전이나 해가 진 후에는 대집행을 하여서는 아니 된다.** 다만, 다음 각 호의 어느 하나에 해당하는 경우에는 그러하지 아니하다.
> 2. 해가 지기 전에 대집행을 착수한 경우

② 행정대집행법 제3조(대집행의 절차)

> ③ **비상시 또는 위험이 절박한 경우에** 있어서 당해 행위의 **급속한 실시를 요하여** 전2항에 규정한 수속(주 : 계고 및 대집행영장 통지)을 취할 여유가 없을 때에는 그 수속을 거치지 아니하고 대집행을 할 수 있다.

④ 후행처분인 대집행비용납부명령의 취소를 청구하는 소송에서 청구원인으로 선행처분인 계고처분이 위법한 것이기 때문에 그 계고처분을 전제로 행하여진 대집행비용납부명령도 위법한 것이라는 주장을 할 수 있다. 대법원 1993. 11. 9. 선고 93누14271 판결

☑ 정답찾기

③ 건물의 점유자가 철거의무자일 때에는 **건물철거의무에 퇴거의무도 포함**되어 있는 것이어서 별도로 **퇴거를 명하는 집행권원이 필요하지 않다**(주 : 점유자들에 대한 퇴거를 명하는 것을 구하는 소송은 소의 이익이 없음). 따라서 행정청이 행정대집행의 방법으로 건물철거의무의 이행을 실현할 수 있는 경우에는 건물철거 대집행 과정에서 부수적으로 건물의 점유자들에 대한 **퇴거 조치를 할 수 있는 것이다.** 대법원 2017. 4. 28. 선고 2016다213916 판결

19 행정구제법   정답 ①

☑ 오답해설

② **한국토지공사**는 이러한 법령의 위탁에 의하여 대집행을 수권 받은 자로서 공무인 대집행을 실시함에 따르는 권리·의무 및 책임이 귀속되는 **행정주체의 지위에 있다고 볼 것이지** 지방자치단체 등의 기관으로서 국가배상법 제2조 소정의 **공무원**에 해당한다고 볼 것은 **아니다**(주 : 따라서 국가나 지방자치단체는 배상책임을 지지 않고, 공공단체가 행정주체의 지위에서 배상책임을 지게 됨). 대법원 2010. 1. 28. 선고 2007다82950 판결

③ 국가배상법 제5조 제1항 소정의 '영조물의 **설치 또는 관리의 하자**'라 함은 영조물이 그 용도에 따라 **통상 갖추어야 할 안전성**을 갖추지 못한 상태에 있음을 말하는 것으로서, 영조물이 **완전무결한** 상태에 있지 아니하고 그 기능상 어떠한 결함이 있다는 것만으로 영조물의 설치 또는 관리에 하자가 있다고 할 수 없다. 대법원 2008. 9. 25. 선고 2007다88903 판결

④ 사고 당시 **설치하고 있던 옹벽**은 소외 회사가 그 공사를 도급받아 공사 중에 있었을 뿐만 아니라 아직 완성도 되지 아니하여 일반 공중의 이용에 제공되지 않고 있었던 이상 국가배상법 제5조 제1항 소정의 영조물에 해당한다고 할 수 없다. 대법원 1998. 10. 23. 선고 98다17381 판결

☑ 정답찾기

① 국가배상법 제2조 제1항 단서가 적용되는 공무원의 직무상 불법행위로 인하여 직무집행과 관련하여 피해를 입은 군인 등에 대하여 위 불법행위에 관련된 일반국민이 <u>공동불법행위책임</u>, 사용자책임, 자동차운행자책임 등에 의하여 그 손해를 <u>자신의 귀책부분을 넘어서 배상한 경우에도</u>, **국가 등은** 피해 군인 등에 대한 국가배상책임을 면할 뿐만 아니라, 나아가 민간인에 대한 국가의 귀책비율에 따른 **구상의무도 부담하지 않는다**고 하여야 할 것이다. 위와 같은 경우에는 공동불법행위자 등이 부진정연대채무자로서 <u>각자 피해자의 손해 전부를 배상할 의무를 부담하는 공동불법행위의 일반적인 경우와 달리</u> 예외적으로 **민간인은** 피해 군인 등에 대하여 그 손해 중 국가 등이 민간인에 대한 구상의무를 부담한다면 그 내부적인 관계에서 부담하여야 할 부분을 제외한 나머지 <u>자신의 **부담부분에 한하여** 손해배상의무를 부담</u>하고, 한편 국가 등에 대하여는 그 귀책부분의 **구상을 청구할 수 없다.** 대법원 2001. 2. 15. 선고 96다42420 전원합의체 판결

20 행정쟁송법   정답 ③

☑ 오답해설

① 현행 행정소송법에서는 장래에 <u>행정청이 일정한 내용의 처분을 할 것 또는 하지 못하도록 할 것</u>을 구하는 소송(의무이행소송, 의무확인소송 또는 예방적 금지소송)은 <u>허용되지 않는다.</u> 대법원 2021. 12. 30. 선고 2018다241458 판결

② 항고소송의 대상이 되는 <u>행정처분의 효력이나 집행 혹은 절차속행 등의 정지를 구하는 신청</u>은 행정소송법상 집행정지신청의 방법으로서만 가능할 뿐 민사소송법상 **가처분**의 방법으로는 허용될 수 **없다.** 대법원 2009. 11. 2.자 2009마596 결정

④ '처분 등이나 그 집행 또는 절차의 속행으로 인한 손해발생의 우려' 등 <u>적극적 요건에 관한 주장·소명 책임은 원칙적으로 신청인 측에 있으며</u>, 이러한 요건을 결여하였다는 이유로 효력정지 신청을 기각한 결정에 대하여 **행정처분 자체의 적법 여부를** 가지고 불복사유로 삼을 수 **없다.** 대법원 2011. 4. 21.자 2010무111 전원합의체 결정

☑ 정답찾기

③ <u>이 사건 소는 제1심 관할법원인 서울행정법원에 제기되었어야 할 것인데도 서울북부지방법원에 제기되어 심리되었으므로</u> 확인의 이익 유무에 앞서 <u>전속관할을 위반한 위법이 있는바</u>, 이송 후 행정법원의 허가를 얻어 이 사건이 조합설립인가처분에 대한 항고소송으로 변경될 수 있음을 고려해 보면 이송하더라도 부적법하게 되어 각하될 것이 명백한 경우에 해당한다고 보기는 어려우므로, <u>이 사건은 관할 법원으로 이송함이 마땅하다.</u> 대법원 2009. 9. 24. 선고 2008다60568 판결

1회

1. ②	2. ④	3. ①	4. ①	5. ③
6. ④	7. ③	8. ②	9. ②	10. ④
11. ①	12. ①	13. ③	14. ④	15. ②
16. ③	17. ④	18. ③	19. ④	20. ②

2회

1. ④	2. ②	3. ①	4. ④	5. ②
6. ③	7. ③	8. ①	9. ②	10. ④
11. ①	12. ①	13. ③	14. ③	15. ②
16. ④	17. ②	18. ①	19. ③	20. ④

3회

1. ④	2. ①	3. ③	4. ②	5. ②
6. ①	7. ①	8. ④	9. ③	10. ③
11. ②	12. ②	13. ①	14. ④	15. ③
16. ④	17. ①	18. ④	19. ②	20. ③

4회

1. ②	2. ③	3. ①	4. ④	5. ②
6. ③	7. ③	8. ①	9. ①	10. ④
11. ②	12. ①	13. ②	14. ③	15. ④
16. ④	17. ①	18. ②	19. ④	20. ③

5회

1. ③	2. ④	3. ①	4. ②	5. ①
6. ②	7. ①	8. ④	9. ③	10. ③
11. ②	12. ①	13. ①	14. ②	15. ④
16. ③	17. ③	18. ④	19. ②	20. ④

6회

1. ②	2. ④	3. ①	4. ④	5. ③
6. ④	7. ①	8. ④	9. ③	10. ①
11. ②	12. ②	13. ①	14. ④	15. ①
16. ③	17. ②	18. ③	19. ①	20. ④

7회

1. ③	2. ②	3. ①	4. ④	5. ①
6. ②	7. ③	8. ③	9. ①	10. ④
11. ②	12. ②	13. ①	14. ③	15. ②
16. ④	17. ④	18. ①	19. ③	20. ②

8회

1. ②	2. ②	3. ④	4. ①	5. ③
6. ①	7. ①	8. ④	9. ①	10. ④
11. ③	12. ④	13. ①	14. ①	15. ③
16. ③	17. ④	18. ③	19. ②	20. ①

9회

1. ①	2. ①	3. ③	4. ②	5. ④
6. ②	7. ③	8. ②	9. ③	10. ①
11. ④	12. ④	13. ①	14. ③	15. ②
16. ①	17. ③	18. ④	19. ②	20. ④

10회

1. ①	2. ④	3. ④	4. ①	5. ②
6. ③	7. ③	8. ①	9. ④	10. ①
11. ②	12. ②	13. ②	14. ④	15. ③
16. ①	17. ③	18. ②	19. ④	20. ③

11회

1. ③	2. ①	3. ③	4. ①	5. ④
6. ②	7. ②	8. ①	9. ④	10. ①
11. ①	12. ④	13. ④	14. ②	15. ①
16. ③	17. ①	18. ①	19. ④	20. ②

12회

1. ②	2. ②	3. ④	4. ①	5. ③
6. ①	7. ④	8. ①	9. ③	10. ②
11. ②	12. ④	13. ①	14. ④	15. ③
16. ④	17. ②	18. ③	19. ②	20. ①

13회

1. ③	2. ③	3. ①	4. ④	5. ②
6. ③	7. ①	8. ①	9. ②	10. ④
11. ④	12. ④	13. ③	14. ②	15. ②
16. ④	17. ①	18. ③	19. ①	20. ②

14회

1. ④	2. ①	3. ③	4. ④	5. ②
6. ①	7. ③	8. ③	9. ②	10. ④
11. ②	12. ②	13. ④	14. ①	15. ②
16. ①	17. ④	18. ②	19. ②	20. ③

15회

1. ②	2. ②	3. ①	4. ④	5. ③
6. ①	7. ①	8. ④	9. ④	10. ②
11. ③	12. ③	13. ④	14. ②	15. ③
16. ①	17. ④	18. ③	19. ②	20. ①

16회

1. ①	2. ④	3. ④	4. ②	5. ③
6. ②	7. ①	8. ①	9. ④	10. ②
11. ③	12. ③	13. ②	14. ①	15. ④
16. ②	17. ④	18. ③	19. ①	20. ③

강성빈

주요 약력

- 고려대학교 사회학과, 법학과 졸업
- 고려대학교 대학원 법학과 졸업(법학 석사)
- 전북대학교 법학전문대학원 졸업
- 공군 학사장교
- 변호사시험 합격
- 現) 변호사
- 前) 메가공무원/메가소방 행정법
- 現) 박문각공무원 행정법 전임

주요 저서

- 2026 강성빈 행정법총론 요.기.서
- 2026 강성빈 행정법총론 기출문제집(전2권)
- 2026 강성빈 행정법총론 OX노트
- 2026 강성빈 행정법총론 FINAL 봉투모의고사
- 2026 강성빈 행정법총론 FINAL 적중모의고사(지방직)
- 2025 강성빈 행정법총론 기본서
- 2025 강성빈 행정법총론 기출지문 OX
- 2025 강성빈 행정법총론 적중동형 국가직·지방직 봉투모의고사 Vol.1
- 2025 강성빈 행정법총론 적중동형 봉투모의고사 Vol.2
- 2024 박문각 공무원 입문서 시작! 강성빈 행정법
- 2024 강성빈 행정법총론 OX + 요약노트
- 2024 강성빈 행정법총론 실전동형 모의고사

강성빈 **행정법총론**
FINAL 적중모의고사

초판 인쇄 | 2026. 4. 10.   **초판 발행** | 2026. 4. 15.   **편저자** | 강성빈

발행인 | 박 용   **발행처** | (주)박문각출판   **등록** | 2015년 4월 29일 제2019-000137호

주소 | 06654 서울시 서초구 효령로 283 서경 B/D 4층   **팩스** | (02)584-2927

전화 | 교재 문의 (02)6466-7202

저자와의
협의하에
인지생략

정가 19,000원
ISBN 979-11-7519-708-4

2026년도 공무원 공개경쟁채용시험 필기시험 답안지

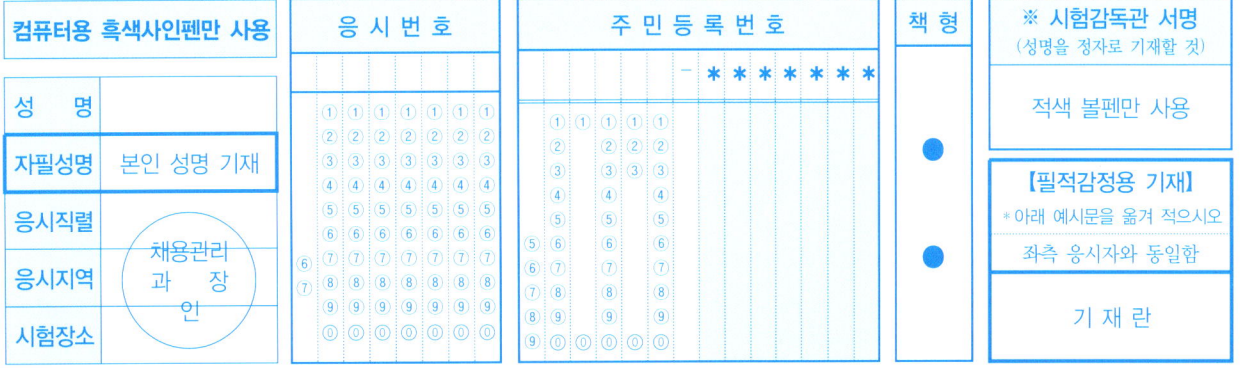

컴퓨터용 흑색사인펜만 사용		응 시 번 호	주 민 등 록 번 호	책 형	※ 시험감독관 서명 (성명을 정자로 기재할 것)

성 명

자필성명 — 본인 성명 기재

응시직렬

응시지역 — 채용관리 과 장 인

시험장소

적색 볼펜만 사용

【필적감정용 기재】
*아래 예시문을 옮겨 적으시오
좌측 응시자와 동일함

기 재 란

제1회

문번	
1	① ② ③ ④
2	① ② ③ ④
3	① ② ③ ④
4	① ② ③ ④
5	① ② ③ ④
6	① ② ③ ④
7	① ② ③ ④
8	① ② ③ ④
9	① ② ③ ④
10	① ② ③ ④
11	① ② ③ ④
12	① ② ③ ④
13	① ② ③ ④
14	① ② ③ ④
15	① ② ③ ④
16	① ② ③ ④
17	① ② ③ ④
18	① ② ③ ④
19	① ② ③ ④
20	① ② ③ ④

제2회

문번	
1	① ② ③ ④
2	① ② ③ ④
3	① ② ③ ④
4	① ② ③ ④
5	① ② ③ ④
6	① ② ③ ④
7	① ② ③ ④
8	① ② ③ ④
9	① ② ③ ④
10	① ② ③ ④
11	① ② ③ ④
12	① ② ③ ④
13	① ② ③ ④
14	① ② ③ ④
15	① ② ③ ④
16	① ② ③ ④
17	① ② ③ ④
18	① ② ③ ④
19	① ② ③ ④
20	① ② ③ ④

제3회

문번	
1	① ② ③ ④
2	① ② ③ ④
3	① ② ③ ④
4	① ② ③ ④
5	① ② ③ ④
6	① ② ③ ④
7	① ② ③ ④
8	① ② ③ ④
9	① ② ③ ④
10	① ② ③ ④
11	① ② ③ ④
12	① ② ③ ④
13	① ② ③ ④
14	① ② ③ ④
15	① ② ③ ④
16	① ② ③ ④
17	① ② ③ ④
18	① ② ③ ④
19	① ② ③ ④
20	① ② ③ ④

제4회

문번	
1	① ② ③ ④
2	① ② ③ ④
3	① ② ③ ④
4	① ② ③ ④
5	① ② ③ ④
6	① ② ③ ④
7	① ② ③ ④
8	① ② ③ ④
9	① ② ③ ④
10	① ② ③ ④
11	① ② ③ ④
12	① ② ③ ④
13	① ② ③ ④
14	① ② ③ ④
15	① ② ③ ④
16	① ② ③ ④
17	① ② ③ ④
18	① ② ③ ④
19	① ② ③ ④
20	① ② ③ ④

제5회

문번	
1	① ② ③ ④
2	① ② ③ ④
3	① ② ③ ④
4	① ② ③ ④
5	① ② ③ ④
6	① ② ③ ④
7	① ② ③ ④
8	① ② ③ ④
9	① ② ③ ④
10	① ② ③ ④
11	① ② ③ ④
12	① ② ③ ④
13	① ② ③ ④
14	① ② ③ ④
15	① ② ③ ④
16	① ② ③ ④
17	① ② ③ ④
18	① ② ③ ④
19	① ② ③ ④
20	① ② ③ ④

제6회

문번	
1	① ② ③ ④
2	① ② ③ ④
3	① ② ③ ④
4	① ② ③ ④
5	① ② ③ ④
6	① ② ③ ④
7	① ② ③ ④
8	① ② ③ ④
9	① ② ③ ④
10	① ② ③ ④
11	① ② ③ ④
12	① ② ③ ④
13	① ② ③ ④
14	① ② ③ ④
15	① ② ③ ④
16	① ② ③ ④
17	① ② ③ ④
18	① ② ③ ④
19	① ② ③ ④
20	① ② ③ ④

제7회

문번	
1	① ② ③ ④
2	① ② ③ ④
3	① ② ③ ④
4	① ② ③ ④
5	① ② ③ ④
6	① ② ③ ④
7	① ② ③ ④
8	① ② ③ ④
9	① ② ③ ④
10	① ② ③ ④
11	① ② ③ ④
12	① ② ③ ④
13	① ② ③ ④
14	① ② ③ ④
15	① ② ③ ④
16	① ② ③ ④
17	① ② ③ ④
18	① ② ③ ④
19	① ② ③ ④
20	① ② ③ ④

제8회

문번	
1	① ② ③ ④
2	① ② ③ ④
3	① ② ③ ④
4	① ② ③ ④
5	① ② ③ ④
6	① ② ③ ④
7	① ② ③ ④
8	① ② ③ ④
9	① ② ③ ④
10	① ② ③ ④
11	① ② ③ ④
12	① ② ③ ④
13	① ② ③ ④
14	① ② ③ ④
15	① ② ③ ④
16	① ② ③ ④
17	① ② ③ ④
18	① ② ③ ④
19	① ② ③ ④
20	① ② ③ ④

제9회

문번	
1	① ② ③ ④
2	① ② ③ ④
3	① ② ③ ④
4	① ② ③ ④
5	① ② ③ ④
6	① ② ③ ④
7	① ② ③ ④
8	① ② ③ ④
9	① ② ③ ④
10	① ② ③ ④
11	① ② ③ ④
12	① ② ③ ④
13	① ② ③ ④
14	① ② ③ ④
15	① ② ③ ④
16	① ② ③ ④
17	① ② ③ ④
18	① ② ③ ④
19	① ② ③ ④
20	① ② ③ ④

제10회

문번	
1	① ② ③ ④
2	① ② ③ ④
3	① ② ③ ④
4	① ② ③ ④
5	① ② ③ ④
6	① ② ③ ④
7	① ② ③ ④
8	① ② ③ ④
9	① ② ③ ④
10	① ② ③ ④
11	① ② ③ ④
12	① ② ③ ④
13	① ② ③ ④
14	① ② ③ ④
15	① ② ③ ④
16	① ② ③ ④
17	① ② ③ ④
18	① ② ③ ④
19	① ② ③ ④
20	① ② ③ ④

2026년도 공무원 공개경쟁채용시험 필기시험 답안지

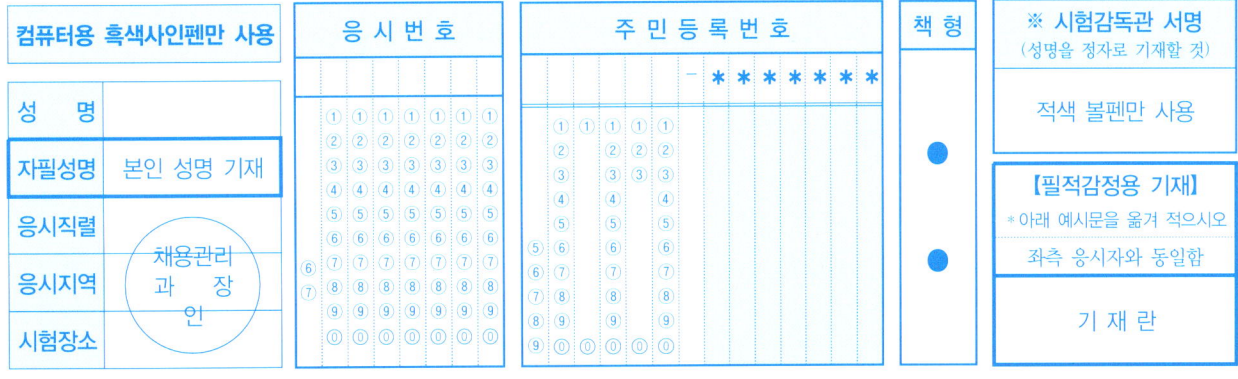

컴퓨터용 흑색사인펜만 사용		
성 명		
자필성명	본인 성명 기재	
응시직렬		
응시지역	채용관리 과 장 인	
시험장소		

응시번호

주민등록번호 - ********

책 형

※ 시험감독관 서명
(성명을 정자로 기재할 것)

적색 볼펜만 사용

【필적감정용 기재】
* 아래 예시문을 옮겨 적으시오
좌측 응시자와 동일함

기 재 란

문번	제11회
1	① ② ③ ④
2	① ② ③ ④
3	① ② ③ ④
4	① ② ③ ④
5	① ② ③ ④
6	① ② ③ ④
7	① ② ③ ④
8	① ② ③ ④
9	① ② ③ ④
10	① ② ③ ④
11	① ② ③ ④
12	① ② ③ ④
13	① ② ③ ④
14	① ② ③ ④
15	① ② ③ ④
16	① ② ③ ④
17	① ② ③ ④
18	① ② ③ ④
19	① ② ③ ④
20	① ② ③ ④

문번	제12회
1	① ② ③ ④
2	① ② ③ ④
3	① ② ③ ④
4	① ② ③ ④
5	① ② ③ ④
6	① ② ③ ④
7	① ② ③ ④
8	① ② ③ ④
9	① ② ③ ④
10	① ② ③ ④
11	① ② ③ ④
12	① ② ③ ④
13	① ② ③ ④
14	① ② ③ ④
15	① ② ③ ④
16	① ② ③ ④
17	① ② ③ ④
18	① ② ③ ④
19	① ② ③ ④
20	① ② ③ ④

문번	제13회
1	① ② ③ ④
2	① ② ③ ④
3	① ② ③ ④
4	① ② ③ ④
5	① ② ③ ④
6	① ② ③ ④
7	① ② ③ ④
8	① ② ③ ④
9	① ② ③ ④
10	① ② ③ ④
11	① ② ③ ④
12	① ② ③ ④
13	① ② ③ ④
14	① ② ③ ④
15	① ② ③ ④
16	① ② ③ ④
17	① ② ③ ④
18	① ② ③ ④
19	① ② ③ ④
20	① ② ③ ④

문번	제14회
1	① ② ③ ④
2	① ② ③ ④
3	① ② ③ ④
4	① ② ③ ④
5	① ② ③ ④
6	① ② ③ ④
7	① ② ③ ④
8	① ② ③ ④
9	① ② ③ ④
10	① ② ③ ④
11	① ② ③ ④
12	① ② ③ ④
13	① ② ③ ④
14	① ② ③ ④
15	① ② ③ ④
16	① ② ③ ④
17	① ② ③ ④
18	① ② ③ ④
19	① ② ③ ④
20	① ② ③ ④

문번	제15회
1	① ② ③ ④
2	① ② ③ ④
3	① ② ③ ④
4	① ② ③ ④
5	① ② ③ ④
6	① ② ③ ④
7	① ② ③ ④
8	① ② ③ ④
9	① ② ③ ④
10	① ② ③ ④
11	① ② ③ ④
12	① ② ③ ④
13	① ② ③ ④
14	① ② ③ ④
15	① ② ③ ④
16	① ② ③ ④
17	① ② ③ ④
18	① ② ③ ④
19	① ② ③ ④
20	① ② ③ ④

문번	제16회
1	① ② ③ ④
2	① ② ③ ④
3	① ② ③ ④
4	① ② ③ ④
5	① ② ③ ④
6	① ② ③ ④
7	① ② ③ ④
8	① ② ③ ④
9	① ② ③ ④
10	① ② ③ ④
11	① ② ③ ④
12	① ② ③ ④
13	① ② ③ ④
14	① ② ③ ④
15	① ② ③ ④
16	① ② ③ ④
17	① ② ③ ④
18	① ② ③ ④
19	① ② ③ ④
20	① ② ③ ④

문번	제17회
1	① ② ③ ④
2	① ② ③ ④
3	① ② ③ ④
4	① ② ③ ④
5	① ② ③ ④
6	① ② ③ ④
7	① ② ③ ④
8	① ② ③ ④
9	① ② ③ ④
10	① ② ③ ④
11	① ② ③ ④
12	① ② ③ ④
13	① ② ③ ④
14	① ② ③ ④
15	① ② ③ ④
16	① ② ③ ④
17	① ② ③ ④
18	① ② ③ ④
19	① ② ③ ④
20	① ② ③ ④

문번	제18회
1	① ② ③ ④
2	① ② ③ ④
3	① ② ③ ④
4	① ② ③ ④
5	① ② ③ ④
6	① ② ③ ④
7	① ② ③ ④
8	① ② ③ ④
9	① ② ③ ④
10	① ② ③ ④
11	① ② ③ ④
12	① ② ③ ④
13	① ② ③ ④
14	① ② ③ ④
15	① ② ③ ④
16	① ② ③ ④
17	① ② ③ ④
18	① ② ③ ④
19	① ② ③ ④
20	① ② ③ ④

문번	제19회
1	① ② ③ ④
2	① ② ③ ④
3	① ② ③ ④
4	① ② ③ ④
5	① ② ③ ④
6	① ② ③ ④
7	① ② ③ ④
8	① ② ③ ④
9	① ② ③ ④
10	① ② ③ ④
11	① ② ③ ④
12	① ② ③ ④
13	① ② ③ ④
14	① ② ③ ④
15	① ② ③ ④
16	① ② ③ ④
17	① ② ③ ④
18	① ② ③ ④
19	① ② ③ ④
20	① ② ③ ④

문번	제20회
1	① ② ③ ④
2	① ② ③ ④
3	① ② ③ ④
4	① ② ③ ④
5	① ② ③ ④
6	① ② ③ ④
7	① ② ③ ④
8	① ② ③ ④
9	① ② ③ ④
10	① ② ③ ④
11	① ② ③ ④
12	① ② ③ ④
13	① ② ③ ④
14	① ② ③ ④
15	① ② ③ ④
16	① ② ③ ④
17	① ② ③ ④
18	① ② ③ ④
19	① ② ③ ④
20	① ② ③ ④